# 台灣精神與
# 文化發展

沈清松◎著

臺灣商務印書館 發行

# 台灣精神與文化發展

沈清松 著

臺灣商務印書館發行

謹以此書獻給

我的父親

沈福全先生

# 「通識叢書」序

王壽南

　　近年來，通識教育成為教育界的熱門話題，教育部取消了大學共同必修科（國文、英文、中國通史、中國現代史、憲法），要求各大學自行規定學生必須修習通識課程若干學分，於是，在大學中，通識課程成為一個重要的項目，許多大學為了落實通識科目，還在學校內設置了通識教育中心，以規劃全校的通識教育。不過，在國內一百多所大學中設置通識教育中心的仍屬少數，尤其許多單科性的大學或升格不久的大學，不但沒有負責通識教育的單位，甚至把通識教育當成填塞性課程，使通識教育未能達到理想的目的。

　　大學通識教育重大的困難有二：一是大學中對通識的定義未能獲得共識。許多大學校務負責人和教師都未瞭解通識的意義，於是使得許多大學的通識課程科目出現可議之處，有些大學把相當專業的科目開放給外院系學生選修當成通識科目，有些大學把通識課程當成普通常識課程，這都反映出大學教師對通識教育的欠缺瞭解。

　　另一個困難是大學通識科目缺少典範性的教材。當然，在大學中沒有指定全國通用的教科書，但每一科目幾乎都會有一、二種被該科教師認為最佳的教科書，這些被公認為該科最佳的教科書實即典範性的教材，在典範性教材指引下，該科目的講授內容大致劃出了核心和範圍，教師們授課雖可以自由發揮，但不致於遠離核心和範圍。通識科目由於缺少典範性的教

材，所以教師們在講授同一通識科目時，可能南轅北轍，全無交集，使學生在修習此通識科目後，可能無法瞭解這一科目的核心和範圍所在。

由於上述兩大困難，所以目前大學的通識課程出現相當混亂的狀況。當然，我國通識教育的推行才剛剛踏上起步階段，困難乃是可以理解的事，我們希望大學教師能共同努力，解決各種困難，使通識教育能步入成功之路。

本叢書編撰的目的在為大學通識科目提供教學參考資料。本叢書特別強調兩個重點：科際整合與人文精神，期能真正顯示出通識的真義。我們不敢自許為典範性的教材，但我們願意為大學通識科目的教師與學生盡一分心力，希望修習這一科目的師生能從書中獲得一些研習的線索。

通識課程並無固定的科目名稱，而且包羅範圍極廣，其領域涵蓋了人文學、社會科學、物質科學和生命科學，因此，本叢書的書種並無限制，我們將盡量約請學有專長、淵博貫通又能兼備人文素養的學者專家來撰寫。

本叢書的出版旨在為我國剛起步的通識教育投注一分關懷，希望未來的通識教育能步入平坦的大道，提升大學教育的素質。我們期盼關心通識教育的學者專家給予指教和鼓勵。

2000 年 11 月 12 日於台北鑑宇齋

# 自　序

「台灣精神」一詞雖是我在民國八十六年五月政大舉辦有關連雅堂先生的學術研討會中，第一次公開使用；但是我對台灣精神及其在文化發展上的表現的關心，可以溯自我近二十年來對台灣文化的參與、觀察與評估。本書所呈現的是其中一部分成果。

總的說來，台灣近五十年來的發展形貌，可以說是在「主體性」的追尋和與「他者」的互動中形成的。整體說來，前此的台灣經驗是以經濟自由化與政治民主化為主軸，追求台灣「主體性」的過程，不過，其所實現的「主體性」也僅止於經濟與政治層面。至於台灣的他者，則是由虎視眈眈到文攻武嚇的中共，以及詭譎多變的國際局勢，他們所給予台灣的挑戰與挫折，遠過於鼓舞與協助。

這些年來，台灣社會各界都把建立自己的主體性喊得喧天價響，然而，我們仍然看不出，真正的主體性究竟何在。因為僅只實現在經濟與政治層面的自我，既得不到自己存在上的尊嚴，也無法獲得別人真正的尊敬。我們看到的是，在經濟富裕與政治民主之後，國人並不快樂，甚至不知道為什麼而活。更有甚者，有許多人失去了生活的原則與堅持；滿腔的心機，終日在權力、利益與快感中打轉。然而，除非在精神上定位自我，在文化上確立特色，否則不會有真正的榮耀與尊嚴。

換言之，我們必須了解到，自我並不只是慾望、金錢和權力。自我只有在邁向他者，認識他者，成他者之善之時，才能

自
序

1

真正完成自己。至於「他者」，不但意指他人，而且還指向自然與超越界的理想和神明。此一不斷自我走出、自我返回、自我提昇、同臻至善的過程，便是文化創造的真正意義所在。

值得注意的是，當前台灣社會由於經濟的自由化與政治的民主化，雖然營造了國人引以為傲的「台灣奇蹟」，可是整體社會與文化面貌同時也發生了巨大的變化。隨著舊日建築的消失與高樓大廈的林立，文化意識中的參照指標也日愈模糊，國人的時間縱深驟然縮短，逐漸失去歷史感與自我認同，更遑論自我提昇的價值參照系統。

如今，整體社會需要擴大時間縱深與文化視野，並揭櫫歷久彌新的價值理想，推動倫理重建與文化創造。在適當建立自己的主體性之後，切勿陷溺與封閉其中。現在，國人需要一種自我超越的冒險與創造的精神，走出「主體性」的自戀，建立一套以關懷「他者」為重心的倫理思想與文化生活。換言之，我們必須由「主體性」走向「他者」。今後的台灣人似乎應追求比眼前的快樂、利益與權力更有意義的生活、秩序與發展，轉向關懷他者，為他人，為自然，為超越的精神價值而生活。

對於本真的主體性的探尋，以及與他者適當關係的衡定，需要我們仔細探討台灣精神之所在，與文化發展的軌跡。由於時空的轉移和時代的演進，台灣在一代接一代的持續努力之下，已然形成了富於特色的文化精神。本書是由我近十餘年來評析台灣文化所撰寫的論文集結而成，然而又自有理路涵蓋其中。文中遠溯蒼茫的神話傳統，近析台灣的文化環境、文化思潮、日常生活、價值體系、民眾文化滿意度、兩岸文化系統，直到台灣所處在的海洋文明與亞太文化。全書有根源的追溯，有近況的評析，也有對未來的展望，應有助於了解與評鑑台灣精神與文化發展，並提供宏觀的視野，藉以重新定位台灣的主

體性，並動態的發展與他者的關係。誠摯邀請讀者們來一起共同思考。

　　謹以此書獻給我的父親沈福全先生，由於他的教導，使我自小重視文字的表達與事件的意義；也由於他開放的心胸，使我雖處於台灣功利社會之中，仍能學習自己喜愛的哲學。迄今，父親在我小時候用台語吟誦《論語‧學而篇》「學而時習之，不亦說乎？……」的音調，還時常會自心中浮現，宛若充盈於耳。我想，我對文化與哲學的關懷，與父親的教導有密切的關係。

沈清松

2000 年 8 月 15 日序於指南山麓

# 目　錄

# 第一章

# 台灣精神的興起與特質

## ──對《台灣通史》的一個解析

## 一、引言：從「場所精神」到「台灣精神」

　　對於所謂「台灣精神」的探討，若欲在當代方法學上找到一相稱之概念，首先或可訴諸當代建築現象學家諾伯爾‧舒兹(Ch. Norberg-Schulz)所謂的「場所精神」(Genius loci，The Spirit of Place)。諾伯爾‧舒兹在《場所精神──邁向建築現象學》一書中說，「場所是一個具體的『這裡』，有其特殊的『認同』。」①而所謂「精神」，則表示「一物之所是」(What a thing is)或該物之「意欲何所是」(What it wants to be)。②整體說來，所謂「場所精神」是指一個具體的生活空間中所表現的「特性」，後者指稱一種一般的氣氛，是任何場所中最為廣泛的屬性。不過，諾伯爾舒兹所謂的「場所精神」比較屬於一種空間環境的特性與意義，而且限制於一種範圍較為狹小──如一都市、一廣場──的生活空間，然而，我們所謂的「台灣精神」一詞，不但指台灣這個地理空間的特性，尤其指在此場所

---

① Christian Norberg-Schulz, *Genius Loci: Towards a Phenomenology of Archbitecture*, New York: Rizzoli International Publications, 1980, p.8.
② Ibid., p.18.

上發生的歷史，及其中群體生活的特性與意義。

　　除了舒茲針對特定空間提出的「場所精神」概念之外，雅斯培(K. Jaspers)也曾針對特定時間，或特定歷史時期的精神，撰述《我們這時代的精神狀況》。此外，他在〈歐洲精神〉一文中，更區分「地理特性」與「精神特性」。雅斯培在該文中追問：「歐洲是甚麼？」，認為此一問題問的就是「甚麼是歐洲精神？」並且表明，對於「歐洲精神」的探討，他所關心的是，「我們想要認知此一精神富藏的構成要素並以思想來將其分辨。我們想知道的是：我們是誰？我們能成為甚麼？」最後，雅斯培用「自由」、「歷史」和「科學」三個抽象概念來界定「歐洲精神」。③

　　不過，對於我們而言，關於台灣精神之論述，屬於對台灣這地方之精神特質的探討，並不僅限於某一場所（τοποσ），亦不僅限於某段一時間，也不能以如「自由」、「歷史」和「科學」等抽象的概念來界定，而是扣緊了某一歷史論述的文本，針對特定時空中的歷史與生活，揭發其中的精神特性與意義。此所謂「精神特性與意義」一方面包含其歷史中自我的形成與認同；另一方面亦指涉其人文風貌，或迪爾泰(W. Dilthey)所謂的「精神世界」(Die Geistige Welt)，指的是由心理特質與精神創造所形成的諸如倫理生活、文學藝術與人文思想等各方面④。

　　本文旨在提供一種對於連橫《台灣通史》中所述「台灣精

③ Karl Jaspers, *Rechenschaft und Ausblick*, (Munich, Pieper & Co. Verlag, 1951), traduit en francais par Jeanne Hersch et Hélène Naef, *Bilan et perspectives,* (Paris: Desclée de Brouer, 1956), p.31.

④ Cf. W. Dilthey, *Le monde de l'esprit*, Tomes I, II, traduction de M. Remy, (Paris: Aubier, 1947)

⑤ 關於詮釋學方法，參見本人〈解釋、理解、批判——詮釋學方法的原理及其應用〉，收入《當代西方哲學與方法論》（台北：東大圖書公司，1988），頁 19-42。

神」的詮釋與重構。本文所使用的方法是詮釋學的方法⑤，主要扣緊《台灣通史》的文本，來進行詮釋與重構的工作。換言之，我認為連橫的思想應足夠充份的顯示在其文本中，吾人的詮釋與重構的工作亦可不訴諸於文本以外的其他証據，因為作者無論有意識或無意識地，總會將他的主張及其生活世界反映在其文本中，而且設若有其他証據，也應以文本的型態呈現，可以用對待文本的方式加以處理。

此外，本文亦會用到本人所謂的「對比哲學」，這是一種思維與實踐的基本途徑，必須在表面的差異或對立的情境中發現互補性，一方面尊重差異，一方面尋找互補。我所謂的「對比」是在差異和互補、連續與斷裂、採取距離和共同隸屬間的辯證遊戲，構成了我們所研究的對象的結構及其動態的發展。⑥

為此，針對台灣精神，我們將一方面從連橫《台灣通史》中論及台灣的歷史源起的文本以詮釋之，藉以揭露其自我的形成與認同：另一方面，則檢視其關於台灣的人文風貌，或迪爾泰所謂「精神世界」之論述。前者主要表現在〈開闢志〉、〈建國紀〉、〈經營紀〉、〈獨立紀〉諸紀之中；而後者則表現在〈典禮志〉、〈教育志〉、〈宗教志〉、〈風俗志〉、〈藝文志〉……等諸志之中。本文擬從上述諸篇中選擇部分文本予以詮釋，以抉發其中所示之台灣精神。

本文所關切的是哲學意義而非歷史敘述。由於本人並非歷史研究者，因此僅能就連橫《台灣通史》的文本，涉及歷史的敘述形式，及評贊文字中揣摩一、二，供作爾後進一步的哲學思索。大體說來，本文對台灣精神的形成的討論，包含以下各節：㈠從渺茫的神話傳說中興起；㈡由多元國際勢力到承續中

⑥ 見沈清松〈方法、歷史與存有——對比哲學概觀〉，收入沈清松，《現代哲學論衡》（台北：黎明文化公司，1986），頁 1-28。

華文化；㈢在現實脈絡中尋找自我認同；㈣台灣的「精神世界」風貌。

## 二、從渺茫的神話傳說中興起

連橫在《台灣通史》自序中表示，「台灣固無史也。荷人啟之，鄭氏作之，清代營之，開物成務，以立我丕基，至於今三百有餘年矣。」⑦ 由此可見，按照連橫的看法，台灣本無史，其歷史基礎的形成是從國際勢力介入（荷人啟之），開始進入世界史；至明代遺臣鄭成功驅逐荷人，始返歸中國，為漢人系統經營台灣之始（鄭氏作之）；但自清代征服鄭氏殘餘勢力，繼續經營這一地方，台灣始成為中國歷史明確的一部分。話雖如此，早在這一切之前，便已有種種關於台灣的傳說。大體言之，就連橫在《台灣通史》中的論述看來，台灣精神的發展是由傳說進入歷史，而其歷史則是由多元的國際殖民力量一統於中華文化傳承，於其間，台灣一直在尋找她的自我認同。

「台灣」一名的由來，是由「神話」經「歷史」而至「現實」的過程。所謂「神話」所述說者，往往為一物之源起的故事，而一地方之精神的形成與該地方的源起頗為有關。此外，一物之源起又往往與其命名甚為相關。蓋一物之命名，即該物在吾人認知中之源起也。

「台灣」一名的根源，亦可揭露其與實際存在的關係，並與自我認同和自我根源密切相關。連橫對此不可謂不重視，他於《台灣通史》卷一，首出之以〈開闢記〉，並於該紀文末贊之曰：「台灣之名，始於何時，志乘不詳，稱謂互異，我民族生斯長斯，聚族於斯，而不知台灣之名義，毋亦數典而忘其祖

⑦ 連橫，《台灣通史》，上冊，「台灣文獻叢刊」第 2 輯（台北：台灣銀行經濟研究室編，眾文圖書有限公司影印，1979），頁 15。

歟。」換言之，不知「台灣」一名的根源，則不知自我根源和自我認同，而有數典忘祖之嫌。也因此，他對台灣的根源之探討，實際上是對「台灣」一名之追述。

在此必須指出的是，連橫於〈開闢記〉中對「台灣」的歷史根源之述說，雖始自傳說，然其對於傳說之採用，並未採集原住民之傳說，而僅採用漢族史籍中所述之傳說。可見其所採者，仍為漢族中心之觀點，即在傳說亦仍如此。蓋所謂神話所敘述者，輒為某事某物於有歷史以前之源起。連橫雖明知台灣於無史之初，仍有土番為原住民，彼雖無文字，自應有其口說傳統(oral tradition)。然連橫所採之源起傳說，仍為漢人的文本。〈開闢記〉開宗明義曰：

> 「台灣固東番之地，越在南紀，中倚層巒，四面環海。荒古以來，不通人世，土番離結，千百成群，裸體束腰，射飛逐走，猶是游牧之代。以今石器考之，遠在五千年前，高山之番，實為原始；而文獻無徵，搢紳之士固難言者。」⑧

由這段引文可見，連橫雖然認為「高山之番，實為原始」，但並未採集與運用原住民之傳說，而僅採用漢族之傳說。推究其因，除了有某種漢族中心，強調所謂「民族精神」的傾向之外，主要還是因為「文獻無徵，搢紳之士難言」，換言之，是以「文本」勝「口傳」，以「文明」勝「野樸」為其歷史判斷的原則。

正如前述，連橫所採用的傳說，主要是有關名稱源起的傳說，始自秦始皇命徐福求海上三神山，並以「台灣」為三神山之一的「瀛洲」。其言曰：「自齊威宣、燕召使人入海求蓬

---

⑧ 連橫，《台灣通史》，上冊，頁1。

萊、方丈、瀛洲。此三神山者，其傳在渤海中，去人不遠，患且至，則風引而去。蓋嘗有至者，諸僊人及不死之藥皆在焉。其物禽獸盡白，而黃金銀為宮闕。未至，望之如雲。及到，三神山反居水下。……」⑨連橫接著說：「或曰蓬萊、方丈為日本、琉球，而台灣則瀛洲也；語雖鑿空，言頗近理。……然則秦時男女或有往來台灣者，未可知也。」⑩

其次，又以台灣為「岱員」，是「岱嶼」和「員嶠」的合稱。並引《列子》中的神話傳說以證之。《列子・夏革》曰：「渤海之東，不知幾億萬里，有大壑焉，實為無底之谷，其下無底，名為歸虛。其中有五山焉：一曰岱嶼，二曰員嶠，三曰方壺，四曰瀛洲，五曰蓬萊。」

再次，又有以台灣為古之「東鯷」，並引《後漢書・東夷傳》以證之，「會稽海外有東鯷人，分為二十餘國。又有夷洲、澶洲。傳言秦始皇遣方士徐福將童男女數千人入海求蓬萊神仙，不得，徐福畏誅，遂止此洲。」

以上所屬傳說部分，所涉皆與台灣的名稱來由有關。連橫在此，一方面以理性態度去解釋神話，例如，針對三神山之傳說，連橫解曰：「蓋以是時航術未精，又少探險海外，飄渺虛無，疑為僊境，陋矣。」對所謂「望之如雲」，則解之曰：「台灣之山有高至海拔一萬三千六百餘尺，為東洋群山之特出者，長年積雪，其狀如玉，故曰『望之如雲』也。」⑪然而，另一方面，他亦認為這些傳說亦皆有可信之處，並據以推測台灣與大陸之關係。連橫曰：「然則台灣之為瀛洲、為東鯷，澎湖之為方壺，其說固有可信，而澎湖之有居人，尤遠在秦、漢

⑨ 同上。
⑩ 同上，頁 1-2。
⑪ 同上，頁 2。

之際。或曰，楚滅越，越之子遷於閩，流落海上，或居於澎湖；是澎湖之與中國通也已久，而其見於載籍者則始於隋代爾。」

從以上這段引文亦可看出，由於澎湖較近大陸，由大陸而澎湖而台灣，是一自然的遷移路線[12]。也因此，對於連橫而言，由傳說轉歷史的過程，正是間接的由澎湖的歷史轉至台灣的歷史。連橫認為該史始於《隋書·海防考》：「隋開皇中，嘗遣虎賁陳稜略澎湖地」云云。連橫肯定其為「中國經略澎湖之始，而亦東入台灣之機」[13]。若其經略台灣之經過，則詳於《隋書》之〈琉球傳〉與〈陳稜傳〉。〈琉球傳〉多詳其風土、民情、物產，並略言及陳稜以武力征服琉球的經過：「初，稜將南方諸國人從軍，有崑崙人頗解其語，遣人慰諭之，流求不從，拒逆官軍，稜擊走之，進至其都，焚其宮室，載軍實而還，自爾遂絕。」〈陳稜傳〉則更詳述陳稜征服琉球，並虜男女數千人而歸的經過。連橫認為，由《隋書》以至宋、元所述之「琉球」，多屬台灣。

其後，至元朝，元世祖至元十八年，元師伐日本，曾於海上遇到颶風，漂經台灣。二十八年秋，元師伐臺，命楊祥等人往諭曰，「果能慕義來朝，存爾國祀，保爾黎庶；若不效順，自恃險阻，舟師奄至，恐貽後悔。」然其後由於元軍內鬨，事不成。直至二十九年九月，福建省平直章政事高興遣省都鎮撫

---

⑫ 曹永和認為是捕魚業漸次擴充的範圍，見曹永和，《台灣早期歷史研究》（台北：聯經，1979），頁157-162。

⑬ 連橫，《台灣通史》，上冊，頁3。陳三井、黃大受、曹永和等人則據《三國志·孫權傳》認為孫權於黃龍二年（230年）遣將征夷州，俘數千人，為中國以武力經略台灣之始，見陳三井〈從歷史淵源看台灣與大陸的關係〉，收入陳奇祿等著，《中國的台灣》（台北：中央文物供應社，1980），頁20；黃大受，《台灣史綱》（台北：三民書局，1982），頁11；曹永和，前揭書，頁3-4。

張浩、福州新軍萬戶張進再兵赴琉求國，擒生口一百三十餘人而還。連橫以此為中國第二度經略台灣之事。不過，按照連橫看來，「元人謀伐琉球，蓋欲以扼日本」，由此可見，此時中國雖言慰諭台灣，實則是以武力屈從之，其目的在藉以阻扼日本，但並未用心經營台灣。

及明初，海寇為患，廷議徙澎湖人民於漳泉之地，彭湖成為海盜巢穴。彼時鄭和下西洋，諸番來貢，唯台灣之番不理。「鄭和惡之，率師入臺，東番降服。家貽一銅鈴，俾掛項間。其後人反寶之，富者至掇數枚，是為中國三略台灣之事。」[14]連橫認為鄭和此舉為中國第三度經略台灣。

大體說來，經此數度征伐，兩岸互動已趨密切，其間已有不少漢人陸續遷移來臺，唯中國政權多無心經營此土。中國以武力犯臺，或為宣示主權，展示國威，強要台灣臣服；或為國防之需，為了牽制日本。一直要到鄭成功在多元國際勢力介入的脈絡中贏回台灣，再加上有清一代的經營，台灣才與中國的歷史緊密相連。

## 三、由多元國際勢力到承續中華文化

不過，按照連橫的記載，台灣之進入中國史，也就隨之以台灣之進入世界史。此一歷史同時既為大陸來臺移民之歷史，也是強國殖民台灣之歷史。連橫在〈自序〉中所言：「夫台灣固海上之荒島爾，蓽路籃縷以啟山林，至於今是賴。顧自海通以來，西力東漸，運會之趨，莫可阻遏。於是而有英人之役、有美船之役、有法軍之役；外交兵禍，相逼而來，而舊志不及載也。」[15]前半段所述為國人移民開墾之艱辛，後半段所言則

[14] 連橫，《台灣通史》，上冊，頁9。
[15] 連橫，《台灣通史》，上冊，頁15。

是國際殖民勢力之介入。按連橫在〈開闢紀〉與〈外交志〉所言，此所謂國際勢力，先是亞洲區域國際勢力與人民之入侵台灣，接著則為歐洲國際勢力之干擾或入侵台灣。

1. 亞洲方面，首先是日本人。連橫繼陳稜征臺之後，緊接著便敘述日僧圓珍於大中七年八月，為北風漂至而發現台灣，並以此為日人發現台灣之始。及萬曆二十年，日本征夷大將軍豐臣秀吉出兵伐朝鮮，謀併台灣。二十一年十一月命使者原天孫七郎至呂宋，途次賜書位於打鼓山麓之高山國，勸其入貢。「書曰：『……若是不來朝，可令諸將攻伐之。生長萬物者日也，枯渴萬物者亦日也。思之不具。』是為日本經略台灣之始。秀吉死，德川家康嗣大將軍。……等安，肥前人，奉景教。家康委以經略台灣之事。欲利用其教以收服土番，乃率其子來。家康以兵三千與之，欲取為附庸然以無援，故不成。先是中山遣使於明日，日本有取台灣之議，明廷命戒沿海，及是而罷。」⑯日人經略台灣之願望，直至中日戰後，清廷大敗，與日訂定馬關條約之後，始得遂心願。

其次，是馬來人。連橫記載，唐貞觀年間，馬來群島洪水，馬人為避難漂至台灣，遂繁其族於此。連橫曰：

　　「馬人乃居於海澨，以殖其種。是為外族入侵台灣之始。故台灣小誌曰：『生番之語言，出於馬來者六之一，出自呂宋者十之一，迤北十七村多似斐利賓語，說者謂自南洋某島遷來。』其言近似。而統一者為卑南王。……」⑰

其後馬人更為強盛，不但能攘土番，而分據南北，而且能侵掠外洋，或至呂宋與貿易，以物易物，再轉貿於高山之番。

---

⑯ 連橫，《台灣通史》，上冊，頁 11。
⑰ 連橫，《台灣通史》，上冊，頁 6。

2. 歐洲方面，主要有荷、西諸國。歐洲人由於近代文明之進展，乃擴充殖民於世界各地，包含亞洲地區。於是葡萄牙、荷蘭、西班牙、英國紛紛想染指台灣。在連橫《台灣通史》卷一〈開闢記〉中皆詳加記載：

> 「先是萬曆初，有葡萄牙船航東海，途過台灣之北。自外望之，山嶽如畫，樹木青葱，名曰科摩沙，譯言美麗。是為歐人發現台灣之始。越三十年餘，而荷人乃至矣。荷蘭為歐洲強國，當明中葉，侵奪爪哇，殖民略地，以開東洋貿易之利……荷人來，借地於土番。不可。紿之曰：『願得地如牛皮，多金不惜』。許之，乃剪皮為縷，周圍里許，築熱蘭遮城以居，駐兵二千八百人。附近土番多服焉。
>
> 六年夏五月，西班牙政府自呂宋派兵遠征軍，以朗將之，率戰艦入據雞籠，築山嘉魯城，駐兵防守。而臺之南北遂為荷、西二國所割據。」[18]

至於英人之役，則詳述於〈外交志〉。在〈開闢記〉中連橫亦詳述日、荷、西彼此殖民與貿易利益之衝突。直到永曆十五年，鄭成功重挫荷人，荷人降，率殘兵千人而去，而台灣復為中國所有。

大體說來，根據連橫所述，吾人可以得知，西班牙、荷蘭等國之所以佔領台灣，原意不是以經營台灣為目地，而是想以台灣為其東方貿易中之一據點，換言之，僅為對台灣的一種世界經貿的工具性利用。[19] 而在中國方面，則一直將對台灣之經

---

[18] 連橫，《台灣通史》，上冊，頁 12-13。

[19] 不過，誠如曹永和所論，在佔領以後，「其對外貿易以及對內的開發，實際上都是依靠中國人。及鄭成功將荷人逐出台灣，台灣在實際上和名義上始皆歸於中國，其後更經鄭氏與清朝的經營，台灣的漢人社會，方獲生長完成。」見曹永和，《台灣早期歷史研究》（台北：聯經，1979），頁 44。

略視為主權與國防，亦即內以堵亂賊，外以防日本之用，一旦此二作用稍不急切，即有棄之如敝屣之傾向，從來未以台灣本身為目的而待之。

## 四、在現實脈絡中尋找自我認同

一旦進入歷史的現實脈絡，也就是進入形成人民生活世界的力量消長之中。就此而言，可以有二主要線索：

其一、為鄭成功之以武力取台灣，使之復歸我民族之生活。否則，台灣人之生活將在荷蘭、西班牙等國際勢力的形塑之下。連橫在〈開闢紀〉中詳述鄭成功克荷蘭人，收復台灣的經過。其最後數言曰：「當鄭師之按兵也，有華人自城中出，請急攻，陷其南隅。荷人恐。成功又告之，乃降。十二月初三日，率殘兵千人而去，而台灣復為中國有矣。是役也，陷圍7月，荷兵死者千六百人。自天啟四年，至永曆十五年，荷蘭據有台灣凡三十八年，而為成功所逐。於是鄭成功之威名威震環宇。」[20]

由此可見，此「台灣復為中國有矣」的復歸事件，實為一關建台灣之原初暴力。若無此原初暴力，當無爾後中華文化在台灣薰陶與綿延之可能。為此，連橫稱鄭成功為「我臺建國之大神」。

其二、為移民墾荒之艱難，此由數度謂稱台灣之名由「埋冤」而來可見一般。一般百姓不可能執行原初暴力，然而持續不斷、滴水穿石之功，則端賴移民日進寸土的開墾之功。是故連橫曰：「台灣原名『埋冤』，為漳、泉人所號。明代漳、泉人入臺者，每為天氣所虐。居者輒病死，不得歸，故以埋冤名

⑳ 連橫，《台灣通史》，上冊，頁23。

之，志慘也。其後以埋冤為不詳，乃今改名。是亦有說。延平入處，建號東都。經立，改名東寧。是則我民族所肇造，而保守勿替者。然則我臺人當溯其本，右啟後人，以毋忘蓽路籃縷之功也。」[21]

由以上引文看來，連橫特別重視移民墾荒之艱難，與日進寸土的開墾之功，且一再強調後人應毋忘蓽路籃縷之功。

然而，於此原初暴力與民間開墾所形成的現實脈絡中，由於恢復舊明在現實上既為不可能，而接受滿清外族統治又心有未甘，於是臺人自始即有對自我認同之探索。按連橫於建國紀中所述，於鄭經掌政期間，清廷屢屢招撫，鄭經皆議照朝鮮事例，如對明珠與慕天顏之招撫，鄭經曰：「先王在日，前後招撫，只差『薙髮』二字。本蕃豈肯墜先王之志哉？」幾度書翰往返，尚書刑部明珠將許照朝鮮事例，而令薙髮，鄭經不從。於是明珠再以書來，復命慕天顏偕二使入臺。天顏曰：「貴蕃遁居荒居，非可與外國之賓臣者比。」鄭經回答說：「朝鮮亦箕子之後，士各有志，未可相強。」並書復曰：

> 「蓋聞佳兵不祥之器，其事好還，是以禍福無常倚，強弱無常勢，恃德者興，恃力者亡。曩者思明之役，不穀深憫民生疾苦，暴露兵革，連年不休，故送會師而退，遠絕大海，建國東寧。於版圖疆域之外，別立乾坤。……若夫重爵厚祿，永襲藩封，海外孤臣，無心及此。敬披腹言，維祈垂鑑。」[22]

由以上看來，所謂「議照朝鮮事例」、「於版圖疆域之外，別立乾坤」之意，鄭經已不能認同於清朝統治，且有自立其外的企圖。以上這段引文顯示，其所追尋之認同，乃種族

[21] 連橫，《台灣通史》，上冊，頁24。
[22] 連橫，《台灣通史》，上冊，頁42。

性、文化性、道德性的認同，而非政治暴力所能左右之認同。

此一種族性、文化性、道德性的認同問題，於清統治二百餘年後，在中日之戰，清廷戰敗，與日本訂馬關條約，割遼東、台灣於日本時再度見之。連橫以專章處理此事，並名之曰〈獨立紀〉，以「光緒二十一年夏五月朔，台灣人民自立為民主國，奉巡撫唐景崧為大總統」始其紀，以「初四日辰刻，日軍入城，海軍亦至安平，遣兵二十餘人被殺，而台灣民主國亡」終其紀，中間詳述抗割與抗日過程。[23]由不能認同於清朝統治到接受其統治，由頑強抵抗日本統治到接受其統治，可見歷史有形勢比人強者。然種族性、文化性、道德性的認同，在現實上雖不敵政治與武力之暴力，但其為民族魂之所寄，則絲毫不能侵犯者也。

## 五、台灣的「精神世界」風貌

所謂「精神世界」，其上層者是由文史哲等人文思潮與藝文創作所構成；其基層者，是由一般百姓的人倫禮俗與宗教信仰所構成。貫串其間者，則為「下學上達」之教育過程。為此，以下先論人文思想與創作，再論禮俗與宗教，最後再論教育。

首先，關於狹義的「精神世界」，亦即上層的人文思潮與藝文創作方面，連橫於〈藝文志〉中感嘆台灣文風未興，且史作不全，而通篇《台灣通史》未嘗論及哲學傳統之繼承與發揚於斯土。〈藝文志〉曰：「台灣三百年間，以文學鳴海上者，代不數睹。」又曰：「台灣初啟，文運勃興，而清廷取士，仍用八比，士習講彰，家傳制藝，錮塞聰明，汨沒天性，台灣之

---

[23] 台灣民主國由於民眾基礎薄弱、依靠外力甚於自力、統制力薄弱等性格而失敗，見黃昭堂著，廖為智譯，《台灣民主國之研究》（台北：現代學術研究基金會，1993），頁213-223。

文猶寥落也。」連橫對此的解釋，是認為台灣人忙於生存，忙於拓墾，而無暇且不忍為文之故。連橫曰：「我先民非不能以文名也。我先民之拓斯土也，……蓽路籃縷，以啟山林，用能宏大其族；艱難締造之功，亦良苦矣。我先民非不能以文鳴，且不忍以名聞也。夫開創則尚武，守成則右文。……我先民固不忍以文鳴，且無暇以文鳴也。」連橫所謂「不忍以文鳴，且無暇以文鳴」的說法，一方面固然是有不忍苛責之意，另一方面也顯示台灣之心，另有所屬，較為務實，忙於開墾，而無暇於為文。以至台灣今日，仍忙於經濟發展，忙於把餅做大，而仍忽視人文的創作，是否也仍是不忍以文鳴，且無暇以文鳴之故呢？

　　話雖如此，連橫仍然認為台灣山川環境蘊藏豐富的文學資源。他說：「夫以台灣山川之秀奇、波濤之壯麗、飛潛動植物之變化，可以拓眼界、廣襟懷、寫游蹤、供探討，固天然之詩境也。」㉔此意頗近蘇東波所謂「大塊假我以文章」之意，然所謂「天然之詩境」，仍有待詩人雅士之撰述成文，使其經由創作轉化成為「人文之詩境」。然由於前面所謂「先民不忍以文鳴，且無暇以文鳴」，以至此一豐富的文學資源猶待創作的轉化之功。

　　其次，連橫亦感嘆台灣之無史或有史而不全。在〈藝文志〉中，他慨嘆說：「台灣固無史也。康熙三十三年，巡道高拱乾始纂府誌，略具規模。乾隆二十九年重修，其後靡有續者。各縣雖有方志，而久已遺佚或語多粗漏，不足以備一方文獻。……割臺之役，戎馬倥傯，稿多散失，其存者亦斷簡而已。初，海東書院藏書頗豐，至是亦遭兵燹，而台灣之文獻亡矣。」㉕

㉔ 連橫，《台灣通史》，下冊，頁 616。
㉕ 連橫，《台灣通史》，下冊，頁 617。

台灣的「精神世界」，雖於文史哲之人文素養有所缺憾，然其人倫日用則維繫於禮與風俗。禮俗構成了廣義的「精神世界」，體現於廣大人民的生活之中。對此，連橫撰有〈典禮志〉與〈風俗志〉二篇。〈典禮志〉之言曰：「禮，所以輔治也。經國家，序人民，睦親疏，防禍亂，非禮莫行。……台灣為海上荒服，我延平郡王闢而治之，文德武功，震鑠區宇，其禮皆先王之禮也。至今二百數十年，而秉彝之性，歷劫不沒，此則禮意之存也。起而興之，是在君子。」㉖於是在是篇中詳論慶賀、接詔、迎春、耤田、祭社、釋菜、祭纛、大操、旌表、鄉飲、祀典……等諸禮。可謂維繫台灣民俗民德的重要力量，然而連橫既謂「起而興之，是在君子」，恐已預見其衰，而特有期於君子，起而興之。

再者，連橫在〈風俗志〉中特別重視民間風俗，認為「風俗之成，或數百年，或數十年，或遠至千年。潛移默化，中於人心，而萃為群德，故其所以繫於民族者實大。」㉗他在該志中亦詳記台灣人歲時、宮室、衣服、飲食、冠婚、喪際、演劇、歌謠諸俗，並認為這些都是維繫民德的生活之道，「此則群德之不墜，而有繫於風俗焉，豈小也哉！」㉘吾觀每一風俗之每一細節，皆饒富象徵或實用之意義，無法一一論列於此。單就其所顯示之整體精神而論，則連橫特尚其既能保存、又能進取之民風。他說：

「台灣之人，中國之人也，而又閩粵之族也。閩居近海，粵宅山陬，所處不同，而風俗亦異，故閩之人多進取，而粵之人重

㉖ 連橫，《台灣通史》，上冊，頁 241。
㉗ 連橫，《台灣通史》，下冊，頁 597。
㉘ 連橫，《台灣通史》，下冊，頁 597-598。
㉙ 連橫，《台灣通史》，下冊，頁 597。

保存。唯進取，故其志大、其行肆而或流於虛；唯保存，故其志堅、其行狹而或近於隘，是皆有一偏之德，而不可以易者也。」㉙

關於宗教，連橫重視宗教的重要性，特設〈宗教志〉，但在觀念上，仍以宗教為禮俗的一部分，而視禮與政，如車之兩輪。他於〈宗教志〉中曰：「宙合之中，列邦紛立。而所以治國定民者，曰政，曰禮。夫政者，以輔民志也；禮者，以齊民俗者也。如車兩輪，相助為理。」㉚其中論及神教、道教、佛教、景教、回教等宗教。連橫亦主張宗教寬容，認為宗教崇拜的差異，是因為環境、所業不同，而至所祀亦有異，然而「莫不出於介福攘禍之心，是皆有追遠報本之意，而不敢忘其先德」，為此特別強調，「不必以此祀為是，以彼祀為非」。

最後，教育是一種下學而上達的歷程，連繫了上層與基層，菁英與民間，廣義與狹義的「精神世界」。不過，連橫認為，「台灣為海上荒島，靡有先王之制」。在荷蘭人入台之前，並無任何教育制度。自荷蘭人始，則行宗教教育，開始教化。

因此，據〈教育志〉，台灣最先開始的教育，是由荷蘭所推行的意識形態導向的宗教教育。在連橫看來，這是一種基於統治上的需要，而教化土番，以為臣民。他說：

> 「台灣為海上荒島，靡有先王之制。荷蘭得之，始教土番，教以為隸而已。派牧師布教，以崇信基督。其時歸化土番。曰新港、曰目加溜灣、曰蕭壠、曰麻豆、曰大目降、曰大傑顛，各設教堂禱福講經，永曆二年，各社始設小學，每學三十人，課以荷文荷語及新舊約。牧師嘉齊宇士又以番語譯耶教問答及摩西十誡，以授番童。……然其所以教之者，敬天也，尊上也，忠愛宗

㉚ 連橫，《台灣通史》，下冊，頁 569。
㉛ 連橫，《台灣通史》，上冊，頁 267-268。

國也。故終荷蘭之世，土番無反亂者，則教化之力也。」㉛

由「終荷蘭之世，土番無反亂者」一語看來，「敬天、尊上、忠愛宗國」這種意識形態導向的宗教教育，也有其社會穩定的作用。

在荷蘭之後，則有鄭經時期推行的儒學教育。永曆十九年八月，嗣王鄭經以陳永華為勇衛。陳永華治國，請建聖廟、立學校，鄭經先是以「荒服新創，地狹民寡」為由，請其稍緩。陳永華則答之曰：

> 「今台灣沃野千里，遠濱海外，人民數十萬，其俗素醇，若得賢才而理之，則十年生聚、十年教訓，三十年之後，足與中原抗衡。又何慮其狹小哉？夫逸居無教，則近於禽獸。今幸民食稍足，寓兵待時，自當速行教化，以造人才，庶國有賢士，邦以永寧，而世運日昌矣。」㉜

於是，鄭經聽從，乃「建明倫堂……並命各社設學校，延中土通儒以教子弟。凡民八歲入小學，課以經史文章。……教之育之，臺人自是始奮學……而避難搢紳，多屬鴻博之士，懷挾圖書，奔集幕府，橫經講學，誦法先王。洋洋乎，濟濟乎，盛於一時矣！」㉝。從連橫的敘述可以略知當時儒學教育的盛況。由於任教者多為「中土通儒」，「避難搢紳」，顯示台灣的教育與中華文化之傳承。

及入有清之際，則以科舉攏絡人才，有失教育之旨。連橫於〈教育志〉之始，對於科舉多所批評，曰：「是科舉非能得人才也，又且抑遏之、摧殘之，蔀其耳目、錮其心思，使天下

---

㉜ 連橫，《台灣通史》，上冊，頁268。
㉝ 連橫，《台灣通史》，上冊，頁268-269。
㉞ 連橫，《台灣通史》，上冊，頁267。

英雄盡入吾彀，而精捍者亦不敢與我抗，而吾乃無可憂。故學校之設，公也；科舉制，私也。」㉞針對清政府在臺辦理科舉、拑制人才、禁錮思想的種種措施，連橫喟然嘆曰：「烏乎！人才之進退，乃以此為權衡，政何由而治，學何由而興哉？康熙九年，頒聖諭十六條，命各地方官以朔望之日，集紳衿於明倫堂宣講，以俾軍民周悉。雍正元年，又刊定聖諭廣訓，頒發各鄉，命生童誦讀。朔望之日，亦集地方公所，逐條宣講。乾隆元年。復頒書院規訓。其所以造士者，可謂切矣。然而學校不興，浮華相尚，文字之獄，補戮無遺。其所以鉗制士類，玩弄賢才，焚書坑儒，尤未若斯之甚也。台灣為海上新服，躬耕之士，多屬遺民，麥秀禾油，眷懷故國，故多不樂仕進。」㉟由此可見，以科舉為主的教育已成為政治鉗制之工具，也會在明朝之後的赴臺移民中造成反感。

不過，實用之需與社會發展，則形成了台灣教育的另一動力。尤其劉銘傳所推動的一連串配合的教育措施，更是造成了台灣教育的嶄新面貌。連橫曰：「當是時，百事俱興，農工路礦次第舉辦，而多借才異國。銘傳乃為樹人之計，十二年先設電報學堂於大稻埕，以習其藝。十六年又設西學堂於城內，聘西人為教習，擇全臺聰慧之子弟而教之，課以英、法之文，地理、歷史、測繪、算術、理化之學。又以中國教席四名，分課漢文及各課程。……成效大著。台灣教育為之一新。」㊱這些以外語、實用科學、技藝為主的教育，一方面能推動台灣社會的近（現）代化㊲，另一方面亦能符合台灣人開放務實的性格。

㉟ 連橫，《台灣通史》，上冊，頁274。
㊱ 連橫，《台灣通史》，上冊，頁276。
㊲ 黃富三認為「台灣近代化程度最高，此應歸功於劉銘傳之建設」，見氏著，〈劉銘傳與台灣近代化〉，收入黃富三、曹永和主編，《台灣史論叢》，第一輯，（台北：眾文圖書，1980），頁279。

# 六、結　語

　　綜上所述，從我們對於連雅堂《台灣通史》所顯示的「台灣精神」的解讀，可以見到，台灣自從由諸神話傳說中興起，立於歷史的開端，便充滿著向世界史、向多元的可能性開放之傾向。但在明鄭之後，歸於中華文化的大纛之下，歷經有清一代，一方面雖透過中華文化而達成自覺、形塑自我，但是另一方面也有隨清之封閉而封閉的傾向。然於此對比勢力的交相運作之中，台灣仍持續著其自我認同之追尋。

　　台灣之歷史，可謂由多元的可能性之中，經由原初暴力，而固著了文化發展方向，形塑其自我認同。文明之方向，乃由原初暴力走向理性說服之歷程。有以下三點特值得一說，以為結語。

　　1. 追遠報本之精神與多元開放之對比：連橫對於台灣民間禮俗，特重其追遠報本、不敢忘其先德的精神。在政治史上，此一精神則表現為民族精神，此為連橫所特重視之精神，亦即其自序所謂「發揚種性」的「不佞之志」。其積極者，在發揚固有文化精神；其消極者，則拒由外族統治，可由台灣先民對清朝統治、對日本統治所表現的大義見之。

　　然而，台灣在追遠報本的同時，又有著多元開放的精神，此不但表現於台灣歷史的開端向世界史的開放，而且表現為鄭成功、鄭經父子對國際之開放。對此，連橫更贊之曰：「台灣當鄭氏之時，彈丸孤島，拮抗中原，玉帛周旋，蔚為上國。東通日本，西懾荷蘭，北結三藩，南徠呂宋，蕩蕩乎！汱汱乎！直軼春秋之鄭矣。」[38]事見〈外交志〉。於追遠報本中勿輕多

元開放，於多元開放中勿忘追遠報本，始能承襲中有創新，創新中能承襲。

2. 既能保存又能進取的務實精神：台灣人開墾的勤奮，蓽路藍縷，以啟山林的精神，屢為連橫所稱道，其中展現了台灣人的務實精神，此一務實精神貫串到後來對現代化的追求。然而，在連橫對於台灣民俗的記述中，此一務實的精神似乎包含了保存與進取兩方面。連橫所謂「台灣之人，中國之人也，而又閩粵之族也。……閩之人多進取，而粵之人重保存。……緬懷在昔，我祖我宗，橫大海，入荒陬，臨危禦難，以長殖此土，其猶清教徒之遠拓美洲，而不忍為之興隸也。」文詞之間似有比較鼓舞進取之意，但保存與進取實為一體之兩面，應相為互補，則恐是連橫之深意。

3. 淳厚的禮俗與不足的藝文之對比：一方面連橫認為，從民間禮俗看來，臺人秉性淳厚，而台灣之自然環境饒富自然之詩境，顯示民間有豐富的精神世界；然而，另一方面，他又慨嘆先民「不忍以文鳴，且無暇以文鳴」，與乎史料之散失，史作之不全。至於哲學思想，更無述焉。文史哲為人文之精粹，其殘缺與不足亦為台灣精神世界之殘缺與不足，將使其淳厚的禮俗無以自覺的發展，其「天然之詩境」無以提昇為「人文之詩境」，此恐連橫所寄望於後人者乎。

# 第二章

# 台灣的文化環境

## 一、前　言

　　所謂文化環境是指文化在其中生長發展的客觀結構與生態，大體言之，可以分為歷史環境、生活環境、制度環境與生態環境等四項來予以分析。本文主要討論的是這四種文化環境，至於文化資產及其他硬體環境部分，包含文建會近年來投注甚多心力的「公共藝術」與「環境景觀」，則不在本章討論之列。

　　首先，文化既是一個社群在時間中長期形成的生活方式，也因此所謂「歷史環境」指的並非涉及文化的歷史事件，而是指在長期歷史中形成的生活類型，其具體表現則為各類型的文化生活圈及其彼此的關係。

　　其次，文化並非由上而下的指導歷程，而是由下而上的創造歷程，也因此，文化的「生活環境」指的是在人民日常生活中所展現的客觀樣態，其理想與現實，以及由此所形成的文化需求。

　　再次，所謂文化的「制度環境」，指的是政府與民間推動文化的機構與硬體環境，以及獎助或補助文化的機構及其運作。至於文化的「生態環境」，主要指的則是文化與藝文工作者，無論是團體或個人，其基本構成與士氣。換言之，本文主

要討論的是文化與藝文界的生態。

## 二、歷史環境與生活圈的形成

大體說來，台灣文化的歷史環境，是由前現代的文化傳統、現代的文化衝擊和後現代的文化挑戰等三項主要因素所形成的，其間由於時間向度與生活方式的差異，因而形成各種不同的文化生活圈。①

### ㈠ 台灣地區的前現代文化

台灣地區各族群的文化傳承皆是形成於前現代時期。主要由自遠古以來經由歷代移民來臺的南島語族和漢族的文化所構成。

在前現代文化中，由漢族移民所帶來的中華文化大傳統曾於世界文明中發放異彩，加上原地方上的民間信仰，更由於在台灣的拓荒歷程及移民社會的特質，歷經四百餘年而逐漸發展出具有地方色彩的文化傳統，形成了福佬（閩南）生活文化圈和客家生活文化圈。（見圖一）

至於南島語族的文化，則屬採獵與農耕的生活形式之原始文化系統。其中又分為漢化較深的平埔族的生活文化圈，和原稱「高山族」而晚近被定名為「原住民」的各族，由南至北，兀自形成了泰雅族、賽夏族、布農族、鄒族、排灣族、魯凱族、阿美族、卑南族、雅美族等不同的文化生活圈。（見圖二）

中華文化大傳統至民國 38 年左右，隨著政府播遷來臺，再度發生大量的移民潮，加上政府提倡文化復興運動，因而再度增強。這時期前後也陸續移入大陸各省與滿、蒙、藏、回與其他少數民族的文化。大體說來，形成了外省人文化生活圈與

① 此三層文化歷史段落的區分，見沈清松，〈台灣的文化問題和文化發展〉，《哲學雜誌》，第 1 期，（台北：哲學雜誌社，1992.5），頁 42-43。

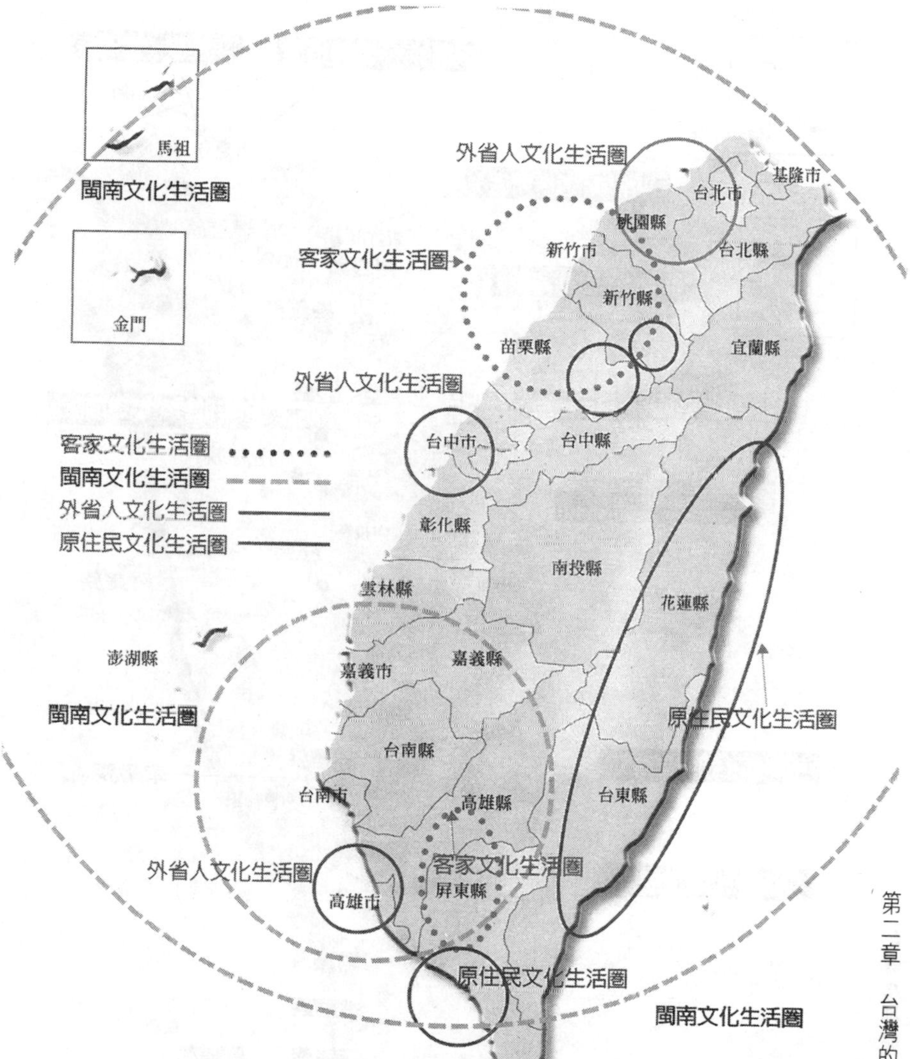

馬祖

閩南文化生活圈

金門

客家文化生活圈 ‧‧‧‧‧‧‧‧
閩南文化生活圈 ‐‐‐‐‐‐‐
外省人文化生活圈 ——————
原住民文化生活圈 ——————

外省人文化生活圈

客家文化生活圈→

外省人文化生活圈

閩南文化生活圈

外省人文化生活圈

客家文化生活圈

原住民文化生活圈

閩南文化生活圈

馬祖

基隆市
台北市
桃園縣
台北縣
新竹市
新竹縣
宜蘭縣
苗栗縣
台中市
台中縣
彰化縣
南投縣
雲林縣
花蓮縣
澎湖縣
嘉義市
嘉義縣
台南縣
台東縣
台南市
高雄縣
高雄市
屏東縣
原住民文化生活圈

蘭嶼

N

圖一　臺灣地區各族群生活文化圈

資料來源：辛晚教，《全國生活文化圈整體規劃先期研究案——
全國文化生活圈文化硬體（展演）設施發展綱要計畫》。

圖二　臺灣地區各南島語族生活文化圈分布圖

資料來源：依據八十四年國建會文教發展研究分組研究議題及背景資料修正

各少數民族文化生活圈。（見圖一）

　　整體說來，台灣由於移民社會的特質，可謂集結了甚為豐富的族群文化資源。漢族文化、南島語族文化與其他各族文化，使得台灣所集結與繼承的前現代文化傳統相當豐富而多樣，並且形成了眾多的文化生活圈。一方面，前現代文化中的象徵符號、倫理關係、藝文表現與價值體系，都成為各族群的生活意義與自我認同的核心。另一方面，這些前現代文化亦受皆到現代化的衝擊與洗禮，進而遭受到轉型或萎縮的命運。

　㈡ 台灣地區的現代文化

　　現代化的意義主要是理性化，其具體表現則為工業化歷程，而工業社會本身亦蘊含著價值與文化的動力。目前台灣大部分地區皆已工業化，雖仍存在著大幅山區與農村地區，但皆已受到工業社會波及，享受現代化的便利。從農業社會轉變為工業社會，人們會從利他轉向利己，從合作轉向競爭，從追求整體幸福轉向追求眼前利益與快樂。自我實現、平等、自由、社會正義、工作與休閒均衡、資訊流通等價值凸顯，結合了科技特性、工作效率與遊戲需求的文化特色顯著。然而，此種文化動力本身亦有「功利化」、「商品化」和「庸俗化」的危機。

　　由於工業化與現代化的來臨，台灣也興起了不少新興的文化生活圈，諸如大都會生活文化圈、一般城市文化圈，分布全省北部、中部、南部、東部各地。②此外，還有按照職業分工，如學生、上班族、工人、農林漁牧……等而形成的不同的次文化生活圈。

---

② 詳細討論可參見：辛晚教，《全國生活文化圈整體規劃先期研究案──全國文化生活圈文化硬體（展演）設施發展綱要計畫》（台北：行政院文建會委託，1996），頁 1-1─1-12。

### (三) 台灣地區的後現代文化

由於台灣本身現代化歷程的加深，弊病漸生，並因此逐漸產生後現代的文化趨勢，對現代性多所批判、質疑與否定。加上國際交通發達，資訊便利，一方面帶來嶄新的資訊社會面貌，另一方面亦使得歐、美、日等先進國家的文化風潮，尤其一些前衛性的、後現代的潮流陸續湧進，對既成秩序進行解構，並激起嚴重的反規範現象。此外，一些文化創作諸如建築、美術、文學、小劇場、書畫、攝影……等，以及種種文化思潮，亦冠以「後現代」之名。此種後現代的文化一方面既有因著資訊發達而與全球同步的趨勢，另一方面亦含有「虛無主義」的傾向，刻正侵蝕著國人心靈。

後現代的文化由於資訊的發展，出現形形色色的網路族，各種各類的網路一方面打破各種文化圈圈，另外又不斷形成新的文化圈圈。此外，在後現代文化趨勢中，因著性別、年齡、職業、階層、族群、信仰……等等，都會不斷形成新的文化生活圈，而在組成之後往往又趨分散，形成不斷變化，不斷重組的開放體系。

從以上簡略的分析看來，台灣地區文化的歷史構成包含了在前現代農業社會中形成的各族群文化傳統、現代工業社會的文化動力，以及後現代的文化衝擊。目前這些歷史構成因素彼此加起來最大的問題，便是協調不足。換言之，前現代、現代與後現代的銜接，並不是十分順利，其最顯著而具體的情況便是不同生活圈彼此的衝突，此起彼落，甚或因銜接不良而顯示雜然拼湊的狀況。在此所謂「協調」並不是指朝向一元的統合，而是指多元因素彼此的尊重和調適。尤其在解嚴之後，社會力釋放，文化協調不良，差異因素相互衝突，相互拼湊與抵消的情形益發嚴重。傳統中華文化逐漸失去原先扮演的整合主

導力量角色，反而在多元社會中成為待整合的眾多文化因素之一。

　　拼湊與衝突可以說是當前文化的歷史環境呈現的困境。今後的文化發展必須設法克服此一難題。例如，在公共政策上，必須制定能促進溝通與協調的文化政策，透過各級文化中心、各社區、各種民俗節慶、各種動態參與及靜態展覽，促進各種不同性別、年齡、族群、地方、信仰……等次文化的相互觀摩、交談、了解和互動，化解隔閡和誤解，增進相互的連帶關係。此外應透過知識分子及各類民間團體，扮演協調的中介力量，發揮創造力，互相連結，共創文化，組構互補之網，邁向更完美的調合狀態。

## 三、生活環境與文化需求

　　在文化的生活環境方面，由於當前社會受到現代化的衝擊，造成生活環境與文化需求的重大變化。首先，由於工業化與都市化，形成城鄉差距與文化不均富的情形，相當嚴重。其次，國民生活的現實與理想也有其文化意涵，呈現種種實然與應然的文化需求。最後，由於經濟繁榮，國民收入大幅提高，有更多可以自由利用的時間和金錢，於是休閒生活日趨重要，休閒與文化的關係也日趨密切。

　　在討論以上三點之前，必須指出，生活環境的改變也與國內產業結構的變遷有關，後者由原先以提供原料為主的第一部門，轉往第二部門以工業製造為主的產業結構。近年來，提供服務的第三部門更是巨幅成長，其中有許多是關涉到文化與休閒生活的服務業。此外，由於政治的民主化造成社會力的釋放，國民的自由與權益意識高漲，各種因著性別、年齡、教育、職業、族群、地方等差異因素而形成的次文化，逐漸取得

或宣稱其自主性與特殊性，也會反映在生活環境上，並影響文化需求。以下僅就城鄉生活環境及其問題、日常生活的文化意涵與文化需求、休閒生活與文化需求等三點分別予以討論。

### (一) 城鄉生活環境及其問題

台灣地區快速都市化的現象，使得鄉村人口向都市集中，造成人口嚴重流失。傳統以家族為主的社會結構和倫理秩序逐漸解體，新興的倫理秩序與價值體系尚未形成。城鄉差距造成生活環境有別，農村與山區居民享受的文化資源甚少，而都會地區則享受更豐富而多元的文化資源，也因此城鄉文化不均富的情形嚴重。此外，都市與鄉村又各有不同的問題，茲簡述如下：

就都市而言，都市人口的不斷增加，造成人口異質化的情形日趨嚴重。都市充斥著住宅問題、交通問題、治安問題、環境衛生問題等等，加上公共秩序混亂，造成都市居民生活的緊張與焦慮，需要文化與精神生活的舒解和調節。都市的個人主義與功利取向，使得人人自私自利，缺乏社區意識，人際關係冷漠，人人皆是「相識的陌生人」，造成都市生活嚴重的疏離感，更需要感情連繫與文化陶冶的機制。

就鄉村而言，鄉村人口流失，青年人口外移，不但造成生產力不足，而且失去活潑的文化氣息，夾雜著稚氣與暮氣，而缺乏蓬勃的朝氣。農業收入偏低，使得文化支出相對減低。由於工廠侵入，造成環境污染嚴重，生態環境惡化。整體說來，鄉村與山區的醫療設施、學校教育設施、社會福利及文化活動設施，皆普遍不足。此外，由於現代化調適不足，更因為受到都市風氣與電視媒體的影響，暴力、犯罪、投機等行為日增。由於工業化、都市化歷程的周邊效應，加上整體政治環境變化與地方派系分合的影響，農村的社會連帶關係逐漸瓦解，社會整合力趨弱，對外依賴勝過自主互助的主動精神。

## ㈡ 日常生活的文化意涵與文化需求

國人心目中的理想生活型態，往往也透露出國人文化需求的方向。就此而言，行政院主計處曾於民國81年公布《中華民國台灣地區文化調查需求面綜合報告》，調查結果顯示，國人對於理想生活型態之追求，係以「良好的健康」居首，重要度高達 58.95 分；其次為「充裕之收入」，重要度達 36.36 分，與「享受親情生活」，重要度達 26.66 分。由此可見，健康、財富和親情三者，是國人最重視的生活要素。其餘如「清靜安全的居家生活」、「合適的工作環境」、「豐富的休閒生活」，重要度分別為 17.31 分、14.22 分和 10.53 分，其中以與工作與休閒有關者較具文化意義，但重要性不大，顯示國人的文化意識仍有待提昇。也因此，「智識與資訊豐富的生活」重要度退居 10 分以下，而「追求美感的生活」與「宗教性的生活」則敬陪末座，其重要性均在 2 分以下。③

整體說來，國人所追求的理想生活狀態，多屬較為實用性、生活性，然而文化性較不顯著的項目。至於有關知識資訊、倫理關係、休閒生活、自我實現、宗教生活……等文化價值，除了傳統導向的「人際關係」，與現代導向的「自我實現」及「實用性知識」比較受到重視之外，凡屬文化核心的美感價值、宗教價值的重要度皆不高。由此可見，國人的理想生活仍以此世性、實用性、社交性為主，比較缺乏美感性、超越性的理想。由此所衍生的文化需求，當然也以實用性為主調。④

不過，為了提昇國人的文化水準，文化建設也不能以滿足

③ 行政院主計處編印，《中華民國台灣地區文化調查需求面綜合報告》（台北：行政院主計處，1992），頁 75。
④ 沈清松，〈日常生活中的文化意涵——當前國人生活文化的現況與評估〉，見《民國 81 年中華民國文化發展之評估與展望》（台北：行政院文建會，1993），頁 163-169。納入本書第七章。

國人的現實需求為已足，而應在現實需求滿足之後，也能開展其對美感性、超越性的需求，並進而予以滿足。雖然國人的文化需求不如實用的生活需求來得殷切，但主計處的同一調查也顯示，15 歲以上的民間人口期望政府第一優先辦理之文化建設，其中以增建休憩場所、增擴公共圖書館、加強體育活動及設施、加強舉辦藝文活動、加強學校之歷史與文化教育等，為前五項最重要之需求。由此可見，國人的文化需求是以休閒性、知識性、健康性、藝文性相關需求為主。

就生活性的文化而言，國人在食衣住行方面的需要，主要是追求方便性，並顯示各種特色雜陳的綜合性，但普遍缺乏秩序與美感，也缺乏文化特色的形塑，原有地方性的特色亦逐漸流失。今後生活文化最需加強的，是生活中的秩序與美感，並在方便性與特色性之上，更著重文化創新與地方特色，尤其應在豐富多元的選擇中，加強協調互補的精神。⑤

㈢ 休閒生活與文化需求

由於經濟與社會的發展，加上工作的時間與形態的改變，國人可自由運用的時間與金錢日增，也因此休閒生活日趨重要。這也是世界性的大趨勢。整體說來，由於民生富裕，加上隔週休二日制度的實施，國人生活中自由時間的增加，代表國人從事文化的機會亦隨之增多，也因此充滿了文化發展的蓬勃契機。不過，迄至目前，國人的自由時間多用在休息、社交或遊樂性、被動性的休閒活動（如觀賞電視、錄影帶、電影……等），較為可喜的是知識性的活動（如聽演講、學習等）頗受到重視，近些年來倫理性（如做義工、慈善活動）與宗教性的活動（如進寺廟教堂、聽講經、法會、及其他如避靜、禪七、

---

⑤ 同上，頁 169-177。

佛七……等）人口亦有所增加。不過，大體上，利用自由時間去從事主動性、創造性、心靈性的文化活動者，比起用在被動性、消費性、遊樂性的活動者，仍然相形減少。

由於平時人們要工作，無暇參與藝文活動，唯有休閒時光才能好整以暇，悠閒的參與各種藝文性、文化性的活動，也因此休閒生活與文化發展日趨密切。我國自民國 87 年元月起，實施隔週休二日制度，將使國人的文化生活更趨多元與豐富。行政院文建會為了配合週休二日制的實施以提昇國民文化生活，曾制定〈週休二日文化游——加強推展文化休閒具體作法〉，其中的具體作法包含以下幾點：

1. 協助縣市增建、改善及充實展演設施：包括補助縣市文化中心改善演藝廳、協助縣市文化中心興建展演設施、充實鄉鎮展演設施、輔導縣市主題展示館之設立及文物館藏充實、輔導美化地方傳統文化建築空間等。

2. 推展社區文化及生活文化活動：包括舉辦「社區文化之旅」活動、舉辦「文化休閒列車」活動、賡續推動「書香滿寶島」文化植根計畫等。

3. 加強推展藝術下鄉活動：包括擴大辦理基層巡迴展演活動「大家相招來看戲」、辦理「表演藝術團隊巡迴校園演出計畫」、策劃辦理「87 年度全國文藝季」、辦理「小型國際性文化藝術活動」等。

4. 編印「週休二日文化游藝文活動一覽表」。

5. 結合傳播媒體加強宣導文化休閒資訊。

6. 推動文化機構義工制度之建立。⑥

除此以外，文建會還輔導各縣市文化中心辦理「加強縣市

---

⑥ 行政院文建會，〈週休二日文化游——加強推展文化休閒具體作法〉（台北：行政院文建會，民國 87 年 2 月 12 日），頁 5-18。

文化藝術發展計畫」與「假日文化廣場推展計畫」等。以上這些措施都將有助於國人善度休閒生活，並透過休閒活動提昇文化水準。不過，檢討起來，其間仍有一些困難有待克服。

首先是觀念上的困難。國人目前對工作與休閒的真正意義多未能正確瞭解，工作只是為了賺錢，而不是為了自我實現；休閒只是為了休息或從事工作以外的活動，而未能藉休閒探關人生理想，從事文化活動，創造或發現新的價值。由於缺乏正確的工作與休閒觀，以致無法透過休閒創造生活意義，反而落於被動化、機械化、商品化的休閒危機。針對上述困境，今後應透過改善工作與休閒環境，改善工作的升遷與考核制度，加強休閒教育，並透過個人和團體價值觀的重整，使工作與休閒能成為國人生活中維繫並創造價值的歷程。這也可以視為觀念調整的應然需求。

其次，休閒設施的不足與休閒風氣惡質化也是困難所在。本來，對於休閒設施與活動的需要，是國民最重要的文化需求之一，然而，休閒業的人文性、文化意義不高。一般民間經營的遊樂場、觀光樂園多以賺錢為目的，不願增加人文性、教育性、文化性的經營項目。此外，酒廊，舞廳、KTV，卡拉OK，理容中心……等等林立，即便原屬純樸的鄉間亦不能倖免，對原有的道德觀念與人際關係造成不少衝擊。今後增加休閒設施及其文化氣息，避免休閒惡質化，也是重要的課題。

此外，由於工作與休閒的方式與時間，尚未做到系統性的變化與安排，加上休閒體系尚未系統建立，也因此未能達到別人休閒我工作，我休閒時別人工作的境界。加上交通與休閒設施不足，每逢週末，尤其每當隔週休二日，國人一窩蜂式的在集中的時間與地點休閒，造成交通阻塞、人潮擁擠的情況十分嚴重，不但不能達到休閒的目的，反而益增心理的焦慮與情緒

的不穩。為此，今後如何系統安排休閒的時間與場所，也是重要的課題。可見，對於上述困境的改善，也會構成一些應然的文化需求。

## 四、推動與獎勵文化的制度環境

目前國內的文化發展雖然已由「國家文化」階段轉入「民間文化」或「地方文化」的階段，但是，文化的發展仍需要良好的推動與獎勵文化的制度環境。平心而論，是因著政府的文化政策與文化工作，逐步培育了地方文化時代的來臨。以下僅就中央與地方文化機構和補助文化的機制略論如下：

### ㈠ 中央文化機構

就制度環境而論，行政院文化建設委員會（以下簡稱文建會）是全國文化建設之最高機關，依照民國 70 年 7 月 31 日公布之〈行政院文化建設委員會組織條例〉而設置，按照該條例，其原初設置的目的有三：

1. 統籌規劃國家文化建設；
2. 發揚中華文化；
3. 提高國民精神生活。

由此可見，設置初期，文建會是在「國家文化」的概念下，以中華文化為主導，為了提高國民精神生活，推動文化建設。不過，自從其設置初期開始，文建會便致力於國際文化交流、國內文化資產保護、原住民文化的保存與發揚，其後更由於縣市文化中心的建立，文建會盡心予以輔導，並規劃地方特色文化館的建立，加上對地方文史工作的大力培育與支持，逐步形塑地方文化興起的優良環境，使得解嚴之後文化的重心能順利轉移至地方文化。晚近更透過「社區總體營造」的工作，使地方文化得以深耕和活潑起來。

近年來，由於地方文化蓬勃發展，而且國家發展也進入嶄新階段，更需要用文化來提昇經濟與政治發展，全國文化事宜需要全面的規劃與整合，文化建設已然進入新境，百事待舉。然而，由於文化相關事宜分散各部會，且文建會層級不高，權小人少，不易全面推動文化建設工作。為此，學界與民間屢有成立文化部之議。最後，在第二屆全國文化會議中，第一議題「省思文化體系」的與會者在會議總結時做成以下結論：「為使文化行政體系健全，有效推展文化建設工作，中央機關應成立文化部，地方機關亦應配合成立文化專責機關。縣市文化中心應提昇為縣市政府之一級單位，並增加編制人員」。在該會議的閉幕典禮中，時任副總統兼行政院長的連戰先生也正式宣示，行政院將設立文化部，做為對第二屆全國文化會議結論的正面回應。

值得注意的是，文化界人士也有反對成立文化部的聲音。反對的理由主要是擔心原屬由下而上、自由創造的文化，今後將會受到由上而下的指揮與掌控，因而不利於文化本身的發展。話雖如此，一個健全的文化行政機構，應該能合乎文化的性質本身的要求，適切推動文化由下而上的自由創造與發展。文化部若得設立，應可避免制度的負面作用，促進文化的正面發展。

於是，文建會遵照第二次全國文化會議的決議與連戰先生的指示，於民國 86 年 7 月 28 日擬具「文化部組織架構規劃說明」，陳報行政院。按照該項規畫，文化部將設綜合計畫、人文、藝術、文化交流等四個業務司。經行政院組織法研究修正專案小組函復，考量文化部之設立需配合「行政院組織法」之修正，而行政院組織架構雖已有初步調整方案，惟需俟「政府機關總員額法」草案及「國家機關組織基準法」草案完成後，

再行併同研處。

誠然，國家發展到今天，已經到了從經濟與政治的發展層面提昇到文化發展的階段了。文化部的成立正是因應此一國家發展新階段的需要，其意義是要在經濟與政治的現實中注入文化理想與精神生活，不再像從前一樣，用文化來點綴經濟與政治。文化部的成立應是國家重視文化的具體表現，好使得文化按照自身的規律發展，尊重文化本身的價值與尊嚴，推動文化整體的發展，提昇國民文化生活水準。

此外，中央政府各單位也附設有許多推動和執行與文化工作有關的機構和硬體設施。例如，隸屬總統府的中央研究院民族學研究所設有博物館；行政院下設有國立故宮博物院；文建會下設有附設文化藝廊、國立傳統藝術中心（籌備處）；教育部下設國立中正文化中心（含國家音樂廳、國家戲劇院）、國家圖書館、國父紀念館、國立台灣藝術教育館、國立歷史博物館、國立自然科學博物館、國立科學工藝博物館、國立台灣史前博物館（籌備中）等；國防部下設有國軍歷史文物館；財政部下設有海關博物館；交通部下設有郵政博物館……等等。

### (二) 地方文化機構

除了行政院文建會之外，台灣省政府為了提昇本省文化工作績效，也於民國 86 年 5 月 15 日成立文化處，統籌本省各項文化業務，以有效推展文化活動，促進文化均富。省政府亦設有各類推動和執行與文化工作有關的機構和硬體設施。例如，台灣省立博物館、台灣省立交響樂團、台灣省立美術館及多所省立社教館。

在北、高二院轄市方面，台北市設有市立社教館、市立圖書館、市立交響樂團、市立美術館、市立國樂團、市立兒童交通博物館、市立兒童育樂中心、市立天文科學教育館、市立動

物園……等機構。至於高雄市，則設有市立文化中心、市立圖書館、市立社教館、市立美術館、高雄市實驗交響樂團、高雄市實驗國樂團、智障兒童玩具圖書館……等機構。

至於其他各縣市，則除了圖書館與社教館之外，與文化最直接相關的，則是各縣市文化中心與主題展覽館。縣市文化中心的設置，是在民國 66 年由時任行政院長的蔣經國先生，在十二項建設之中特別列入「文化建設」一項，「計畫在五年之內，分區完成每一縣市的文化中心。」各縣市文化中心的組織，是根據民國 67 年及其後陸續通過的「教育部建立縣市文化中心計畫大綱」、「社會教育法」、「台灣省各縣市立文化中心組織規程」、「高雄市立中正文化中心管理處組織規程」等法規而成立。在行政人事方面，初期是由教育部管轄，包括建築、設備、編制員額及經費等，均由教育部負責辦理，其後再轉移至各縣市政府。文建會及由專家學者所組成的諮詢委員，負責中心的文化育樂活動之策劃、推動、協調、輔導及提供補助經費。主要的預算是由縣市政府編列，後者並擁有直接指揮權。此外，教育部及省教育廳也是文化中心的督導單位，並提供補助經費。

各縣市文化中心在成立之後，逐漸成為地方性的文化推動機構。最初一方面承辦文建會交辦業務，如文藝季，另方面也舉辦一些地方性的文化活動。其後，在首任文建會主委陳其祿的倡導下，由各文化中心開始籌設具有地方特色的展覽館，在文建會及專家學者的規劃下，分別成立了花蓮縣山地文物館、台南縣左鎮菜寮化石館、南投縣竹藝博物館、台東縣山地文物陳列館、台北縣現代陶瓷博物館、桃園縣中國家具博物館、宜蘭縣台灣戲劇館……等。其他各縣市也紛紛設立特色館，使地方文化的觀念與特色逐漸落實。（見表一）

表一　縣市文化中心及特色館概況

| 縣　市 | 文化中心 | 成 立 日 期 | 特 色 館 名 稱 | 開 館 日 期 |
|---|---|---|---|---|
| 高雄市 | 文化中心 | 70 ／ 04 ／ 16 | | |
| 台北縣 | 文化中心 | 72 ／ 10 ／ 08 | 現代陶磁博物館 | 78 ／ 03 ／ 29 |
| 宜蘭縣 | 文化中心 | 73 ／ 05 ／ 20 | 臺灣戲劇館 | 79 ／ 04 ／ 21 |
| 桃園縣 | 文化中心 | 72 ／ 07 ／ 01 | 中國家具博物館 | 78 ／ 04 ／ 30 |
| 新竹縣 | 文化中心 | 85 ／ 03 ／ 02 | 客家文物館 | 規劃中 |
| 苗栗縣 | 文化中心 | 72 ／ 10 ／ 08 | 木雕博物館 | 84 ／ 04 ／ 09 |
| 台中縣 | 文化中心 | 72 ／ 01 ／ 01 | 編織工藝館 | 79 ／ 12 ／ 23 |
| 彰化縣 | 文化中心 | 71 ／ 12 ／ 25 | 南北管音樂戲曲館 | 硬體完成 |
| 南投縣 | 文化中心 | 74 ／ 05 ／ 19 | 竹藝博物館 | 77 ／ 05 ／ 29 |
| 雲林縣 | 文化中心 | 74 ／ 05 ／ 19 | 臺灣寺廟藝術館 | 84 ／ 12 ／ 20 |
| 嘉義縣 | 文化中心 | 85 ／ 07 ／ 01 | | |
| 台南縣 | 文化中心 | 72 ／ 10 ／ 08 | 臺灣民間傳統藝能館 | 規劃中 |
| 高雄縣 | 文化中心 | 71 ／ 12 ／ 25 | 皮影戲劇館 | 83 ／ 03 ／ 13 |
| 屏東縣 | 文化中心 | 73 ／ 09 ／ 28 | 排灣族雕刻藝術館 | 84 ／ 09 ／ 30 |
| 台東縣 | 文化中心 | 73 ／ 10 ／ 25 | 山地文物陳列館 | 77 ／ 06 ／ 10 |
| 花蓮縣 | 文化中心 | 72 ／ 12 ／ 25 | 石藝博物館 | 設置中 |
| 澎湖縣 | 文化中心 | 70 ／ 10 ／ 24 | 海洋資源館 | 83 ／ 12 ／ 24 |
| 基隆市 | 文化中心 | 74 ／ 08 ／ 27 | 地方特色文物館 | 79 ／ 07 ／ 24 |
| 新竹市 | 文化中心 | 75 ／ 10 ／ 31 | 美術工藝博物館 | 規劃中 |
| 嘉義市 | 文化中心 | 81 ／ 07 ／ 01 | 交趾陶博物館 | 規劃中 |
| 台南市 | 文化中心 | 73 ／ 10 ／ 06 | 臺灣民間工藝館 | 規劃中 |

資料來源：行政院文建會《民國 85 年文化統計》，頁 244，經資料更新

　　值得注意的是，除了上述公立機構之外，也有許多出自私人設立的圖書館、博物館、美術館，也扮演著傳承與推動文化的角色。圖書館姑且不論，在博物館與美術館方面，諸如設在台北市的中國文化大學華崗博物館、何創時書法藝術文教基金會附設書藝館、順益台灣原住民博物館、楊英風美術館、鴻禧美術館；設在台北縣的李梅樹紀念館、李三郎美術館；設在新竹市的李澤藩美術館；設在南投縣的林淵美術館；設在台南縣的奇美博物館；設在高雄市的山藝術文教基金會附設美術館

……等等。私人的文化展演機構往往能傳達別具特色與多元的文化價值,今後這方面的推展還有待民間更大的主動與慷慨。

### (三) 獎助與補助文化的機制

國內文化發展雖已由國家文化轉向地方文化,然而,在經濟資源部分,國內各民間的藝文或文化工作團體,多仍依賴政府機構或公共資源來求生存發展,顯示民間文化的自主性仍未完整化。此外,私人或民間的文教基金會近些年來雖如雨後春筍般地成立,但由於各自的設置目的之特殊性,雖可支援與補助部分的藝文工作者與文化界的需要,但迄未能產生完全替代政府機構或公共資源獎助與補助文化事業的作用。在此種情形下,來自政府的獎助或補助的確仍扮演著極為重要的角色。

由於迄至目前與文化相關的業務,仍有分散於各部會的情形,也因此對於文化的獎助,也在相關各部會中有之。例如,內政部訂有「古蹟保存獎勵要點」,教育部設有「私立社會教育機構設立及獎勵辦法」、「重要民族藝術藝師遴選辦法」、「教育部文藝獎設置辦法」等,而在「演藝事業暨演藝人員輔導管理規則」中,亦設有獎勵條款。新聞局則設有「出版獎助條例」、「電影事業及電影從業人員獎勵及輔導辦法」等。由交通部與教育部會辦的,有「觀光文學藝術作品獎勵辦法」。此外,財政部亦訂有「教育、文化、公益、慈善機關或團體免納所得稅適用標準」。⑦除了上述法規訂定的補助或獎助辦法之外,各部會在其相關業務中,仍有部分資源提供文化方面之使用。

不過,由政府出資,以較為系統的方式獎助或補助文化,主要仍在文建會,大體言之,迄今設置有「文化藝術獎助條

---

⑦ 以上各法規參見《文化建設法規彙編》(台北:行政院文建會,1995)。

台灣精神與文化發展

例」、「文化藝術獎助條例施行細則」、「文化藝術事業減免營業稅及娛樂稅辦法」、「行政院文化獎設置辦法」、「文化建設基金收支保管及運用辦法」、「行政院文化建設委員會表揚文化機構績優義工實施要點」、「行政院文化建設委員會補助假日文化廣場基層藝文活動作業要點」、「行政院文化建設委員會績優文化藝術人士急難補助作業要點」、「行政院文化建設委員會補助案件審核作業要點」等。文建會為補助與獎助文化事業與活動，另設有文化建設基金管理委員會。

配合著文化民間化的趨勢，文化獎助與補助的機制也逐漸轉往為民間化或財團法人性質。這其間最重要的大事，便是國家文藝基金會的成立。早在 81 年 7 月 1 日公布的「文化藝術獎助條例」中，便設有國家文藝基金會專章，其中第十九條規定，「為輔導辦理文化藝術活動，贊助各項藝文事業及執行本條例所定之任務，設置財團法人國家文化藝術基金會」。到了 83 年 10 月，正式公布「國家文藝基金會設置條例」，並於 84 年 6 月 23 日公布「國家文藝基金會董監事遴選辦法」，而且按照該辦法成立第一屆董監事會，於是，國家文藝基金會在民國 85 年 1 月 1 日正式成立並運作。

國家文藝基金會成立之初便以贊助文化藝術事業與獎助文化藝術工作為其主要業務，審慎訂定補助基準，並根據基準接受申請，經由嚴謹與公正的評審結果進行補助，便成為基金會一開始的重要工作。國家文藝基金會亦為藝文界提供資訊與法律服務，為全國藝文團體辦理保險，並主辦國家文藝獎。迄今已舉辦完畢第一到第四屆的國家文藝獎。

國家文藝基金會在理想上雖想扮演民間組織角色，在實際上也採取財團法人的型態經營，然而，由於基金的來源迄今大部分都是來自政府捐助，而且主其事的董監事會成員仍然是由

政府聘任，也因此文藝界對基金會的主觀知覺，多數仍定位在半官方、半民間組織。整體說來，此一刻板印象雖非國家文藝基金會所想扮演的理想角色，倒也符合當前的實情。除非將來基金來源有更多是來自民間捐助，而管理與監督者（例如董、監事）的產生方式也有巨幅改變，否則此種刻板印象一時之間恐還難以變化。

不過，按照最近的調查結果顯示，過去曾向國家文藝基金會申請補助的 396 位受訪者，對於基金會人員的服務態度，回答「滿意」和「非常滿意」的，得補助的佔八成六強；至於未得補助的也佔五成五，仍在半數以上。至於回答「不滿意」或「非常不滿意」的，則得補助者不到一成（僅得 0.5 ％）；而未獲補助的，也僅一成二。整體說來，這顯示國家文藝基金會人員的服務態度受到大多數國內藝文界的肯定，不論其是否受到補助。

關於國家文藝基金會的未來展望，一方面應逐步克服當前因為資源不足對業務開展所造成之限制，譬如僅能被動接受申請補助而未能主動規劃辦理活動；另一方面，則經由政府捐助、民間募款與基金投資，促成基金的理想成長，並使基金會的組織隨基金成長與業務增加而適時調整，使各項制度和業務更活潑、更富於彈性，更能符合藝文界的需求和期盼。

整體說來，關於對政府補助與獎助資源的使用，按照最近的一項調查結果顯示⑧，在六百位受訪的文藝界人士中，對於有那些政府單位可以申請補助的認知，以文建會（含文化建設基金管理委員會）為最高，佔 89.0 ％，其次則為教育部，佔 57.8 ％，再次為各縣市文化中心，佔 55.7 ％，省政府教育廳居

⑧ 國家文藝基金會，《國家文藝基金會 86 年度業務研究調查報告》（台北：國家文藝基金會，1987），頁 16。

第四，佔 41.3 ％，台北市政府居第五，佔 31.8 ％。其次，在過去二年中曾向實際去申請的單位（不包含委辦案件），以文建會（含文化建設基金管理委員會）為最高，佔 43.0 ％，其次為各縣市文化中心，佔 24.8 ％，再次則為教育部，佔 21.5 ％，其餘均低於二成。此外，有近五成四的受訪者希望向多個政府單位申請補助，理由是「機會較多」、「補助總金額較高」，但贊成向單一政府單位申請的也有四成五。

按照最近的一項調查結果顯示，文藝界受訪者曾經得到政府相關單位、國家文化藝術基金會和民間/私人單位三者補助之比例如下：

表二　文藝界受各類型補助之比例

|  | 有申請有得補助者 | 有申請未得補助者 | 未申請者 |
|---|---|---|---|
| 政府相關單位 | 65.4 ％ | 61.5 ％ | 46.1 ％ |
| 國家文化藝術基金會 | 100 ％ | | |
| 民間/私人單位 | 52.8 ％ | 40.1 ％ | 30.9 ％ |
| 三者皆無 | | 33.5 ％ | 47.1 ％ |

資料來源：國家文藝基金會 86 年度業務研究調查報告，頁 16。

上述的結果顯示，三種申請型態的受訪者曾受到政府相關單位補助的比例都相當高。其中，有申請國家文化藝術基金會補助的受訪者，六成以上都曾經獲得政府相關單位的補助。此外，曾獲得民間/私人單位補助的比例，都不如獲政府相關單位補助的比例。由此可見，迄至目前，國內的藝文工作者在經費支援上對於政府相關單位或公共資源的補助仍有相當高的依賴性，而私人或民間基金會仍有相當大的空間可以發揮。今後民間私人單位應多發揮慷慨胸襟，投注文化事業並獎助文化活動。

# 五、民間文化的生態環境

在文化的生態環境方面，本節主要陳述的是國內的文化與藝文工作者，無論是團體或個人，其基本的構成、活動與士氣。質言之，致力於藝文工作與表演的團體往往是文化創造與推廣的主力。但對於國內藝文與表演團體，一直缺少基本資料的建立。為此，文化基金管理委員會自民國81年起，委託學術交流基金會，由吳靜吉擔任計畫主持人，首先對全國表演藝術團體，其後又針對全國性藝文團體，進行研究調查，並於84年出版《表演藝術團體彙編》四冊，《全國性藝文團體彙編》一冊，共計五冊。雖然調查結果仍因有不少團體不願或未能填表，因而仍有遺珠之憾，但大體上該彙編可以說反映了國內藝文團體與表演藝術團體的近況。按照該彙編的整理，全國性藝文團體共88個；表演藝術團體按照分類，戲劇類團體共139個，音樂類團體共404個，舞蹈類團體共86個，民俗類團體最多，共計628個。以上五類合計1,345個團體。⑨

就團體規模而言，按照國家文藝基金會的調查結果顯示，團員人數在10人以內者，佔23.7％，團員人數在30人以內者，佔55.4％，團員人數在50人以上者，佔34.1％。整體而言，團員組成以義工比例為最高，計佔52.6％，而兼職者佔48.0％，全職者略少，計佔40.3％。此外，七成以上的團體都

---

⑨ 詳見行政院文建會出版，《全國性藝文團體彙編》與《表演藝術團體彙編》戲劇類、音樂類、舞蹈類、民俗類各冊，（台北：行政院文建會，1995）。此外，國家文藝基金會86年業務調查所運用的母體，整合了上述五冊彙編及曾向該基金會申請者的名單，加上文建會發行之《文化通訊》名單，雄獅美術年鑑、各地文史社團、各縣市文化中心及社教館提供之諮詢/評審委員及文藝專業人士、大專藝術相關科系老師名單及台灣省立交響樂團、台北市立交響樂團、高雄實驗交響樂團團員名單，團體與個人合計3,725位受訪者。

有專屬行政人員，以一至四人的組合最多，計達 67.4 ％。

就其一年平均所舉辦的活動或專案而言，在個人方面，以一年舉辦一次為最多，佔 30.2 ％，其次是一年舉辦二次者，佔 16.7 ％，至於一年舉辦三次者僅 10.5 ％。在團體方面，則是以一年平均舉辦六至十次者比例最高，佔 16.9 ％，其次是每年舉辦二次或三次者，分別佔 15.4 ％和 14.8 ％。此外，有几成強的團體有年度計畫，其中只有六成五有年度預算。一般而言，活動越多的團體，尤其是表演藝術團體，最需尋求經濟資源方面的補助。

就藝文工作者的年齡或藝文團體成立的年限而言，在國家文藝基金會的調查報告中顯示，目前國內個人藝文工作者是以 30-39 歲的比例最高，佔 28.2 ％，其次是 40-49 歲，佔 26.5 ％，再次則是 20-30 歲者。個人從事文藝工作的年資，以 10-19 年的比例為最高，佔 32.4 ％，其次是 1-9 年，佔 27.3 ％，至於 30 年以上的資深文化工作者佔約二成。

團體部分，絕大部分是立案團體，僅 2.2 ％由於認為立案無益或其他理由而未立案。其中，成立未滿五年的團體最多，近三成四，成立 6-10 年者則佔近二成五，成立 11-20 年者佔二成一強，成立 21-20 年者近一成一，至於成立 30 年以上者，不及一成。在團員平均年齡方面，分布較多的是 30-39 歲，佔 33.2 ％，其次是 20-29 歲，佔 24.6 ％，再次是 40-49 歲，佔 21.8 ％。整體說來，近年來藝文團體的興起相當蓬勃，新興團體不斷出現，也帶動了藝文界活潑的氣息，由此促成國內文化的蓬勃發展，固然可喜，但是，從年久資深團體巨幅減低的情況看來，國內藝文團體是否能持之以恆，成長發展，則仍令人擔憂。

此外，在藝文界經費籌措方面，其實際經費來源，有向國

家文藝基金會提出申請補助的個人或團體，六成以上皆曾獲政府相關單位經費補助，但獲民間/私人單位補助的比例則較低。由此可見，迄至目前，國內藝文界的經費籌措仍相當程度依賴政府或公共資源；至於私人或民間則仍需發揮更大的主動性與慷慨度。

　　就國內藝文界的士氣而論，台灣的藝文工作者可以說有相當高的專注精神與工作志氣。從文藝工作者的收入與工作時間看來，有六成二以上的受訪者表示，若單靠藝文工作收入維生，其生活會有問題；但幾乎每一位受訪者花在藝文工作上的時間，皆比其他工作多得多，兩者時間比例約為 7：3；而且，有近八成九的人堅持表示，不論現實狀況如何，仍會將藝文工作視為終身志業。⑩由此可見，國內的藝文界仍屬高度獻身且有高士氣的一群，這是一個十分可喜的現象，值得政府單位、國家文藝基金會與各私人/民間基金會，為他們作出更大的支持與更周到的服務。

## 六、結　論

　　總而言之，我國文化的歷史環境有其悠久傳承，亦有豐富而多元的內涵，如今處於現代與後現代之交，此一特色將成為我國優異的文化資源，我們切不可妄自菲薄，卻應發揮優長，揚棄缺點，使目前因著協調與創造不足而相互拼湊甚至衝突的各類文化圈，非但能凝聚共識，而且能共創文化。至於今後對於文化的生活環境的改善，不但應該追求富而好禮的理想，形塑生活中的秩序與美感，而且要能以心神、以真誠，創造生活的意義，透過工作與休閒之均衡，豐富精神生活，陶冶生命價

⑩ 以上資料見《國家文藝基金會 86 年度業務研究調查報告》，頁 13-17，1 之 59-1 之 66。

值，提昇國民的生活文化水準。

此外，在制度環境方面，應能以制度的向上升級和向下紮根，按照文化本身由下而上、自發創造的特性，推動並獎勵文化的發展，使能昂揚本國文化的國際地位，並落實文化的創造活力。至於文化的生態環境方面，今後應發揮文化工作者的高昂士氣，加強其專業化素養，使能在安穩中創新，在沉澱中提煉，應可使我國的文化再放異彩，朝向文化大國邁進。

第三章

# 質的文化指標與生活文化

## 一、引　言

　　文化不外乎生活，而生活亦以文化為其核心。事實上，國人每天的日常生活，都是浸潤在文化的傳承與發展、創造與體驗的歷程之中；而日常生活的意義與趣味，更與文化的素養息息相關。國民生活文化的內涵雖然多樣，但可以透過「文化指標」的建立與研究，明其大要，俾能獲得系統性的瞭解。目前所已建立並使用的，多是「量化的文化指標」，但是，文化生活中的體驗與創造是屬於質的領域，也因此，目前的文化研究更需要的是「質的文化指標」。此外，個人的每天的生活雖然繁雜，但也可以參考質的文化指標，規劃一些生活文化的方向，立其大者，使不致迷失，而能常保活力。換言之，對文化的學術研究需要對「質的文化指標」再加探索，而國人的文化實踐則需確立一些文化生活守則，宛如生活的座右銘，作為生活文化的指針。

　　對於文化的系統性學術研究，可以追溯到 18 世紀浪漫主義時期以及 19 世紀早期。不過，到 1930 年代，社會學家所羅金(P. Sorokin)才開始提出一種正式衡量文化與文化變遷的嘗試，使該項衡量方法能夠具有與其他的社會指標相近的嚴格學術價值。但所羅金當時並未使用「文化指標」一詞。大約同

時，社會學家奧格本(Ogburn)組成「美國晚近社會趨勢」(Recent Social Trends in the United States)研究小組，也曾探討類似文化指標的問題，但仍未使用「文化指標」一詞。

1930 年代，有三種大型的社會科學指標，亦即「經濟指標」、「社會指標」與「文化指標」，都剛開始起步發展。所羅金和奧格本兩位可以說是「文化指標」研究的先驅。所羅金的研究成果主要表現在 1937 到 1941 年間出版的《社會與文化動力學》(Social and Cultural Dynamics)①；而奧格本的「晚近社會趨勢」研究，也已針對大眾傳播內容，運用量的方式加以檢討，以確定「在觀念的領域實際發生的事物，以及公共輿論和興趣的轉移。」②文化指標研究的另外一位先驅，是社會學家拉斯維爾(D. H. Lasswell)，曾出版用以進行文本分析的一般《價值字典》(Value Dictionary)③，其後被進一步發展成電腦的內容分析工具，更發展出後來史棟(Stone)所謂「社會普查法」(General Inquirer)。

「文化指標」一詞是由傑伯納(G. Gerbner)在 1969 年正式提出。④傑伯納主要是針對美國的電視加以研究，並發展出一些文化的指標，其中最主要的就是所謂暴力側面指數。不過傑伯納的作法也遭到許多批評，只不過由於大眾傳播、電視已經成為文化中非常重要的現象，因此他對於電視的暴力側面指數的研

---

① Sorokin, P., *Social and Cultural Dynamics*, 4 Vols, (London : Allen & Unwin, 1937-1941).

② Hart, H., "Changing Social Attitudes and Interests," in *Recent Social Trends in the United States*, (New York :McGraw-Hill 1933) pp.382-342.

③ Lawsswell, D. H. and Namenwirth J. Z., *The Lasswell Value Dictionary*, 3 Vols., (New Haven: Yale University, 1968), Mimeographed.

④ Gerbner, G., "Towards Cultural Indicators: The Analysis of Mass Mediated Message System," in *The Analysis of Communication Contents : Developments in Scientific Theories and Computer Techniques*, edited by G. Gerbner and Others, (New York: John Wiley and Sons, 1969), Chapter 5.

究，產生了很大的影響，甚至在國際傳播學會於 1980 年在墨西哥召開時，出現所謂「文化指標與已開發社會之未來」的議程 (Cultural Indicators and the Future of Developed Societies)。

　　一般而言，迄今建立文化指標的方法包含三種：內容分析、調查法以及統計分析，後面兩種是屬於量的方法，前面一種雖然涉及質的問題，但大體上也可以量化。像傑伯納提出的「暴力側面指標」，基本上是建立在對美國的電視內容的分析上，這也是拉斯維爾的一般價值字典，和史棟(Stone)的社會普查法裏所使用到的方法，其中往往必須對文本進行內容分析，對內容中的訊息與時間中的變遷加以探討，往往也涉及到語言學、語意學等意涵。其次，調查的方法往往也用來探討不同價值群體的價值體系，經由訪問進行價值調查。

　　本人與汪琪、鍾蔚文三位教授在 1987 年從事「台灣的資訊化與文化變遷研究」⑤的時候，已經使用羅濟曲(M. Rokeach)的價值量表，並順應國情加以修改，進行過調查。這種調查後來也持續在歷年由本人參與主持的國內「文化滿意度調查」當中不斷改進使用。至於統計分析法，目前文建會已經建立了一些文化指標，基本上就是量的指標，統計有多少文化中心、多少圖書館、多少場表演、按月、按年度多少人次參與等等。不過，其中往往不容易見到人們實際上所體驗到或經驗到的文化實情。在人們所經驗到的文化中，往往涉及到他們對文化的詮釋、評價和體驗。

　　除此以外，在文化指標，社會指標和經濟指標之間，也有一些密切的關係，因為文化也會受到經濟與社會的影響。大體

⑤ 沈清松、汪琪、鍾蔚文，《台灣地區資訊化歷程與文化變遷之互動研究》，（台北：國科會專題研究計畫成果報告，1989.2），計畫編號：NSC 76-0310-H-004-11。

上我們在方法上可以把它們區隔開來，文化指標顯然與經濟指標之間的差距比較大，但與社會指標就往往有些相近的地方，尤其研究者常常會把「主觀的社會指標」與「文化指標」加以混同。其實，「主觀的社會指標」不可以視同為「文化指標」。

　　另外，有關「生活品質」的研究，也應該是一種屬於社會指標的研究。雖然「生活品質」能夠把主觀與客觀的社會指標聯繫在一起，但畢竟生活品質仍然是社會學研究的範圍，不是針對文化特性而設計的。然而，從經濟指標到社會指標到文化指標，也經過一段演進的歷程。最先，經濟指標大體上是用來衡量成長，例如投資的成長、企業的成長、生產的成長、廣告的成長、販賣的成長、利潤的成長、繁榮的成長等等。由於社會逐漸由先進的工業社會往後工業社會發展，逐漸興起新的政治情勢，以至必須從量的成長轉向質的提昇。

　　以美國為例，在詹森總統時期提出「大社會」(Great Society)的方案時就曾指出：「大社會所關心的不是多少，而是有多好，不是關心我們貨物的量，而是我們生活的品質。」⑥ 這個觀念所產生的影響，就是逐漸邁向質的指標，從強調成長逐漸轉向強調福祉。於是，由經濟與社會的指標轉向重視各種的福祉指標。例如在 1960 年出版的《美國人的目標》(*Goals for Americans*, 1960) 和《目標、價值順位與美元》(*Goals, Priorities and Dollars*, 1966)等著作所顯示的。其後逐漸更進而注意到「文化指標」，如何用一些標準化的衡量方式來可靠地、且可重複地衡量文化的環境。

　　但是，在這種脈絡下，不能簡單的將「文化」視為文學或

---

⑥ Gross, B. M., "A Historical Note on Social Indicators," in *Social Indicators*, (Cambridge: Mass. : MIT Press, 1966).

藝術等狹義的文化活動，而應像文化人類學家所講的，文化是種種經由符號獲取和傳輸的價值、意見、態度、知識的有意義的類型。文化指標不能只像社會指標所涉及的文化領域那樣看待事物，如：一個劇院有多少椅子，某一區有多少劇院，有多少電影院，多少圖書館，或多少人有一部收音機，有一部電視機、一份報紙等等，這些都還停留在「文化福祉」的概念。從社會指標的角度來看，衡量文化福祉的作法雖然有其重要性，但是文化指標應該更能夠指出質方面的變化，應該能夠指出整體的文化環境及其變遷。在主觀上，像看戲、借書、閱讀報紙等等，對我們的行為以及所受影響的實際體驗，文化指標最容易以大眾傳媒來作研究，主要是因為現代社會裏大眾傳媒已經變成文化最重要的部門之一。不過，除此以外，宗教、教育、廣告，甚至電影等領域，也都涉及到文化的問題。

　　以下先對幾種文化指標的設計，也就是對一些已有的文化指標做法，進行評論。

## 二、對一些文化指標研究的評論

　　整體說來，有關文化指標的做法，在國際上大體可以歸納為三種，就是傑伯納所從事的「大眾傳播研究法」，羅森格連(K. E. Rosengren)所從事的廣義的「社會學研究法」，以及納門偉(J. Z. Namenwirth)和偉伯(R. Ph. Weber)以電腦為基礎的內容分析。

　　「大眾傳播研究法」主要是研究大眾傳播對文化環境所造成的影響，透過文化指標加以研究，以顯示媒體對整個社會產生的影響，基本上是有關媒體效果的理論。羅森格連的「社會學研究法」所關心的是如何顯示社會的走勢，把文化領域的發展和經濟、社會領域連繫起來，看出它們彼此的關係。當然，

這兩者並不完全相互排斥，卻是可以互補的。當代社會中，大眾傳播對於文化的價值與符號的傳播，居於最大部門，它是針對文化的內部進行研究。至於廣義的社會學研究，則是進一步把文化和整體經濟、社會環境結合起來。

除此以外，還有第三種的研究方式與羅森格連的廣義社會學研究法相關，成為一種透過以電腦程式為基礎來進行的內容分析，這是由納門偉和偉伯兩人所進行的。基本上是透過電腦的幫助，來對文化產品、文本或領袖人物的談話等，進行價值和意識型態的分析，藉以描述文化環境及其變化。最後，在國內，李亦園先生也曾在《中華民國文化發展的評估與展望》中，提出若干文化指標的評估與檢討，其中提出一套針對國內適用的文化指標，有關文化活動指標、文化環境指標以及文化素養指標三個項目，藉以評析文化的發展，其中有部份量的指標，也有部份質的指標，為本土化的文化指標提供重要參考。以下逐一加以檢討：

### (一) 傑伯納的文化指標評估

前面說過，傑伯納的文化指標探討主要是環繞著對媒體效果的分析，尤其是對於電視，因為他認為電視已成為當代社會中主要社會化與教養化的代理者，個人的價值、意見、知識甚至態度，都受到電視的傳播、影響、建立與改變。尤其以電視為主的大眾媒體，已經變成整體文化的主要代理者。這種現象形成一個嶄新的文化時代。

傑伯納的主要論點是建立在其所謂「說故事的哲學」上，因為他認為文化是透過說故事的方式來傳輸，而目前整個現代社會中說故事的方式已經是由電視來代理。在早期社會當中，教養下一代，教他們社會化，使下一代成為社會中有用的人才，整個方法基本上是經由部落長老透過儀式過程來進行。在

學習過程當中，必須把部落裏傳承的智慧與有關生活的智能，例如那些植物、動物是可以吃的，那些是不可以吃的，如何生活、建造房屋等，都是經由長老或專家加以教導。除此以外，也教導有關性別的行為，那些是男人的行為，那些是女人的行為；那些是好的行為，那些是壞的行為；那些是榮譽，那些是恥辱。

中世紀時，由天主教教宗所推動的大學與教育歷程，扮演了非常重要的角色。到了印刷術發明以後，大量的圖書印刷造成相當大的革命。從書的出現到電影的出現，到收音機的出現，以至電視的出現，可謂進入一個完全新的文化時代。因為每一家庭，每一地方，無論窮人或富人，有技術工人或無技術工人，有知識者或無知識者，都是家家有電視，比起過去那種儀式化的說故事方式，現在這種新的文化模式是擺在每個人腳跟前的電視機，其影響每天都在進行。電視是每一個人都可以享用的，剪除了個人與個人的區隔，把觀眾的差異性也泯除了。

在過去，無論是圖書、電影、收音機時代，人們都還有相當大的選擇性，但現在看電視的行為已經有相當高的非選擇性，人們看電視通常是因為他有時間看，按照時鐘進行來收看，而不是按照節目興趣好壞收看。所以，無論性別、年齡、種族及其他人口變數，對看電視的行為都沒有太大影響。那些沉溺於看電視的人並不想看更多不同的電視節目類別，而只是想看更多的電視。

從電視的文化影響中，傑伯納進行了三種分析：一是制度歷程分析；一是訊息系統分析；一是教養分析。⑦

---

⑦ 此三者詳見 Gerbner G., "Cultural Indicators: The Third Voices," in *Communication Technology and Social Policy*, edited by Gerbners and Others, (New York: John Wiley, 1973) pp. 553-573.

首先，制度歷程分析(IPA)主要有關電視節目製作的分析，其中包含九種主要範疇：(1)權威，其下包含立法、行政、司法、團體及公共行政。(2)老板，那些投資或資助媒體資金的來源。(3)經營者，主要是媒體中執行、管理的系統。(4)職員體系，那些提供服務和供應各種需求、材料等的人。(5)同事、同仁，提供標準和保護的人。(6)競爭者，同時也負責監督、監視的人。(7)專家，那些寫作者、作家、編輯者，和那些創作者、技術人員、研究者。(8)組織，包含了商業組織、政治組織、宗教組織、民間組織、友誼團體組織、職業組織等等。(9)公眾，是由媒體的輸出所形成，也就是那些由媒體的傳訊所製造出來的團體，例如教養團體。

　　其次，有關於所謂訊息系統分析(MSA)，主要透過對電視進行內容分析，每一天分析它的節目，傑伯納希望透過這些節目內容的分析，讓大家注意到電視所強調的觀點，其趨勢，和它在某一社會中所引進的結構等。

　　最後，則有所謂的教養分析(CA)，主要是從對於制度和節目的分析中，進一步探討其中的意見形成，尤其是針對生活、針對世界的意見形成，其中所涉及到的態度、品味、偏好等等的影響。

　　傑伯納的研究最重要的一部份是研究暴力，他認為所謂的「暴力指數」就是：對於別人或自己所進行的一個公開的物理力量的表現，或是一種強制某人相反其意志的強制行為，並因而造成痛苦、傷害或殺害等等的指數。在電視裏面建立暴力指數，具有一種象徵式的作用，因為暴力具有制度性與文化性的根源，尤其他顯示在世上的衝突與權力如何運作。傑伯納研究暴力，探討其對所謂「輕度電視觀眾」和「重度電視觀眾」的影響。例如，每天看兩小時以內是「輕度電視觀眾」，每天看

四小時以上的觀眾是「重度電視觀眾」。其研究結果顯示：重度電視觀眾比較會受到暴力節目的影響。

### ㈡ 瑞典的文化指標研究

從 1977 年開始的所謂「1945-1975 瑞典象徵體系研究計畫」(The Swedish Symbol System 1945-1975 Research Program)，是一個由歷史家、心理學家、社會學家、政治學家、神學家和哲學家所組成的研究群。基本上是由來自倫德(Lund)和斯德哥爾摩(Stockholm)等大學的教授所組成的一個科際整合的研究團體。他們的研究方向包含了五方面：內政、外交、宗教、廣告和文學。研究方法是對瑞典的日報和週報進行量的和質的分析，以便顯示瑞典自戰後，在 1945—1975 之間文化氛圍的變化，並且將不同的研究結果相互建立關係，並與經濟、政治，和社會走向，無論瑞典之內或瑞典之外的相關性，皆一一建立起來。其目的主要在於建立瑞典社會戰後各個不同領域的文化指標，設法建立一些標準化的工具，以便衡量文化環境中的象徵系統。

這一計畫主要是由羅森格連(K. E. Rosengren)所推動。[8]戰後的瑞典從工業化社會逐漸演進為後工業化社會，其中有非常強烈的經濟擴張與充份就業，也因此生活水準大幅提高，加上相當充份和密集的教育，巨型的行政單位，並增加了公共部門和私人部門之間的合作關係。當然，這情形在整個西方國家都是一致的。這期間造成了一些經濟、社會與政治領域的變化，對意識型態的變化也產生影響，像有效成長的理性化與價值的集中化，在 50 年代特別受到重視，可是到了 60 年代以後，就比較重視平等與非中心化的價值。

[8] Rosengren, K. E., "Cultural Indicators, Sweden 1945-1975," in *Sage Mass Communication Review Yearbook 11*, (Beverly Hills :Sage, 1981), pp.717-737.

在內政研究方面，特別顯示出自由的價值與平等的價值。該項研究特別從報紙的社論加以分析，看出政策逐漸有從自由主義導向社會主義，自 1975 年後又逐漸轉回自由主義的趨勢。同時，從日常生活的國際化，也可以看出這種轉變。在有關宗教的部份，他們研究訃聞，從報紙的訃聞當所使用到的宗教語詞，例如「息止安所」等等用詞的逐漸減少，顯示日常生活世俗化的加深，尤其在大都市裏面更是如此。

在廣告方面，檢查廣告與大眾的關係，例如：從 1965 年以降，廣告語詞中對觀眾採取較非正式的稱呼—「你」，改變以往較尊敬的稱呼—「您」。又如文學部份，則從書評作研究，尤其書評的國際導向，顯示文化走向國際化的情形。其他領域也都顯示瑞典文化生活走向極端化、國際化、活動化的情形。

羅森格連的分析架構也探討如下的問題：到底社會發展到什麼程度是被經濟發展所決定？或者，經濟的發展到底在何程度上被社會發展所決定？換言之，這些是有關馬克思主義的唯物論以及韋伯的觀念論之間關係的問題。依據彼德森(Peterson)的研究，顯示在社會結構和文化之間的關係有三種：其一，是由文化決定社會的結構，這是屬於理想主義或觀念論；其二，是社會結構決定文化，這是唯物論；其三，是文化和社會結構互相獨立，這是傾向於自主性的發展。羅森格連還加上第四種可能，就是互相依賴的關係。加起來共有四種可能：互相依賴、觀念論、唯物論、和自主性。大體言之，在文化影響和其他社會結構之間的關係，總共有這四種排列組合。這個理論的架構也值得參考。

### (三) 以電腦為基礎的內容分析

第三種文化指標是以電腦為基礎的內容分析。這涉及把內容分析自動化，把相關文本輸入電腦裏面，透過以理論為基礎

的分類架構，自動加以分析。這主要是由納門偉(J. Z. Name-nwirth)和偉伯(R. Ph. Weber)兩人所提倡。他們是根據拉斯維爾的價值字典，與史棟所謂社會普查方法來進行，尤其注意在時間序列中的發展。偉伯將文化的指標定義為：「一些時間的系列，用以描述某一文化系統的變遷狀態，例如：道德的價值、政治的意識型態……等」⑨。因此對於偉伯而言，在文化指標中最重要的就是價值。「價值」可以定義為：「對於何謂可欲者的各種不同的概念」⑩，它構成了文化的核心，大不同於社會指標。

所以，納門偉對於價值的討論，也包含了財富的價值，尊重差異，福祉等等。同時也對一些學術團體領袖的言論，例如：美國科學發展協會、美國化學協會、美國經濟學會等等的會長，或是一些重要的學者的言論，加以內容分析。除此以外，也對政黨黨綱、政治言論、領袖言論，分別按其不同時間中出現的言論，輸入電腦，自動加以分析。這一研究與所羅金所做過對於西方文化有關真理和價值的體系的研究是相關的。

以上這些研究的發現都導致一個明顯的結論：對長時期的研究與對短時期的研究有差別。就長時期言，時間大約是 150 年左右，可以視為類似於巴爾和帕森斯(T. Parsons)的 AGIL 的系統之變化。所謂 AGIL 主要是涉及到表現、適應、工具和整合四種變化，這四種功能在每一個社會裏都會採取循環的方式發展。至於短時期，則會反應出較強烈的經濟發展的影響，其中涉及幾點，如：地方經濟情況不好，會產生地方主義的趨勢；經濟情況在復甦時，會產生進步的趨勢；當經濟情況在高峰時，會有大都會發展的趨勢，當經濟情況下降時，又會產生

⑨ Weber, R. Ph., *The Arts and Cultural Indicators: The Coming Revolution in Content Analysis*, (Cambridge, Mass. : Harvard University, 1979), p.2.
⑩ Ibid.,.

保守的趨勢。然後，各個階段又重新開始循環。納門偉就用這幾個性質上的判斷來區分短時期的變化。除此之外偉伯也對不同的種族、性別的社會組織等等，加以探討，尤其注意文化發展在時間系列中的變化。

以上這種研究會由於電腦的軟體和硬體的發展，而不斷改進。另外，由於報紙或廣告和其他的內容，可以自動的輸入電腦當中進行自動分析，對於文化的研究一方面愈趨方便，另一方面也可以建立歷史資料。

不過，從以上各點看起來，傑伯納的分析主要是針對電視如何變成是一個說故事者，變成一個文化的傳輸者，透過種種的注意、強調、趨勢和結構，來創造並且維繫文化環境。至於羅森格連主要的研究對象還是印刷的平面媒體，像每天的報紙、週刊等等。至於第三種方法所處理的，基本上也是某種文本。所以後兩者較接近文字性的對象，尤其包含報紙、圖書等等種類。傑伯納主要研究的是電視對於文化環境所產生的影響，尤其有關媒體效果的研究。至於廣義的社會學方法，像羅森格連及納門偉和偉伯等等，還進一步探討文化環境在長時期中的發展，並且把這些發展和經濟、社會的發展連繫起來，因此使用印刷媒體似乎較為方便。不過，這兩種方法都是在探討文化環境的變化，從其中找出一些文化的指標。在這一點上，他們可以說是完全一致的。

#### ㈣ 國內的文化指標

第四種是國內學者李亦園先生提出來的文化指標。李亦園在《民國 77 年度中華民國文化發展之評估與展望》中的第二章，提出〈若干文化指標的評估與檢討〉⑪一文，其中指出，

---

⑪ 李亦園，〈若干文化指標的評估與檢討〉，收入《民國 77 年度中華民國文化發展之評估與展望》（台北：行政院文建會，1989），頁 33-74。

文化指標的建立實為不容易的事情，所以擬議一個試行的指標，可以用來對一年來的文化發展情況作一檢討。該文將文化指標區分為「文化活動指標」、「文化環境指標」及「文化素養指標」三大項。

### 1. 文化活動指標

文化活動指標包含工作與休閒、知識性文化活動、表演藝術文化活動與國民觀光旅遊四種指標。這些指標大體上可以說是「量」的指標，並選擇年度相關的大事，加以評估。其中尤其是工作與休閒項目，是根據主計處的資料來加以討論。例如，在工作與休閒方面，總計民國 55 年至 74 年的二十年間，國人的每月非工作時間共增加了 32 小時。據台北市政府主計處的統計，76 年台北市民每週平均有 14.4 小時從事休閒活動等等。這些基本上都是量的指標。另外，也根據研究將台北市民眾最喜歡的休閒活動羅列為看電視、訪友、聊天、散步、聽錄音帶、逛街、看錄影帶、看小說、散文、休息、小睡、看電影、逗小孩玩等等。

至於知識性的文化活動，則包含了兩點 :

(1)學術導向的知識文化活動，主要涉及到大學及相關的基金會，以及教育或研究的行政單位的重要事件。

(2)大眾化知識文化活動，主要涉及報紙、雜誌、開放報禁以後所產生的現象，雜誌期刊的種類、書籍出版等等，大體是屬於量的方面，在質的方面還有待再考量。

在表演藝術文化活動方面，也可以羅列國家劇院年度表演的統計，無論是在平劇、地方戲、歌劇、舞蹈、默劇、偶戲、實驗劇場、說唱藝術、其他等方面，以及國家音樂廳年度表演的統計，包含國樂、管弦樂、室內樂、獨奏樂、獨唱會、合唱會、綜合音樂會、打擊樂、其他等方面，作數字的統計。另外

對各縣市文化中心、社教館的活動統計，公立博物館美術活動統計，私人藝廊活動統計等等，這些大部份都是關於量的指標。歷來文建會和各研究單位也作了不少這一方面的量的研究。在質的方面，無論是針對音樂、舞蹈、戲劇、美術繪畫、民俗藝術、電影電視等，也選擇最重要的大事件來加以評論。不過，對於這些事件的選擇標準，還有待進一步考量。

第四則是屬於國民觀光旅遊，如赴各地旅遊的人次及其行為。有關行為的部份涉及到質的問題，有待進一步加以研究。

2. 文化環境指標

有關文化環境，涉及有形的文化環境與無形的文化環境兩種次指標。有形環境又包含人文環境和自然環境；無形環境則包含了知識性環境、表演創作環境、休閒環境、文化認同四者。大體上除了量的分析以外，也選擇重大事件來作為質的評斷，至於這些重大事件的選擇則依賴學者專家本身的判斷。

3. 文化素養指標

最後一項有關質的文化指標，最重要的就是文化素養指標。這一部份與質有很密切的關係。李亦園將文化素養指標區分為欣賞的素養、創新的素養、消費的素養以及人生的素養四種，並且選擇其中重大的事件來加以評估。

譬如在欣賞素養之下，選擇三件事情來評斷台灣地區於民國 76 年的國民欣賞素養，那就是中國小姐的選拔、兵馬俑複製品得以來台展出，與徐曉丹的裸舞事件，以評論社會大眾的欣賞素養。

另外，在創新素養方面，主要是針對仿冒、剽竊、盜印，以及抄襲的事件，來作評論。涉及消費的素養部份，根據生產力運動委員會對外國來台人士所作的調查，他們對台灣的各種品質之意見顯示，有關耐久性、溝通技術，和規劃能力與創造

力，這些都是較受到詬病的地方。

　　最後有關人生素養的部份，則是從大家樂及飆車等現象看國民人生態度的急躁、甘冒風險的情況，指出整個國民人生目標主要是現實功利、求利益而不擇手段等等。這些當然也都是有關質的評論。

　　從以上的分類當中，我們可以看到一些頗值得參考的地方。尤其是文化素養指標部份與質的指標最為相關。對此，我們可以根據李亦園教授的成果進一步加以延伸發展。

## 三、文化指標與文化定義

　　「文化指標」的訂定與「文化」一詞的定義有密切的關係，因為根據不同的文化定義，可以衍生出不同的文化指標。為此，有必要在此提出我們對「文化」一詞的定義及其內涵的界定，以便作為爾後訂定文化的質的指標之依據。

　　關於「文化」一詞的定義，歷來有不少哲學家、社會學家、和人類學家曾經對「文化」一詞下過各種各類的定義。比如：克魯伯和克魯孔在兩人合著的《文化：概念與定義之批判檢討》(A. L. Kroeber & C. Kluckhohn, *Culture: A Critical Review of Concepts and Definitions*)⑫一書中就曾經列舉了一百七十餘個鬆嚴不等的定義，從好的一面來看，真是琳琅滿目，美不勝收；從壞的一面來看，卻會令人迷惑，不知所從。

　　然而，一般吾人在論及文化(culture)一詞之時，都可以聯想到「文明」(civilization)一詞，因此在愛德華(P. Edwards)所主編的《哲學百科全書》(*The Encyclopedia of Philosophy*)就把

⑫ A. L. Kroeber & C. Kluckhohn, *Culture : A Critical Review of Concepts and Definitions*, New York: Vintage Books, 1963.

「文化」與「文明」兩詞相提並論⑬。原來 culture 一字來自拉丁文的 cultura，原為「耕作土地」之意；civilization 一字則是來自拉丁文的 civis，原是公民之意。或許對兩者合併考慮，可以提供一個比較完整的文化之定義。

詳言之，文化的第一個定義是來自拉丁文的 cultura，原先雖然是指土地的耕作，不過後來西賽老(Cicero)及其他拉丁作家將它轉譯為「心靈的修養」(cultura animi)，宛如土地之耕作，因為土地若不耕作則會荒蕪，唯有辛勤耕耘，才能結實纍纍。同樣，心靈若不修鍊，則會流於粗鄙，唯有修鍊陶成，才能活潑優雅，中規中矩。這層意義可以追溯到希臘的 Paideia，指完整人格、判斷、德行的陶成，往下則發展至德國近代的 Bildung (陶成)的概念，指一種朝向普遍人性的形塑和實現的歷程。以上這一層意義的「文化」，常常被教育家、哲學家、人文學者所津津樂道。

文化的第二層意義來自拉丁文的 civis，是「文明」(civilization)一詞的字源，原先是指「公民」之意，比較強調個人在團體中的隸屬及其應有的生活方式與技能，例如：隸屬一個民族、一個社會、一個團體。「公民」的原意可以追溯到希臘城邦中人之所以有別於其他非希臘人。希臘人將希臘城邦以外的人稱為 barbaroi，原來意指「非希臘人」之意，後來卻變成為具有嘲諷的、低劣的意涵的「野蠻人」(barbarism)之意。可見，原先「文化」只是指隸屬某一民族的生活方式，以便和其他民族的生活方式相區別，後來才增加了價值判斷上優劣高下之意，因而構成了「文明」與「野蠻」的對立。其實，撇開這層價值判斷不談，文化就是一個社會的物質生活和精神生活的

---

⑬ R. Williams, "Culture and Civilization" in *The Encyclopedia of Philosophy*, Vol. II, edited by P. Edwards, New York: McMillan Co. & The Free Press, pp.273-276.

整體。這一種較具有社會意義的文化觀比較被民俗學者、社會學者和人類學者所重視，他們通常使用文化一詞來泛指一個社會的思想與行為的模式、信念、價值體系、象徵、技術等等，排除了上述的哲學和人文的意味，而把文化當成客觀的科學研究對象，作為研究人的科學。如：人類學所探討的內容。

重視這第二層意義的民俗學者、人類學者和社會學者也特別重視文化的內涵，例如：人類學家泰勒(E. B. Taylor)所提出的「文化」一詞的定義如下：「文化包含了各種知識，信念，藝術，道德，法律，習俗和其他個人作為社會之成員所需之任何能力與習慣之複雜整體。」這個定義廣為其他人類學家們所接受，它的優點在於定義中明確標示出文化所包含的各種項目，使研究者有指標可循，因而便利於科學的探討。但是，其缺點則在於使用列舉的方法，很難窮盡一切項目。因為列舉的定義最大的缺陷就是無法完整，所以該定義並非一個周延的定義。此外這種實證性的定義缺乏統一性，很難予以系統化。哲學家不能滿足於列舉或堆積各種項目，卻一定要追求統一性和系統性，像法國社會哲學家涂爾幹(E. Durkheim)就提供了較為令人滿意的參考點，涂爾幹雖然未曾定義「文化」一詞，但他在定義「社會活動」時，曾指出「社會活動」應包含「各種外在於個人，且具有強制個人力量的各種行動，思想，和感受的方式」。在此，涂爾幹用「行動、思想、感受」三者來羅列集體意識的全體功能，如果用這種方式來確定文化的內涵，就比較具有統一性。問題在於所謂「集體意識」是否有像涂爾幹所認為的那樣，具有實體存在的地位和客觀的約束性，其中有很大的理論上的困難，難免犯了把個體意識的功能過度擴充，把個體彼此的關係加以實體化的錯誤。

魯汶大學哲學教授賴醉業(J. Ladrière)先生曾使用哲學的方

法定義「文化」，指出「一個社會文化可以視為是此社會的表象系統、規範系統、表現系統和行動系統所形成的整體。」[14]此一定義所指出的文化內含表象、規範、表現、行動諸系統，較具有系統性和統一性。不過，其中似乎忽略了一個社會及其成員的終極信仰。終極信仰是一個文化中極其重要的部份，不能夠將它化約為表象、規範、表現、行動任何一項目之下。賴醉業似乎把終極信仰化歸到表象系統之下，成為人對自己或對世界的認知和象徵的方式之一，這一來會忽略了終極信仰及其表現，亦即宗教生活的豐富性和深刻性。畢竟，終極信仰並非只是一種認知或象徵的方式而已。此外，賴醉業教授所提出的定義當中，似乎也忽略了文化創造的動力以及社會中存在著的不同層級。

綜合以上所論，本人為文化嘗試提出一個比較具有包容性和系統性的定義，將「文化」定義如下：「文化是一個歷史性的生活團體表現其創造力的歷程與結果，其中包含了終極信仰、觀念系統、規範系統、表現系統和行動系統。」[15]

這個定義有幾個特點：首先它指出文化是由一個歷史性的生活團體所產生的，所謂「歷史性的生活團體」指一群由於生活在一起而使其中成員的經驗得以共同成長、共同發展的人群。因此，擠公共汽車或偶然相遇的人談不上文化，但是一個民族、一個社區、一個團體就可能產生文化。當然，由於生活團體的大小等級不同，會形成各種等級的文化和次文化。例如：我們通常說某一個民族的文化，這是文化最恰當的指涉範圍；但是大學生由於生活在一起，也能形成大學生的次文化；

---

[14] J. Ladrière, *Les enjeux de la rationalité*, Paris: Aubier- Monataigne/Unesco, 1977, p.16.

[15] 沈清松，《解除世界魔咒》（台北：台灣商務，1998），頁 31。

工人生活在一起，也能形成工人的次文化。主要著重點在於生活在一起、經驗的共同成長，可以共同創造文化的意思。這一點考慮主要把前面所提及的文化的第二層意義，就是 civilization 以及 civis 所論及個人在團體中的隸屬的意思，納入考慮。至於所謂的歷史性，是指這個共同生活的團體一定是在時間中發展成長的，因為一個生活團體都需要一段時間才能夠把創造力表現出來，形成主體際的共同成長與共同創造，也因此才能夠產生文化。

其次，這個定義也指出文化是一個生活團體表現創造力的歷程與結果。所謂的「創造力」是指一個團體和個人在時間中實踐的過程，由潛能的狀態走向實現的狀態的動力。由潛能到實現，稱之為歷程；既已實現則是其成果。但是，文化通常都能夠從已經有的結果出發，再開發出新的潛能，實現新的結果。這是文化發展的動力之所在。也因此，創造力既是創造文化的動力根源，也是這個動力的實現歷程。我們提出這一點考慮，主要是在把文化的第一層意義，「修鍊陶成」的意思，納入考量。就此而言，一個生活團體不但要延續已經有的文化成果，而且要能夠創造新的文化成果。如果只有延續而無創新，則此一生活團體的文化必至衰微；如果只有創新而無延續，則不能辨識出該生活團體在時間中的統一性與認同的依據。總之，文化的創造力既有潛能又有實現，既有傳承又有創新。文化就是某一個生活團體表現他們的創造力的歷程，經由潛能與實現，傳承與創新的對比辯證發展的歷程與結果。

最後，這個定義也指出，一個生活團體的創造力必須經由「終極信仰、認知系統、規範系統、表現系統和行動系統」，五個部份來表現，並且要在這五個部份中來發展，經歷它潛能與實現、傳承與創新的歷程。我們前面曾經說過，民族文化是

「文化」一詞最恰當的指涉，因為一個民族的文化最能完整的表現這五項內涵，並呈現特有的風格和型態。每一個民族都是在時間中發展、成長的人群，具有其特殊型態的創造力，並且由此而有特殊的意義取向，因而產生不同型態的終極信仰、認知系統、規範系統、表現系統和行動系統。這些內涵往下可以落實到日常生活，往上可以完成高等的精神成就，合併起來形成具有特殊意義取向和結構型態的整體。這便是一個民族特有的文化。如果我們把文化當成一個大的系統，其內涵的五個部份：終極信仰、認知系統、規範系統、表現系統和行動系統，便是屬於文化這個大系統的五個次系統。茲分別敘述如下：

第一、終極信仰：是指一個歷史性的生活團體之成員，由於對人生與世界的究竟意義的終極關懷，將自己生命所投向的最後根基。這其中包含了人文的信仰和宗教信仰，人文信仰是指出乎人性的要求，而且人可以至少部份實現生命意義的價值的所在，例如：真、善、美、正義、和諧、仁愛、社會正義、自由、平等……等等。至於宗教信仰，則是將生命意義的最後根基投注於一個超越者，並因此而使所相信的價值具有神聖性，宗教信仰並且也透過一些制度性的內容，例如：教義、教規、教儀、靈修方式等等，來使其接近超越界及神聖界。

第二、認知系統：是指一個歷史性的生活團體認識自己和世界的方式，也就是它認識自己、自然和社會的方式，並因此產生一套認知的體系，以及延續並發展該認知體系的方法。在過去，神話、傳說以及各種常識、哲學思想，都是屬於認知的系統。不過就現代認知系統而言，認知系統逐漸由科學所替代，其中對於自己的認知，是體現於人文學科；對社會的認知，是體現於社會科學；對自然的認知，是體現於自然科學。科學作為一種精神、一種方法和一種研究成果而言，是認知系

統的重要部份，而且在現代社會中愈來愈具有主導性的地位。

第三、規範系統：是指一個歷史性的生活團體依據其終極信仰和認知系統而製定的一套行為的規範，並且根據行為的規範來決定應該追求或避免的目標，且環繞這些價值的趨避，來組織其社會的型態、制定典章制度、規範個人的行動，其中主要包含了法律的規範系統和倫理的規範系統兩者。

第四、表現系統：所謂表現系統的意義，是用一種感性的方式，由看得見、聽得到、摸得著的方式，來表現該生活團體的終極信仰、認知系統和規範系統，因此就產生了各種文學與藝術作品，例如：建築、雕刻、繪畫、音樂、各種歷史文物、民俗藝術等等，構成了文化中的表現系統，通常也被視為是狹義的文化之所在。

第五、行動系統：指的是一個歷史性的生活團體及其成員的日常舉止，及其對自然和人群所採取的開發或管理的辦法。通常一個人的舉止所表現的素養，往往是前述終極信仰、認知系統、規範系統、表現系統和行動系統的總和，而其對於人群與自然所採取的開發或管理的辦法，往往也是根據其認知系統、規範系統而建立。另外，對於人群也有一套管理的技術，其中包含了政治、社會、經濟三部份，政治涉及了權力的構成和分配，經濟涉及了生產財與消費財的製造與分配，社會涉及了群體的整合、發展、變遷和社會福利等等。這些自然的技術以及社會的技術，一般而言也屬於廣義的文化，但是也分別屬於社會、經濟與政治的部門。為此，在本研究當中不特別加以討論。廣義說來，它們應該是屬於文化的一部份。但是，為了討論的方便起見，我們僅拿其中的行為舉止與素養來作為文化中的內涵，並據此來訂定指標。

## 四、一個生活文化質的指標體系

根據上述的分析，以下我們嘗試提出一套分析與評估文化的質的指標。根據前述我們提出對於「文化」的定義與內涵，我們首先提出一般性的文化指標，主要由傳承性、創新性、生活化程度、國際化程度、與人才的多樣與專精五者構成，作為對於一個社會的文化的一般性認定標準。但是，對於生活文化的實際分析與評估則有必要進入各個內涵之中。由於每一個文化次系統，皆可以落實而為生活的內涵，為此，我們可以進而分就文化各次系統，訂定生活文化的質的指標，做為實際分析與評估「生活文化」的參考。根據這些指標，可以再設計各種問卷調查、文本分析與電腦自動分析的細部格式。

我們在此提出一個「生活文化的質的指標」的體系大綱，不再就每一指標的詳細內涵及其運作實例多所發揮。雖然如此，此一指標體系既可以整體地運用，也可以分就各次系統的生活文化，作為研擬問卷或其他調查方法的依據。

換言之，本「生活文化的質的指標」所提供的是一個指標體系，作為訂定細部運作，甚或統攝或詮釋技術性指標的觀念性指導原則。至於其落實，則另撰成《現代國民生活文化手冊》中的種種條文。總之，以「生活文化的質的參考指標」為體、《現代國民生活文化手冊》為用，兩者是互為表裡的。

此一指標體系可以作為研擬問卷或其他調查方法的依據，我們亦提供一個可按年度進行調查的「價值觀調查參考表」。[16]

---

⑯　「價值觀調查參考表」

| 個　人　價　值 | | 關　係　價　值 | |
|---|---|---|---|
| 1. 身心的健康 | 2. 名譽與聲望 | 9. 親情與家庭 | 10.友情與愛情 |
| 3. 地位與權力 | 4. 金錢與財產 | 11.行善與功德 | 12.溝通與和諧 |
| 5. 知識與真理 | 6. 自由與自尊 | 13.社會正義 | 14.國家安全 |
| 7. 藝術與美感 | 8. 仁愛與利他 | 15.世界大同 | 16.宗教生活 |

價值觀可以說是生活文化質的參考指標最基本的資料之一。因為人們的生活需要有值得奉獻的理由，才會有意義。這與信仰生活密切相關，而在信仰生活次系統中，「人文信仰」與「宗教信仰」兩者的指標合起來，可以依以擬定價值觀調查問卷，用調查的方式加以分析與評估。

### 一般文化的質的參考指標

1. 傳承性
2. 創新性
3. 生活化程度
4. 國際化程度
5. 人才的多樣與專精

### 各次系統的文化生活的質的參考指標

(一) 信仰生活

**宗教信仰**

1. 個人與團體有否信仰，屬隱態信仰（不自覺）或顯態信仰（自覺）
2. 人文信仰與宗教信仰的對立或互補
3. 個人與團體有否宗教寬容精神，與寬容的程度如何
4. 某一宗教信仰旨在完成人性或相反人性
5. 某一宗教信仰的超越性、神聖性與制度性內涵如何
6. 某一宗教的教義、教規和禮儀。教義是否具一致性，是否混雜；教規是否勸人行善避惡；禮儀是否應美感優雅，是否旨在中介人與超越界
7. 宗教中人的行為，是否合乎善良風俗與道德規範；若教會有人作壞事，是因教義、教規和禮儀而犯，或因個人因素、環境因素
8. 某一宗教有否靈修方法，其種類、方式與效用如何

9. 某一宗教的世俗化程度

10. 某一宗教關懷社會，參與社會的方式及其與其教義、教規的關係

人文信仰

1. 個人與團體有否值得生命奉獻的理由

2. 個人與團體所信奉的價值觀

3. 個人與團體是否透過寬容與溝通解決價值衝突

4. 人文信仰的傳承性（承接傳統與保守的程度）

5. 人文信仰的時代性（合乎時代與創新的程度）

6. 人文信仰的適己性（合乎個人特質與否及適合的程度）

㈡知識生活

1. 知識的判準：一知識體系有否可應用的實例，有否內在一致性，是否可普遍化

2. 知識的好奇心（如：個人與團體是否不斷增加自己的知識）

3. 知識的可批判性（批判知識、相互批判與自我批判的風度）

4. 知識的可溝通性（交談、討論、科際整合的風氣與程度）

5. 通識能力（如：個人與團體是否在自己熟悉的知識之外增加其他領域的知識以培養通識能力）

6. 知識的傳承性（如：是否常閱讀經典以提昇心靈）

7. 知識的創新性（如：是否常研究創新或增加新知）

㈢倫理生活

1. 個人與團體是否常增加自己的法律常識並努力奉行

2. 個人與團體是否凡事尊重別人的自由意志

3. 個人與團體行為的利己傾向或利他傾向

4. 個人與團體行為是否合乎正義的要求

5. 人際關係和諧的程度

6. 個人與團體面對衝突是否努力進行溝通

7. 個人與團體溝通的技巧與素養

8. 個人與團體是否重視個人能力的卓越化

9. 個人與團體是否重視關係的和諧化

10. 倫理道德在社會輿論和國民心目中所佔的地位

(四)藝文生活

1. 藝術創作是否能營造美感

2. 藝術創作是否能揭露真實（有真實感受）

3. 藝術創作是否能結合理念與實踐

4. 藝術欣賞是否能使欣賞者感到意義的滿足，滿足的程度如何

5. 民俗藝術的傳承性

6. 民俗藝術的多樣性

7. 民俗藝術是否受到一般社會大眾的重視，參與的程度如何

8. 大眾傳播媒體中知識性、文化性節目的比例

9. 大眾傳播媒體中娛樂性節目的品質

10. 大眾傳播媒體中暴力與色情出現的時段、分級制與接近的容易度

11. 小眾傳播媒體的種類與品質

13. 民眾是否經常利用休閒時間參加藝文活動

14. 工作與休閒的均衡性

15. 休閒體系的完整性

16. 休閒體系的人文性

(五)行為與生活

1. 國民是否守法

2. 國民是否守時

3. 國民行為舉止的優雅

4. 國民談吐的大方

5. 國民的餐桌禮儀

6. 國民的衣著是否端莊

7. 國民住家的布置

8. 家庭生活的和樂

9. 對鄰里與社區事物關心和參與的程度

10. 國民是否遵守交通規則

11. 婚喪喜慶是否有不合宜的行為

12. 國民是否有誇富行為

13. 公共場所行為是否合乎公共儀節

14. 國民行為是否有公德心（例如：愛護公物）

15. 國民行為是否具國際化水準

16. 觀光旅遊瞭解並尊重所遊國度的風俗習慣

17. 國民藝文欣賞的水準

18. 國民的消費行為是否合宜（不奢侈、不浪費）

19. 國民生活是否簡樸

20. 國民行為的創新性

## 五、《現代國民生活文化手冊》的規劃與設計

　　文化的發展必須有遠大的文化理想為指引，更須落實在國民的日常生活中，否則，再高妙的文化理想亦終將落空。為了結合文化與生活，提昇國民的生活文化水準，有必要在國民生活的各個領域中，建立一些理想指標，使全體國民都能在日常生活中，獲得充實的意義，進而表現為豐富的文化創造。如此

一來，既可滋潤個人的生活，又可增益群體的文化。

　　為此，文建會特別委託中國哲學會編撰並印製《現代國民生活文化手冊》⑰。該手冊由沈清松撰稿，再經由中國哲學會會員鄔昆如、黎建球、傅佩榮、關永中、朱建民、陳文團、曾春海、李增、陳福濱等諸位學者的討論，提供寶貴意見後定稿。須知內心的改革來自觀念的澈悟，生命的安頓需要安身立命之道。此一手冊提供生活智慧，盼能啟迪國人心靈，重建生活意義，創造文化生機。中國哲學會一向關切國家文化發展與國民文化生活，此次編撰《現代國民生活文化手冊》，供各界參考使用，以發揮移風易俗，重建生活意義，再造文化光輝的功效。此一宏願既為文建會委託中國哲學會之初衷，亦為中國哲學會全體會員努力不懈之目標。

　　有好的觀念才會有好的行為。生活文化須從日常生活中的行為舉止開始，注意生活的態度、食衣住行、人際關係與消費中的素養與品味，再進到知、情、意的生活，也就是知識生活（知）、倫理生活（意）、藝文與休閒生活（情）。最後，還需關切人生的理想與信仰，尋回值得生命奉獻的理由，實現生活的意義。

　　㈠ 行為與生活

　　生活文化始自每日的行為與生活，其設計重點在食衣住行中的節制與禮儀、人際的溝通與和諧，與建康的樂趣，重視環保觀念，並提倡簡樸生活的觀念。例如，飲食的方面，著重飲食有節制，不暴飲暴食，儘量攝取自然、健康的食品，不任意浪費。飲食要有禮節，無論在家、在外、出國，皆應注意餐桌禮貌。

　　衣著方面，要端莊大方，以表現個性、風度與美感為主，

⑰《現代國民生活文化手冊》，行政院文建會委託，中國哲學會編印，1997.6.

不爭奇鬥豔，不追趕時髦，不炫耀，不浪費。

住的方面，住家佈置以整潔舒適，營造家庭和樂為主，不在裝潢上舖張浪費；對外應關懷鄰里福祉，注意公寓、大樓或鄰里的共同規範，不侵犯鄰居權益，不干擾鄰居安寧，並共同致力於鄰里的安全，彼此守望相助。此外，關懷鄰里與社區，主動和鄰居交談，增進面對面接觸，促進「里仁為美」的居住環境，並積極參與社區活動，促進社區發展。

行的方面，開車、行走遵守交通規則，不闖紅燈。騎乘機車應戴安全帽。儘量選搭公共交通工具，並注意依序排隊，避免爭先恐後；對於老人、孕婦、殘障、病弱之人，皆應主動讓座。若開私人汽車，儘量多採共同乘載制，避免一人一車。最好是多騎自行車，多走路，既可減少污染，又可增進身體健康。

生活方面，應常保簡樸，維繫心靈之自由並減少環境污染，在生活上應降低物質消耗，度簡樸的生活，並用豐富的文化活動，充實自己的精神生活。不要讓自己的精神經常處於緊張狀態，定期放鬆心情與時間，做一些輕鬆的、休閒性、精神性的活動，與朋友、親人散步，聊天，聽音樂，看戲，創作，插花，賞花，養魚，做義工，或參與社區公益事務，改善鄰里生活，或參與宗教靈修活動……等等。在消費時，購買物品時，注意產品的耐用、方便、美觀，使用時不產生污染，且能節省能源。儘量購買能再生或延續使用的物品，對於用過的金屬品、玻璃、紙張，不隨意丟棄，不隨垃圾棄置，最好能交付再生或循環使用。

此外，在情感方面、在思想上、在心靈上、在與自然關係方面，皆有其健全的理想可循，一一呈現於手冊中，主要希望國民皆能充分利用每一分每一秒，不讓生命留白，一方面常透

過求知、行善與創作，致力內心的充實；另一方面亦透過靜觀默想或宗教靈修，常保內心的空靈。

### ㈡ 知識生活

重點在知識好奇心的維繫，各種知識的意義，知識的辨識標準與不同知識的溝通與互補。首先，人應常保對知識的好奇心，透過發問與交談，從他人身上學得知識，經由學校教育與社會教育，提高學識，拓展視野。平時多利用時間上圖書館，聽演講，參與課程，以增加知識。常閱讀中外經典以提昇心靈，尤其應多涵詠本國經典，以認識本國人文心靈與價值傳統。經常閱讀報章、雜誌、書刊，常上網路，以增加新知。

在各種知識的意義方面，像天文、生物、物理、化學……等等自然科學，都是關涉到人對自然的認知，從其中人可以多認識到自然的奧妙；像政治學、社會學、經濟學、法學、管理科學、傳播學……等等社會科學，都是關涉到人對社會的認知，個人對於社會的認識、分析與評論，最好能具備社會科學知識而後為之，不要僅憑表面之見或一己私見為之；至於像文學、歷史、哲學、藝術學、宗教……等等人文學科，都是關涉到人對自我的認知，其重點在於透過文本與傳統，達至自我瞭解。這表示：人需要自我走出，經由作品、經典與傳統，才能進而自我返回，達成自覺。

在知識判準與不同知識的溝通與互補方面，一種知識可以其是否具有一致性、是否可以普遍化，有否有可應用的實例等三項標準來判斷其有效性。如果我所擁有的是一項真的知識，那麼該項知識應不僅可以用我所專長的語言表述，也可以用別人或別的學科的語言來表述。如果只適用於我的語言或學科，而無法用別人或別的學科的語言表述，那麼該項知識無論在方法上或原則上，都需要加以反省和檢討。人若發現了一項知

識，這並非一項足令自我驕傲的理由，卻應常感「學然後知不足」，精益求精，廣更求廣。人應不斷增進知識，並善用知識。人應該運用知識於善的用途，決不運用知識於惡的用途。

### (三) 倫理生活

在倫理生活方面，重點在個人的自我實現與群體關係的和諧。現代國民須能守法、守時、守信。以法律為最低限度的道德，不做違法之事，常增加自己的法律常識，並努力奉行。以正義為最低限度的愛，絕不會為了任何理由損害他人的權益，更會常為弱勢者考慮，致力於公平與公道的實現。

國人雖可追求效益與利潤，但絕不損人利己，更不違背公共利益。凡事尊重別人的自由意志，不把別人當作工具，不利用別人達成自己的目的，彼此相互幫助，相互尊重。遇到行動的抉擇，追問自己應做甚麼時，答案有二：其一：我應如此做，好使得我個人能力得以卓越化。其二：我應如此做，好使得我與他人的關係可以和諧化。遇事常能為他人設想，常懷利他之心，常持仁愛之心。

此外，也要強調正義、和諧、自由、平等、寬容、誠意、慈悲等道德價值。由於尊重別人自我實現的權力，就必須尊重他與我衝突的可能性；但即使有可能會衝突，或事實上已發生衝突，也應努力促成和諧。此外，工作時應盡忠職守，遵守專業倫理，發揮專業能力，與長上、屬下、同事、顧客之間，保持良好與和諧的關係，透過專業工作，達至卓越，追求和諧，貢獻社會。

### (四) 藝文與休閒生活

由於隔週休二日的實施，正宣示著休閒時代即將來臨。為此，充分利用休閒時光，從事富於文化意涵的活動，注意休閒與工作的均衡，將是今後生活文化的主流。現代人生活繁忙，

充滿了不如意和挫折，應多欣賞美的事物，並從事藝術的活動。美感就是人在面對自然物或藝術品時所感到的愉悅之感。面對秀麗的花朵，人會感到優雅之美；面對無限的星空、大海，則會感到自己的渺小，並興起崇高之感。

美感是需要培養的，為培養美感，國人在主觀上應學習暫時放下功利、求知或行善這些目的，只採取純粹觀賞的態度，任物自是。在客觀方面，應學習體會某一自然物或藝術品內在的充實，比例的和諧，與其所含藏有意義之結構，或其形式所發出的光輝。至於藝術品，除了傳達美感之外，也能揭露真實。像許多現代藝術品揭露出現代人的醜態、恐懼和焦慮，雖然不美，但卻也是十分真實的體驗。此外，藝術也是一種創造活動，可以提出新的理念，妥善運用材料，做出新穎的組合。

美感涉及生活品味的培養，應從日常生活與周遭環境開始，穿著要有品味，美化住家環境，欣賞各種自然美和藝術美，並不斷增加自己對美感和藝術方面的知識和敏感度。經常利用休閒時間參加藝文活動，以豐富自己的內心生活。多利用時間參觀博物館、藝廊、劇院、音樂廳、文化中心……等的展出或演出；經常閱讀介紹、評論藝術的書籍和文章。熱心參加社區與地方上的民俗廟會與祭典活動，分享彼此共同的文化記憶。學習食、衣、住、行、育、樂……種種生活文化的技藝與知識，藉以提高生活文化品味與水準。積極參與現代文化藝術的學習、創作與研究的活動，培養文化創新的視野與智能。

在日常生活中與時間安排上，常保持工作與休閒的均衡性。工作的意義不只在賺錢，而在於透過工作發揮知識與才能，擴大人際關係，達成自我實現。休閒的意義不只在休息，而在透過休閒活動，達到自我超越。人可以透過休閒活動，達到自我超越，例如，多運動，可以了解自己身體的潛能；遊山

玩水，親近自然，可以發現自己內心更灑脫的一面；聽演講，從事知識性的活動，可以豐富自己的知識；做義工，做好人好事，可以發現為善最樂；也可以參加宗教活動，發現自我與超越界的關係。工作是參與社會整合，貢獻於社會，但休閒則應多參與文化活動，從事文化創造，豐富自己的心靈。譬如，彈鋼琴、練書法、學畫畫、欣賞音樂、學插花……等等。在休閒的時候，人更有時間、有心情從事這些文化活動。人在休閒的時候欣賞不一樣的人與事，從事藝文創造的活動，往往可以進一步發現或創造新的價值。這樣，國人就不會在拼命工作中把值得生命奉獻的價值給消耗殆盡，覺得生命無趣。休閒生活的本質就在於心靈的自由、悠閒、創造與喜悅。人可以透過工作與休閒的均衡與互補，促進人生的意義與價值的實現。

㈤ 人生的理想與信仰

人生若要有意義，必須要有人生的理想與信仰，作為個人的心靈向生命意義的基礎的投注。信仰可以區分為人文信仰與宗教信仰。兩者不但不相對立，而且相互完成。人文信仰是宗教信仰的出發點，因為只要是人就應該有合乎人性的理想信念；至於宗教信仰則是人文信仰的延伸，因為人性總是有限，難免脆弱，須向超越界投注心靈。

人文信仰是以生命的意義就在於追求人性所要求、且人性可予以實現的價值，如真、善、美、仁愛、和諧、正義……等等。個人應按其興趣與能力，選擇一、二個理想價值，作為值得生命奉獻的理由，並日日奉行。如果別人信奉的人生理想與我不同，不必因此產生衝突，卻應透過寬容與溝通，面對彼此價值觀的差異。個人奉行的人生理想如果選得不對，表示自我的認識仍然不夠，可以透過更深入的自我認知，重新再選。但無論如何，人一定要有值得生命奉獻的理由。

人生的理想不能只是立基於人性，因為人終究是有限的。如果人只信靠自己，仍然可能背離自己的人生理想。為此，人的內心不必排斥宗教信仰，卻應對宗教信仰採取開放的態度。宗教信仰是將生命意義之最後根基投注於一超越者身上，因而使所信奉之價值有其神聖性，並進而用制度的方式，去接近超越性與神聖性。宗教信仰的重要指標之一是宗教寬容的精神，換言之，要看它是否尊重別的宗教，並透過交談去認識別的宗教。

　　宗教信仰應能完成人文理想，而非相反人文理想。宗教信仰應可透過教義、教規和禮儀來判定其好壞。教義應具一致性，不宜混雜；教規應勸人行善避惡；禮儀則應美感優雅，媒介人與超越界。這些也可以視為選擇宗教的客觀標準。選擇宗教的主觀標準是個人的機緣成熟與內心深受感動。人應可以開放的心胸與虔誠的心意，採用宗教中的靈修方法，藉以提昇心靈境界，達至心身和諧，獲得心靈的自由與喜悅。

# 六、結　語

　　以上，我們將「生活的理論與實踐」此一重要議題，透過對於「質的文化指標」的討論與《現代國民生活文化手冊》中的理想生活文化守則的建立，加以闡明。生活文化的理論依據雖可再就生活世界的現象學再予深究，但文化指標的建立，則更可以在文化發展上有理想方向可循，在學術研究上有評估依據，最後，並可具體落實於國民生活之中。

　　就理想方向言，今後整體的文化發展應重視朝向加強傳承性、創新性、生活化程度、國際化程度、人才的多樣與專精的方向發展。此外，並應在信仰、認知、規範、表現、行動各次系統中，重建理想指標，並朝向理想邁進。就學術研究與評估

而言，本文提出一套質的文化指標系統，應有助於今後實際研究、調查與評估的參考。最後，也是最重要的，則是國民生活文化的落實，相信我們所提出的國民生活理想守則，以及進一步編印的《國民生活文化手冊》，應有助於明確表述國人在當前社會中值得樹立的生活文化理想，並做為日常生活實踐的依據。相信由於國人生活理想的重建與篤實踐履，既有理想，又有實踐，終能促成心靈的改革，推動文化的良性發展，使國家與社會的發展邁向嶄新的境界。

附錄

# 《現代國民生活文化手冊》

## 引　言

在國家發展日趨現代化的今天，國人的生活一方面享受現代化的方便與富足，另一方面也日漸陷溺於現代化的弊病之中，並開始受到後現代思潮的衝擊。現代人的最大問題，是只在此俗世追求生命的意義，但弔詭的是，俗世所出現一切，多不能滿足人對意義的需求。後現代的最大威脅則是虛無主義，人們日日追求眼前可見的快樂與利益，卻缺乏值得生命奉獻的理由。針對於此，這本生活手冊希望能為重新尋得生活的意義，重建值得生命奉獻的理由，提供一些觀念與作法，以供國民參考。

有好的觀念才會有好的行為。生活文化須從日常生活中的行為舉止開始，注意生活的態度、食衣住行、人際關係與消費的素養與品味，再進到知、情、意的生活，也就是知識生活、倫理生活、藝文與休閒生活的營造。最後，還需關切人生的理想與信仰，尋回值得生命奉獻的理由，實現生活的意義。

## 一、行為與生活

1. 飲食有節制，不暴飲暴食，儘量攝取自然、健康的食品，不任意浪費。飲食要有禮節，無論在家、在外、出國，皆應注意餐桌禮貌。

2. 衣著要端莊大方，以表現個性、風度與美感為主，不爭奇鬥豔，不追趕時髦，不炫耀，不浪費。

3. 住家的佈置以整潔舒適，營造家庭和樂為主，不在裝潢上舖張浪費；對外應關懷鄰里福祉，注意公寓、大樓或鄰里的共同規範，不侵犯鄰居權益，不干擾鄰居安寧，並共同致力於鄰里的安全，彼此守望相助。

4. 關懷鄰里與社區，經常主動和鄰居交談，增進面對面接觸，促進「里仁為美」的居住環境，並積極參與社區活動，促進社區發展。

5. 開車、行走應遵守交通規則，不闖紅燈。騎乘機車應戴安全帽。儘量選搭公共交通工具，並注意依序排隊，避免爭先恐後；對於老人、孕婦、殘障、病弱之人，皆應主動讓座。若開私人汽車，儘量多採共同乘載制，避免一人一車。最好是多騎自行車，多走路，既可減少污染，又可增進身體健康。

6. 為常保心靈之自由並減少環境污染，在生活上應降低物質消耗，度簡樸的生活，並用豐富的文化活動，充實自己的精神生活。

7. 不要讓自己的精神經常處於緊張狀態，定期放鬆心情與時間，做一些輕鬆的、休閒性、精神性的活動，與朋友、親人散步，聊天，聽音樂，看戲，創作，插花，賞花，養魚，做義工，或參與社區公益事務，改善鄰里生活，或參與宗教靈修活動……等等。

8. 購買物品時，注意產品的耐用、方便、美觀，使用時不產生污染，且能節省能源。

9. 儘量購買能再生或延續使用的物品，對於用過的金屬品、玻璃、紙張，不隨意丟棄，不隨垃圾棄置，最好能交付再生或循環使用。

10. 從事發展自己潛能與才幹的活動，培養登山、慢跑、騎自行車、散步、打太極拳、練氣功……種種運動的習慣。

11. 在情感方面，培養與人平心靜氣溝通，學習溝通技巧，尤其與自己的朋友、親人、父母、子女……等，維持親暱的關係。

12. 在思想上，培養知識的好奇心，經常閱讀、聽演講，參加學習班，養成尋找資訊的習慣，培養合乎邏輯、兼顧創意與整體的思考方式。

13. 在心靈上，培養定、靜、安、慮、得的修養工夫，常保內心的安寧，同時保有對人對事的熱情、悲憫與利他的情懷，甚至可以從宗教靈修獲取心靈資源。

14. 關愛大地，親近自然，常接近自然山川，常保居住環境的整潔，避免污染大地，重視環境保護，不亂砍亂伐，注意水土保持，不隨意丟棄垃圾於大自然之中。

15. 養成每日自我反省的習慣，省查自己每天是否學得新知，是否日進於德？自己是否盡忠職守？對待他人是否合仁合義？是否作了有益社會之事？所行所為是否心安理得？……等等。

16. 充分利用每一分每一秒，不讓生命留白。個人一方面常透過求知、行善與創作，致力內心的充實；另一方面亦透過靜觀默想或宗教靈修，常保內心的空靈。

# 二、知識生活

1. 人應常保對知識的好奇心。

2. 子曰：「三人行，必有我師焉。」在今天，這話的意思是說，人總可以透過發問與交談，從他人身上學得知識。

3. 經由學校教育與社會教育，提高學識，拓展視野。平時多利用時間上圖書館，聽演講，參與課程，以增加知識。

4. 在自己熟悉的知識之外增加其他領域的知識，以培養通識能力。

5. 常閱讀中外經典以提昇心靈，尤其應多涵詠本國經典，以認

識本國人文心靈與價值傳統。

6. 經常閱讀報章、雜誌、書刊，常上網路，以增加新知。

7. 天文、生物、物理、化學……等等自然科學，都是關涉到人對自然的認知，從其中人可以多認識到自然的奧妙。

8. 政治學、社會學、經濟學、法學、管理科學、傳播學……等等社會科學，都是關涉到人對社會的認知。個人對於社會的認識、分析與評論，最好能具備社會科學知識而後為之，不要僅憑表面之見或一己私見為之。

9. 文學、歷史、哲學、藝術學、宗教……等等人文學科，都是關涉到人對自我的認知，其重點在於透過文本與傳統，達至自我瞭解。這表示：人需要自我走出，經由作品、經典與傳統，才能進而自我返回，達成自覺。

10. 一種知識可以其是否具有一致性、是否可以普遍化，有否有可應用的實例等三項標準來判斷其有效性。

11. 如果我所擁有的是一項真的知識，那麼該項知識應不僅可以用我所專長的語言表述，也可以用別人或別的學科的語言來表述。如果只適用於我的語言或學科，而無法用別人或別的學科的語言表述，那麼該項知識無論在方法上或原則上，都需要加以反省和檢討。

12. 人若發現了一項知識，這並非一項足令自我驕傲的理由，卻應常感「學然後知不足」，精益求精，廣更求廣。人應不斷增進知識，並善用知識。人應該運用知識於善的用途，決不運用知識於惡的用途。

# 三、倫理生活

1. 做個現代國民，要守法、守時、守信。

2. 法律是最低限度的道德，我不但不做違法之事，而且常會增加自己的法律常識，並努力奉行。

3. 正義是最低限度的愛，我絕不會為了任何理由損害他人的權益，更會常為弱勢者考慮，致力於公平與公道的實現。

4. 我雖追求效益與利潤，但絕不損人利己，更不違背公共利益。

5. 凡事尊重別人的自由意志，不把別人當作工具，不利用別人達成自己的目的，彼此相互幫助，相互尊重。

6. 遇到行動的抉擇，追問自己應做甚麼時，答案有二：其一：我應如此做，好使得我個人能力得以卓越化。其二： 我應如此做，好使得我與他人的關係可以和諧化。

7. 致力於與他人關係的和諧化，須考慮三點：其一：我內心的真誠感受；其二：對方對我的期許；其三：社會與道德的規範。

8. 遇事常能為他人設想，常懷利他之心，常持仁愛之心。

9. 愛好正義，對於不公平的事，會努力主持公道；重視社會正義，致力於社會中資源、權益與福利的公平分配，改善分配不均的情況。

10. 喜愛和諧，凡事多運用同理心，用對方可以懂的話來說自己的立場，彼此相互溝通，以達成共識，促進不同個人與團體之間的和諧。

11. 喜愛自由，尊重自律，致力於自我超越，而且也尊重他人的自由、自律與自我實現的權利。

12. 我喜愛平等，並以平等之心對待別人，以平等之心對待萬物。

13. 我以愛心對待他人，不嫉妒他人，不輕易動怒，以寬容的心誠意待人。

14. 對他人慈悲，也對其他生物慈悲，這正是打開內心自我治癒之門。

15. 不管時代如何變遷，父母子女，兄弟姐妹、朋友之間、師生

之間，同事之間、個人與社會之間……等等的關係，皆應力求和諧。

16. 在個人與群體之間，一方面應能自我實現，另一方面亦能顧全整體，努力達至和諧。

17. 尊重別人自我實現的權力，就必須尊重他與我衝突的可能性；但即使有可能會衝突，或事實上已發生衝突，也應努力促成和諧。

18. 交朋友之道，應如孔子所言「友直，友諒，友多聞」，朋友之間應相互信賴，相互勉勵。

19. 父母應疼愛子女，但不失之溺愛；子女應孝順父母，但不失之愚孝。

20. 工作時應盡忠職守，遵守專業倫理，發揮專業能力，與長上、屬下、同事、顧客之間，保持良好與和諧的關係，透過專業工作，達至卓越，追求和諧，貢獻社會。

# 四、藝文與休閒生活

1. 觀賞花園中盛開的花朵，聽一聽美妙的音樂，做做陶藝，到户外寫生……等等，這類活動都會使人感受到美感與藝術的樂趣。尤其現代生活繁忙，充滿了不如意和挫折，人應多欣賞美的事物，並從事藝術的活動。

2. 美感就是人在面對自然物或藝術品時所感到的愉悅之感。面對秀麗的花朵，人會感到優雅之美；面對無限的星空、大海，則會感到自己的渺小，並興起崇高之感。

3. 美感是需要培養的。要培養美感，主觀上應使先擺脫功利的想法，不要只想得到什麼好處，此外也不要只想到求知或行善，卻要學習放下這些目的，只採取純粹觀賞的態度，讓花成其為花，任物成其為物，讓自己的心靈得自由，便會有美感油然興起。

4. 在客觀方面，美感的培養還應學習體會某一自然物或藝術品

內在的充實，比例的和諧，與其所含藏的有意義之結構，或其形式所發出的光輝。如此才真能體會到它到底美在那理。

5. 藝術品除了傳達美感，也能揭露真實。像許多現代藝術品揭露出現代人的醜態、恐懼和焦慮，雖然不美，但卻也是十分真實的體驗。此外，藝術也是一種創造活動，可以提出新的理念，妥善運用材料，做出新穎的組合。

6. 美感涉及生活品味的培養，應從日常生活與周遭環境開始，穿著要有品味，美化住家環境，欣賞各種自然美和藝術美，並不斷增加自己對美感和藝術方面的知識和敏感度。

7. 經常利用休閒時間參加藝文活動，以豐富自己的內心生活。多利用時間參觀博物館、藝廊、劇院、音樂廳、文化中心……等的展出或演出；經常閱讀介紹、評論藝術的書籍和文章。真誠的對待自己，對待別人，親近自然和藝術品，追求真實的體會。

8. 選一兩樣自己喜歡的藝術活動，多加學習，經常練習，不斷提昇心得，並從其中得到樂趣。如此一來，可以使個人的美感品味與藝術修養更為提高，也使生命更有意義。

9. 熱心參加社區與地方上的民俗廟會與祭典活動，分享彼此共同的文化記憶。

10. 學習食、衣、住、行、育、樂……種種生活文化的技藝與知識，藉以提高生活文化品味與水準。

11. 積極參與現代文化藝術的學習、創作與研究的活動，培養文化創新的視野與智能。

12. 在日常生活中與時間安排上，常保持工作與休閒的均衡性。

13. 工作的意義不只在賺錢，而在於透過工作發揮知識與才能，擴大人際關係，達成自我實現。休閒的意義不只在休息，而在透過休閒活動，達到自我超越。

14. 人可以透過休閒活動，達到自我超越，例如，多運動，可以

了解自己身體的潛能；遊山玩水，親近自然，可以發現自己內心更灑脫的一面；聽演講，從事知識性的活動，可以豐富自己的知識；做義工，做好人好事，可以發現為善最樂；也可以參加宗教活動，發現自我與超越界的關係。

15. 工作是參與社會整合，貢獻於社會，但休閒則應多參與文化活動，從事文化創造，豐富自己的心靈。譬如，彈鋼琴、練書法、學畫畫、欣賞音樂、學插花……等等。在休閒的時候，人更有時間、有心情從事這些文化活動。

16. 人在休閒的時候去欣賞不一樣的人與事，從事藝文創造的活動，往往可以進一步發現或創造新的價值。這樣，人就不會在拼命工作中把值得生命奉獻的價值給消耗殆盡，覺得生命無趣。

17. 休閒生活的本質就在於心靈的自由、悠閒、創造與喜悅。

18. 人可以透過工作與休閒的均衡與互補，促進人生的意義與價值的實現。

# 五、人生的理想與信仰

1. 人生若要有意義，必須要有人生的理想與信仰，作為個人的心靈向生命意義的基礎的投注。

2. 信仰的對象可以分為一般的人生理想與宗教信仰。兩者不但不相對立，而且相互完成。人生的理想是宗教信仰的出發點，因為只要是人就應該有人生的理想；至於宗教信仰則是人生理想的延伸，因為人性總是有限，難免脆弱，需向超越界投注心靈。

3. 一般的人生理想主要是以生命的意義就在於追求人性所要求、且人性可予以實現的價值，如真、善、美、仁愛、和諧、正義……等等。

4. 個人應按其興趣與能力，選擇一、二個理想價值，作為值得生命奉獻的理由，並日日奉行。如果別人信奉的人生理想與我不同，

不必因此產生衝突，卻應透過寬容與溝通，面對彼此價值觀的差異。

5. 個人奉行的人生理想如果選得不對，表示自我的認識仍然不夠，可以透過更深入的自我認知，重新再選。但無論如何，人一定要有值得生命奉獻的理由。

6. 人生的理想不能只是立基於人性，因為人終究是有限的。如果人只信靠自己，仍然可能背離自己的人生理想。為此，人的內心不必排斥宗教信仰，卻應對宗教信仰採取開放的態度。

7. 宗教信仰是將生命意義之最後根基投注於一超越者身上，因而使所信奉之價值有其神聖性，並進而用制度的方式，去接近超越性與神聖性。

8. 宗教信仰的重要指標之一是宗教寬容的精神，換言之，要看它是否尊重別的宗教，並透過交談去認識別的宗教。

9. 宗教信仰應能完成人生理想，而非相反人生理想。

10. 宗教信仰應可透過教義、教規和禮儀來判定其好壞。教義應具一致性，不宜混雜；教規應勸人行善避惡；禮儀則應美感優雅，媒介人與超越界。這些也可以視為選擇宗教的客觀標準。

11. 選擇宗教的主觀標準是個人的機緣成熟與內心深受感動。

12. 人應可以開放的心胸與虔誠的心意，採用宗教中的靈修方法，藉以提昇心靈境界，達至心身和諧，獲得心靈的自由與喜悅。

# 第四章

# 台灣的現代文化思潮與
# 後現代的挑戰

　　自從民國 76 年 7 月政府宣布解除戒嚴，並陸續開放黨禁、報禁，從此國內政治民主化進入嶄新階段，民間活力泉湧而出，表現在文化方面，使得民間思潮由原先伏流的地位，化隱為顯，成為文化思潮的主調。政府的文化政策，也盡量與民間活力相配合。這段時期國內的文化發展，由於社會現代化歷程的加深，除了現代文化思潮蓬勃發展之外，也有後現代主義興起。

　　整體說來，現代化的加深與後現代文化的興起，是當前文化思潮的特徵。由於民間活力的蓬勃發展，各種文化與學術思潮澎湃，舉其具有深遠影響，並富於前瞻性者言之，族群關係與多元文化、社區主義與社區總體營造、女性主義及其文化意涵、心靈改革與社會再造、後現代主義的挑戰等等，值得在此提出，加以檢討。其中，社區總體營造與心靈改革兩項是由官方配合民間活力而推動的，至於其他則都是出自民間，且均具有長遠的影響，尤其後現代文化刻正方興未艾，且具全球性的意義，今後的文化建設與文化政策亦須及早因應，因此放在本文最後予以評述。

# 一、族群關係與多元文化

　　就世局而論，自 1960 年之後，族群衝突日劇，族群認同與族群意識也日愈受到學界與世人的重視，並逐漸波及國內。台灣的族群關係問題，遠則溯自歷代各移民時期不同族群的相處經驗，近則糾結於民國 36 年不幸發生的二二八事件。及至民國 70 年代，統獨之爭日劇，突顯了「中國意識」與「台灣意識」的分歧。由於解嚴後社會力的釋放，前此種種加上族群利益的磨擦，使得族群關係問題愈益凸顯。這對文化的主要影響，在於族群文化意識的興起，並在隱伏的多元文化脈絡中，注入了族群的意含。

　　基本上，台灣社會也是由多元族群構成，主要是由漢族、南島語族，加上滿、蒙、藏、回及其他少數民族構成。漢族方面有早期移民來台的福建、廣東人民，以及民國 38 年左右移民來台的各省人民，在地方語言和文化各方面的表現皆各有特色。概括而言，可以分為「福佬」、「客家」及其他的「外省人」。不過，所謂「外省人」，除了大陸各省的漢族人士之外，還有滿、蒙、藏、回及其他少數民族人士，也都陸續移入，帶來豐富的文化風貌。至於南島語族又分為漢化較深的平埔族，和原稱「高山族」而晚近被定名為「原住民」的各族，如泰雅族、賽夏族、布農族、鄒族、排灣族、魯凱族、阿美族、卑南族、雅美族等。

　　雖然國內多元族群的關係早就存在，但一直要到民國 70 年代由於族群意識的興起，以至近年來有關族群認同、族群歷史、語言與文化、權力分配等問題，愈發受到學界與社會的關心。無可諱言的，前此無論是文化復興運動或政府的文化建設政策，多是以漢族的藝文表現、倫理體系和價值觀為主。然

而，踏入了民國 80 年代，如何以各族群的文化內涵來豐富全國的文化建設，便成為日愈迫切的問題。同時，多元族群脈絡(multiethnic context)也已成為瞭解族群的根本條件。

實則，族群並非固定不變的封閉系統，相反的，卻是隨著多元族群互動而不斷變動的開放系統。誠如巴思(F. Barth)所指出，族群意識或文化認同是人與人互動的社會關係所造成，絕非一群人孤立演化的結果。譬如，在統獨之爭引起「省籍意識」之後，有所謂「台灣人」、「外省人」之分，但是，當這二者遇到像阿美族、卑南族等南島語族之時，就轉而被視為「漢人」。然而，當上述所有的人遇到歐、美、日等外國人時，就都自稱為「台灣人」或「中國人」。更何況，由於交友、通婚、教育及種種文化互動，已然不斷產生族群融合。也因此，在台灣這狹窄幅員中，各族群在表現文化特色之餘，如何共創文化，更顯得日愈重要。

在當前國內文化中，漢人的文化，無論是各地區、各省、各種語言社群的文化，例如福建、廣東、客家或其他各省、各種方言文化，一方面具有漢人文化在語言、藝術、倫理、價值等方面的一致性，但另一方面也有不同省分和方言族群的多元表現。此外，滿、蒙、藏、回及其他少數民族在語言、生活和文化上的表現，亦展現豐富的多元性。

至於各南島語族的文化資源也頗為豐富，其中特別顯示人與自然之間融洽的生活方式，在生活中潛藏著許多環保與生態的智慧，其神話體系與口傳知識，其生命禮俗與歲時祭儀，皆充滿著活潑的象徵體系，在人與自然的關係愈形疏離的今日，含藏著極為豐富、值得開發的意義。①

---

① 參見李亦園，《台灣土著民族的社會與文化》（台北：聯經，1982）。

不過，由於現代社會巨變與外來文化的衝擊，加上人口外流與現實生活的催逼，許多族群的古老文化傳統刻正受到文化流失、甚或沒落的嚴重威脅。今後應如何在現代化過程中保持並發展原有的文化精神與生活智慧，淘汰不合時宜的成分，發揚族群文化中的普世成分，常保活力，與時俱進，是每一族群文化傳統當前最重要的課題。此外，族群文化傳統可以因地制宜，結合社區主義，形成社區生活的特色，並在具有地方特色或族群特色的文化博物館、展覽或節慶活動中獲得更有意義的呈現，是值得繼續推動的。

　　整體說來，今後族群關係與文化問題，應該放在多元文化的脈絡中思考。所謂「多元文化」 (multiculturalism)應包含三層意義。第一、自我認同：各族群的象徵體系是各族群成員自我認同的依據，不可以自毀長城，忘本忘根，卻要努力加以繼承和發揚，作為自我認同與自我發展的依據。第二、相互尊重：各族群的文化各具特色，也各能形成族人的生命意義核心，因此理應相互尊重，相互承認，這是察爾斯‧泰勒(Charles Taylor)所謂「互認的政治」(Politics of Recognition)的意含所在。② 第三、相互豐富：由於各族群的文化各有特色，各有所長，皆有所短，因此可以藉彼之長，補己之短，在相互對比之中，瞭解自我，進而相互扶持，相互豐富。

## 二、社區主義與社區總體營造

　　民國 80 年代，由李登輝總統大力支持，由文建會規劃推動的社區總體營造，可謂近幾年來由政府推動，並獲民間迴響的重大基礎文化建設工作。目前此一工作仍在進行之中。然

台灣精神與文化發展

92

---

② Charles Taylor, *The Politics of Recognition,* in *Multiculturalism,* edited and introduced by Amy Gutmann, (Princeton: Princeton University Press, 1994), pp.25-73.

而，此一社區文化建設並非憑空而起，卻是立基於政府推行已久的社區建設政策，以及傳統的鄰里組織之中。近年來文建會推動的的社區總體營造將此一淵遠流長的鄰里精神與社區組織的文化意涵加以發揮，使其具有文化建設之功效。

追溯起來，早在傳統中國社會的鄰里組織之中，便有類似社區的組織。不過，國內之引進社區制度，是受到二次世界大戰後西方社區主義的影響，尤其是響應聯合國的社區發展政策。西方社區運動開始於 19 世紀末，但直到民國 50 年代，聯合國推行社區發展，才開始對我國產生影響。民國 51 年，張鴻鈞出任聯合國亞經會社區發展訓練顧問，於是將社區發展概念引進台灣，並協助籌備台北市社區發展實驗計畫。原本在聯合國所提出的「社區發展」概念中，也包含了文化的意義。聯合國社會經濟理事會於 1954 年的報告中指出，「社區發展一詞，係指一種經由人民自己的努力，與政府聯合一致，改善社區的經濟、社會、文化環境的過程。」不過，當時主要的社區發展工作仍限制在經濟與社會兩方面。

民國 54 年，政府委託劉脩如、楊家麟、崔垂言等人起草「民生主義現階段社會政策」，將「社區發展」列為十大工作要項之一。其後，行政院於民國 57 年 5 月頒布「社區發展工作綱要」，社區發展正式成為政府政策。民國 58 年制定「台灣省社區發展十年計畫」時，訂定的實施目標包括基礎工程建設、生產福利建設，以及精神倫理建設等項目。其中，精神倫理建設與文化較有關係，不過重點仍在加強國人心理建設，發揚倫理精神，端正社會風氣。

在社區中正式加入「文化建設」一語，則是出現在台灣省政府於 81 年 6 月 26 日訂頒的「台灣省加強社區文化建設工作實施計畫」。然而，當時的著眼點主要仍在社區精神倫理建

設，以對應本省經濟快速發展，國民所得大幅提高，雖然物質生活改善，但精神生活仍甚貧乏的問題。此時，社區的文化意含與社區意識的形塑，仍極為不足。③

　　社區發展的文化意涵，要到文建會推動社區文化營造工作，才算有了較大幅度的進展。誠然，社區文化的營造是在前此的基礎上才得以推動的。文建會在李登輝總統大力支持下，推動社區的文化發展。其正式進行，是在民國82年4月陳其南任職文建會，極力強調「社區意識根植於居民」，並開始由文建會推動社區的文化工作，強調透過地方文化建設，培養社區意識。民國82年10月，文建會申學庸主委在執政黨中常會中報告「文化建設與社會倫理的重建」，指出文化的發展應「落實對於社區意識及社區倫理的重建」。由於獲得李登輝總統的肯定與支持，行政院隨即在83年1月3日所提出的十二項建設計畫第三項中，明列「充實省（市）、縣（市）、鄉鎮及社區文化軟硬體設施」。

　　爾後，李登輝總統在一連串有關社區文化的講話中，大力推動社區文化觀念，並將生命共同體的觀念與社區意識相結合。他在參加台南市社區文化巡禮活動致詞時說：

> 　　「『社區意識』就是『生命共同體』的意識。既然是意識的問題、認同的問題、觀念的問題，就要從文化做起，就要透過各種的文化活動，提供機會，使每一個社區的民眾，有見面交流的地方，共同參加，慢慢建立共識、培養認同，進一步組織化，積極建社美化自己的社區，反過來提昇社區文化的品質和水準。」④

---

③ 參見行政院研考會編印，《社區發展與村里組織功能之檢討》（台北：行政院研考會，1996），頁20-22。

④ 李登輝，《經營大台灣》（台北：遠流，1995），頁192-193。

此後，文建會進一步將「社區文化」與「文化產業」相結合，並將 85 年至 88 年的工作重點，設定為「社區總體營造」，分四項工作重點，進行社區文化發展：1. 社區文化活動發展計畫；2. 輔導美化地方傳統文化建築空間計畫；3. 充實鄉鎮展演設施計畫；4. 輔導縣市主題展示館之設立及文物館藏充實計畫。

大體說來，「社區總體營造」的工作目標，主要是為了加強地方居民對於社區文化的主動參與和認同，並在通俗文化的基礎上孕育精緻文化，使其既能銜接傳統，又能結合現代生活，一如陳其南所謂，「在民間社區的通俗文化的磐石上，孕育出出類拔萃的精緻文化，一方面與傳統銜接，一方面與現代生活合流。」⑤ 由其與現代生活接軌的構想看來，社區總體營造雖然意義深遠，主要還是屬於現代化的視域，尚未考慮到後現代的文化問題。

整體說來，無論是社區主義思潮或社區總體營造運動，都是現代化的社區發展方案，仍未面對後現代思潮的衝擊。台灣最初的社區發展，主要是為了面對現代化過程所造成的城鄉不均與農村問題，其後則比較著重都市中的社區問題，至於晚近提出的社區總體營造，主要也是為了銜接傳統文化與現代文化、精緻文化與通俗文化。由於今天國內文化已然面對後現代思潮的衝擊，今後社區文化工作的推動，還需進一步瞭解並面對後現代，與時俱進，常保活力。

## 三、女性主義及其文化意涵

國內的女性主義發展一直與一般的婦女運動有密切的關

---

⑤ 見陳其南，《文化、結構與神話》（台北：允晨，1989），頁 14。

係，是現代女性爭取平等、講求自覺的現代價值之表現。但是，踏入民國 80 年代，婦女運動趨向多元與分化，而女性主義不再只滿足於現代價值，更發展出後現代的面貌，並且愈發自覺到女性特殊的文化角色，使得此一長遠的性別運動具有更為前瞻的文化遠景，並且邁向激進的後現代情境。

女性主義無論在西方或中國皆有其長遠的歷史。中國自清末就已有強調男女平等的相關思潮出現，例如在譚嗣同的《仁學》中，便曾大肆批判重男輕女的封建社會，批判男女不平等。譚嗣同說：「故重男輕女者，至暴亂無禮之法也。」又說：「苟明男女同為天地之菁英，同有無量之聖德大業，平等相均，初非為淫始生於世。」⑥ 及至民國之後，更不斷有種種爭女性之參政權、教育權的女權運動出現。這些都可以視為在現代化過程中，女性主體自覺的體現歷程。

在台灣，女性主義雖然也是從現代化的男女平等、女性自覺等議題開始，但一直要到民國 80 年代，國內的女性主義，才如同全球性的女性主義運動一般，由現代轉而踏入後現代，同時也由政治運動、社會運動的性質，逐漸獲取了文化的向度，成為一種參與文化創造的方式。也因此，今後在討論文化思潮之時，也不能忽視女性主義。

台灣於光復之後，初期的婦女運動都是由政府與執政黨所組織與動員的，如婦聯會、婦工會、婦女會等，還談不上作為民間社會運動的女性主義。到了民國 60 年代，出現了「新女性主義」，主要重點在於強調男女的實質平等，此一婦運雖受美國當時流行的婦女解放運動的影響，但仍然刻意加以批判，以表示不同於婦解運動，並強調其本土的特色。從該項運動的

---

⑥ 譚嗣同，《仁學》，見《譚嗣同全集》（台北：華世，1977），頁 19。

基本精神看來，新女性主義是為了適應時代潮流，並基於社會的需要，以兩性的和諧與繁榮為終極目標，提倡男女的實質平等。例如，新女性主義運動的倡導者呂秀蓮在其所著《新女性主義》一書中曾說：「本質上，它是人道精神的一脈相承——強調女人也是人；形式上，則為社會現代化諸多革新中的一環。」⑦大體上，此時所強調的男女平等，仍是前此婦女運動精神的延續，著重現代的平等價值，雖然更著重落實於生活中的平等，但尚未明白強調並發揮女性的文化向度。

及至民國70年代，配合著當時出現的消費者運動與環境保護運動，台灣的社會力逐漸喚醒，婦女運動也有了新的發展。配合新的社會發展情勢，於是有「婦女新知雜誌社」的創辦，負責出版《婦女新知》雜誌，並舉辦各類有關「婦女的潛力與發展」的活動，提倡「女性自覺」，主張將女性由落後於現代化潮流、自閉於家庭與愛情、附屬於男性的性格，轉向「前進」、「開放」、「獨立」的性格，成為一個「現代女性」。對此，「婦女新知雜誌社」創辦人李元貞曾指出，「《婦女新知》提出女性自覺的觀念，說明做一個現代女性必須訓練自己具有獨立自主的能力。鼓勵婦女積極參與社會，發揮自己潛能。」⑧為此，該社也積極推動女性參與當時出現的消費者運動與環境保護運動。由此可見，此一階段特別強調的是女性自覺與社會參與，而這些也都是現代女性的重要價值。此一運動當時雖仍未面對後現代的衝擊，但已經呼籲女性應建立「婦女文化」。⑨

踏入民國80年代，直到晚近的發展，由於解嚴之後台灣

---

⑦　參見呂秀蓮，《新女性主義》（台北：前衛，1990），頁153。
⑧　參見李元貞，〈婦女運動的回顧與展望〉，《婦女新知》，53期，頁5。
⑨　前揭文，頁6。

社會活力的蓬勃興起，結合了民間社會的動力，使得婦運團體大量增加，更趨多元化，以至婦運本身逐漸發展出多元性與差異性。繼而，由於後現代思潮的影響，一方面女性主義者趨向強調個體差異、重視女性情欲與身體的自主；另一方面，各種女性主義的書寫與閱讀充斥，從女性主義文學創作的蓬勃發展，到女性主義的哲學探索（例如女性主義知識論）的興起，加上由於女性主義網站的建立，能與世界各地女性主義網路連結，互通聲息並汲取其知識、行動與創作的訊息，使得女性主義逐漸走出文化路線出來。女性的特質與潛力，無論其為群體的，譬如女性的感性、直觀、細心、堅強、耐性、體貼、母愛等特質，或為個人的，譬如個人的特殊創造力與文化背景，都可以成為文化創作的泉源，為國內文化界注入更多元、更豐富的資源與創作形式。

總之，近三十年來的女性主義運動，從民國 60 年代爭兩性的實質平等，注重男女平權，到 70 年代，在配合消保運動與環保運動的過程中，重視女性的自主與自覺，這兩階段都是旨在追求現代女性的價值。直到 80 年代，由於女性主義本身的逐漸分化與多元化，且經由後現代主義與資訊文化的洗禮，透過文學創作與學術論述的表達形式，逐漸發展出文化的女性主義。雖然其間也伴隨著女性對身體與情欲自主的追求，但女性若不僅止於此，而更能發揮女性的特質以創造文化，則將可為文化創造帶來更豐富的遠景，相信這既是女性主義的未來，也是文化建設將來應更注入心力的一個重要方向，好使得女性與男性，如鳥之雙翼，在文化的天空中並翼齊飛。

## 四、心靈改革與社會改造

近些年來，由社會各界所蘊釀，由李登輝總統所提出的

「心靈改革」，撇開其政治意義不談，其實是一項攸關國家發展的重要議題，也是國人深切期盼的社會改造運動。雖然也有部分人士擔心「心靈改革」會變成某種政治運動，但沒有人不深切憂慮當前社會的亂象。每日媒體報導的，無非綁票、殺人、放火、搶劫、青少年自殺等等。一連串重大刑案的發生，更使國人感歎社會病了，即使批評「心靈改革」運動政治化的人，也都有同感，覺得社會需要改革。

「心靈改革」之所以重要，是由於我國在經濟起飛與政治民主之後，開始出現許多弊端。由於經濟發展，國民收入提高，生活富裕，卻未能用文化創造來提昇心靈境界，加上社會快速變遷，造成調適困難，國人心靈常感焦慮和不安，於是透過消費更多的物質來撫慰內心的焦慮。愈是消費，愈製造更多垃圾，造成環境污染與髒亂，更感內心焦躁不安，進而製造更多社會問題。此外，國內的民主發展，優劣並陳。在政治民主化之後，每一位國民都意識到自己是權利的主體，但卻未能尊重別人同樣也是權利主體，更不尊重法制與遊戲規則。政壇上出現許多亂象，從國會打架、爭權，到地方派系鬥爭，黑道橫行，導至整個社會擾攘不已。今後如果不能從心靈上與文化上進一步提昇，種種亂象與弊端勢將侵蝕並破壞經濟與民主的成果。為了確保國家發展的成果，今後國人有必要從文化與心靈上做起，將國家提昇到嶄新的發展階段。由此可見，「心靈改革」是針對當前國家在經濟與政治發展之後的新需要而提出的。

李登輝總統在民國 85 年台灣光復節的談話中，便已提到「心靈改革」一語。86 年元旦祝詞中，他又強調今後要推動「心靈改革工程」，並於 2 月 1 日總統府歲末記者聯誼餐會中宣示，86 年要致力於推動憲政改革、亞太營運中心計畫、心靈

改革等三項重點工作。為了推動心靈改革，總統府先後邀請學者專家、相關部會首長、社會團體、工商團體、宗教團體、文教基金會、平面和電子媒體負責人，舉行八次座談，並彙整為一項名為〈如何推動心靈改革〉的文件，其中決定現階段以倡導社會亟待建立與推行的價值為主，共五組十種，茲羅列如下：

㈠ 尊重與關懷

㈡ 守法與倫理

㈢ 勤儉與整潔

㈣ 效率與品質

㈤ 溝通與和諧

至於具體推行辦法，一方面由政府機關具體落實「教育改革」、「文化紮根」、「端正禮俗」、「掃黑肅貪」、「行政革新」、「社區發展」、「環保工作」等相關施政，期能充實國人精神生活，改善社會風氣。另一方面，則由各政府機關和民間團體，依其業務性質，在前述五組十項價值體系中，選定一、二項作為實踐方向，長期推動，以期能蔚為風氣。⑩

整體說來，心靈改革應是由個人做起，經由家庭、社團、社區，以至全體社會國家的一個社會改造運動，而不是想透過思想控制的手段，達到改變社會風氣的目的。相反的，心靈改革若要成功，便假定個人的心中都有向善動力，否則再改革也是徒勞。也因此，所謂「心靈改革」其實是要返回每個人的本心，恢復每個人本具的仁愛、利他、自由與創造的活力，其根本目的就是要每個人把自己的向善活力發揮出來，進而透過社

---

⑩ 黃昆輝，〈心靈改革的內涵與實踐〉，心靈改革研討會講詞（台北：救國團社會研究院，民國 87 年 3 月），頁 15-17；又見沈清松，〈如何力行心靈改革〉，同上，頁 67-75。

會本身的活力，達至社會本身的改革。

　　從其動員方式與價值體系看來，心靈改革是一個由政治領袖發起的現代社會改造運動，基本上仍然是一個以現代價值體系為主幹的文化思潮，尚未觸及後現代的文化問題。雖然如此，心靈改革所提倡的價值抉擇與實踐，也有助於緩和後現代的虛無主義，改善人們一味追逐眼前的利益與快樂，普遍缺乏值得生命奉獻的理由的心靈困境。

## 五、後現代主義的文化挑戰

　　「後現代」是一個世界性的文化思潮，也在踏入民國 80年代之時開始衝擊台灣，當前許多文學、藝術，乃至於社會思潮，也逐漸的以「後現代」為名。究其實，後現代並不是現代的結束，而是現代的延續，甚至是其加深，並轉而對「現代性」(modernity)提出批判、質疑和否定。後現代主義是一個刻正方興未艾的文化思潮，為今後的文化建設與文化政策，提出了一個必須及早因應的重大挑戰。

　　「後現代」雖與「後工業社會」、「資訊社會」有密切關係，但仍有所不同。貝爾(D. Bell)所提出的「後工業社會」(Post-Industrial Society)，是建立在對先進工業發展的一些正面因素的概化。貝爾認為以下這些因素具有「後工業社會」的特質，例如：經濟方面，生產部門逐漸被服務部門所替代，尤其服務部門中的資訊服務業所佔比例特別增大。知識方面，理論知識比前此具有更大的重要性，因為人們根據理論知識創造技術，發展出嶄新的科技面貌。決策方面，是按照知性科技來作決策，理論性和專業性的知識成為決策的核心，知識和資訊的工作者替代了生產性的工作者，成為後工業社會的主導的力量。

「後現代」的出現尤其與資訊的快速發展有關，但仍不同於「資訊社會」的觀念。宣韋伯(W. Schram)使用「資訊社會」(Information Society)一詞，指出在現代社會由於電腦化、資訊網路的建立，資訊的傳遞愈來愈快、愈來愈大量，造成整個社會巨幅改變，資訊本身成為社會中的重大資源。法國財政督察諾拉(S. Nora)和敏克(A. Minc)，亦曾寫一份給法國總統的報告，名為《社會的資訊化》(*L'informatization de la Société*)，書中對「資訊化」作了許多描繪，認為在資訊化歷程中，一方面有實質上的電腦化，另一方面有資訊概念的普及化。二者是資訊化歷程的重要特性。

　　總之，「後工業社會」或「資訊社會」這類說法，較傾向於把現代社會中已有的某些現象加以普遍化，用以表示即將到臨的社會圖像。至於「後現代主義」則代表了一種對現代性否定、批判、質疑的力量。首先，它傾向於批判當道的言說，認為其之所以會「當道」，是因為權力和建制的支持。其次，它質疑西方現代的「表象文化」，且更變本加厲，由「表象」轉成「擬象」。無論資訊科技、虛擬真實、傳播媒體、文學作品、電視節目等等，都只提供某種擬象，代表慾望本身的不斷跳躍。作品與真實之間的極大差距，使得「崇高」(sublime)成為後現代主要的美學價值。最後，後現代否定現代文化的「理性」成份，否定各種後設論述，不再談精神成長的過程、主體的意義、客觀知識等等，也不再以「為藝術而藝術」，或「為人民而藝術」等後設論述來支持藝術活動。此外，還包含對工具理性及單一邏輯的否定。對理性法則的否定，是後現代主義十分重要的精神。⑪

---

⑪ 沈清松，〈從現代到後現代〉，《哲學雜誌》，第 4 期，（台北：哲學雜誌社，1993.4），頁 4-25。

台灣目前在資訊方面的巨幅發展，正將文化急速帶入後現代。國人在資訊方面的才華加上深厚的文化資源，勢將在資訊文化上大顯身手。資訊發展對於後現代世界的來臨具有深刻而長遠的意義。如果說國家與市場構成了現代性(Modernity)的兩大基礎。如今舉世文明逐漸踏入後現代，而所謂後現代並不僅止於前述對現代性的批判、質疑和否定。除此以外，最正面的發明，就是資訊。如今資訊已可穿越國界，超越市場，邁向文化的整合與無限的想像空間。

　　平心而論，後現代的積極面，正是由於資訊科技的發達，帶來新的文化整合。像電影、戲劇、音樂、舞蹈、家電皆由於電腦數位化而獲得整合。甚至西方與東方、全球化與地方化，也皆獲得某種程度的整合。⑫電腦網路的文學創作，例如晚近由文建會所推動的網路詩、網路小說接力等「網路文學」活動，亦將可能促動新的文學創作形式。

　　然而，後現代的負面影響，是虛無主義猖狂。原來，「虛無主義」(nihilism)一詞在 19 世紀末，如尼采、屠格涅夫等人的思想中，具有深刻的意義，表示「重估一切價值」之意。然而，踏入後現代，「虛無主義」卻已然輕浮、膚淺，僅表示人人追求眼前可見的快樂和利益，內心卻沒有值得奉獻的理由。這將是一個嚴重的文化情境，有待不斷的心靈改革與文化創新來予以克服。

　　上述後現代主義所提出的文化挑戰，無論其為正面的或負面的，都是富於前瞻性的文化政策與文化建設所必須面對與思考的嶄新課題。

　　總之，從傳統踏入現代，再從現代轉入後現代，近 50 年

⑫ 沈清松，〈資訊科技的哲學省思〉，《哲學雜誌》，第 18 期，（台北：哲學雜誌社，1996.11），頁 134-155。

來的國內文化思潮歷經了快速的變化。從面對西方的挑戰與傳統的流失，到探索文化的主體性；從重視文化的精緻與昇華，到趨附大眾文化的通俗與流行；從自發的文化生活，到建立文化指標的思考；從官方的文化建設到民間的自主發展，國內的文化思潮已然逐步踏入多元與分歧的境地。今後的文化思潮更將因著性別、族群、地方、階層、信仰等等之不同而展現差異。文化思潮已然由過去對「共識」的強調，轉向對「差異」的強調。

　　然而，文化不應只是人各一把號，各吹各的調的事業，相反的，在各展特色的同時，也應相互扶持，和諧並進。文化的創造應能達到分則各領風騷、群峰競秀，合則互補互益、相互輝映的境界。從以上文化思潮的評述看來，今後的文化建設，一方面既要展示各性別、族群、地方、階層、信仰等之文化差異，創造特色；另一方面在差異之中也應相互尊重，相互豐富，而這將是今後文化工作所應努力的方向。

第五章

# 文化之魂與文化醫生

── 哲學的回顧與展望

## 一、前 言

哲學是文化之魂，哲學家則是文化的醫生。哲學的發展關涉到文化的興衰。欲明白近四十餘年哲學的發展，首先需瞭解哲學的國際現況。即使我們自己所處在的文化令我們特別關心自己本土的哲學，無論是中國哲學或台灣哲學。不過，無論是傳統中國哲學，或未來可能形成的台灣哲學，都必須放在世界哲學的脈絡中來考量，才能顯示其真正的意義與價值。國際化與本土化是相輔相成的，如果沒有本土特色，也不知道拿什麼去國際化；如果沒能納入國際脈絡中發展，所謂本土特色也顯示不出來，至多只能顧影自憐，甚或夜郎自大罷了。

當前的國際哲學界基本上仍是以西方哲學為主流。雖說世稱有中、西、印三大哲學傳統，而且西方哲學也出現許多困境，也出現向東方尋找資源的情形，然而，無論印度哲學或中國哲學，或正興起中的其他地區較小的哲學傳統，仍然未能夠和自古希臘以降發展的西方哲學一爭世界哲學主流的地位。雖然目前哲學也有多元化的趨勢，也因此各種哲學傳統都將擁有更多自主發展的可能性，但整體說來，西方哲學仍居整個世界

的主流地位。大體說來,當前的西方哲學仍然可以粗略地區分為英美哲學和歐陸哲學二種類型,本文將首先對此加以評述並略論其值得注意的趨勢。

其次,本文將探討近四十餘年來中國哲學在台灣的發展概況。首先討論自台灣光復以來,中國哲學在台灣如何配合大學與研究機構等制度性因素而發展。半世紀以來,哲學研究與教育活動的制度化、學院化現象十分明顯,為各期中國哲學史之最,幾乎所有的哲學工作者皆在大專院校或研究機構工作。這一特質使中國哲學在台灣的發展納入現代教育制度與學術分工,有其專業化貢獻,然在活潑性、參與性、前瞻性上亦有其限制。

在此線索下,本文將討論在台中國哲學的三大基本研究方向:機體主義或兼綜的中西會通方向,當代新儒家的中西會通方向,與中國士林哲學的中西會通方向。此外,亦將略論台灣哲學專業人員概況、研究成果之強與弱、現階段哲學研究基本問題等。

檢討過去,是為策勵將來。也因此,在展望部分,本文首先將針對哲學內外整合、國際化策略與研究環境改善等未來發展策略略加討論,並在最後做一結論,針對未來挑戰展望台灣哲學今後的前景。

## 二、哲學的國際現況

### (一) 基本脈絡

當前無論歐陸哲學或英美哲學,都十分受到近代西方哲學所形成的主流典範在本世紀 60、70 年代以降崩潰的影響,並受到其他科學風潮所波及,逐漸發展出新的面貌。簡言之,當前的西方哲學是主流典範崩解,替代性理論紛紛競起,然而仍

無替代性典範，也因此呈露多元的局面；甚至極端到對哲學本身加以質疑，甚或加以解構。在整個當代學術發展過程中，主流典範的崩解可以說是最為明顯，也是影響最為深遠的大趨勢。過去無論人文、社會或自然科學所遵奉的主流典範，可稱之為「實證主義的典範」，基本上這是建立在自然科學的方法與理趣上，採取實證主義的概念框架，並且將此一框架強加於人文與社會科學之上。此一主流典範，在科學研究上採取自然科學的方法論，對於社會的發展則是以「成長」、「進步」的標準加以要求，其所推行的理性基本上是工具理性和算計理性。

此一典範在本世紀初的歐陸開始動搖，早就有現象學、存在主義、詮釋學，及其後的批判理論……等，加以質疑，大體上是到了 60、70 年代，纔開始宣告崩解。然而，迄今尚未有新典範的建立。雖然有不少的大型理論或哲學學說，競逐新典範的地位，或是解構任何典範說，只滿足於多元論、多元並立的情境。無論如何，對實證主義主流典範之批判與反省，深深地影響到英美分析哲學或歐陸興起的各種哲學理論。

此外，整個科學研究領域也興起許多新的現象，其中最值得注意的另有二點。其一是科際整合研究的趨勢，自從 1968年以降，科際整合已成為多種科學研究領域中必要的研究方法，例如：文化研究成為多種學科，像史學、哲學、文學、社會學、傳播科學等的幅輳之處。又如認知科學的研究，也是在科際整合的方式下進行，像哲學中的知識論、電腦科學（集中於人工智慧和邏輯）、心理學（集中於認知心理學），和語言學、溝通理論、神經生物學等等，都來參與。

當然，「科際整合」的意思並不僅止於不同學科透過技術合作來共同解決急迫的問題，也並不只像在區域研究的情況，

不同學科共同研究某個區域以拼湊一個較完整的知識鑲嵌圖。科際整合應該還包含對科學事業的性質和意義的共同了解，以及對實在界的知識圖象的共同建構。

另一值得注意的現象是，在哲學所隸屬的人文社會科學領域中，刻正顯示一種強烈且基本的對比張力：一方面有科際整合的潮流，使得存在於舊日學科之間的牆垣逐漸崩毀，也因此研究的趨向是走向不同學科的會通，也有更多的大型理論在興起，也有綜合數種學科的較大領域的研究方向和思想趨勢正在匯集。但是，另一方面，一些新興的、獨特的、較少人注意的、弱勢的領域，正以它的獨特性或特殊性，或是以它研究對象的少數性或弱勢性，而日益受到注意。例如對於婦女的研究，對於少數民族、弱勢團體的社會學或政治學研究，對於正在消失中的族群的史學研究等等，都正方興未艾。這種情境正顯示出「會通走向」與「獨特走向」，「普遍化走向」和「分殊化走向」之間的對比張力，正在人文社會科學發展的內部推波助瀾。依本人看來，此一對比情境對於科學研究也有長期的影響。哲學當然也必須對此種基本情況加以注意。

整體說來，前述實證主流典範的崩解、科際整合的趨勢、人文社會科學中的對比情境等三種基本處境正深遠地影響著當前的哲學思潮。其中尤以對應主流典範的崩解，尋求新的研究路徑最為明顯。至於後兩者，即科際整合與對比張力，也廣泛地影響到哲學及其相關學科。以下茲分別就歐陸哲學現況和英美分析哲學加以評述。

### (二) 歐陸哲學與替代性典範的思考

歐陸自本世紀初迄今，興起了許多豐富的哲學思潮，不一而足。大體上針對主流典範的崩解，並面對此崩解而興起，多少自認為或被認為對原先的主流典範具有替代性的作用。不

過，在我看來，它們也只是對西方近現代所形成的主流典範的某些反動或回應，仍稱不上替代性典範。以下不根據出現的時序，而根據思惟類型分為幾個方向。①

## 1. 結構主義與系統理論

在歐陸興起的哲學當中，比較重視研究對象的結構面並且透過結構面來進行對現象的解釋的思想傾向，主要可見之於結構主義。結構主義(Structuralism)是從日內瓦的語言學派索緒爾(F. de Saussure)的語言學結構主義開始，但是其後延伸到李維·史陀(Cl. Levi-Strauss)的人類學結構主義，甚至發展為哲學的結構主義。也因此，它並不只是作為研究語言、文學或文章的研究策略，而且也被視為是分析社會和文化的方法，甚至是看待歷史的基本看法。它把歷史中出現的特定社會與文化視為是被基本結構所決定，而所謂基本的結構是由一些對立的因素及其相互關係所構成。任何型態的社會和文化，及所有社會現象，都被視為是基本結構所允許的可能性的某種排列組合而已。

大體說來，我們可以指出，結構主義有以下幾點預設：

(1)結構優先於人的主體：人及其生命的意義或主觀感受被視為不重要，甚至只是幻覺而已。有意義的行動無需訴諸主體的主觀經驗，唯有結構才能解釋意義的產生。結構被視為是優先於主體所感受到的意義。

(2)共時性優先於貫時性：結構本身是個系統，它是超越時間的，結構所決定的各個因素在時間裡是以共時的(synchronic)方式呈現的，至於時間裡不同階段、不同歷史時期貫時的(diachronic)面向，都可以用共時的結構加以解析，而且被認為只是

---

① 沈清松，〈當代哲學的思維方法〉，《通識教育季刊》，第3卷第1期，（新竹, 1996.3）頁 61-69。

共時性的結構因素不同的排列組合而已。總之，貫時性必須經由共時性的結構因素來分析。

(3)無意識的原則：結構主義假設了一種無意識的原則，所有的行動主體都接受匿名結構的決定，任何人皆無法以有意識的努力來達致任何有意義的成果。因為所謂意義本身就是被結構以某種無意識的方式決定的。

由以上三點看來，結構主義所強調的是結構對於人文和社會現象的決定性。我們承認，必須重視結構，這點很重要。可是，人的感受、人文現象與社會活動的意義何在呢？不能只把意義化約為結構就算解決了。就這點看來，結構主義並沒有提供任何相稱的概念框架來替代實證主義，也因此在實證主義的主流典範崩毀之下，很難真正產生替代性的作用，更好說結構主義是原先主流典範的某種變型呈現而已。

不過，在結構主義之外，系統理論(system theory)提供了系統的分析，類似於結構主義，但是比較能照顧到結構主義中所忽略的動態的、發展的面向。一般系統理論(general system theory)的創始者貝塔蘭非(L. Bertalanffy)認為，一個系統是一套相互互動的因素，一方面系統裡面的因素彼此相互動，另外一方面諸因素也可以在時間中互動而產生變化。系統理論所提出的概念框架有助於我們分析生命與社會，因為它們也是由不同的因素相互互動而形成的，而且系統理論也注意到這些因素在時間中的變化發展。不過，系統理論仍然無法解決在社會與文化現象中至為重要的意義問題，雖然系統理論已經顧及時間因素，但就理論而言，仍然沒法兼顧人所重視的感受與意義。尤其對中國哲學而言，對意義的感受和了解是十分重要的，也必須兼顧對人的主體、生命意義和人性的完成的討論，當代中國哲學更注意這方面的問題。但這在結構主義和系統理論裡就相

當缺乏。所幸,這在以下現象學、詮釋學和批判理論裡受到相當的重視。

## 2. 現象學與詮釋學

在本人看來,在本世紀最具有原創性的一個哲學思潮,可以說是現象學。現象學最關心的問題正是意義的問題,這一點是結構主義和系統理論所不及之處。結構主義和系統理論可以說也只是某種意義危機時代的產物,因此也沒有提出任何思想方向來克服意義危機的問題。在西方當代哲學中,現象學和詮釋學對意義的考量最值得參考。

現象學的奠立者胡塞爾(E. Husserl)指出,必須返回事物自身,也就是返回主體對事物的體驗中事物最原初的呈現,此即現象。所謂現象學,就是研究如實呈現的現象的本質之科學。不過,此一呈現並不外乎人的意向性。胡塞爾認為,意向性正是每位認知主體指向意義並構成意義的原初動力。胡塞爾在成熟期的思想更重視還原到意義構成的源頭,稱之為「先驗主體」,再從先驗主體出發來徹底地構成意義。他在晚年則提出「生活世界」(Lebenswelt, life world)的概念②,指出每個人都在生活世界裡,也就是在動感的經驗(kinesthetic experience)、人與他人的互動和先於科學的脈絡中,甚至是在整個歷史過程中形成意義。綜言之,若要了解意義,一方面必須顧及主體的意向性,另一方面也必須兼顧所居存的生活世界。

現象學從胡塞爾轉到海德格(M. Heidegfer),不再停限於主體,而是超越主體,講求存有的開顯與人對於存有的原初理解。所謂意義,基本上是人在向存在的可能性投現的過程中的可理解性。譬如,理解某一文學作品、藝術品的意義,是了解

---

② E. Husserl, *The Crisis of European Sciences and Transcendental Phenomenology*, trans. by David Carr, (Evanston: Northwestern University Press, 1970).

其中所揭露出的人存在的可能性，而不是主體的意向性。當我們懂得一件作品時，不是懂得作者的原意或意向，而是理解作品所揭露出來的人存在的可能性。這一點使得現象學本身產生了轉折。

海德格所理解的現象學，不再是本質的科學，而是存有學。「現象」就是那能自行呈現者，而「學」也不再是科學的意思，而是一種揭露性的言說。換言之，現象學就是一種揭露性的言說，藉此使得存有能以它自己的方式自行揭露。其所採行的基本上是一種「詮釋」的方式，因此從此與詮釋學接枝。

現象學從海德格發展到梅洛‧龐蒂(Maurice Merleau-Ponty)，將海德格所言此有(Dasein)更具體化為「身體」；他談論「己身」(Corps propre)，「肉身」(le Chair)，認為是存有開顯之場域，主張「身體即主體」與「體現存有」。一方面更具體，一方面也鑽研到了谷底，如果不再進而與知識與文化中的表象(representation)相協調，現象學似乎已到體驗盡頭。今後，根源與表象之間的對比張力是哲學終究必須面對和解決的。

詮釋學給現象學帶來進一步的發展，原因之一是它注意到在像文本、藝術品、行為……等的意義詮釋問題。詮釋學從海德格的哲學詮釋學再經由高達美(H. -G. Gadamer)的發展，轉而更注意在經典、人文傳統、藝術的經驗和歷史意識，甚至整個語言中所揭露的真理。由海德格和高達美所形成的，可稱為「哲學的詮釋學」，其基本觀念就是存有及真理的開顯，並提防方法趨向宰制。至於如何經由方法而與當代科學對談，提供經典詮釋的判準，尤其提供意識型態衝突的仲裁的標準，則發展出所謂「方法的詮釋學」，像貝諦(E. Betti)、特別是呂格爾(P. Ricoeur)，透過方法的迂迴，在存有理解中納入結構性解釋。經由方法的迂迴，吸納解釋的作用，使存有理解更為豐

富，進而指向存有的開顯。不直接走存有學的捷徑，而是繞由方法迂迴的遠路，來轉回到存有的開顯。方法的詮釋學對哲學的詮釋學有相當的補足作用，基本上呈現出解釋和理解之間的張力。

呂格爾晚年所撰《時間與敘述》(*Temps et Recit*)，試圖接下海德格的《存有與時間》，轉向敘事文的研究，無論是歷史的敘事或文學虛構的敘事，可謂西洋哲學朝向「事上見理」的轉折，也可說是回到希伯來和聖經說故事的傳統。然而，自從希臘哲學以來哲學做為「概念建構」的傳統，勢必還會繼續下去。究竟故事與概念如何協調？如何在兩者對比張力之間找到哲學新的創造力泉源？這也是哲學今後必須認真思考的問題。

3. 批判理論與解構主義

以上現象學和詮釋學所注意到的基本上是有意識且有意義的層面。但就意義而論，不但有有意識的意義，也有無意識而仍有意義者，例如慾望或意識形態，在個體或集體的無意識中決定人的思想和行為。就此而言，意義也會受到無意識的扭曲和宰制。當代哲學中批判理論從霍開默(M. Horkheimer)、阿多諾(Th. Adorno)、馬庫色(H. Marcuse)，到哈伯馬斯(J. Habermas)所致力的批判，貢獻良多。

對哈伯馬斯而言，批判就是一種自我反省，一種有意識的努力，藉此把潛意識中的慾望或意識型態揭露出來成為有意識的，在自覺受到其影響的過程中，免於繼續再受其決定。人對潛意識的批判，可以擺脫其決定，不再繼續受其擺布，但並不一定可以取消掉它的存在。然而，由於不再繼續受到個體潛意識（慾望），或者集體潛意識（意識型態）的擺布，人才能夠和他人進行較為自由和負責的溝通，而不會繼續對意義進行扭曲。所以，批判理論所謂的批判，也就是對個體或集體潛意識

的反省。批判是一種自我的反省，也是一種啟蒙的過程，使人不再受到無意識的決定，這一點是現象學、詮釋學所沒做到的。也因此，對於意義的討論有必要加上批判理論，始能在無意識而仍有意義的層面，更深刻認清意義的整體性和動力。③

然而，除了批判理論的「批判」以外，在後結構主義中還提出「解構」(de-construction)，出自德希達(J. Derrida)的解構論。基本上，所謂的「解構」就是把作品的結構加以顯豁之後，證明其完全無效，也因此解除其規定。解構主義對於「理的中心論」(logo-centralism)，或「歐洲中心主義」(Euro-centralism)深加批判。其所批判的是西方文化或形上思想裡最深層的部份，認為西方形上思想都是受其語言所限制，而其語言基本上是以「理」為中心的語言，採二元論思考，在二元當中只偏於某一元，貶低另一元。

對此，所謂的解構企劃，基本上就是要顛覆或解除這些二元對立，而創造出一個空間，足以容納更多的多元和差異，其中也包含不同文化或性別的差異。德希達提出一個所謂延異(différance)的概念，解除所有的差異偏見，產生更多的差異和多元，認為惟有如此才能克服西方的形上思惟的二元性和差異性。在德希達看來，甚至連海德格對存有的看法，都仍然預設存有的中心性。因此，所謂解構就是要破除任何的終極性，而不斷的產生差異。當然，這種對差異的看法也會有把產生差異絕對化的傾向。在晚近的研究當中，也有學者針對德希達做類似的批評。

### 4. 後現代思潮

除了前面幾種思潮之外，還出現後現代思潮，德希達、傅

③ 參見沈清松，〈解釋、理解、批判──論釋學方法的原理及其運用〉，收入《當代西方哲學與方法論》（台北，東大，1988），頁 21-42。

柯(M. Foucault)、李歐塔(J. F. Lyotard)等人的思想，都被列入其中，對於近現代哲學中的現代性加以反省。現代性(Modernity)基本上是由理性的概念、主體性的強調，與表象思維所形成。後現代思潮質疑、批判、否定現代性，並進一步提出更為多元的遊戲性概念，宣稱主體的死亡，對於主體、自我多加批評與超越，另外，由於傳播媒體的擴散，表象思維更加嚴重化，形成由表象(representation)向擬象(simulacre)的過渡。由於德希達、傅柯、包瑞亞(J. Baudrillard)和李歐塔等人的思想，後現代的思潮正方興未艾。對於先前崩毀的主流典範，又再進行更極端的質疑、批判和否定的作用，使得哲學越來越脫離其學院派作風，而進入文化與社會之中運作。④

　　在後現代的風潮中，也興起了爭取性別尊嚴和平等的女性主義哲學(Feminist Philosophy)以及更為具體與局部化的應用倫理(Applied Ethics)研究。尤其女性主義哲學從原先對性別平等的探討，到批判二元論(Dualism)與普遍論(Universalism)，到探討女性的情感、德行與理性，甚至個別女性的稟賦、個人歷史與文化薰陶造成的差異……等，在情感現象學、實踐哲學（包含倫理學與政治哲學）與知識論方面皆有新意。晚近更有幾套女性哲學史的出現。這對前此太過以男哲學家為主的哲學史，將會有所改觀。至於應用倫理在環保、族群、醫學、戰爭……等方面的實踐關懷，也將促使哲學更走入生活世界、更強調實踐哲學。

　　5. 建構實在論

　　除了後現代主義的批判與否定之外，在歐洲晚進也興起一

_____

④ 關於後現代主義，請參閱本人〈從現代到後現代〉一文。沈清松，〈從現代到後現代〉，《哲學雜誌》，第4期，（台北：哲學雜誌社，1994.4），頁4-25。

個逐漸發展中的思潮，稱作「建構實在論」(Constructive Realism)。克服原先維也納學圈(Vienna Circle)的困境而興起的新維也納學派(Vienna School)，成員包含哲學家華爾納(F. Wallner)，物理學家皮西曼(H. Pietschmann)，心理學家古特曼(G. Guttmann)，歷史學家布魯納(K. Brunner)，科學組識學者費雪(R. Fischer)，本人亦為其成員之一。建構實在論關切科際整合的知識論策略。大體說來，其主要理論可歸結為以下三點：

(1)三層實在論：建構實在論原先主張有二層的實在，一是實在自身(Wirklichkeit, Reality Itself)，一是構成的實在(Realität, Constructed Reality)。每一門科學皆因著特殊的研究方法和知識內容，形成各自的微世界(microworlds)，所謂構成的實在則是全體微世界的總稱。這個區分頗類似康德現象與物自身的分別，不過並不採取康德的先驗哲學假設。兩層實在論克服了邏輯實證論中反形上學的弊端，肯定了環境的實在性，但個別學科只能建構微世界，不同學科應彼此多相互動，共同形成更建全的構成的實在。但本人指出，為了避免為建構而建構，且越建構越破壞生活世界，應設置「實在自身」、「構成的實在」與「生活世界」三重實在，前兩者由生活世界中介。經由本人的批評與重建，如今建構實在論已主張三重實在論。

(2)外推的策略：由於個別學科常封陷在自己的微世界裡，不適合進行科際整合，而波柏的否證論只適宜每一學科內部的研究，不適合當作學科彼此互動的知識論策略。至於費耶拉本的想法只能各學科各行其事，也不能達到科際整合。為此，建構實在論主張每門學科或研究方案應設法走出自己，把本學門的重要發現和主張翻譯為其他學科可以理解的語言。此外，不同學科或研究方案的發展往往立足於不同的社會組織，因此也應向其他社會組識外推。一個學科在從事這兩種外推時──語

言外推和組織外推——所遭遇到的阻礙，往往顯示本學門在知識論原理與組織文化上的限制，並藉此反省進一步求得擴大。如果不懂得反省，那麼該學科最多只能說是有建構微世界的技術，還談不上是知識。

(3)實踐主義的科學觀：建構實在論主張科學哲學應該反省科學家的實際行動，而且其所提供的科學判準也是在於行動。建構實在論認為，如果一個科學建構不能為吾人展開新而有效的行動的可能性的話，便談不上是真的科學發明。

本人認為，建構實在論上述要點中最可取的是它的外推論，不但可以採用為科際整合的知識論策略，而且可以擴大成為文化互動的策略。從不同學科之間的外推，擴大為不同文化之間的外推。這點正是本人對建構實在論的主要貢獻之一。⑤

### (三) 英美分析哲學

一般而言，英美哲學界雖然也有和歐陸哲學互通有無的地方，但大體上可以說是以分析哲學為主要潮流。基本上，分析哲學涉及意義分析的問題。雖然它可以追溯到古典經驗論，像洛克(J. Locke)、柏克萊(G. Berkeley)、休姆(D. Hume)的哲學以及康德(I. Kant)的思想。但基本上分析哲學是在 19 世紀末和本世紀初，可以說是由佛列格(G. Frege)、維根斯坦(L. Wittgenstein)、羅素(B. Russel)，和摩爾(G. E. Moore)，以及 20、30 年代維也納學圈的邏輯實證主義者……等所奠定基礎。其中尤其以佛列格的工作具有奠基性，由於佛列格發明了現代的符號邏輯，從此發展出整套語言哲學，對於分析哲學具有奠基性的作用。無論是就其所發明的現代邏輯，其謂詞計算提供哲學分析以基本工具，或就他將語言哲學視為整個哲學工作的核心部份

⑤ Cf. Vincent Shen, *Confucianism, Taoism and Constructive Realism*, (Vienna: Vienna University Press, 1994).

而言，都是 19 世紀末分析哲學最重要的一個事件，為爾後的分析哲學奠定了基礎。以後再經由摩爾、維根斯坦，維也納學圈，以及 1950 年代牛津日常語言學派的發展，作出相當大而且重要的哲學貢獻。

　　基本上，分析哲學也跟著上述所謂主流典範的崩解有密切的關係。原先在主流典範崩解之前，分析哲學可以說是主流典範在上世紀末和本世紀初最明顯的一種表達方式之一，但在主流典範崩解之下也產生了轉移。這一轉移最主要的因素就在於(1)原為分析哲學所主張的一種基礎論科學觀的破滅，以及(2)有關綜合命題與分析命題、描述語詞與評價語詞兩個重要區分的打破。

　　所謂「基礎論的科學觀」認為，所有的語言或對於實在界的描述，可以化約到一個最基礎性的描述。例如，像卡納普所作，將社會、文化、歷史層面化約為心理層面，將心理層面化約為生理層面，將生理層面再化約為物理層面。基本上，所謂的基礎論的科學觀，就是一種化約論的科學觀。在這種科學觀之下，會把語言的豐富性化約為單一的語言。然而，自從維根斯坦的《哲學研究》⑥(*Philosophical Investigations*)提出「語言遊戲」(language game)，「不同的語言遊戲對應著不同的生活形式」，而且語言的「意義」主要在於其「用法」；從此，對於語言的討論，再也不能把各種語言遊戲化約為只是「描述」，或把所有的「使用」化約為只是「指涉」(reference)。其實描述只是許多語言遊戲之一，而指涉也只是許多語言字詞的使用之一。如果說各種語言遊戲不需要另外有基礎，或是說，不能把某些語言遊戲化約為某一種遊戲的話，那麼語言本

---

⑥ Wittgenstein, L., *Philosophical Investigations, trans.* by G. E. M. Anscombe, (Oxford: Basil Blackwell, 1968).

身就不再有必要追求一個基礎，也因此基礎論的科學觀逐漸被打破。

　　關於兩個重要的區分，一是「綜合」與「分析」的區分，一是「描述」與「評價」的區分，也都是在原先主流典範的思維下成立的。首先關於所謂分析與綜合的區分：分析的命題就如「所有的鰥夫都是未結婚的」、「二加二等於四」等等，這些命題的真理完全依賴其中所含語詞的定義，也因此其真或假是可以先於經驗而知道的。至於綜合的命題，例如「台灣的男性多於女性」或「未結婚的男人會比結婚的男人死亡率高」，這樣的命題則是屬於經驗事實，不能單靠定義決定其真假，稱為綜合的命題。這一區分十分明顯地區別了在科學或日常生活中有真假意義的命題，以及在形上學或神學或其他文學中無真假意義的命題。意義是僅視其真假而定，至於一個命題的真假則可用可檢證的原則來確立。甚至有一陣子流行說，一個命題的意義就是其檢證的方法。

　　然而，此一區分在奎因(W. Quine)於 1951 年發表的〈經驗論的二大教條〉⑦文中受到攻擊，他指出這種區分的不足，因為無論是分析命題或綜合命題都需不斷地再加以調整修改，沒有一個對修改免疫的命題。也因此，無論是先天的真或是經由經驗檢證而後的真，兩種命題的區分是不能成立的。尤其是這種區分都是把語言或命題視為原子性的，一個個的命題皆須分別視其為分析性或綜合性來判別真假，並以此為檢證的方式。事實上，奎因指出，語言是整合在一個整體的網絡裡面，是我們所持有的許多命題作為一個整體來面對經驗，且需要不斷的調整，而不是單獨、個別的命題，因其分析性而視為先天的

---

⑦ W. V. O. Quine, "Tow Dogmas of Empiricism", in The Philosophical Review, vol. 60, 1951.

真，或因其為綜合命題而須視其檢驗結果來看是否在經驗上為真。也因此，依照奎因，過去哲學家所明確分類的定義其實並不存在，而且那些被分類為分析命題者，事實上也很難被指認為具有分析性而且先天為真。

這樣説來，哲學的分析不能夠完全脫離其他個別的科學研究。原來在實證的主流典範之下所做的分析和綜合之區分，使得哲學和科學還是有別。哲學是在各種科學之外檢查後者語言的邏輯關係，並檢查語言和實在之間的關係。但如果把分析、綜合的區分消除，哲學就不能完全從其他特殊科學區分開來；相反地，哲學是跟其他的科學相銜接，甚至相重疊，必須不斷地調整以檢視其真理。這一點對於我們後面所要講的哲學學門與其他學門的關係，也頗有重要性，隨後再述。

另一個區分，是描述與評價的區分。這區分涉及到兩種命題。描述的命題是可以真可以假的，但是另有一些命題是只用來表達情感的。例如：「過去十年中竊盜率有相當程度的增高」，這是一個描述性的命題；但如果説「竊盜是惡的或是錯的」，則是一種評價性的命題。這種區分也是在實證的觀念框架之下做的，分析哲學基本上把自己限制在陳述真理上，而不是提供評價。哲學主要是在陳述分析性的真理，就是陳述我們的語言、各種概念之間的邏輯關係，哲學所從事的就是研究在各種科學或是日常生活中的語言結構，並對之加以邏輯性的探討。可是在奧斯汀(J. L. Austin)所提出來的語言理論中⑧，不但排除了分析和綜合的區分，而且也排除了評價和描述的區分。他指出，在我們使用的許多語言中，並不只有用來作辨認或描述的，而且更有些是用來做事或行動的。比如在結婚典禮中説

---

⑧ 參見 J. L. Austin, *How to Do Things with Words,* (Cambridge: Harvard University Press, 1962).

「我答應嫁給你」，或主婚人宣布說「我宣告你們倆人成為夫婦」，這樣的語言不只描述一個承認或結婚而已，而且它就是終身承諾或宣告結婚成立的行動本身。在這樣的情況下，語言哲學不再是哲學裡唯一的核心，它又重新回到了行動的領域，成為行動哲學的一部分，甚至成為心靈哲學的一部分。這裡又涉及說話者的意向等問題，使我們可以進一步把各種不同說話者的意向帶進來。在這種情況下，就不能單純地區分描述與評價，或只保留描述語句具有真假；相反地，在許多行動的語詞當中，同時也包含了真假的意味，但是除了真假以外，它還在行動當中顯示得體或不得體。

整體說來，由於維根斯坦的語言遊戲理論拆解了基礎論的科學觀，奎因對於兩個教條的批判拆解了分析和綜合的區分，奧斯汀的語言行動理論拆解了描述和評價的區分及其中隱涵的化約傾向，使得分析哲學開始了各種的更為豐富的運動。再加上羅爾斯(J. Rawls)的《正義論》(*A Theory of Justice*)對於政治和道德哲學的探討，使得原先的契約論在分析哲學的脈絡中獲得了大發展。道德哲學或政治哲學不再像過去由於評價和描述的區分而受到忽視。羅斯的《正義論》把分析哲學擴大到道德和政治的領域。

在科學哲學方面，也由於實證論的動搖而產生了許多變化，由原先對於檢證原則轉向確認原則，再轉向波柏主張的可否證性原則。自從孔恩(Th. Kuhn)的《科學革命的結構》出現之後，科學不再被視為是一個漸進的、穩定的知識累積，而是某一種間歇性的、段階性的革命現象，把先前的典範加以推翻，成立新的典範，在新的典範下出現新的正規科學的過程。孔恩的這種看法使得科學的圖象不再是一個穩定的知識累積的過程。至於費耶拉本(P. Feyerabend)則更進一步挑戰「有一個唯

一理性的科學方法」這種觀念，提倡所謂無政府主義式的(ana-rchistic)方法，方法只要行得通，就可以使用，並不一定僅限於某些方法，才是科學方法。這些歷史主義和相對主義進一步對原先分析哲學的主流性格或實證性格加以解構。

以下有幾個趨勢值得進一步來加以注意：

### 1. 分析哲學與認知科學

認知科學基本上是科際整合性的，其中包含了心理學、語言學、知識論、電腦科學、人類學等等。分析哲學在這其中的參與，主要是在知識論方面的參與，然而，在排除原先邏輯的行為主義論調之後，分析哲學在這方面似乎比較接近於一種邏輯的或科學的唯物主義，譬如從電腦或人腦的場域來思考人的思想或知識的過程。原先分析哲學對於所謂「心靈」多少是視為非物質的，明顯地有心靈與物質的二元區分。如今在認知科學的研究上卻產生相當的轉折，將一種心物二元或者非物質性心靈的概念視為是不必要的。

### 2. 意義的意向性考量

其次，就是對意義的探討也加入了意向性的考量，這一點也跟歐陸的現象學有異曲同工之妙。從奧斯汀《如何用語詞做事》(*How to Do Things with Words*)和色爾(J. Searle)1969 年出版的《語言行動理論》⑨之後，有葛來士(P. Grice)用對話、溝通的方式來理解意義，涉入了主觀的意義層面，而這種層面甚至可以延伸到非直接的語言行動，或一些隱喻性的語言使用。例如隱喻(metaphor)在日常溝通之中可以完全達成理解的作用，因為在溝通的情境當中的說話者與聽者，無需花任何努力就可以透過這些隱喻來達成相互的了解。這其中不但有語言的結構

⑨　John R. Searle, *Speech Acts:An Essay in the Philosophy of Language,* (Cambridge University Press, 1969).

面問題或真理的條件問題，而且進一步還有溝通的意向，以及讓對方了解我溝通的意向的因素包含在內。

在意義的研究中，除了考慮意義的意向層面之外，也還有繼承塔斯基(A. Tarski)的真理理論以來的「真理條件論」，尤其是奎恩和戴維森(D. Davidson)，主張必須考量一個語言的真理條件，例如「S 在 L 語言當中是真的，若且唯若 P」(S is true in L, if and only if P)，如說「白雪是白的，若且唯若雪真是白的」，這是所謂的真理條件。透過真理條件來確定語言的意義，仍然在語言的意義理論裡繼續延伸。

### 3. 其他研究趨向

除此以外，分析哲學在當前還繼續許多其他方向的研究，尤其由維根斯坦晚年開出的許多研究面向，包含美學、數學、哲學心理學，例如對信念、希望、恐懼、願望、需要、期待、感覺、痛苦、看見……等等這些不同的概念的進一步的探討，或涉及所謂「隱私語言」的問題。此外，人的心理現象和自然現象之間的基本差別，人是不是按照規則來行動，或是遵循規則來行動的問題，克里普克(S. Kripke)有許多發揮。還有某些哲學的懷疑論也在分析哲學裡繼續延伸，像克拉克(T. Clarke)和史特勞德(B. Stroud)對懷疑主義的進一步推展。另外，分析哲學也繼承了羅斯等人的努力，在社會哲學、政治哲學方面進一步加以延伸。心靈哲學的重要性也不斷升高，更整合了意向性的心靈哲學，使傳統的心身問題重新獲得了不同的處理。這些可以說是分析哲學的一些新的基本研究傾向。

### ㈣ 值得注意的趨勢

歸結上述當前國際哲學界趨勢，在當前研究的動力上，有以下三點值得注意：

1. 越來越嚴格的專業化，無論是英美哲學或是歐陸哲學，

都有各自一套專業的語言，分析或論述的技術和視野，有專門的研究學群、專門的出版刊物和論述場域。哲學專業化仍然是一個不可避免的趨勢。這一點對當前台灣的哲學研究者也有非常重要的意義。因為如果不至少熟悉一種國際性的哲學趨勢，嫻熟其歷史、語言、方法，並能做精良的分析，就非常難以和國際學界相互溝通。專業化是目前台灣哲學界急需加強的重要素養，也是非常重要的要求。為此，學習其中一個或數個方法、語言與歷史，將是與國際哲學界對話不可免的條件之一。

2. 哲學與哲學內部和外部的互動越來越密切。前面討論分析哲學時已指出哲學與其他科學有越來越密切的關係，也因此哲學與其他學門的思考越來越有整合的傾向。歐陸哲學也是一樣，現象學被廣泛的運用到人文和社會科學甚至自然科學的思考中。詮釋學對經典與藝術的詮釋也與各人文學科，無論文學、藝術、文化研究，皆有越來越密切的互動關係。就整個國際視野而言，哲學不能停留在本學科的領域當中，卻必須與其他學科保持越來越多的互動。

換言之，關於學門整合問題，無論是就英美分析哲學，或就歐陸哲學趨勢而言，顯而易見的都必須進行學門整合。基本上，分析哲學和個別自然科學，以及政治社會、法律科學、認知科學等，互動較為密切，整合性愈來愈高；而現象學也與各人文學科、社會科學或自然科學的某些領域，有愈來愈密切的互動關係，至於詮釋學則和人文學科，尤其是文學、藝術和文化研究，有越來越密切的關係。這一趨勢顯示哲學不能只關心自己的歷史、語言、技巧和方法，卻必須進一步關切其他學科，對其他學科關心的問題密切注意。這一點表示哲學工作者必須對一方面打破藩籬，更求擴大，另一方面越形專精，尋求特色的對比張力，更要有深刻的把握。

3. 哲學本身自我批判、質疑、否定，甚至越來越非學院化的趨勢。哲學的自我批判和質疑，一直是哲學本身所含的基本動力，在當前的分析哲學裡表現為懷疑主義(skepticism)的探討，在現象學、詮釋學、批判理論、結構主義、後現代主義中，也不斷對哲學自身進行更徹底的反省、質疑和批判。這並不是說哲學要動搖自己的根本或哲學有自毀的癖好，而是說哲學要尋求更大的徹底性，只有更大的徹底性才會帶來更大的希望和更多的可能性。

另外，在後現代主義的推波助瀾下，哲學也越來越從學院派的研究走出，走進各種行動、文化或社會的脈動之中。哲學的學院化在近代西方哲學可說是從康德哲學開始，其後哲學基本上納入大學，成為大學的哲學(Philosophies of Universities)，也因著制度化和學術分工而更專業化、學院化，變成一種專業的技能。但是，這種專業技能也逐漸失去其和生活世界的接觸，失去它本有的動力。後現代主義質疑的因素正包含這一點。其目的是要返回更深刻的與生活世界的連繫，也因此在後現代主義的推波助瀾下，哲學非學院化的趨勢日愈明顯。這一點是十分值得注意的現象，因為在台灣的哲學界逐漸越來越學院化、大學化、專業化的情況下，往往忽略與學院外和與生活世界的連繫，忽視了對社會更多投入的需要。在整個國際哲學界言，這種趨勢也是與日俱增，越趨明顯的走向。這對台灣哲學界而言，應該帶來更大的反省和刺激。

## 三、哲學在台灣發展的現況

### ㈠ 哲學納入制度框架中發展

中國哲學本是出自憂患意識的生活智慧，本為關懷個人與群體命運的思想與實踐。但自 1949 年以來，中國哲學在台灣

的發展，可說是配合制度性因素，也就是由學者、教師、研究人員，在各大學哲學相關系所與研究機構中，經由研究與教學歷程而發展，而不是單純由個人因應時代與社會，自發地興起的思想發展與延續。這點與先前各期中國哲學發展略有不同。這是因為清末民初西式大學的設立，自此哲學研究多與大學與研究機構有關，但前此仍多自發性、非學院派的哲學思索與寫作。像蔡元培、熊十力、梁漱溟……等人雖多少與大學有關，但他們的哲學思想卻是自主的事業。但是哲學轉到台灣之後，制度化、學院化現象更為明顯，為各期中國哲學史之最。幾乎所有的哲學工作者皆在大專院校或研究機構工作。這一特質使中國哲學在台灣的發展納入了現代教育制度與學術分工之中，一方面有其專業化貢獻，另一方面在活潑性、參與性、前瞻性上亦有其限制。

在台灣，最早成立的是台灣大學哲學系。在台灣光復之後，傅斯年擔任台大校長期間，將帝國大學原行的講座制改為院系制，從原來的哲學科成立哲學系。依據民國 36 年國立台灣大學校刊，最初哲學系僅有學生兩名。哲學系起初仍包含有心理系。一直到民國 38 年下半年之後，哲學系和心理系才分別開來，其後台大於民國 45 年成立哲研所碩士班。台大哲學系所可說是哲學學門在台灣地區最早的教學與研究單位。

到了民國 50 年，輔仁大學成立哲研所碩士班，52 年又成立哲學系。文化大學的哲學系和哲學研究所也在民國 51 年成立，此後政治大學哲學系也在民國 58 年成立，東海大學哲學系於民國 68 年成立，東吳大學哲學系於民國 69 年成立，中央大學哲研所於民國 77 年成立，隨後東海大學哲學系成立哲學研究所，政治大學哲學系也成立研究所，中正大學哲研所於民國 81 年開始招生，清華大學哲研所於民國 83 年招生，其後陸

續又有華梵大學設哲學系，南華管理學院成立哲學研究所。台大、輔大、東海、文化先前已設有博士班，政大、中央的博士班最近才奉准成立。在地區方面，大多數集中於北部台北地區，此外在中壢有中大哲研所；新竹有清大哲研所；中部台中地區有東海大學哲學系所；嘉義地區有中正大學哲學系所、嘉義縣大林南華管理學院的哲學研究所算是迄今最南的哲學所，就區域均衡而言，仍有不足。

### ㈡ 研究基本方向

欲確認當前台灣哲學研究的基本方向，須略在中國哲學傳統中予以定位。[10]中國哲學有其長遠傳統，本人曾把中國哲學的發展區分為四個時期：第一階段是先秦時期；第二階段從兩漢、魏晉南北朝一直到隋唐；第三階段是宋明哲學時期。與當前台灣哲學最為相關的是第四時期，始於十六世紀末葉義大利天主教耶穌會士利瑪竇(M. Ricci)將西方的科學、哲學與宗教帶入中國。從此以後，整個近代中國哲學思想工作的最重要的課題，就是面對西方思想的挑戰，予以會通並創造新思想。可以說近代以來中國哲學的根本特性就是在面對西哲，再塑特色。

在台灣的哲學發展大體上是第四時期問題的賡續與發展，面對西方挑戰，並加以會通；就像當初第二時期中國哲學面對佛學挑戰一樣。如果此一工作在台灣、大陸及其他海外華人哲學工作者的努力下達至成功，中國哲學將有希望在嶄新脈絡中創造出新穎、具世界性價值的哲學思想。屆時中國哲學將可堂堂進入第五時期。

不過，在現實脈絡上，自 1949 年遷台以來，國民政府為了致力於國家建設，較為崇尚經建發展，加上社會風氣崇尚功

---

[10] 本文所謂「中國」是指「文化中國」而不是政治意義的中國。談中國哲學當然是就文化義、哲學史義的中國而立論。

第五章 文化之魂與文化醫生

利與實效，對於哲學並未加以重視。雖然哲學是人文社會科學之根本，然而國家發展與社會風氣皆未能注意及此，使得哲學界一直在艱難中發展。值得注意的是，近五十年來，台灣地區的哲學研究已經產生某種程度的中西會通體系，不再像過去，只有介紹西洋哲學和整理中國古代哲學而無獨創的哲學之感嘆，像方東美、唐君毅、牟宗三、羅光各位先生都是在 1949 年以後迄今四十餘年的時期之內才完成其所致力的會通中西的哲學體系。

目前所謂「中國哲學」的內涵，並不限定在傳統中國哲學之中，不能說只有研究老莊、孔孟、宋明理學等傳統題材與活動才是中國哲學。此外，在台灣的中國人對台灣的處境，甚至對整個中國的處境與所面對的問題，也必須做哲學的反省。比較正確的說法是當代中國哲學既包涵了對傳統中國哲學的研究，也包涵了當代中國人在台灣對於西方哲學或傳統中國哲學的題材、中西哲學關係的一般問題，以及對現代社會各種問題所做的基礎性、整體性、批判性的思考。

近五十年來台灣的哲學界已經發展出幾種會通中國哲學與西洋哲學的體系。會通中西哲學可以說是當代中國哲學的主調，而且在台灣的哲學界也已經形成一些融合性的哲學體系，可說是目前哲學在台灣最重要的研究成果，其意義相當深遠。

我曾在〈哲學在台灣之發展 (1949—1985)〉一文中將它們歸納為三個會通中西哲學的方向：[⑪]

第一、機體主義或兼綜的會通導向，所謂「兼綜」的意思是指它在會通對象方面，在西洋部份，不計較它是西洋上古哲學、中古哲學、近代哲學或當代哲學；而在中國部份，也不偏

---

⑪ 沈清松，〈哲學在台灣之發展（1949-1985）〉，《中國論壇》，21 卷 1 期，（台北：中國論壇社，1985），頁 10-22。

待儒家、道家或是佛家，甚至印度哲學的精義，只要能夠對於實在界或人能有宏大完備的了解，換言之，只要能發揮形上學和人性論的精義，都拿來加以會通。此一會通的導向以方東美先生為代表。方先生的弟子們繼續以其精神探研哲學，其著作亦繼續啟發後進，迄今仍有許多論著或博碩士論文加以引述或闡揚。

第二、當代新儒家的會通導向。新儒學在當代繼續發展，主要針對清代學風和西化趨勢重振新儒學，繼續宋明新儒學，尤其陸王心學的發展，重視其中的心性之學，奠立人的典範，挺立人的主體性，要在馬列主義與西方科技影響之下，重立中國人的主體性。在西洋哲學方面，則致力會通近代的德國觀念論，如康德哲學，費希特與黑格爾的哲學，主要強調人的主體性的先驗結構與發展動力，期能為現代化的科學與民主奠基。這方面的融合導向以唐君毅與牟宗三為代表，目前最受到海內外中國哲學研究者的矚目。

第三、中國士林哲學的會通導向，繼承利瑪竇及中國士人如徐光啟、李之藻等人在綜合士林哲學與中國哲學方面所做的努力，在中國哲學方面較重視先秦儒家，西洋哲學則較重視從亞里斯多德、多瑪斯以降之士林哲學傳統，旁及當代新士林哲學及其他當代哲學思潮。這個導向以吳經熊、羅光為代表。

此外，當代中國哲學界也不斷地繼續引進並研究西方的哲學思潮，例如邏輯實證論、分析哲學、存在主義、現象學、結構主義、詮釋學、批判理論、後現代主義等等。大體言之，以上三大綜合方向也是在大學的脈絡中完成的，然其思想仍浸潤著更廣泛的文化經驗與生命智慧，至於西方哲學的研究則全然是學院式的研究工作。不過，在以上三大會通取向大致完成之後，門人一方面繼續前此的研究取向，在前人的成果上繼續研

究；另一方面則配合制度性與學術分工的要求，無論如何，皆越來越朝向專業化的哲學研究發展。

### (三) 台灣哲學專業人員概況

哲學專業人員應指其專職工作在目前八所大學哲學系、十所哲學研究所，以及在中央研究院文哲所、歐美所、中山社科所（其英文名稱含 Philosophy）從事哲學的教育與研究工作的人員。除了這些哲學專業教育與研究人員以外，在各大學其他相關的系所中，例如中文系所、西洋文學系所、部分社會科學系所和三民主義研究所，以及各大專院校的共同科目與通識教育，都有相關哲學課程的授課人員，也從事哲學研究工作。

按本人於 1995 年的概估[12]，就職務而言，一共約有 144 位哲學專業人員，其中有 52 位具教授地位，佔全體的 36.1 %，約佔三成六強；有 70 位副教授，佔 48.6 %，約佔四成八強；其餘為講師、助教比例最少。可見，哲學專業人員的職務以副教授為最多。副教授和教授總共加起來約佔全部研究人員的八成五，而講師和助教則相形減少。由此可見，哲學的研究人力主要還是在教授、副教授。尤其是副教授的研究人力最為充沛。

再就年齡的分佈而言，按 1995 年的概估，哲學研究人力的骨幹，是在從 30 歲到 50 歲的研究人力，共佔全體研究人員的 56 %，可以說一大半以上的研究人員人力都集中在這一年齡層。這一點迄今仍未有大變化。至於 61 歲到 70 歲之間的研究人員也有不少。不過，哲學的研究不受到年齡太大的限制，

---

[12] 本人曾兩度評估國內哲學發展，時間涵蓋 1988-1995 年。見沈清松，《哲學學門人力資源的現況分析調查報告》，國科會學門規劃專題研究報告，計畫編號：831H030002，1994 年 9 月；沈清松，《哲學學門規劃專題研究後續計畫成果報告》，國科會學門規劃專題研究報告，計畫編號：NSC84-2745-H004-003，1996 年 7 月。

因為哲學本身隨著人生的體驗及思考的加深，往往有越老越醇的情形出現。然而，30 歲到 50 歲的人力，佔了一半以上，是十分可喜的現象。顯示台灣哲學界的未來遠景仍然十分蓬勃。

#### ㈣ 研究成果之強弱

在專業人員的研成果方面，本人曾就 1988—1995 學術刊物及會議論文所發表的研究成果估計[13]，比較容易清楚看出研究成果強弱的情形。

大體說來，依照學術刊物和會議論文發表的研究成果數量，以教師們的研究成果在各領域的分配而言，在中國哲學方面最多：按時期，先秦哲學居首，現代中國哲學居次，宋明哲學又次；按學派，儒家（含新儒家）居首，道家居次。

西洋哲學部份居第二。按時期，西洋現代哲學居首，近代哲學居次；按學派，現象學居首，分析哲學居次，士林與新士林哲學第三；就國別言，以德國哲學為首，英美哲學居次。值得注意的是，近三年來英美分析哲學有顯著增加，其現實情況有需要再行調查。

在比較哲學方面，中西比較哲學專題位於中國哲學、西洋哲學之後。

此外，宗教哲學、美學與藝術哲學、社會哲學、政治哲學也都有其重要性。

值得注意的是，如果以一個研究領域每一年不到一篇的研究成果發表，以這樣的判準來劃出較弱或是研究成果較少，也因此研究成果較不重要的領域，其中最值得注意的是：理則學，自然哲學，法律哲學，歷史哲學，傳播哲學，這幾個領域也可以說是值得再發展或開發的研究領域。

[13] 其中 1988-1993 成果參見第一次評估報告，1993-1995 成果參見附件。

除此以外，再就國內每個研究所在 1988 至 1995 年間在博、碩士論文方面的研究成果而論，則可發現：在中國哲學方面，按時期，先秦哲學居首，宋明哲學居次，魏晉哲學第三；在學派方面，新儒家居首，道家居次，古典儒家第三。

西洋哲學方面，西洋當代哲學居首，西洋近代哲學居次；按學派，現象學、詮釋學居首；餘批判理論、士林與新士林哲學、分析哲學皆有之；就國別言，以德國哲學為首，英美哲學居次。

按科目，形上學居首，知識論居次，美學與藝術哲學和政治社會哲學共居第三；餘語言哲學、哲學人類學、倫理學亦重要。

以上顯示，大體上，博、碩士論文的重要性興趣主要還是集中在中國哲學方面。其次，由於比較研究涉及較多知識，學生的中西比較能力未熟，也因此中西比較的論文不多，1988 至1995 年間僅得五篇。如果以形上學、藝術哲學等領域大體也是屬於西洋哲學範圍而言，在博、碩士論文裏面，西洋哲學的研究佔第二位，僅次於中國哲學。這大概是因為西洋哲學研究往往涉及到西洋語文能力的問題，也因此就整體而言，在博、碩士論文裏，中國哲學的研究最為重要，而西洋哲學次之。

除此以外，有不少的研究領域在1988—1995 年間較少博、碩士論文發表，例如印度哲學史、理則學、方法學、科學哲學、自然哲學、歷史哲學等各僅有一、二篇；科技哲學、傳播哲學與管理哲學尚無博、碩士論文。這也可以看出弱點與缺乏之處，以及今後應發展的方向。

### ㈤ 現階段台灣哲學研究的基本問題

現階段的中國哲學研究的主調仍在於面對西方挑戰，進而創造新時代的中國哲學。西方現代思潮的引進，如果不經過一

種消化的努力，也無法成為中國哲學本質性的因素。基本上，現階段台灣哲學研究的基本問題就在於從原有的中國哲學資源出發，來對其他（西方）的哲學資源，進行吸收、對比與創新的工作。

然而，在今天，此一會通工作須面對來自孔恩(Th. Kuhn)所提出的「異準性」(incommensurability)概念的挑戰⑭。此一概念從科學史往人文和社會科學，甚至在哲學中延伸，使許多學者意識到不同傳統的中國和西方的哲學學說，例如儒家哲學、道家哲學、佛家、德國觀念論、士林哲學……等等，很可能彼此沒有共同標準，也因此無法比較和會通。其原因一方面是它們在觀念和理路內在結構上的不同；另一方面也由於它們的外在關係，諸如所面對的時代問題，以及社會文化問題的差異。麥金太(A. McIntyre)曾經以儒家和亞里斯多德(Aristotle)對於德行的理論為例，指出：「亞里斯多德哲學和儒家哲學都各自有其人性論，以配合其德行理論，而且並沒有任何充分的、中性的概念為助，這兩個道德理論彼此是異準的。」⑮ 雖然如此，麥金太仍然承認，雖然兩者是異準的，並不表示相互的了解也因此被排除。

不過，我要指出，在此所謂的相互了解要求我們將另一理論翻譯為自己的語言，或將自己的理論翻譯為別人的語言。就此而言，前述面對西方挑戰的方式可以視為一種「語言獲取」(language appropriation)，也就是一種採取、適應、並擅長數種哲學語言的歷程，藉以使自己的哲學傳統能讓其他哲學傳統明

---

⑭ Kuhn Th., *The Structure of Scientific Revolution*, (Chicago: The University of Chicago Press), pp.198-204.

⑮ McIntyre A., *Incommensurability, Truth, and the Conversation between Confucius and Aristotelians about the Virtues*, paper presented at the Sixth East-West Philosophers Conference, Honolulu, Hawaii, July 1989.

白，並且使其他哲學傳統能被自己的傳統所理解。

此外，我認為「異準性」的概念也不阻礙現代的哲學家去研究西方哲學。對於西方哲學的學習和會通的目的在於：1. 使用西方的哲學語言，作為翻譯和顯題化自己的哲學觀念的一種工具。2. 使用不同的哲學語言，來顯豁並表達各種文化經驗。3. 採取當代的哲學語言，藉以表達從生活世界的脈絡中興起的哲學觀念。就此意義而言，所謂會通中西哲學，或是預備此種會通的哲學研究和教育的過程，本身就可以視為是一種語言獲取的過程，其目的不在於為會通而會通，而是為了創造新的思想形式。

因此，單單把哲學的會通，視為是數種哲學觀念彼此的會通是不夠的。所謂哲學的會通，是一種獲取數種語言藉以邁向新的歷程。透過新的語言，可以將吾人的哲學經驗翻譯成可理解的論題，也因此在歷史和文化的變遷當中，能夠達成自我理解並理解別人。例如，牟宗三的哲學是立基於他的知識批判的經驗；唐君毅的哲學則立基於其道德經驗，而他們所分別獲取的語言，無論是康德的哲學語言或黑格爾的哲學語言，實際上是被視為一種將傳統中國哲學現代化，並賦予科學和道德以先驗基礎的哲學思考方式。至於方東美，則是以美感經驗作為其哲學經驗的核心，其所採取的哲學語言雖不特定於任何中西的學說，而是在於兼綜地融合於形上學和人性論兩個支柱之上，其目的在於以整合性、有機性的視野來重構中國哲學的整體。至於羅光則是將其哲學奠立在其宗教的經驗上，過去此種經驗曾被士林哲學系統地加以表達，而羅光從這個傳統出發，回溯到中國哲學，尤其希望透過古典的儒家哲學來使其宗教信仰適應於本土化的需要。

以上數位哲學家也都是在大學的脈絡中進行哲學研究，但

他們的哲學心靈仍是出自豐富的文化經驗，不像目前有些哲學研究者只顧專業研究，無視於文化與社會。話雖如此，以上數位哲學家的中西會通體系仍然只是在不同中西哲學體系中進行會通，而未在生活世界中進行會通。

總之，中國和西洋哲學的比較與會通，不能停留於前述幾位哲學家在觀念系統上的會通工作，此外，更應進行哲學語言豐富化的過程，終究目的則在於面對遽變中的「生活世界」，重振哲學的創造性⑯。哲學家在今天面對了一個不斷變遷的生活世界，此變遷之烈遠甚於任何過去的時代，哲學亦應成為這個形成中的世界的建構性因素。

為此，哲學家不但要能合乎專業的要求，而且要能保有對生活世界的關切與自發性、活潑性、參與性與前瞻性。尤其在後現代主義的挑戰下，常前哲學有返回康德把哲學變成大學哲學教授或高級研究員之專業之前，回到非學院式的、活潑的哲學思索(philosophizing)之趨勢，頗值得哲學工作者注意。

對於當前在台灣的哲學家，甚至對大陸上的哲學家而言，今後中西哲學的會通應在生活世界之中進行，而不僅止於觀念系統的綜合⑰。尤其是兩岸的現代化歷程都隱含著哲學反省的必要。中國大陸曾經因著馬克思主義，而使中國文化的發展經歷了一場社會的和文化的異化歷程，此一情境本身就需要透過哲學的反省予以分析、釐清和評估。不只如此，整個世界史到了今天已經進入一個轉捩點，在其中，資本主義和社會主義都

---

⑯ Shen V., *Creativity as Synthesis of Contrasting Wisdoms: An Interpretation of Chinese Philosophy in Taiwan since 1949*, in *Philosophy East and West*, Volume 43, Number 2, (Hawaii: University of Hawaii Press, April 1993), pp. 279-287.

⑰ 關於「生活世界」概念，吾人採用胡塞爾的見解。參閱拙著 Vincent Shen, *"Life-World and Reason in Husserl's Philisophy of Life"*, in *Analecta Husserliana*, vol.17 ed. by A. T. Tymieniecka, (Holland: D. Reidel, 1984) pp.105-116.

無法再自足地作為組織個人與集體生命的原則。尤其在興起中的後現代主義運動當中，此一現代世界的現代性正遭到批判、質疑和否定。在現代與後現代當中，中國人的心靈必須有自覺地，也就是有哲學思想為依據，來導向其未來。

　　就此而言，當前中國哲學的研究和教育，必須意識到落實哲學的基本方向。落實的工作不只是在銜接傳統與現代，更要銜接哲學與社會、科技與人文。在台灣當前的哲學研究與教育當中，事實上有關人文與社會科學的哲學基礎的研究與教學是十分不足的，在此不是指西方哲學意義下的社會哲學、政治哲學、經濟哲學、法律哲學……等等，而是就整體中國哲學如何回應當代生活世界的人文、社會問題而言的。評估整個當前台灣的哲學研究，從本土的哲學出發來回應當前人文、社會問題的哲學研究和教育，依然是十分微弱與缺乏的，這是今後哲學的研究與教育值得開展的地方。

## 四、關於台灣哲學發展策略的思考

　　面對前述的國內外哲學情勢的分析，以下我將略微討論台灣哲學的發展策略問題。在本文中，配合本文論證重點，只擬討論學門內外的整合、國際化的策略與研究環境的改善三點，加以討論。[18]

　　(一) 學門內外的整合

　　在第一節有關哲學國際現況中，我曾經指出，目前無論英美分析哲學，或歐陸各哲學派別，都十分強調科內(Intra-disciplinary)與科際(Inter-disciplinary)整合的重要性。我也指

----

[18] 我在《哲學學門規劃專題研究後續計畫成果報告》第 4 章中，曾針對(1)研究特色的形成(2)人才的培育與出路(3)學門內外的整合(4)國際化的策略(5)研究環境的改善……等五點加以詳細討論，尤其針對國科會相關政策立論，本文則針對一般性的問題。

出，分析哲學與各科自然科學及政治、社會、法律、認知科學等的互動，其整合程度愈來愈高；現象學也與自然科學、人文科學、社會科學的不同領域有所互動；至於詮釋學與人文學科，尤其文學、藝術和文化研究，也有愈來愈密切的整合趨勢；批判理論方面，則與政治、社會哲學有密切的配合，與倫理學也有密切的關係；後現代理論則與文學、建築、音樂、繪畫、攝影、表演藝術……等有密切的關係。可見科際整合，甚至跨文化的整合研究，是當代哲學的一種要求，這種趨勢正方興未艾，為未來的研究帶來許多新的希望。⑲

　　科內與科際整合不但是現前國際哲學研究的趨勢所要求，而且人文社會科學企盼打破學科局限，要求更大型理論出現，也要求學科之間更大的互動。為了改善台灣哲學目前在此一方向落後的現況，使能趕上整合性的要求，除了個別的研究員要能對整合研究有一自覺並且有一健康的態度之外，還必須覺察到自己的研究方向與某些其他學科的整合關係，企圖從中找出一些問題。當然，整合型研究主要還不是個人性的研究，而是群體性、制度性、機構性的研究，也就是各系所或跨系所研究群，甚至跨校研究群的研究工作。

　　為此，應針對研究興趣或專長組成研究群，分別針對特別的研究主題提出研究計畫。國科會若要獎勵整合性研究，應該朝向鼓勵研究群的成立，並且察看這個研究群的信用史，評審

---

⑲ 就現實情況而言，目前台灣各哲學系所單位在這方面做得還是很少，除了個人的努力之外，各單位有意識的整合作為可謂寥寥無幾。推究其原因，可以發現以下幾點：第一、缺乏這類的視野或有關整合必要性的覺識。第二、縱使覺得有這類的必要性，但尚未開始具體的規劃。第三、個人都有自己的計畫，為了不增加每位研究者的負擔，所以未能進行整合性的計畫。第四、限於人力或資料的不足，所以無法進行整合性的計畫。除此之外，缺乏較資深而有整合視野且能做計畫的研究領導人才，也是重要的原因之一，若有這種人才在各系所帶動，將會有助於情況的改善。

時注意研究者整合性的視野。換言之，應該朝向鼓勵研究群的成立來推動整合性研究，而不是以個人組合的觀點來推動整合型研究。

目前科際整合型研究計畫之所以不易推動，基本的原因是人文社會科學的研究者從事個別研究的風氣十分熾盛，尤其哲學。這當然有其必要性，人文社會科學知識的累積即是由此形成的。為了不使個人負擔過重，整合研究就難以推動。因而，國科會將來的獎助方向應該朝向群體性獎助（包括大學之間、學院之間、系所之間群體式的整合性研究），若果，必會激發起整合性研究的風氣。

有許多研究員都認為朝向專業化是研究的必然趨勢，因而會排斥整合性的研究，認為整合研究誇大不實，這種看法有必要改善。換言之，有必要從學門內部以學術的觀點作嚴肅討論，對整合研究形成一種學術的共識，使大部份研究人員能夠意識到這個問題。目前整合研究仍然只是處在意識化(conscientization) 的階段，應該透過更多的寫作、研討會來討論，釐清這方面的誤會，鼓勵整合性研究氣的興起。

最重要的是，整合性研究需要更多有關科際整合的素養和方法，必須能夠發現有意思的問題，並且要有足夠的知識論的視野與方法論的修養，而且對有意義、有價值的主題，提出重要的研究成果，針對人文科學界或文化現象當中到底有那些值得整合研究的問題，即對問題的認定(identification of problems)要下一些功夫。特別對於科際整合的方法論要加以討論，如前面本人提到建構實在論時所提到的外推方法就是科際整合的重要方法。要能夠認定問題並且有足夠的方法，才有可能適當進行整合性研究。在這方面，哲學有許多可貢獻的地方，因為從哲學可以辨識人文社會的現象或文化現象，乃至自然領域當中

的重大問題，長期的哲學訓練可以對這些方面具有洞識的能力。另外，科際整合的方法論或知識論問題，以及整合的模式、種類、意義與目的，都可以透過哲學而獲得詳密的釐清，這些論述並非其他一般人文科學學科所能討論的。

### (二) 國際化的策略

學術研究的成果必須要能獲得國際的肯定。為此，必須不斷推動國際的合作，掌握國際學術的脈胳，才能進入國際學術舞台。就消極面來看，必須能免於落後；積極方面，更要建立特色，進而領導風騷。「國際化」因此在各個學門都是重要的課題，對哲學而言也具有至為急迫的重要性。然而，目前就現實狀況看來，國內哲學國際化的規劃與策略或實際的合作、研究措施，甚至整個學門在國際上的地位，都有值得檢討，甚至令人感到悲觀的地方。當然，在悲觀當中仍然充滿了許多的希望。

針對國內哲學界在國際上的學術地位而言，一般說來，中國哲學傳統是世界哲學的重要哲學傳統之一，因此傳統中國哲學應該有一定的地位。不過，目前的中國哲學在國際上受重視的較限於漢學範圍，尚未能獲得舉世的重視。在西方哲學方面，則只能步西方哲學後塵，沒有受重視的成果出現。

哲學研究者自我反省，咸認為台灣哲學界在國際上尚未獲取應有的地位，但由於學者參與國際的會議，或一些中生代在某些特殊領域的努力，已經開始受到重視，只是還沒有十分明顯的成果。另就未來的發展言，由於中國哲學長遠的歷史，及在世界文明中的地位，應該有很大的潛能。只不過目前多只在漢學的領域受到肯定，未來還有很大發展空間及有待努力的地方。整體說來，整個台灣哲學界國際學術地位的改善，是一個長遠的事情，並非一蹴可及，也不是急得來的事情。然而，學

者多參與國際學術活動，進行國際合作，系所多進行國際性的交流與合作，則是目前較急迫，應開始進行的事情。各研究與教學單位可擇定較有國際遠景的研究領域，來進行國際化的提昇工作，擴大其研究的成果以及其國際影響力。此一領域的認定，可以再經由進一步的規劃，選定強化國際地位的特定研究領域，來栽培人才、提昇其研究成果、擴大其國際影響。

總之，展望未來，台灣哲學界的各研究者或各研究單位，應逐漸提高其國際的能見度，促進合作交流業務的推展，進而改善整個台灣哲學界的地位，確實做到使台灣的中國哲學研究成果國際化，使中國哲學的資源、本國哲學研究者的心血，注入到國際哲學領域裡面，發生影響，甚至形塑特色，好能在下一個世紀，在某些哲學領域帶領風騷，這是我國哲學界當前重大的挑戰之一。

### (三) 研究環境的改善

關於研究環境的改善，政府方面應該從過去太過重視經濟、社會的實效，轉向對文化的重視，更重視其中思想的研究。思想的慎密與觀念的新穎也是國家實力的一個重要部份。對此，哲學界將有其重要的貢獻，尤其當前台灣社會由於觀念不清、價值混亂，造成許多社會問題，急需哲學釐清和解決。整體說來，政府從過去追求立竿見影的政策，轉向更為深入、深思，從價值、理念、歷史性的向度，多加著眼，這種態度與政策的轉變，更將有利於哲學的研究發展，而哲學的研究發展也會進一步回饋社會所追求的富強國力和蓬勃的文化發展。

科技掛帥造成的問題由來已久，如今由於主流典範的崩毀，自然科學已經不再作為全體學術研究的典範，因此沒有必要再以自然科學作為標準來判斷人文社會科學。相反地，將來應該更以合乎人性的要求，以人為典範的方式來了解或進行科

學，人文社會科學將來的發展勢將扮演更大的角色。就當前評審制度而言，在人文社會科學裡，會議論文的重要性應該獲得更大的重視[20]，至少要能和期刊論文相提並論，至於整本的專著或是研究報告，應在審查結果上面賦予更大的價值。審查的標準應該擺脫自然科學的模式，更應該擺脫以自然科學為獨斷的標準。在研究方法上，也應該讓人文社會科學發展其特色，而不應該一味地按照自然科學的方法來研究。因此在資源的分配上面，將來也應該給予人文社會科學更多的資源。

關於台灣哲學社群太小的問題，目前研究社群的規模有其客觀限制，因為涉及到台灣目前哲學科系與員額問題，一時之間很難突破；如果由於社會的重視、資源的擴大與出路的寬廣化，對於哲學研究社群將會有所增益。其實，每一個大學都應該設有哲學系。大學若沒有哲學系，始終是一個很大的缺憾，因為哲學畢竟還是最基本、最根源性的教育。文史哲的不完整，使得各大學的文學院本身就有缺陷。如果未來各大學文學院都能增加哲學系，哲學的研究社群自然會增大，而研究分工也就會為更完整。許多向來沒有被注意到的課題，將可以獲得彌補；同一領域中也會產生更為優秀的人才，對於該領域的研究與評價就會產生帶領的作用。

## 五、結論：展望哲學的未來

展望哲學的未來，可以分兩部分來說，其一是世界哲學思潮，其二是國內哲學發展。第二部分才是我們的關切所在，即使我們談論世界思潮也是為了弄清楚自己所在的位置。

首先，面對即將踏入 21 世紀的當前世界哲學潮流，有三

---

[20] 自然科學的會議論文往往只是簡單報告，所以地位不高。但人文社會科學重在討論，只要敢在會議中提出討論，一定得經審慎的研究。

點特別值得注意：㈠科技的突飛猛進，尤其是資訊科技㉑，已到了帶動人類歷史的地步，哲學必須加以面對、反省和整合。㈡本世紀無論中西哲學都太以人為中心，反而造成人出路的瓶頸；由於環保、生態、天文、生物與微粒物理的發展，今後必須更重視自然哲學，並在自然中定位人。㈢多元文化的視野與胸襟和文化際交談的必要，排除了過去歐洲中心、漢文化中心……等單一文化中心的哲學觀，邁向多元文化的哲學。

其次，就國內哲學發展而言，自須面對上述挑戰。傳統中國哲學雖有十分豐富的富藏，尤其在其所隱含的自然觀、倫理智慧和美感藝術的洞識。然而，中國哲學今天最大挑戰之一，是科技所帶領的現代化歷程中，如何結合中國人的自然觀、倫理智慧、藝術美感和現代科技，既使哲學能落實於生活世界，也使科技不落於流俗、功利、破壞生態，是當前中國哲學的重要課題。

換言之，中國哲學如何回應當前的科技世界，已經成為急迫的問題。《易經》所謂：「觀乎天文，以察時變；觀乎人文，以化成天下。」前者是針對自然，後者則是針對人文。然而中國哲學心靈的最後關懷，總在於提昇人文精神以轉化生活世界。在過去其所要轉化的是自然世界，而在今天所需要轉化的則是科技世界，甚至在未來任何可能的世界，都需要人文精神的轉化，尤其需要人發揮倫理的智慧和藝術的情懷進行轉化，使其成為適宜人居的生活世界。就此而言，如何一方面在科技中找到倫理和藝術的新法則；另一方面又發揮原有的倫理和藝術原則，來轉化並提昇科技的結構，將是今後中國哲學研究的一個十分重要的方向。

㉑ 像哈柏瑪斯便主張在科技發達，傳訊快速的現代社會中，應進行有組織的啟蒙(Habermas, *Theory and Practice*, London : Heineman, 1974)，頁 28-31。

當前哲學系所的重要任務之一在於中國哲學的研究與發展，目前中國哲學師資與研究人力多老成凋謝，幾年以後擁有雄厚國學根底的中國哲學人才勢將逐漸減少。不過，中國哲學今後的發展必須放到世界的脈絡，視為世界哲學重要傳統之一。為此，西洋哲學的繼續研究是有必要的。其目的不在為西方人解決問題——中國人對西洋哲學的研究也不可能超越西洋人——而在於援用其他的哲學資源，進而創造新時代的中國哲學。不過，就研究成果看來，西洋哲學今後仍必須多予加強。

　　中西哲學比較與會通雖然涉及未來中國文化發展的重要課題，但是有關比較的方法以及詮釋、綜合等問題都有待檢討。尤其目前研究和教學人力有集中在中西某些時期和大哲學家的現象，例如中國哲學方面的儒家、道家，先秦、宋明，西方哲學集中在亞里斯多德、柏拉圖、多瑪斯、康德、海德格等，此外往往發生斷層現象，以致某些時期和某些哲學家缺乏研究，無法得到較為全面的比較，也影響研究人力，甚至師資與課程的開設。

　　除此以外，自然哲學、科學哲學和對科技與文化的哲學研究亦為十分重要之課題，但人才仍是十分有限，尤其這些人才一方面要能諳於哲學，另一方面亦要熟知自然科學與技術的內在動力，這方面的人才培訓仍有待加強。

　　哲學是文化的核心所在，今後中國文化的發展顯然必須一方面面對多元文化的情境，另一方面攝取世界文化資源，發揮自家文化優長，創造嶄新的文化面貌。㉒這工作需要哲學作基

---

㉒ 本人在 *Confucianism, Taoism and Constructive Realism* 一書中加入文化際的解析及中國哲學的看法，藉對儒家、道家哲學相關要點的創造性詮釋，對建構實在論加以轉化並擴大至文化層面，以連結科學、文化與中國哲學，該書被華爾納教授視為建構實在論的里程碑。（V. Shen, 1994.6）

礎性、批判性、統合性的反省與檢討。哲學在未來的中華文化前景上面應扮演極為重要的角色。

　　此外，哲學在社會發展上亦應扮演非常重要的角色。過去國內對哲學教育和研究不夠重視，以致今天社會觀念不清、價值不明、頓失本源、亂象叢生。一般人對於有關民主、自由、正義、平等這些基本概念不清，價值體系混亂，因此一方面有必要加強哲學本身的教育與研究功能，其次也應該結合哲學與社會，將哲學思想推廣於社會中，以協助解決社會的問題。

　　今後如何將哲學思想應用於解決社會問題，並在研究過程當中發掘問題、思考問題，並在教育中使學生對政治、社會、文化問題有更正確的觀念和認識，勢必要動用哲學研究的資源，朝向解決當前社會問題而發展，尤其致力於釐清基本的觀念與價值觀，在研究方面應加強政治、社會、法律、宗教、倫理學等的研究與應用。哲學本科一方面應加強應用導向的研究，而各相關部門也應探索其哲學基礎，尤其在未來有關美學、倫理學、社會哲學、政治哲學與中國哲學方面的研究和計畫的推動，培養更多的哲學碩士、博士人材，使其學有所用，貢獻於社會，使哲學與社會互蒙其益，是十分重要的發展方向。

# 第六章

# 休閒觀念的哲學解析

## 一、引　言

「休閒」的時間與活動對於現代人而言實在是太重要了。由於現代人日日忙碌地工作，所得的無非是金錢、成就與社會的肯定，但在忙碌之中偶爾亦會追問：究竟生命是為了什麼？因而往往有疲憊與無意義之感。然而，休閒的時間正是讓我們重新恢復心靈的活力、創造價值、肯定自己人生方向的時候。換言之，休閒不只是單純的打發時間，卻是重新尋獲人生價值的重要時刻。

近些年來由於台灣經濟的發展，民生富裕、國民所得普遍提高，一般而言，大家都有了更多多餘的金錢；更由於工作時間的合理化，也有了更多多餘的時間。如何運用這些多餘，而能隨意支配的時間和金錢，從事有意義的活動，藉以平衡身心、發展自我、重建自我與存在的關係，就變成了十分重要的課題。然而，究竟「休閒」的意義是什麼？是否休閒就是不工作、多休息？或者休閒只是正式工作以外的其他活動？這些似乎就是一般人的休閒觀。然而，這些休閒觀若非假定了工作與休閒相互對立，要不然便是只能消費人生價值，而無法創造人生價值。這樣的休閒觀從哲學上加以分析，是站立不住的，這樣的休閒觀也不能滿足現代人在忙碌的現代社會、頻繁的社會

互動與嚴格的科技控制之下深切的心靈需求。

　　為此我們有必要從哲學的觀點來分析「休閒」概念的意義，藉以建立正確的休閒觀。有了正確的休閒觀念，我們才會適當地選擇休閒活動，進而在其中實現人生的價值，而不會使休閒只成為「打發時間」、「殺時間」的手段而已。

## 二、不正確的休閒觀念

### ㈠ 休閒就是不工作

　　對於休閒常見的看法之一，就是認為：所謂休閒，就是不工作、從事休息。這種看法有生理的體驗做為基礎。就哲學的分析，它亦假定了一種機械論的運動觀。因為一方面人們平常的工作，或屬於體力的消耗，或屬於腦力的消耗，到了一定的程度，人必定有疲憊之感，必須停止工作、略事休息，藉以恢復體力和精神。另一方面，這種「休閒就是不工作」的看法，也認為人的身心有如彈簧，在不斷工作的緊張狀態中持續太久，就會如同久拉不放的彈簧一般，產生彈性疲乏的現象，為此，必須定時放下工作壓力，藉以恢復身心的彈性。此種看法，基本上是把人的工作和休閒化約為機械的「運動」與「靜止」的對立，正如在牛頓的物理體系中，靜止與運動是相對立的，一物在靜止的狀態時就是不運動，而一個在運動中的物體則不是靜止的，此即「動者恆動、靜者恆靜」的道理，由此可見靜止與運動的相對性。從這樣的機械運動觀衍生出來，產生此種休閒觀，就認為休閒與工作也是相對立的。所謂休閒，就是不工作、休息；而工作，就是不休息、拼命幹，這就是此種休閒觀背後的哲學預設。

　　當然，這種休閒觀也還有另外一種型態：既然認為休閒就是不工作、休息，而所謂休息是為走更遠的路，就此看來，此

種休閒觀的心目中只有工作，只是透過不工作、休息，藉以培養體力、恢復身心，重新進入到工作的狀態當中罷了。

然而，運動和靜止並不必要是對立的，因此工作與休閒也不必要是對立的。例如在古代希臘的自然觀之中，所謂靜止，並非就是不運動，卻是一物的能動性最為凝聚的展現方式。譬如：一朵花開了，展現了姣好的花容，並非是在進行任何一種運動，然而，花開的事件本身是以一種凝聚的方式，展現了植物的生命力。如果說靜止可以成為運動力最為凝聚性的表現，則我們沒有必要再如牛頓一般，持機械的運動觀。既然運動和靜止並不對立，那麼休閒與工作也無須對立，無須將休閒理解為不工作、休息；相反的，休閒也可以成為心靈的動力極為凝聚的呈現方式。

此外，工作亦不必要僅從身心勞動的角度來看。其實，工作不僅是勞動，工作的目的也不只是賺錢，因為透過工作的歷程，吾人可以展現自身的知識與能力、擴大人際關係、發揮潛能、達成自我實現。換言之，工作的意義是在自我實現，而不在賺錢或勞動。也因此，由勞動所帶來的疲憊，以及為此而有休息的必要性，便不再具有優先的地位。相反的，我們往往會在自我實現的興奮當中忘卻了身心的疲憊。由此可見，工作絕不能視為只是一種持續的勞動狀態，而應視為是自我實現的方式；休閒當然也不能僅視為是勞動後的休息而已，而應視為是與自我實現密切相關的。

(二) 休閒是正式工作外的活動

此外，經常有的一種休閒觀，就是認為：所謂休閒就是正式工作以外的其他活動，包含了做家事、哄小孩、看朋友，甚至應酬等等。換言之，認為只有正式的工作才是工作，而除了正式工作以外的活動，無論是工作或非工作，都可視為休閒。

此種休閒觀當然不再假定休閒與工作的對立，然而從哲學上分析起來，它仍然具有其他不良的假設。

一般而言，所謂正式工作以外的其他活動，大致可以區分為兩類：一類是像做家事這類非職業性的工作，另一類則是像看朋友、應酬這類社會性的活動。首先，就非職業性的工作而言，像在家中灑掃庭園、修理門窗、修剪花木等等，都是日常的工作，但無法在像上班這類正式的工作時間來從事，於是只好利用其他的時間來進行。以這類的活動為休閒，當然並不假定工作與休閒的二分或對立，因為做家事也是一種工作，只是並非像上班那樣正式的工作罷了。非職業性的工作和職業性的工作都是日常的工作，而且就一個人的生活而言，彼此有互補的作用。不過，如果人們把心思只花費在日常工作上，無論其為職業性的工作或非職業性的工作，皆無法給予心靈自由的空間、蘊釀靈感，當然也無法藉此創造出什麼理想性、精神性的價值。

其次，像看朋友、應酬這類社會性的活動，很顯然的人們此時所從事的不再是一種工作了。因此這類活動的性質，一方面不再把休閒當成不工作、休息這類休閒觀一般，假定了休閒與工作的對立；另一方面，也不再像把休閒當成非正式工作那樣，假定了不同工作的互補觀。不過，這類社會活動除了有時具有推展工作的意義以外，其主要的作用則在於連繫感情、促進感情。然而分析起來，一個人若在休閒的時候從事社會性的整合，但在工作之時也不外乎按照社會規範和科技規範進行工作，則實際上也是被納入更大層面的社會整合。如此一來，在休閒中進行社會性的活動，雖然有助於人與人之間關係之維持與改善，但這類休閒和工作一樣，皆是在進行社會整合，只是大小層面不同罷了。在社會整合的約束之下，此類休閒活動和

前述做家事一類的休閒活動一樣，皆無法使心靈得以舒展，創造出理想性、精神性的價值。

根據社會學家的調查，在休閒的時候，休息、做家事、哄小孩、看朋友、應酬……佔了我國國民休閒活動的重要比例。顯然的，我國國民大部份停止在上述兩種錯誤的休閒觀上，而以上兩種休閒觀，可以說是在傳統社會的工作型態下之產物。一則因為在傳統社會中工作太過勞累，因此工作以外的時間只好用來休息，藉以恢復體力。二則因為傳統社會中的工作方式，無法兼顧家務以及社會的人際關係，所以必須利用正式工作以外的休閒時間來進行彌補。然而，兩者的共同結果，則是無法建立一個創造人生價值的休閒觀。

## 三、現代休閒生活的困境

不只傳統社會有在休閒中難以創造價值的危機，現代社會亦同樣有之。現代社會中的休閒危機主要在於休閒的被動化和機械化。

首就休閒的被動化而言：在現代社會中充斥著許多被動性的休閒活動，例如：閱讀報章雜誌、看電視、看電影、錄影帶等等，這些閱讀與觀賞，當然也可以獲得部份的資訊，但就價值的創造而言，基本上是在被動觀賞之中接受他人創造的成果，甚至被動地接受一套價值觀念和行為模式。這種被動接受的方式，有時往往是為了更能符合社會整合的需要，例如許多中、小學生，甚至大人，有時必須觀看某一類或某一個電視節目，才能夠在遇見同學、同事之時有共同的話題。然而，個人從電視、錄影帶上所獲得的，並非主動的文化創造，卻往往是失去反省與自覺的被動接受。若僅只被動接受、欣賞他人創造妥當的成品倒也罷了，卻往往是一種浪費時間、消耗精力，甚

至消耗生命的一種方式。

　　其次，就休閒的機械化而言：在今天有許多人在休閒的時間，投身於科技製造的機器之中，例如：照相機、音響、電動玩具、電視等等。除此以外，許多巨型的觀光旅遊活動，亦往往是機械化的大量安排，例如在某個風景定點安排 20 分鐘的停留，讓遊客匆匆忙忙照相留念，留下「某某到此一遊」的回憶。這類機械化、商業化的旅遊安排，亦無法在旅遊中獲得文化的陶冶、心靈的休息，更無法令心靈的自主性呈現。在這種環境底下，文化的創造力會變得越來越薄弱與萎縮，因為在這種機械化的過程當中，休閒變成商品，人們不再創造文化，而只消費文化。在消費社會之中，心靈沒有太大的主動能力自我提昇，一切消費品皆變成慾望的對象，雖然消費的對象會不斷更換，例如：買衣服、買鞋子、買電視、買電腦、買股票、買房子……等等，對象一再更換，但只是同一個慾望在躍動而已，自我無法真正超越，更無法達成自我實現。

　　可見，無論在傳統社會或現代社會，人都會面對一些危機，使其無法自覺，亦因此無法透過心靈的活動，創造出藉以自我提昇的精神價值。

## 四、正確的休閒觀

　　檢討上述的休閒觀與危機，吾人可以重新釐清休閒的意義，並且將工作與休閒的關係重新定位。前述把工作當成努力作事、不休息，而把休閒當作不工作、休息，兩相對立，固然不對；而把休閒當作業餘活動和社會活動的機會，亦不正確。因此，休閒的真義應該在休閒與工作的重新定位中加以釐清。

　　首先，工作並非為賺錢，而是自我實現。若以工作為自我實現，則休閒應屬自我超越。因為在工作當中，吾人必須不斷

地發揮知識與能力、擴充人際關係，達到自我實現，然而，只有自我實現而無自我超越，是無法發現自我的深刻層面的。唯有在休閒當中擺脫一切工作與人際關係的壓力、回歸自我，超越約束、超越慾望與俗世的價值，才會自覺到自我內在深沈的動力。有了自覺當中的超越與發現，自我的實現才具有更深刻的意義，否則，如果以自我為慾望，以自我為社會角色，則自我實現也只不過是慾望的實現、社會角色的扮演罷了。

其次，如果說工作的時候，吾人是在從事社會整合，則休閒的時候，應是在從事文化的創作。工作本身是透過工作規範、科技規範與團體規範來進行社會整合。然而，人在社會參與之餘，需能創作文化而休閒正是文化創作的機會，因為一般而言，除了少數專門以文化創作為工作的人，例如：文學家、畫家、舞蹈家、音樂家……等等以外，其他大多數的人都只有在休閒之時才能進行文化創作。吾人在工作之時，是使用科技的工具和管理方式來進行工作，按照現代化的理性規範，納入社會整合之中。然而只有在休閒的時候，我們才能夠去接近文學、美術、舞蹈、音樂，甚至較為通俗的插花、盆栽等等這類文化活動。社會參與與文化創作，彼此應該是相輔相成的。

最後，工作本身是價值的維持與消耗，而休閒則應是價值的發現與創造。吾人在工作之中，無論是在任何的學校、單位與公司工作，都有一些明確的理想目標應予實現，然而日積月累、日日忙碌，這些理想目標逐漸消耗，使得吾人用以維持生命理想的價值亦逐漸消磨殆盡，甚至有時覺得工作不再有任何意義了。可見，工作本身是原有價值的維繫、整合和再生，但心靈若缺乏足以致令靈活的機緣，使其發現與自己、與自然、與人、與物，甚至與超越界之間的嶄新關係，則很難創造出值得為之奉獻、為之而活的新價值。而休閒正是這樣一個發現價

值、創造價值的機緣。

　　總之，若以工作為自我實現，則休閒是自我超越；若以工作為社會整合，則休閒是文化創作；若以工作為價值的維繫與消耗，則休閒是價值的發現與創造。

## 五、休閒的本質要件

　　這裡所謂休閒的條件，並不是形成休閒的社會條件，如工作與休閒時間的合理安排，而是要達到上述休閒的真義，個人在心理上、精神上所需具有的條件，才能完全達致休閒的目的，發揮休閒的功能。

　　㈠　自由：要能夠達致休閒，首先必須從職業活動的約束，以及一般社會與初級團體的約束，例如家庭、親友、社區，以及工作單位的義務當中獲得自由。就此而言，自由是指從外在的約束擺脫的意思。因此休閒時間實在是自由時間的一部份。

　　其次，在自由時間當中所進行的休閒項目，也應該可以出自個人的自由選擇，而不必要是強迫的。如果沒有選擇的餘地，就很難發揮休閒的意義。就此而言，休閒也涉及到選擇的自由，如果沒有選擇的自由，當然就談不上休閒。

　　然而，休閒並不因此就成為放縱的時間。換言之，休閒當中相當程度的自我要求，甚或道德上的自律，仍然是必要的。也就是說，自由作為一種自律的意義，並未因為休閒的時間而終止。道德無假期，即使休閒的時候也不例外。

　　最後，透過休閒可以在新的可能性當中達到自我超越，休閒當然也就體現了「自由就是超越」的意義。換言之，在理想上而言，休閒也應包含了超越的自由。

　　在哲學上，自由包含了四層意義：一是「對外的自由」，指不受外在束縛之意。二是「心理的自由」，是以能自由選擇

為其要義。三是「道德的自由」，就是自律。四是「實存的自由」，即以超越為自由。就此四個層次的自由意義而言，一般人經常體會到的是：在休閒當中擺脫束縛的自由，以及選擇的自由。雖然如此，自律以及自我超越也是休閒本身所隱含的、不可或缺的自由的意涵。

　　㈡ 悠閒：悠閒的狀態當然是由不必要工作而可能的，但它並不僅止於不工作。悠閒的狀態也必須要不受外在規範的束縛，但並不因為解除了外在規範就會有悠閒的狀態產生。悠閒在消極的一方面是解脫，從工作的壓力和規範的束縛當中解脫；但是積極的一面，則是一種真正的好整以暇、一種閒適的心情的浮現。單只有解脫並不會浮現這種心情，只有在解脫之後，接納自己、也接納世界，並從而興起一種遊戲的心情，這時候才構成了悠閒的精神狀態。

　　中國傳統的文學、藝術，有許多都是在悠閒中遊戲的心情產生的。莊子與惠施在濠梁之上觀見魚樂，就是因為在一種悠閒的心情之下，萬物靜觀皆自得，而體察到天地萬物、花開與魚遊，皆不需任何理由，而是生命自身的遊戲。有此體會方能夠把握到「閒」的要旨。如果缺乏此種悠閒的心境，即使是從事休閒的活動，來去匆匆、不斷安排、不斷趕路，也無法充分發揮休閒的真正功能。

　　㈢ 創造：一般人在工作或社會生活當中，必須執行各種技術、遵循各種的規範，基本上都是按照成規行事，談不上創造的經驗。悠閒則會帶來創造的契機。

　　然而，創造的意思有二：其一，就是「新穎性」。不拘泥於舊有的規章和技術，從舊有的規章和技術中擺脫，而能夠發現新的技術，行出新的規章。其次，創造具有「組合性」。創造的意義並不一定是無中生有，只要對原有的材料作新的組

合，往往也能夠形成創造。新的組合的產生，需要新的想像，想像就是從原有規則中浮現、提呈新的意象的能力。所有的技術和規範都是對於想像力的約束，唯有在終止了工作技術和整合規範的束縛之後，任想像力馳騁遨遊，對於已有的因素進行新穎的組合，這就是一般人也能夠享受的創造了。至於創造新的因素、新的觀念，則需要更多長期的關注和專業的素養。

　　㈣　愉悅：休閒活動總帶有一種快樂論或幸福論的意味。人們不會在休閒活動當中尋找痛苦或責任，工作本身可能是一種克己主義，或目的論的活動，而休閒多少總帶著對於快樂的尋求。然而，因為有些感性的快樂或過度的快樂，在短暫的快樂之後，會帶來更長久的痛苦，所以如果要維繫休閒本身的幸福論傾向，我們更好說休閒的目的不在追求短暫的、當前的快樂，而是在追求心靈的喜悅。喜悅是精神性的、長期性的；而快樂則往往是感性的、短暫的。如果說休閒活動本身是提高生活品質的一個重要因素，最主要的原因是在於它有助於提昇人生當中的幸福感，藉著這種幸福感，使我們更能檢驗自我實現的境界與成果。

# 六、結語：透過休閒實現人生價值

　　一個人要實現其人生價值，必須確定存在上的基本關係。時代雖有改變，思潮雖有演進，從古到今，人的存在關係的基本架構，仍不外乎人與自我的關係、人與自然、與物的關係、人與人的關係，甚至人與超越界的關係。然而，透過休閒的活動，人可以發現並調整上述的存在架構，實現人生的價值。而這點的達成，並不必排斥休息、非職業性活動及其他現代休閒活動，重要的是觀念上的轉變。

　　首先，休閒是人與自我發現的機緣。在休閒的時候，心靈

自由地活動，激盪起屬己的敏銳，發現一些心中原已嚮往的精神價值，使自己超越了日常生活的機械規律。一些休閒活動也往往能夠促成自我的發現，例如在運動當中可以發現自己的體力，在默想、禪定、瑜珈等活動當中，發現自己心靈的豐富內涵等等。

其次，休閒也是重建人與自然與物的關係的機緣。在休閒的時候，人可以與自然相處，投身於自然的懷抱，在群山之中、在綠蔭之上，行走於扶疏的花木叢中，體會到宇宙本身的韻律，重新體驗人與自然之間的感通，尋回自己內在自發的性情。這種與自然的相處，不同於機械性、消費性的旅遊活動。此外，休閒也是人與物重建關係的時刻。在休閒的時候，人們自由的心靈自動發揮巧思加諸事物之上，因而成為美化生活或藝術創作的機緣。有了這份自由生發的巧思，一些非職業性的活動，例如在家中敲敲打打之類的，始能成為美化或創作意義的活動。

再者，休閒亦是人與人重建關係的時刻。由於建立了正確的休閒觀，在休閒的時候，擁有一份自由的心情、自發的感受，人們藉著心靈的自由與自發，再度發現了自己與親戚朋友的關係，甚至與一個不認識的路人亦可建立情誼。這種立基於人性的相互關切，是一切倫理生活的根源，也是所有社會活動的基礎。可見，休閒活動有助於人與人重建真實的關係，藉此才有賦予社會整合以踏實的基礎。

最後，休閒也是人與超越界重建關係的機緣。所謂超越界包含人文性的信仰與宗教的信仰。人文性的信仰是指按照人性內在的需要而自發地追求的價值，例如真、善、美等等。至於所謂的宗教信仰，則是藉著對於一個超越的神明的信仰，奠定人文價值的基礎，賦予人文價值以神聖性，並藉著教義、教規

和禮儀，使此種超越性和神聖性得以制度化。在休閒的時候，人們透過一些宗教的活動、或心靈高度的自覺，能夠再度發現自己對生命意義基礎所在的終極關懷。甚至可以藉著宗教禮儀體驗到自己與聖界的關係，在此時心靈的活動最為深沈而細膩，人與超越界的經驗，甚至可以成為一切人生價值的源頭，或綜攝一切價值的核心。

由此可見，在觀念上正確地把休閒理解為自我超越、文化創作與價值的發現與創造，並且在實際的休閒活動當中，去體現自由、悠閒、創造和喜悅的本質，將可使我們透過各種休閒活動，重建與自己、與自然、與人，甚至與超越界的存在關係，因而得以實現人生的意義。

哲學的反省所重視的，是對概念的本質以及人生價值的把握。透過上述的哲學反省，我們對於休閒的概念有一個根本上的釐清，並且將休閒的活動與人生價值連接起來。相信此所呈現的休閒的意義，遠勝過單純把休閒當成不工作、或職業性工作以外的活動之看法；而且能夠將休閒落實到人與自我、自然、社會，甚至超越界的存在架構中予以定位。這是休閒教育和休閒活動當中應有的基本認識。

# 第七章

# 日常生活中的文化意涵

## 一、引言：文化與生活

文化是個人與團體發揮其創造力的歷程與結果。其內容雖然可以區分為信仰、認知、規範、表現和行為種種層面，而這些層面又隨著時間的累積而發展，但是大體說來，皆須落實於每一個人每一天的生活。就文化本身的生成發展而言，日常生活是更為深沈、更為親切的文化歷程。在當代思想當中，特別強調所謂的「日常性」和「平庸性」，這兩個概念在海德格(M. Heidegger)的《存有與時間》(*Sein und Zeit*)一書當中獲得最系統的哲學闡述①。對於「文化」，我們不能只期待驚天動地的文化運動，或只指望於空前絕後的文化創造，而必須將文化落實到每日生活創造的歷程。

個人認為，對於文化的解析，必須包含以下各個層面：就是「系統面」、「歷史面」和「生活面」，才能完整、切當和落實。所謂的「系統面」，是指文化各構成的因素及其彼此的關係，尤其是指終極信仰、認知、規範、表現和行為五者的內涵與實況，其分析可以藉以確定文化活動的範圍，並指認當前文化的問題之性質。其次所謂的「歷史面」，是指文化在時間

---

① M. Heidegger, *Sein und Zeit*, (Tubingen: Max Niemeyer Verlag, 1972) pp.43-44.

中的變遷，由時間中不同時期的發展因素所構成。例如就台灣的文化發展而言，應包含了前現代的中華文化大傳統，和具台灣地區特色的小傳統，以及現代工業的文明和後現代的挑戰，其分析可以看出文化的演進以及文化的時間因素。以上這兩個因素本人在其他著作當中都已經加以論析②。最後，所謂的「生活面」，則是指文化也落實在個人和群體的每日生活當中，三者的關係可以圖示如右：

在上述的三個面相中，系統面是「共時性」的(Synchronic)，是信仰、認知、規範、表現、行為等各因素彼此的關係所形成的整體。其次歷史面是「貫時性」的(Diachronic)，視文化為一在時間中變遷之歷程，由前現代、現代、後現代種種因

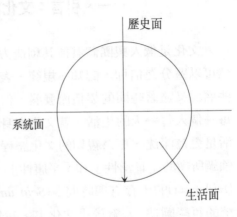

素而形成。生活面則是「情境性」的(Situational)，視文化為具現於個人和群體的日常生活情境中的秩序、品味和美感。

對於日常生活的強調，是當代思潮中的特色，除了海德格《存有與時間》的存在解析，是從「日常性」(Alltaglichkeit)和「平庸性」(Durchschnittlichkeit)立論以外，胡塞爾(E. Husserl)在《歐洲學術危機與先驗現象學》一書當中，也特別提出了「生活世界」(Lebenswelt)的概念，泛指人先於概念、先於反

② 沈清松，〈台灣經驗的文化問題及其展望〉，收入《台灣經驗新階段：持續與創新》，（台北：二十一世紀基金會，民國 80 年），頁 413-443。

省、先於科學的知覺生活與身體運動，和相互溝通，乃至於形成相互了解以及自我了解的歷史領域③。此一概念普為當代學者所發揮，例如批判理論的馬庫色(H. Marcuse)和哈伯瑪斯(J. Habermas)都特別加以重視。如何重新尋回生活世界的動力，調整理性和非理性的糾結，是當代思想家最留意的重點。

本文以下對於當前生活中的文化意涵的評析，將分幾個步驟來進行：

㈠當前生活文化的大環境，尤其是文化的歷史面和系統面所構成的生活框架。

㈡其次進而從行政院主計處所作「中華民國台灣地區文化調查需求面綜合報告」中，有關生活性和公益的文化所展示之內容，來闡發其中的文化意涵，尤其特別針對時間的因素，所謂「必要時間」、「約束時間」和「自由時間」，來解析其中的文化意義。進而針對國民的「生活滿意度」和「理想生活之期待」加以解析。最後再就生活中衣、食、住、行的文化內涵加以解析。

㈢生活中最重要的內涵不外乎工作與休閒，本文將著重於解析工作、休閒與文化創造之關係。

㈣最後，本文亦將解析當前國人生活文化的特性，在於德行和慾望的對比和糾結。特別就生活中向上與向下的雙重力量進行討論，其中不無價值判斷的意味。

---

③ E. Husserl, *Die Krisis der europaischen Wissenschaften und die transzendentale phanomenologie*, Den Haag: Martinus Nijhoft, pp. 145-151.詳見本人之解析：Vincent Shen, "Life-world and Reason in Husserl's Philosophy of Life", in A-T. Tymieniecka (ed,) *Analecta Husserliana*, Vol. xvii, pp. 105-116.

## 二、當前生活文化的大環境之構成

### (一) 文化的歷史面

大體說來，台灣當前文化生活世界的構成，就歷史的層面而言，是正處於前現代、現代、後現代雜然並陳、整合不良的狀況。首先，在前現代農業社會中所形成的中華文化，和由歷代開拓的經驗所形成的台灣區域性的草根文化仍然存在，甚至由於近年來政治上的統獨之爭，而引致兩者之間的對抗。但是無論如何，許多民眾在價值觀、認知、規範、行為各方面，並未接受現代化的洗禮，他們雖然在生活上極其方便的運用現代的工具，享受現代化的成果，但是其對世界的知覺與行為的模式依然是前現代的。

其中，前現代的中華文化大傳統雖然較受到政府的重視，然而一方面由於缺乏創造的詮釋，另一方面也由於其中的價值逐漸與現代化的步調和現代生活脫節，而顯得創造力不足，其理想性和可行性逐漸顯得模糊化。另外台灣地區草根性文化的小傳統，由於未能在公共選擇當中獲得提煉，發揮其中優良的、理性的特質，目前更由於鄉土的流失，僅能止於宣洩地域性的懷鄉情愁，以致有低俗化、非理性的表現。

此外，在工業化歷程中發展出來的現代文化，隨著台灣目前各地區的普遍工業化而加深。但是由於國人在現代化過程當中，多注意技術面、生產面、社會面，很少注意其中文化價值的成份，也因此一直未能夠創造出自己的現代文化價值，現代文化雖然不斷的在擴充，基本上仍無法替代對前現代的傳承，更無力加以轉換。

至於目前所謂「後現代」的表現，主要是對於由前現代或現代所形成的權威、體制與合法價值所進行的否定和批判，因

而有虛無主義的傾向，僅能在製造多元論述、進行解構、非中心化方面有釋放創造力的潛能，但仍然無法在其中辨識出足以積極建設生活世界的動力。雖然後現代的文化也有一定的代理人和消費者，但是仍然無法和前現代或現代部門溝通。所以從主觀的體驗來講，很難辨識出從前現代往現代、從現代往後現代的發展過程。只不過，目前在生活中反而更覺察到它們之間拼湊性的雜然並陳。因此就歷史面來看，當前民眾生活的大環境，最大的問題還是在於這種雜然並陳的拼湊構成。④

㈡ 文化的系統面

就生活世界所含文化系統的部分而言，有以下幾點值得注意的特性：

1. 就信仰而言：信仰是個人和群體對生活的意義的一種心靈投注，然而近些年來，由於俗化歷程的加深，加上社會和經濟因素的衝擊，非但人文性的信念、價值信仰逐漸失落，人們在生活中逐漸失去值得奉獻的理念，而且宗教信仰也變成達成世俗目的的手段。在商界、官場、學界，乃至升斗小民都受到感染，熱心於算命、風水、陰宅、陽宅，及其他種種數術之風。民間信仰則側重靈驗性和功利性，而各大宗教也比過去更關心世俗業務，而較少致力動用教義、禮儀、規範等宗教資源提振大眾心靈。

2. 就認知而言：國人對於物質的控制和生產認知多，對於人文社會的認知較少，對自我的覺識更少。社會上充斥的是對達致目的的工具之知，以及操作程序的技術之知，而對一些現代理念諸如民主、法治、自由、平等、自我實現、正義、真理、效率等，也缺乏正確的認識。今後在認知上實有必要重整

---

④ 此歷史面之問題參見沈清松，〈台灣經驗的文化問題及其展望〉，頁424-428。

人與自我、與自然、與社會，甚至與超越界的關係。

3. 就規範而言：目前社會在現代化的衝擊之下，傳統的倫理規範逐漸失去約束力，而法律規範或應立之法而未立，或已立之法而不守，造成沒有遊戲規則的狀態。而且法律與生活相違背，造成一般人法律無關乎己的感覺，只要犯法不要被逮到，就暗自竊笑。如何使法律生活化，使生活理性化，重建遊戲規則，是今日最重要的問題。

4. 就藝術表現而言：雖然目前人們有更多的金錢和時間來參與藝術活動，購買藝術品，但是後者無論在創作、表演和生產方面，都尚未能提昇到高水準。一方面是因為藝術活動和產品有商品化、庸俗化的傾向，投合大眾口味；另一方面則因為其中缺少足以提振心靈的美學理念，個別的產品和個別的建築，往往缺乏整體的搭配，無法點綴美意盎然的生活空間。

5. 就行為而言：在現代化的衝擊之下，國人由過去重視生命導向和關係導向的行為模式，轉向控制導向和權力導向的行為模式；由過去重視人與自然、社會和諧，而轉向太過重視效率和技術，尤其是行為中的秩序和美感的闕如，從日常的生活到政治的行為，普遍缺乏秩序，更難以奢言美感。個人行為缺乏人文素養，群體行為混亂無序，正是文化中行為方面的主要缺失[5]。

## 三、生活中的文化意涵

生活與文化有密不可分的關係，但是生活的內涵相當廣泛，吾人在本文中特別針對「時間作息分配」、「生活滿意度與理想生活之期待」、「食衣住行中的文化層面」等各方面來加以解析。至於育樂的部分放在下節有關工作與休閒的議題中

⑤ 前揭文，見頁 419-424。

來進行。

### (一) 生活中的時間作息分配

根據行政院主計處「時間運用調查報告」顯示：國民每日 24 小時生活作息的時間分配，可分為三個部分：1.「必要時間」──指個人生活中必須要有的時間，如吃飯、睡覺、盥洗、如廁等。2.「約束時間」──指個人在生活中因其身分而所需花費之時間，在此段時間內個人由於身分之約束而無法自由安排活動，如就業者從事工作、求學者上學讀書、家庭主婦料理家務等等。3.「自由時間」──指個人生活中除去必要與約束外之剩餘時間，可供個人自由支配運用，如休息、娛樂、健身、旅遊等[6]。

平心而論，在上述的三種時間當中，必要時間為個人維繫生命的基本時間，除少數項目外，文化意義較薄弱。若談及文化，只有自約束時間起，尤其是在自由的時間當中，才有較高的文化意義可言。因為工作涉及到價值的創造和自我實現，而自由時間是個人可運用於參與文化者，如娛樂、旅遊、文化活動等，因此才真正具有文化的意涵。茲分析如下：

(1)「必要時間」方面：根據行政院主計處「時間運用調查報告」顯示，在必要時間方面，國民每日生理上所需的必要時間，79 年平均為 10 小時 45 分，其中睡眠為 8 小時 37 分；用膳為 1 時 18 分；盥洗、化粧及沐浴 50 分鐘。大體上皆比 76 年有所增加，原因在於隨著國民生活之改善，國人用在照顧自身生理上的時間較多所致。[7]然而其中用膳時間與下文所要討論的食的文化有關，也與社交的生活有關，不純然是生理性

---

⑥ 見《中華民國台灣地區文化調查需求面綜合報告》（台北：行政院主計處，民國 80 年），頁 72。

⑦ 前揭書，頁 74。

的。除此之外，睡眠時間雖較前增加，但逾午夜 12 點仍未睡者計 112 萬人，佔 15 歲以上人口之 7.9％。週六增加為 172 萬人，比例增達 12.2％，這其中或由於工作、值班、守夜、開夜車，或由於度夜生活，則與國人的文化生活相關。尤其是週六夜生活人口的急遽增加，其原因並非由於工作或開夜車之需要，而是由於娛樂或夜生活之需要。這段時間顯然並非生理時間，而是有其文化意義。至於週日又復減為 128 萬人，佔 9.1％，一方面仍較平時為多，一方面則比週六為少，主要原因是第二天要上班，而減少其夜生活或夜間的娛樂、休閒。由此可見，雖然睡眠、用膳屬於生理時間，然亦與工作和休閒相關，也與國人的社交生活相關，因而亦具有其文化意義。

⑵「約束時間」方面：國民每日用在約束時間平均為 6 小時 51 分，其中就業者用來從事工作的時間是 7 小時 29 分，較 76 年的調查減少 35 分鐘；家庭主婦做家事或育兒 5 小時 34 分，也較 76 年減少 38 分鐘；求學者上學讀書 7 小時 23 分，則較 76 年增加 16 分鐘。至於交通途中，就業者每日往返通勤時間 1 小時 12 分，求學者更達到 1 小時 28 分，分別較 76 年增加 11 分鐘與 15 分鐘。這其中有幾項意義值得討論，首先是工作時間的減少，無論是家庭工作或就業者的工作皆普遍減少，如此就增加了自由的時間和休閒的時間，也因此就增加了從事文化的時間。而求學時間的增加與知識爆炸、教育制度和考試制度相關，基本上求學較屬於知識性文化活動的一環，上學時間的增加也是文化傳承的時間的增加。至於交通途中時間的增加，是因為交通壅塞所致，無論是就業者、求學者都深受其苦，這一點我們將再在食衣住行的文化內涵中進一步討論。

⑶「自由時間」方面：由於自由時間才是民眾可以用以休閒、創造文化的時間，因此格外值得注意。按照主計處的調

查，國人的自由時間由 76 年的 6 小時 11 分，增加為 79 年的 6 小時 22 分。由此可見，整體說來民眾的自由時間有相當顯著的增加，這也代表了人們從事文化的機會大為增長，就時間而言，可謂充滿了文化的蓬勃契機。茲將行政院主計處「時間運用調查報告表」列表引錄如表三。[8]

不過，由於休閒的意義並不僅止於身心休息，也不僅止於社會整合，而且不只停留在被動性的文化創造；而應該是主動

表三　15 歲以上民間人口自由時間各項活動之
時間分配（總平均）—— 全週平均

| 年　　　　別 | 民國 76 年 | 民國 79 年 |
| --- | --- | --- |
| 計 | 6.11 | 6.22 |
| 購物（含貨品及勞務） | 0.21 | 0.24 |
| 進修、研究、補習、做功課 | 0.38 | 0.30 |
| 看電視或看錄影帶 | 2.01 | 2.11 |
| 閱讀報章、雜誌、小說 | 0.22 | 0.25 |
| 拜會親友、鄰居、聊天 | 0.44 | 0.46 |
| 參觀旅遊 | 0.11 | 0.11 |
| 看電影、聽音樂及其他娛樂 | 0.14 | 0.19 |
| 運動健身 | 0.12 | 0.12 |
| 飲宴或應酬 | 0.02 | 0.04 |
| 宗教活動 | 0.02 | 0.03 |
| 自願性或義務社會服務工作 | 0.00 | 0.00 |
| 看病療養 | 0.07 | 0.07 |
| 休息、休養 | 1.05 | 0.58 |
| 其他 | 0.06 | 0.05 |

資料來源：行政院主計處〈時間運用調查報告〉

[8]　前揭書，頁 75。

的追求知識、參與活動。從上述的表格看來，在國民自由時間運用當中，以被動性的文化活動時間最長，像被動性的看電視、錄影帶的時間最長，為 2 小時 11 分鐘；看電影、聽音樂及其他娛樂 19 分鐘。雖然看電視、電影也可從其中看到不同的人在不同的情況之下，作了不同的決定，而有不同的遭遇，因此也是自我超越的契機，然而，若不能了解於此，則往往變成只是殺時間或消耗精力的一種方式。再其次則是休息、休養佔 58 分鐘。人在工作之後需要休息為理所當然；但以休息為休閒的要義則是不正確的。再次是拜會親友、鄰居 46 分鐘，飲宴、應酬 4 分鐘，這些都是屬於整合性的活動，因為平常必須工作，無法對親朋好友等初級團體進行整合，因此只有利用休閒的自由時間來從事拜會親友、鄰居等，進行初級團體的整合。再其次則是知識性的活動，如進修、研究、補習、做功課佔 30 分鐘；閱讀報章、雜誌、小說 25 分鐘。

除此以外，較具積極性的活動，如豐富個人經驗的參觀旅遊僅佔 11 分鐘；對提昇心靈頗有助益的宗教活動僅有 3 分鐘；對提昇道德價值的自願性或義務性社會服務工作，則因參與人數過少，僅佔 0.4％，致平均還不到 1 分鐘。所以，由此看來，從時間而言，國人對休閒與文化的關係仍未能掌握，因而將休閒多用於進行休息或整合，而在文化方面則屬被動性的文化活動，在主動性的文化活動方面只有知識性的文化活動較受到重視，其餘如宗教、道德、藝術的活動皆比例甚低。尤其隨著 24 小時服務業的興起，夜間活動人口漸增，根據主計處調查分析，平日逾午夜 12 時還在從事休閒活動的有 9 萬人，佔 0.7％，週六增加為 17 萬人，佔 1.2％，週日更達 33 萬人，佔 2.3％。其所從事的休閒活動雖以戶內看電視、閱讀雜誌為主，但出外看電影、聽音樂、ＭＴＶ、ＫＴＶ的娛樂人數，平日有 2

萬人左右，大致持續到凌晨 3 點鐘，假日則多達 5 萬餘人，且徹夜不斷。這一類的休閒活動都是屬於被動性的活動或是娛樂性的活動，非關知識性、藝術性或宗教性。尤其是在ＭＴＶ、ＫＴＶ中通宵達旦，縱情聲色，更表現休閒生活的劣質化。如果人們只能透過休閒時間來從事文化活動的話，則休閒的劣質化同時也代表了文化的劣質化，殊堪注意。

　　㈡ 生活滿意度與理想生活之期待

　　1. 「生活滿意度」：關於國人目前對生活狀況的滿意情形，根據行政院主計處「國民生活型態與倫理調查」中，將國民生活的型態分為：健康狀況、經濟狀況、家人關係、人際關係、飲食狀況、衣著服飾、居家安全、休閒活動等八個方面。在經過針對 14,425 人的調查當中，以滿意度的等級加權計算，「很滿意」給予全數 100 分，「滿意」為 50 分，「不滿意」為-50 分，「很不滿意」為-100 分。調查顯示，在八項生活狀況中，國人對家人關係最為滿意，滿意度為 52.53 分；其次對飲食狀況(45.89 ％)、衣著服飾(45.64 ％)、人際關係(44.35 ％)及健康狀況(40.77 ％)，滿意度均在 40 分以上；再次滿意者依序為居家安全(30.06 ％)、休閒活動(27.27 ％)；而對經濟狀況之滿意度為最低。⑨

　　不過，上述與文化生活較為相關的是涉及人際關係與倫理生活的「家人關係」和「人際關係」，以及「飲食狀況」、「衣著服飾」和「休閒活動」幾個方面。其中對家人關係最為滿意，顯然就倫理生活的現況而言，國人仍然是以家庭的倫理關係為最核心。尤其值得注意的是，滿意度有隨著教育程度的提高而提高的情形，根據調查的結果，在教育程度中其滿意度

─────────────

⑨ 同上。

分別為：不識字(47.83 %)、自修(44.81 %)、國小(50.96 %)、國中(51.66 %)、高中高職(54.77 %)、專科(53.95 %)、大學(55.97 %)、大學以上(57.85 %)，大略可以看出一種隨著教育程度的提高而對家人關係較形滿意的情形出現。而在年齡層方面，其差距大體上不大，從 15 歲到 50 歲再到 59 歲，滿意度相差不到 2 分，而且其滿意度皆在 51.65 分以上；落到 50 分以下的有 60 到 64 歲(49.19 %)，65 歲以上(45.41 %)。顯然值得注意的是：隨著年齡層的老化，其對家人關係的滿意度有降低的情形出現。尤其今日的社會正逐漸踏入高齡層的社會，而老人缺少家人照顧的情形將日趨嚴重，使得老人難以善度家庭的倫理生活，如何使各家庭意識到老人的照顧是家庭的基本責任，是一個重要的問題。

大體說來，除了家人關係以外，一般的人際關係方面，在年齡層上其滿意度都相當的平均，由最低的 41.81 分（65 歲以上）到最高的 46.02 分（41-46 歲），其間差距並不大。而在各教育程度間也沒有太大顯著的區別，大體上在高中、高職、專科及大學以上的滿意度均在 45 分以上，唯有自修者降為 37.92 分。因此台灣社會人際的互動雖然有受到教育程度些微的影響，但影響並不顯著。

在飲食狀況、衣著服飾和居家安全方面，國人對於飲食狀況的滿意度是 45.89 分，對衣著服飾的滿意度是 45.64 分，對居家安全的滿意度是 36.06 分，在三者當中對於居家安全略為不滿意，但三者在年齡層和教育程度方面大體上相當平均，影響並不顯著。唯有飲食狀況受到離婚、分居和喪偶因素影響的滿意度較低，比起未婚或有配偶同寓的滿意度相差約在 5 分左右，是較值得注意的。

在文化方面最值得注意的休閒活動，其總體的滿意度是

21.27％，僅次於經濟狀況(19.71％)，但對經濟狀況的滿意度較低是可以理解的，因為現代人在經濟方面是最難得到滿足的，即使收入增加、經濟狀況改善，但滿意度仍然是難以提高，最主要的原因一方面是來自於比較，自己的收入高，別人的收入更高；其次則因人對經濟知覺最為敏銳，景氣略有波動便感不滿，因此相對的滿意度較低。由此可見，物質是難以滿足心靈的，唯有文化可以充實人們的心靈。

但是作為提供精神和心靈滿足的休閒活動，其滿意度並沒有比經濟有較顯著的提高，僅有 21.27 分，因此從主計處的滿意度計算方法來講，其滿意度並不高。但是我們另從比例的計算來看，在 14,425 人當中，「很滿意」的佔 558 位，「滿意」的佔 9,618 位，滿意者共 10,176 位，佔 70.54％，而「不滿意」者佔 3,898 位，「很不滿意」者才 350 位，共佔 29.45％。就比例而言，滿意者的比例可謂相當高。

如果就年齡、教育程度和居住地區來看的話，在年齡方面滿意度較高的是 15 歲-19 歲(23.21％)，其次為 55 歲-59 歲(22.09％)，而在 20 歲-29 歲、35-49 歲和 60 歲以上，大約都在 21 分左右，處伯仲之間。比較值得注意的是 30 歲-34 歲落到 19.58，50 歲-54 歲則為 19.82，滿意度皆在 20 分以下，可能是因為這個年齡層或較為忙碌，或負擔重任，因而休閒活動較少，亦較難滿意。

在教育程度方面，除了不識字(19.31％)和自修者(17.71％)滿意度較低外，可以看出由於教育程度高而休閒生活的滿意度逐漸提高的情形。從國小(19.91％)一直到大學以上(25.04％)，呈現出階梯式的提高，由此可見教育程度的提高有助於人們擴充其視野，活潑其心靈，較有辦法滿足其休閒生活的需求，也因此其在休閒活動上的滿意度較為提高。

不過，若就台灣省、台北市、高雄市來比較，可以注意到在家人關係、人際關係、飲食狀況、衣著服飾和休閒活動等方面，若按地區來分析的話，高雄市都略為落後。例如在家人關係方面，其滿意度台灣省是 52.36，台北市是 53.90，高雄市是 51.75；在人際關係的滿意度方面，台灣省是 44.53，台北市是 44.07，高雄市是 42.91；在飲食狀況的滿意度方面，台灣省是 46.68，台北市是 44.30，高雄市是 39.88；在衣著服飾的滿意度方面，台灣省是 46.34，台北市是 44.80，高雄市是 39.22；在居家安全方面的滿意度，台灣省是 37.91，台北市是 29.22，高雄市是 28.40，以上台北市和高雄市的大都會區的居家安全皆還差於台灣省其他地區，其中高雄市相差台北市約 9 分。在休閒活動的滿意度方面，台灣省是 21.57，台北市是 20.37，而高雄市是 19.62，亦為最低，其中差距較大的尤其是飲食和衣著，高雄市相差台北市約有 5 分。

　　從以上的分析看來，就文化生活方面而言，國人休閒活動的滿意度不高，休閒活動是仍然有待努力的方向，其中尤應從教育來著手，其次則應就充實休閒的設施或調整工時等方面加緊改善。

　　2. 國民對理想生活的期待：以上是對現實生活的滿意度，然而再就理想的生活型態而言，主計處的「國民生活型態及倫理調查」中，也列舉了「良好的健康」、「享受親情的生活」、「充裕的收入」、「合適的工作環境」、「和諧的人際關係」、「衛生的美食」、「經常穿著流行服飾」、「擁有自由住宅」、「豐富的休閒生活」、「清靜安全的居家生活」、「追求自我實現的生活」、「宗教性的生活」、「知識與資訊豐富的生活」和「追求美感的生活」等十四項，供受訪者來填選其中最重要的三項，且一定需填寫三項。經其主觀認定，並以重要性

衡量，其重要度（係就受訪者查填之三項答案予以加權平均，最重要的項目乘以3，次要項目乘以2，再次要項目乘以1，數值愈大表示重要度愈高）經調查統計的結果，一般而言，在十四項生活型態中，國民最希望追求的生活方式以「良好的健康」居首，重要度高達58.95分；其次「充裕的收入」，重要度為36.36分；再次為「享受親情的生活」，重要度26.66分。由此可見，健康、財富和親情是國人最重視的生活要素。其餘如「清靜安全的居家生活」、「合適的工作環境」和「豐富的休閒生活」，重要度分別為17.31分，14.22分和10.53分，其中工作與休閒較具文化意義，但重要性不大，顯示國人的生活仍以「過日子」為主，以對生活意義的追求為次。以外，「知識與資訊豐富的生活」重要度退至10分以下，僅得4.73分。至於「追求美感的生活」、「穿著流行的服飾」及「宗教性的生活」則位居末座，重要度均在2分以下⑩。

　　值得注意的是就文化而言，雖然在以上健康、親情、收入、工作環境、衛生美食、流行服飾、自用住宅等都與生活有密切的關係，但大體上其文化的意義較不顯著。就文化而言較相關的是和諧的人際關係、豐富的休閒生活、自我實現、宗教的生活、知識與資訊豐富的生活及美感的生活等項目。在這些項目當中其重要度最高者為「豐富的休閒生活」，其重要度為10.53分；其次則為「和諧的人際關係」，其重要度為9.57分；再次則為「追求自我實現的生活」，重要度為7.81分；「知識與資訊豐富的的生活」，重要度為4.73分；至於「追求美感的生活」(2.02％)、「宗教性的生活」(1.03％)，重要度皆不高。由此顯示，就生活中的文化意涵而言，人們所最重視的還是休閒，自我實現的觀念大體上也被許多人所接受，而知識性的追

⑩　前揭書，頁77。

求也較受重視，至於宗教和美感則沒有受到主要的重視，主要是因為國人此世性的、實用性的生活導向所致。

　　大體說來，有幾個因素會隨著知識的增加而提高其重要性，其中尤其值得注意的是「和諧的人際關係」與「豐富的休閒生活」以及「追求自我實現的生活」、「追求美感的生活」，都可以看出某種隨著教育程度的提高而增加的趨勢。由此可見一些較為倫理性、美感性和整體的、具有文化理念的生活方式，會隨著教育程度的提高而浮現。

　　此外，若就年齡而論，「自我實現的生活」、「知識與資訊豐富的生活」和「美感的生活」，卻顯現一種年紀越輕越有重要性，而隨著年齡增高其重要性愈形減低的情形。例如就「追求自我實現」而言，其重要度在 15-19 歲之間為 21.49，20-24 歲則降為 15.28，25-29 歲則降為 9.08，以後隨著年齡的增加，到 55-59 歲則降為 1.71，65 歲以上甚至降為 1.41。由此可見，如今國人在教育中所特別強調的馬斯洛(Maslow)所謂的「自我實現」的概念，是一個年輕人的概念，尤其是在 15-24 歲間年輕人的概念，此後隨著年齡的增加而有顯著降低的情形。至於「知識與資訊豐富的生活」的重要性也有隨年齡的降低而減低的趨勢，在 15-19 歲之間其重要性為 15.88，20-24 歲之間其重要性為 8.79，25-29 歲為 4.67，30 歲以上就降到 2 分甚至以下，到 65 歲以上其重要性僅得 0.58。可見，所謂「十五而志於學」，15-24 歲之間正好也是主動學習的年齡，所以對此年齡層知識具有相當大的重要性。此後隨著工作的忙碌，求知慾降低，知識就相形變得較不重要，甚至隨著年齡的增高，知識的減少，心靈也有封閉化的傾向。此外，在「追求美感的生活」方面，也可以看出這種情形，一般而言其重要度平均相當低，只有 2.02 分，但是在 15-19 歲其重要度為 5.30，

20-24 歲其重要度是 4.28，到了 25-29 歲為 2.25，此後就降到 1 分左右，到了 65 歲以上，美感生活僅得 0.38 的重要性。可見就美感生活而言，年齡愈輕、教育程度愈高皆愈重視美感，而隨著年齡的增加與教育的減低就有逐漸忽視的趨勢。

此外值得注意的是「宗教性的生活」，有隨著年齡的增加而趨重要的趨勢。一般而言，宗教生活平均的重要性很低，僅有 1.03 分，在 15-19 歲其重要度僅得 0.36，20-24 歲僅 0.42，其後直到 44 歲亦均在平均值以下，然而此後就逐漸提昇，一直到 65 歲以上其重要度為 2.48。可見隨著年齡的增長，求知的心雖然減低，因而知識顯得不重要，相形的卻對超越的宗教層面開放，因而有更多宗教生活的需要。

另外，就婚姻狀況而言，也有幾個值得注意的現象，就是對未婚者而言，自我實現、知識和美感都顯著的比其他人更為重要，甚至比其他人的重要性相差五倍以上（按未婚、有配偶或同居、離婚、分居和喪偶而言，追求自我實現的生活分別是 16.94、3.79、4.21、1.44。就知識和資訊的重要度而言分別是 4.84、2.06、1.48、0.56。而就美感的重要度而言，則分別是 4.23、1.05、1.22、0.38）。由此可見，未婚的年輕人在自我實現、追求知識和追求美感方面，就文化而言是較有動力的一群。然而就宗教生活而言，喪偶者的宗教生活就顯著的比其他人更為重要，此外亦更追求清靜安全的居家生活。

由以上可知，就真正屬於文化性的一些理想生活而言，影響的因素主要是教育和年齡，而婚姻生活的美滿與否也有一定的作用。

### ㈢ 食、衣、住、行中的生活文化

食、衣、住、行、育、樂是人們最重要的生活表現，其中育樂部分將列入下節有關工作與休閒的研討，而究竟食、衣、

住、行方面透露了什麼文化方面的訊息？十分值得注意。

　　1. 食：按照行政院主計處的調查，國人外食的情形漸增，每人每週平均在外用晚餐 0.9 次。根據該單位所做「國民生活型態與倫理調查報告」結果顯示，隨著社會型態的改變，國人或因工作需要，或因無暇炊食，或因應酬的需要，近年來外食人口呈現大幅的增加。該調查所討論的外食情形，係就傳統上與家人團聚的晚餐來觀察，台灣地區 15 歲以上民間人口，平均每週有 1,327 萬人次，亦即每天約有 200 萬外食晚餐人口。若就國人用餐的型態觀察，仍以在家或親友家吃晚餐的情形最普遍，每週平均達 5.82 次；至於家中未曾開伙，買現成食品或便當回家用餐者，每週平均 0.25 次；餘則均在外用餐，每週平均 0.92 次。如果就人口變數而論，其中較值得注意的是，教育程度愈高，在家或在親友家用餐的情形愈低（不識字 6.73，自修 6.64，國小程度 6.28，國中程度 5.78，高中程度 5.57，高職程度 5.54，專科程度 5.03，大學及以上是 4.75）。由此可推論，教育程度愈高其外食的情況愈多。就年齡而言，年齡較輕者（大約為了求學的原因）在外用餐的情形則愈多，15-19 歲每週在家或在親友家用餐 5.65 次，此外都顯出梯狀增長的情形，例如 20-24 歲是 5.04 次……直到 45-49 歲是 6.14 次，50-54 歲是 6.28 次，55-59 歲是 6.41 次，60-64 歲是 6.44 次，65 歲以上是 6.66 次，因此隨著年齡的增加在家用餐的次數也增加。不過，整體說來年齡的影響並不如教育程度來得顯著。

　　由於工作需要、應酬的必要和外食的方便性，使得國人外食的人口大量增加，此種情形對於倫理的關係有相當的衝擊。由於工作上的需要，常常利用聚餐的時候開會，形成開會用餐的文化，應酬、交際、商談生意更是司空見慣。這對於家庭生活方面有相當的影響。就積極而言，家庭每逢假日或週末在外

用餐可增加家庭的情趣，這是指全家人出外用餐的情形。但就消極的一面言，往往是家庭中的某個成員，例如父親或母親，先生或太太因為工作、應酬上的需要在外用餐，而影響家庭生活。也因此近年來有所謂「爸爸回家吃晚飯」的運動，基本上是為了在當代社交、工作的影響下，為了對家庭倫理的保護，因應而起的一種生活口號。事實上，有不少新婚或年輕的夫婦，不知道如何烹飪，也是增加外食比例的重要原因之一。就中國人來講，一起用餐就是一起分享，對於倫理和文化而言實為重要，因此今後應加強推廣烹飪的學習，一方面推動全家人一起用餐，另外一方面也推動分享生活意義的共食，而避免太多工作性的、應酬性的共食。此外，在餐廳裡面也可特別設計一種家庭性的菜式或是家庭性的餐廳服務，也可以將外食的必要與家庭倫理的維繫結合起來。

目前國人在外用餐的場所，以自助餐（含西式自助餐、自助火鍋）的用餐型態最多，每週平均 0.46 次；其次是路邊的飲食攤（含百貨公司內的飲食攤），每週為 0.21 次；再次為中餐廳（指以點菜方式經營的中餐廳），每週為 0.12 次，最少的則是西餐廳，每週為 0.05 次。以上顯示，國人外食用餐較注重方便性，包含快速與個人主義的目的，因此以自助餐為最多；其次則有某些草根性的情調，像路邊的飲食攤，是兼顧了方便便宜和草根的情調；至於正式的中、西餐用餐比例皆較低。茲錄列⑪如表四。

但是在大都會裡面，中餐廳高朋滿座，甚至訂不到位子的情形也常見。大體上，就飲食而言，台灣地區目前是一個中西兼備、南北雜陳的情形，顯示我們的飲食文化基本上是一個雜食的文化，但是精緻的中國食的文化也正受到像自助餐、速食

⑪ 前揭書，頁 76。

| 項　目　別 | | 總　計 | 男 | 女 |
|---|---|---|---|---|
| 人數（千人） | | 14,425 | 7,220 | 7,205 |
| 有吃晚餐 | 計 | 6.99 | 6.99 | 6.99 |
| | 自助餐廳 | 0.46 | 0.57 | 0.33 |
| | 速食店 | 0.08 | 0.08 | 0.08 |
| | 中餐廳 | 0.12 | 0.17 | 0.08 |
| | 西餐廳 | 0.05 | 0.06 | 0.04 |
| | 路邊飲食攤 | 0.21 | 0.28 | 0.14 |
| | 在家或親友家 | 5.82 | 5.55 | 6.08 |
| | 買現成食品（或便當）回家 | 0.25 | 0.26 | 0.24 |
| 沒有吃晚餐 | | 0.01 | 0.01 | 0.01 |

資料來源：行政院主計處〈國民生活型態與倫理調查報告〉

店和西餐牛排館的影響，不易保持其純粹性，而更顯示其折衷性和綜合性格。

　　在與飲食相關的嗜好方面，根據主計處「國民生活型態與倫理調查報告」顯示，我國 15 歲以上人口曾經抽煙者達 4,678,000 人，抽煙比例高達 32.43 ％，也就是每三個人當中便有一個人為癮君子。再根據公賣局「79 年台灣地區煙酒消費調查」來看，國人抽煙之比例由 75 年的 28.21 ％，增加為 79 年的 32.50 ％，抽煙的比例有愈來愈多的趨勢。喝酒方面，據主計處調查報告，一個月間曾經喝酒的 15 歲以上人口，有 3,839,000 人，比例為 26.62 ％，較抽煙比例略低。而在吃檳榔方面，一個月間曾經吃檳榔者計 1,655,000 人，比例為 11.48 ％，雖較抽煙與喝酒的比例為低，但平均每 10 人中便有 1 人為檳榔族。其中男性由於工作或生活壓力的關係，在抽煙、喝酒、

吃檳榔方面的比例均高出女性約數十倍（男性分別高達 62.15 ％、50.40 ％、21.95 ％；女性約 2.65 ％、2.78 ％、0.98 ％）。

本來抽煙、喝酒也是世界性的一種生活文化，也因此洋煙、洋酒穿透台灣市場，情況十分普遍。但是，在喝酒方面，除了一般社會和心理的壓力產生的喝酒情形，或日常生活淺酌，社交喜宴場所正常的相互敬酒以外，當前台灣地區拼酒、灌酒等強迫人喝酒的習慣特別顯著，尤其在招待外國賓客時，甚至明白表示「遲到者罰三杯」是此地的習俗，或謂「乾杯始有敬意」，並以為這才是中國文化，實則是對中國文化的扭曲。至於吃檳榔，則是因為台灣本地產檳榔而產生的地方性、草根性的習俗。吃檳榔不但有礙口腔的健康，且檳榔汁四處噴吐，有礙觀瞻，計程車司機從計程車窗口啐出一口檳榔汁，檳榔染得滿地紅，不但影響市容，而且將國民缺乏禮儀的情形完全暴露殆盡。這些都是生活文化中顯示禮儀、秩序與美感的細節，尤宜透過教育和宣導來加以改善。

2. 衣：衣著也是重要的文化指標，國人在衣著上也有因為求方便而產生的綜合性情況，並不像日本國民以和服作為禮服。目前國人在正式的場合中，大體上是以西裝顯示禮儀，在服飾方面幾乎已經西化，沒有獨特風格。除了原住民在重要慶典仍穿著其傳統服飾，有其特色以外，一般都市和鄉村的國人，並沒有具特色的服飾文化。如何兼顧方便、美觀和中國文化的特質，設計具國人特色的服飾是值得注意的。

按照行政院主計處「國民生活型態與倫理調查報告」顯示，國人在選購衣著服飾時，主要考慮的因素係以實用性為主，佔 62.45 ％；其次則完全以價格因素為導向，佔 15.86 ％；再次則重視質料的優劣，佔 12.47 ％；以流行時式為主要條件者，佔 7.40 ％；以名牌考慮為因素者最少，僅佔 1.81 ％⑫。可

見在實用、價格的考慮之下，國人的衣著非常難以從文化特色下來著眼，這種情形更顯示出國人在服飾上的綜合性和雜穿的性格。為了改善這種情形，恐怕在設計中國文化特性的服飾時，也必須一併加以考慮。

從年齡別來看，調查數字顯示：年紀愈輕者明顯地愈以名牌、流行和質料為主，15-19 歲以式樣流行為主要考慮者，佔20.45 ％；25-29 歲重視衣著質料的比例高佔 18.82 ％，可謂各年齡層之冠。除此以外，年齡愈大則愈重視實用性，65 歲以上人口以實用性為主要考慮條件的比例佔 80.12 ％。另外按教育程度來觀察，教育程度愈高的較不重視衣著的實用性和價格的高低，比較重視衣著的質料和名牌。而重視實用和價格的因素以不識字的 75.65 ％與 20.11 ％為最高；而重視質料和名牌因素的，均以大學以上程度者之 21.21 ％與 4.69 ％為最高。至於重視流行款式者以高中、高職程度為最高，分佔 11.82 ％與13.00 ％。

台灣目前衣著的情形也受市場的影響，在台灣的百貨公司當中可謂名牌林立，各世界名牌在台灣大多皆有代理的公司，除此以外路邊攤各種較低消費額的款式也都具備。台灣有關衣著的文化，尤其受到這種台灣獨特的市場經濟的影響，即百貨公司名牌服飾店與攤販經濟並陳的情形。而最重要的問題是在於缺乏具有國人文化風格的服飾的設計和產品，一方面未能凸顯文化的特色和設計的高雅趣味，顯示國人的服飾文化在文化創造力上的不足；但另外一方面也是因為這類的設計沒辦法覓得國際的行銷網路，亦顯示出其受市場經濟影響的一面。今後如何在衣著上滿足各種階層、年齡和教育程度的需要，同時又能夠展現國

⑫ 前揭書，頁 79。

人文化特色的風格，是我國衣著文化必須注意的重點。

　　3. 住：基本上從傳統的居住型態轉變為現代的居住型態，對生活起居的文化有深遠的影響。比較起來，傳統的四合院有幾個值得重視的特質：(1)高度的倫理性：住宅房間都是依據「長幼有序」的原則作適當的配置。(2)根源性：大廳擺設祖宗牌位，家庭中重要的事件、賞罰皆在此地發生，顯示家庭行為的根源性。(3)天人合一：四合院的中庭往往蒔花、種草、養魚，直承蔚藍的天空，而祭祀祖先之後祭酒還灑中庭，更感受到天人的合一。

　　然而目前國人的居住都以現代的公寓為主，按照行政院主計處民國78年「住宅狀況調查報告表」，就住宅的類型而言，以連棟式居多佔 44.47 ％，其次為五樓以下公寓佔 24.21 ％，再次為中式獨院式佔 16.36 ％，餘西式獨院式、六樓以上公寓、雙拼式以及其他型態，所佔比例均在 6 ％以下。再就歷年調查資料觀察，高樓公寓式的住宅型態呈現極明顯的增加，五樓以下公寓住宅型態增加較多，唯其增幅趨勢較緩，所佔比例由 70 年之 17.15 ％增為 24.21 ％，大樓以上的公寓住宅型態則呈倍數成長，由 70 年之 1.22 升為 4.81 ％，升高幾達四倍之多，顯示為適應人口增加，住宅有朝向高處發展之趨勢。反觀中式獨院則因不合時宜而呈遞減趨勢，由 70 年之 26.20 ％降為 16.36 ％[13]。由此可見傳統的中式住宅逐漸減少，而五層或大樓公寓則愈形增加，國人越來越生活在現代公寓式的房子當中，而其間原有的合院建築的倫理性、根源性和天人關係，幾乎都逐漸喪失了，也更顯得現代人的孤立和無根。

　　尤其現代人與人之間的來往甚少，根據主計處「國民生活

---

⑬ 沈清松，〈個人與群體生活的秩序與美感〉，收入《民國78年度中華民國文化發展之評估與展望》（台北：行政院文建會，民國79年），頁 54-55。

型態與倫理調查報告」顯示：國人平日經常往來之對象以朋友最多，佔 67.27％，其次為親戚，再次為鄰居。尤其在都市化程度愈高的地區，民眾經常與鄰居往來的比例愈低，其中以台灣省居民為最高，佔 48.49％，高雄市次之，比例減為 38.42％，台北市殿後，比例銳減為 27.36％。可見在現代公寓住宅型態中，不但失去其根源性、倫理性與天人關係，同時鄰居的關係也愈趨冷淡。改善之道一方面必須重新了解何謂倫理，另外一方面也必須配合現代的需要來作調整。

就倫理的意義而言，倫理不再是理解為傳統所謂的「長幼有序」，而應理解為「良好關係的滿全」，只要父母、兄弟姊妹、鄰居之間有良好關係，就是合乎倫理性的。其次，就根源性而言，在現代公寓當中如何重新設計和規劃祖先牌位或宗教神龕的位置，這是當代設計的技巧所能做到的，對於提昇人們居住當中的心靈層次和根源性有相當大的助益。最後在現代公寓當中，如何透過種植花草或公共空間的設計，使其恢復與自然的關係，增加種花蒔草的樂趣，應該是重要的改善途徑。換言之，如何在現代建築中恢復倫理性、根源性和天人關係，是當前居住文化上的重大課題。

4. 行：目前在台灣生活上最大的問題是交通的阻塞，造成上班遲到、工作不便，對群體生活有甚大的影響，甚至是眾人抱怨的來源。尤其現代生活當中的交通因素，最能顯示當前的群體生活缺乏秩序與美感。筆者曾在〈個人生活的秩序與美感〉[14]一文當中指出，如果秩序和美感就是現代「禮」的意義的話，那麼在當前國人的生活當中，最為嚴重的要屬交通禮儀的低落，以致顯示國民生活全然無秩序與美感可言。例如乘坐

⑭ 此層意義為法國社會思想家杜連所發揮，參見 A. Touraine, *La Société post-industrielle*, Paris: Danoel, 1969, pp. 261-268.

公車不排隊，或者原先排了隊但公車一來便爭先恐後地擠上車；在公車上搶佔位子，毫無禮讓，互相推擠，甚至隨意破壞與弄髒；開車的只管把車佔住路面，不管別人行車，車子鑽左鑽右，全然不顧別人。超車、搶前或開快車來抵制後面超車，搶黃燈甚至闖紅燈更是時有所見。一旦發生事故便相互破口大罵，甚至相互毆打，或把車停在路中央就相互理論，完全不把別人的車放在眼裡。交通生活裡面缺乏守法的精神，更難進一步談及秩序與美感。換言之，從行的角度來講，不但暴露出當前集體生活中的效率之缺乏，而且也顯示出秩序與美感的缺乏，尤其是暴露出國民行為層面的文化低落的情形，國人當前文化最拙劣的部分，就顯示在行的文化上。

## 四、工作與休閒

生活當中最重要的內容，除了前述的食衣住行之外，最重要的不外乎工作和休閒。然而國人對於工作和休閒的意義往往沒有正確的了解，也因此衍生出當前工作和休閒上的現況與問題。因此，以下首先要對工作和休閒的意義加以釐清，進一步再檢討當前國人工作與休閒的現況。

國人第一種不正確的工作與休閒關係的看法，就是認為工作是努力作事不休息，而休閒則是不工作，只休息，把工作與休閒兩相對立，甚至有所謂「休息是為走更遠的路」，就此而言其心目中仍只有工作。然而工作與休息並不必要是對立的，就如同靜止並非就是不運動，而是一物的能動性最為凝聚的展開方式，例如一朵花開，展現姣好的花容，並非在進行任何運動，卻是以一種凝聚的方式展現了花的生命力。而且工作也不必要僅從身心勞動的角度來看，因為工作不只是勞動，而是透過工作的歷程，展開自身的知識與能力，擴大人際關係，發展

潛能，達成自我實現。換言之，工作的意義是在自我實現，而不是在賺錢或勞動，也因此從勞動所帶來的疲憊，以及因此而需要休息，並非工作之必然，相反的，我們往往會在自我實現的興奮當中忘卻身心的疲憊。由此可見，工作絕不能視為只是一種持續的勞動狀態，而應視為是自我實現的方式；休閒當然也不能視為是勞動後的休息而已，而應視為是與自我實現密切相關的。

　　國人第二種不正確的工作與休閒關係的看法，是認為只有正式的工作才是工作，而除了正式工作以外的活動，無論是工作或非工作，都可以視為是休閒。這種看法雖然不假定工作與休閒的對立，但仍然是不正確的。所謂正式工作以外其他活動，大致可區分為兩類，一種是像做家事這種非職業性的工作，另一類則是像看朋友、應酬這類社會性工作。首先就非職業性的工作而言，像在家中灑掃庭園、修理門窗、修剪花木等，都是日常的工作，但無法在像上班這類正式的工作時間來從事，只好利用其他的時間來進行。其次像看朋友、應酬這類社會性的活動，除了有時具有推展工作的意義以外，其主要的作用在於連繫並促進感情。一般而言，工作的時候人是按照社會規範和科技規範進行工作，實際上是被納入更大層面的社會整合，如果在休閒中也進行社會性的活動，雖然有助於人與人之間關係的維持和改善，但這類休閒和工作一樣，都是在進行社會整合，只是大小層面不同罷了。在社會整合的約束之下，這類休閒活動和前述做家事一類的休閒活動一樣，都無法使心靈得以舒展，難以創造出理想性、精神性的價值。

　　為了重新釐清工作與休閒的意義，首先我們必須指出：工作並非為了賺錢，而是自我實現；工作既是自我實現，則休閒應屬自我超越。在工作時，我們透過在工作崗位上展現自己的

知識和能力、擴大人際關係，發揮潛能，來達成自我實現；而在休閒的時候，透過閱讀報章雜誌，看電視、電影，去了解其他人在其他場合中做了不同決斷，而有的不同遭遇，也藉此達到自我超越；或透過觀光旅遊，看到其他的文化，其他的人的生活型態來達成自我超越；透過知識的追求、藝術的創作達成自我超越；透過宗教的活動達成自我超越。

　　其次，吾人在工作的時候是在從事社會整合，則休閒的時候應是在從事文化的創作⑮。工作本身是透過工作規範、科技規範與團體規範來進行社會整合。然而人在社會參與之餘，須能創作文化，而休閒正是文化創作的機會。因為一般而言，除了少數專門以文化創作為工作的人，例如文學家、畫家、舞蹈家、音樂家等等以外，其他大多數的人都只有在休閒之時才能夠進行文化創作。吾人在工作之時是用科技的工具和管理的方式來進行工作，按照現代化的理性規範，納入社會整合之中。然而，只有休閒的時候，我們才能夠接近文學、美術、舞蹈、音樂，甚至較為通俗的插花、盆栽等類文化活動。社會參與與文化創作彼此應該是相輔相成的。

　　最後，工作本身是價值的維繫與消耗，而休閒則應是價值的發現與創造。吾人在工作之中，無論是在任何的學校、單位與公司工作，都有一些明確的理想目標應予實現。然而日積月累，日日忙碌，這些理想目標逐漸消耗，使得吾人用以維持生命理想的價值也逐漸消磨殆盡，甚至有時覺得工作不再有任何意義了。可見工作本身是原有價值的維繫、整合和再生，但心靈若缺乏足以致令靈活的機緣，使其發現自己與自然、與人、與物、與自我，甚至與超越界之間的嶄新關係，則很難創造出

---

⑮ 《中華民國台灣地區文化調查需求面綜合報告》，頁45-64，尤見其提要分析。

值得為之奉獻，為之而活的新價值。而休閒正是這樣一個發現價值、創造價值的機緣。

　　總之，吾人對工作與休閒的關係的重新釐訂是在於：1.工作是自我實現，而休閒則是自我超越。2.工作是社會整合，休閒則是文化創作。3.工作是價值的維繫與消耗，而休閒則是價值的發現與創造。

　　根據行政院主計處的調查，國人當前的休閒生活具有以下的三個特性：

　　1. 觀賞電視為主要休閒活動：國民每日平均有 85.3 ％曾觀賞電視，平均每天觀賞電視時間長達2小時11分鐘，占自由休閒時間 1/3。電視節目中，以「新聞節目」之收看率最高，達 94.9 ％；次為「綜合節目」佔 90.0 ％；「連續劇」居第三亦占 84.9 ％。就電視節目內容之綜合評價而言，滿意度達 80 ％，惟年紀愈輕或教育程度愈高者，滿意度愈低。

　　2. 觀光旅遊活動逐漸興起：平均每一國民全年從事國外旅遊 0.14 次，以 25-39 歲之青年層人數居多，惟參與比率卻以 55-64 歲之壯、老年層最為顯著。全年從事國內旅遊 2.4 次，平均每戶國內旅遊費用占家庭「娛樂教育和文化服務支出」之 22.5 ％。從事國內旅遊之動機，係以「喜愛該處風光」及「紓解工作辛勞」為主；且以週末日短期旅遊最受喜愛；惟對旅遊地點之設備及服務措施，仍有 3-7 ％民眾反映安全設施及停車空間不足，管理與維護不善，以及亟待加強土產店與攤販之管理等。

　　3. 休閒活動已趨多樣化：國民對外出觀賞各項休閒展演活動之興趣，以「看電影」最受喜愛，表示有興趣者達四成許；對於「園藝」、「棋藝或橋牌」等休閒活動，曾從事比率亦約四成。至於觀賞ＭＴＶ、唱卡拉ＯＫ、ＫＴＶ及跳舞等活

動，以青少年較為熱衷，參與比率高達四成五。⑯

　　我們必須指出，國人當前休閒生活的現況，對於休閒的意義有相當錯誤的了解，隱藏著不少危機。大部分的調查都顯示，休息、做家事、哄小孩、看朋友、應酬……等佔了我國民休閒生活的重要比例。顯然的，國民對休閒的看法大部分停留在以休閒為不工作，或以休閒為正式工作以外的活動兩種錯誤的休閒觀上。而這兩種休閒觀可以說是傳統社會工作型態下的產物，一則因為在傳統農業社會中工作太過勞累，因此工作以外的時間只好用來休息，藉以恢復體力；二則因為傳統農業社會中的工作方式無法兼顧家務以及社會的人際關係，所以必須利用正式工作以外的休閒時間來進行彌補。然而二者的共同結果，則是無法建立一個創造人生價值的休閒觀。

　　不只在傳統社會有無法透過休閒創造價值的危機，現代社會中此種危機更為明顯。而現代社會中的休閒危機主要在於休閒的被動化和機械化。首先就休閒的「被動化」而言：在現代社會中充斥著許多被動的休閒活動，如閱讀報章雜誌、看電視、看電影、看錄影帶等等，這些閱讀與觀賞當然也可以獲得部分的資訊，但就價值的創造而言，基本上是在被動觀賞中接受他人創造的成果，甚至被動地接受一套價值觀念和行為模式。這種被動接受的方式，有時往往是為了更能符合社會整合的需要，例如許多中、小學生，甚至大人，有時必須觀看某一類或某一個電視節目，才能在遇見同學、同事之時，有共同的話題。然而個人從電視、錄影帶所獲得的，並非主動的文化創造，卻往往是失去反省和自覺的被動接受，若僅止被動接受，欣賞他人創造的作品倒也罷了，如果是浪費時間，浪費精力，

⑯　參見 J. Baudrillard, *La Société de Consommation*, Paris:Gallimard, 1970, pp. 238-152.

甚至消耗生命，則就不值得了。

其次，就休閒的「機械化」而言：在今天有許多人在休閒的時候投身於科技製造的機器之中，例如照相機、音響、電動玩具、電視等等。此外許多巨型的觀光旅遊，也往往是機械化的安排，例如在某個風景定點安排 20 分鐘的停留，讓遊客匆匆忙忙照相留念，留下「某某人到此一遊」的回憶。這類機械化、商業化的旅遊活動，也無法令人的心靈的自主性浮現，在這種環境底下，文化的創造力會變得愈來愈薄弱和萎縮。因為在這種機械化的過程當中，休閒變成商品，人們不再創造文化而只在消費文化，在消費之中，心靈變成慾望的對象。雖然消費的對象會不斷更換，例如買衣服、買鞋子、買電視、買電腦、買股票、買房子……等等，對象一再更換，但只是同一個慾望在躍動而已，自我無法真正超越，更無法達到自我實現。⑰

另外，根據上面的分析，工作的意義是在於自我實現、社會整合與價值之維持。然就目前的調查，顯然在工作的意義作為自我實現方面的知覺仍不完全普遍，僅限於較高教育程度者。至於社會的整合，尤其與工作伙伴的整合，則大體皆獲相當程度的肯定。根據行政院主計處「工作期望調查報告」顯示：台灣地區目前為受雇身份之就業者，計 5,633,000 人，其對工作滿的情形，以「工作地點」的滿意度最高，計達 88.92％；其原因可能是因為就業者在選擇工作時就已經選擇較為滿意的工作地點所致；其次是「工作伙伴」，佔 86.48 ％，顯示我國受雇者在工作上的人際關係尚佳，也因此就其工作上的橫面的社會整合而言，情況良好。再次為「工作時數」，佔 83.81％，也顯示台灣地區的工作時數大致是合理。再依序為「直屬

⑰ 《中華民國台灣地區文化調查需求面綜合報告》，頁 101-102。

上司」、「工作環境」、「工作保障、福利及休假制度」和「工作收入」，由此也可見就縱面的社會整合較橫面整合差距較大。而且根據該項調查也顯示：年齡愈長、教育程度愈高，對工作的滿意度也愈高，由此可見，因著工作經驗的增加和教育的增加，對其工作越為滿意。

不過，在工作的選擇的理想條件方面，就業者在選擇工作的時候，最重視的工作條件還是工作收入，也就是從貨幣來規定工作的價值，因此無論在作理想上或實際上的抉擇時，工作收入都是選擇的主要條件。在工作地點方面，則視交通的便利和地點的遠近作選擇。大體說來，男性工作者比較重視工作收入，發展所長；女性工作者則較重視工作地點和工作時數。而教育程度愈高者，愈重視工作之能夠發揮所長與工作的升遷制度、福利、休假制度、退休制度和工作保障，至於工作收入、工作地點和工作時數在其心目中的比重則較輕⑱。可見教育程度愈高、愈認知工作為自我實現之歷程，而愈不會將工作商品化，用貨幣來衡量工作的價值。由此可見，要覺察工作作為自我實現的意義，應從一般的教育和工作的教育來著手。

因此，就工作而言，如何不將工作商品化，而能夠覺察到工作本身是自我實現，是透過在工作崗位上發揮所長，建立人際關係，擴大小我完成中我的一個歷程，是當前國人在工作方面最重要的問題。而就當前調查的結果顯示，大體上一般國民在工作最重視的條件仍然是工作的收入，顯示其中透過工作以發揮所長，自我實現的意識不是十分明顯。但就工作作為社會整合而言，則橫的整合遠勝過縱的整合。換言之，與伙伴的關係勝過長上與屬下的關係，因此有必要改善升遷制度，以考核

---

⑱ 丘秀芷編，《和風煦日》（台北：九歌出版社，民國 81 年），頁 12-41、112-135。

的辦法促進長上與屬下的縱線的整合。最後有關工作之作為價值的維繫與消耗而言，就個人來講，如果不能自覺工作作為價值的維持的意義，尤其在當前社會環境的衝擊之下，價值觀日趨混亂，更會對工作的價值意義有所影響。然而工作之作為價值的維持，不只是個人之事，同時也是公司、企業體或工作團體、機構團體的事。換言之，各公司、企業體等如何研究屬於全體可共同分享的價值體系，實屬必要。因此如何透過公司或團體內部的溝通、討論，建立一套屬於群體共同遵奉的價值，並透過工作的過程以實現和維持，益顯其重要性。

　　總之，就當前國人工作的現況而言，有幾個值得注意的方向：1.如何透過教育的歷程，明白工作是自我實現，而不使工作成為商品化。2.如何改善升遷與考核制度，以及日常工作關係，促進縱的整合，使其能夠接近橫的整合的佳境。3.如何透過個人和團體價值觀的重整，使工作能夠成為價值的實現與維繫的歷程。

## 五、當前生活文化的基本特性：德行與慾望之對決

　　台灣地區民間的生活文化，由於經濟的發展與工業化的加深，一方面顯示出其正受到商品化、庸俗化的侵蝕，及休閒文化低劣化的傾向；但另一方面也顯示出不少積極的正面力量，此一力量來自兩方面：一方面是傳統文化的力量，另一方面則是工業文化中的正面力量。基本上台灣文化目前是處於向上和向下，雙重力量糾結的情境，我用一個語詞來加以概括，就是當前台灣民眾生活文化的基本處境，是處於德行和慾望的糾結之中。

　　首先就向上的、積極的、正面的力量而言：近十年來台灣的確充滿著許多傳統的正面力量，表現在個人和團體上面。例

如證嚴法師從民國55年成立慈濟功德會,到民國 68 年起發起籌建慈濟醫院,民國75年正式啟用,甚至成立護專。此外,她更赴大陸賑災,建立房舍以及學校,其影響不僅限於台灣,而且及於大陸,甚至被譽稱為「台灣經驗中最動人的一章」。除此之外,一些基金會也都推動了許多有關社會倫理和道德方面的工作,如從民國60年成立的中華民國觀護協會,在全省各地區設立分會,默默地維持社會秩序,輔導青少年,為防止青少年犯罪盡很多心力。除此以外,許多發揚傳統文化中仁愛的美德的個人和基金會,每日在台灣社會裡面默默的進行,加強社會連帶關係,發揚傳統價值和倫理規範、行為模式的力量。他們的力量雖然是默默的,是隱含性質的,但這種隱含性往往才是作為社會的中堅,雖然不是文化中突出的表面現象,但是仍然值得重視。[19]

其次就是企業與文化的結合:企業的力量本身是現代化、工業化的產物,其本身也具有下文所要討論的庸俗化、商品化的危機。然而在台灣的企業文化當中,也產生了一種積極的趨勢,這種趨勢就是一方面企業贊助文化,另一方面企業本身也出來推動一些倫理重建的工作。就企業的文化贊助而言,例如「張榮發基金會音樂助學金」的成立,獎勵優秀音樂人才出國深造;新光企業成立「文教基金會」,支持藝文活動,並設立美術館;另有「奇美文化基金會」,贊助藝文活動,並且收購世界名琴,提供無力購置好琴的演奏者申請使用。除此以外,有一些基金會、公司獎助藝術家的創作;還有,如「益華文教基金會」贊助魔奇兒童劇團,中國信託贊助台北市立交響樂團[20]。這

---

[19] 上述企業贊助文化資料,參見蕭新煌,〈台灣民間文化的發展〉,收入《民國78年度中華民國文化發展之評估與展望》,(台北:行政院文建會,民國79 年),頁 85-86。

是一些有遠見的企業經營者和文化發展的相互配合，可以說是工業化、企業化社會裡面的一個新的文化動力。

除此以外，許多現代的基金會也推動許多倫理的活動，例如金車企業所組成的「金車教育基金會」，不但舉辦一些促進倫理關係和關愛世界的活動，例如「愛的綿羊回家」活動、「親子活動」、「預約人間淨土」活動，以及推動「飢餓三十援非行動」，這些倫理性的活動其目標或在台灣，或在整個世界。除此以外，像宏碁電腦的「秀蓮基金會」與「現代企業經營學術基金會」、「群我倫理促進會」、合辦「建立現代倫理研討會」，推動群我倫理。這些也都是企業界善盡社會責任，塑造企業文化的良好趨勢，是近十餘年來台灣社會蓬勃發展出來的一個新的現象。

除了以上的分析以外，按照行政院主計處 80 年 3 月「國民生活型態與倫理調查報告」顯示：在過去一年內，國人參與社會公益活動的情形，「曾經參與者」300 萬人，佔 15 歲以上民間人口的 20.8 ％，且就參與頻率而言，絕大多數是屬於「偶爾參加」。再就參與的性質而言，以「財物捐贈」為主，佔 15 歲以上民間人口的 6.38 ％；其次為「學校義務工作」，佔 4.69 ％；再次為「社區服務工作」、「宗教服務工作」及「捐血活動」，分別佔 4.47 ％、4.17 ％及 4.16 ％。其餘依序為訪問養老院、育幼院、慰問貧病或照顧孤老殘障者、康樂服務工作及義警、義消、民防隊。至於醫療服務及諮詢性、輔導性等專業的服務工作，則所佔比例甚微，曾經從事者的比例尚不及百分之一。

另外根據行政院主計處 79 年 3 月「時間運用調查報告」顯示：若僅就曾經從事義務性社會服務工作的平均花費時數來看，平均每人每日花費 2 小時 43 分鐘，其中以花費 1～2 小時

為最多，計佔 35.71 %；貢獻心力在 4 小時服務以上者，也達 25 %，顯示實際參與社會服務工作者，人數雖然不多，但其犧牲休閒，為了服務社會所費的心力頗為可觀。

再就行政院主計處「國民生活休閒調查報告」觀之，全年有持續性從事社會服務工作者，計 261,000 人，佔參與工作者之 23.10 %，惟與 77 年調查結果的 13.10 % 相較，已有顯著的進步，實為一可喜的現象。由此可見，國人參與社會服務工作的比例逐漸增加，對於公益的重視較為普遍，也顯示民間這種德行力量的增長，這些默默無聞的工作，雖然還有待更加提昇，但有此比例，則可顯示這種德行的力量不可輕忽。

台灣民間社會一方面有上述無論來自傳統或現代的一些積極的文化動力；但另外一方面也正承受著一些文化危機的侵蝕，其中最嚴重的要算商品化、貧富不均和休閒文化的劣質化……等等的現象。首就商品化而言，目前台灣社會，尤其在都市裡面，已經形成消費社會的情狀，此種情形也及於鄉間，使得文化的產品基本上都是市場導向，接受市場邏輯的制約；另外一方面，民眾的心理也有一種消費型的導向，不一定重視品質，而有「貴就是好」的心理，也因此對於文化的創作不一定會重視它的人文性，或是藝術的品味，而是受一般消費心理的制約。

其次，在文化成果的分享上面，台灣地區當前也相當受貧富不均的影響。目前台灣社會基本上出於股市、土地和房價的炒作，使得貧富的差距大為擴大，近年來的統計貧富的差距已在五比一以上。除此以外，城鄉的差距也無法影響文化均富的達致，太貧者無力於享受文化成果，太富者則無心重視文化，而中產階級者又往往受市場化、商品化等大眾品味流行的影響。

最後就休閒文化的劣質化而言：台灣社會休閒的趨勢近些年來產生很大的變化，卡拉ＯＫ、ＭＴＶ、ＫＴＶ、地下舞廳、電動玩具遊樂場……等等，即便是在偏僻的鄉下，也可發現ＫＴＶ林立，許多就學青年在其中服務，以被稱為「少爺」獲取高額小費為榮，而全然不顧學業或品德的陶成，笑貧不笑娼的情形益趨嚴重。休閒場所本身的經營不以長遠的人文氣息的提昇為著眼點，而以應付大眾消費的需求為滿足，也使休閒文化無以提昇。

事實上目前民間文化最嚴重的情形就是休閒文化的劣質化，因為本來休閒有其正確的意義的：即如果工作的意義是在自我實現，則休閒在於達致自我超越；如果工作的意義是在社會整合，休閒的意義則在於文化的創造；如果工作的意義是在於價值的消耗和維持，休閒的意義則應在於價值的發現與創作。由於大部分的人平時工作，無法自我超越和參與文化活動，達到價值的創造，只有在休閒的時候才能夠參與，休閒和文化的發展有密切的關係。然而目前休閒生活的劣質化情形，不僅扼殺了在休閒中創造文化的生機，而且對於心靈的需求不足以滿足，製造更多心靈的空虛，對於文化的發展毫無助益。

基本上台灣地區民眾的生活文化，正處在這種向上與向下，提昇與墮落的糾結之中。在民間，傳統文化的力量和企業文化力量的結合，正對應著商品化、庸俗化的糾結。而在後者中充斥著各種基本慾望的想像方式的滿足，僅作為慾望的投射和慾望的影子，正如同拉岡(J. Lacan)所謂的「鏡子時期」，是一種擬象的文化，無法進入到真實的發展過程[20]；而另一方面由傳統的力量和現代企業的力量所結合的和風煦日，究竟能否

[20] J. Lacan, "Fonction et champ de la parole et du langage en psychanalyse", in *Ecrits* (Paris: Edition du Seuil) 1966, pp. 266-322.

在這樣一個巨中的侵蝕力量中，創造出一個人間淨土，則還有待觀察。大致來說，近年來的生活文化的發展，就民間而言可以說是一種慾望與德行的對決的狀況，而究竟在今後的發展當中，如何能夠以慾望為動力加以提昇，以德行為理想而加以落實，則仍有待觀察。

## 六、結論與建議

綜合以上的研析，我們可得以下的結論和建議：

㈠對於當前國人生活文化的解析和改善，必須參照大環境的架構，尤其應兼顧在歷史構成因素中，前現代、現代與後現代因素的延續與整合問題，以及在系統構成因素中，信仰、認知、規範、表現、行為諸內涵的重大問題與導向，才能從長期觀點加以規劃，指導國人的生活文化。

㈡就生活中時間的運用而言，國人自由時間的增長，代表從事文化的機會亦隨之增加，也因此充滿了文化的蓬勃契機。不過，這些自由時間多用在休息性、被動性、社交的活動，較為可喜的是知識性活動亦受到重視。但整體說來，積極性、創造性、心靈性的活動仍不足，顯示國人仍未掌握自由時間與文化創造的關係，有待改進。

㈢就生活滿意度而言，國人一般對休閒生活的滿意度皆低，其中尤以高雄市為最。休閒生活滿意度低，一方面代表了對休閒現況的不滿；另一方面也是改善休閒生活的契機。今後應從推廣休閒教育，充實休閒設施，調整假日時間等方面著手改善，透過休閒生活的改善增加國人生活中的文化情趣。

㈣就國人的理想生活型態而言，國人所追求的理想生活狀態，多為健康、親情、收入、工作環境、衛生美食、流行服飾、自用住宅等文化意義較不顯著的項目。至於倫理關係、休

閒生活、自我實現、宗教生活、知識資訊等，除了傳統的「人際關係」、現代的「自我實現」，以及實用的知識亦受重視以外，美感與宗教的重要度不高，顯示國人的理想生活仍以此世性、實用性、社交性為主，仍乏美感性、超越性的向度，今後有必要就此方向多加開放和彌補。

（五）在食衣住行等日常生活需要方面，今後除了要加強其中的秩序與美感之外，也應該在國人求方便與綜合的特性之上，加強文化性和地方性的特色，並能在多元豐富的選擇中，能有協和互補的精神。

（六）工作和休閒是生活的主要內容，但國人目前對工作與休閒的正確意義多不能了解，以致無法透過工作與休閒，創造生活的意義，反而落於被動化、機械化、商品化的危機之中。今後應加強這方面的社會教育，並改善工作中的升遷與考核制度，以及日常工作休閒環境、並透過個人和團體價值觀的重整，使工作與休閒能成為生活中創造價值、維繫價值的歷程。

（七）台灣當前的生活文化基本上是處於德行與慾望之對決的情勢，徘徊在向上與向下的張力之間，政府、學界與民間應通力合作，透過教育、政策與活動，發揮潛藏在國人心靈中的向上之力，使傳統的力量和現代的企業結合起來，齊為提昇生活文化中的美德成份而努力，尤其應系統性地改善當前休閒生活劣質化，以及文化上貧富不均的情形，使國人的慾望成為動力，且能經由美德而獲提昇與轉化，經營出一個有秩序有美感的生活世界。

# 第八章

# 個人和群體生活的秩序與美感

## 一、前　言

　　台灣經驗在過去一直是集中在經濟和政治兩個主軸上發展，自從 60 年代開始，就以十大建設奠定了其後經濟發展的基礎，80 年代又開出民主政治的格局；如今走入 90 年代，文化建設才浮到檯面上，成為台灣經驗發展的新方向。

　　整體說來，國內在文化上的發展，一直仍有提撕不起來的感覺，總覺得搞經濟、搞政治較為實在：賺一塊錢就是一塊錢；政治問題不馬上面對也立刻會遭遇抗爭。錢和權比較實在，至於文化則點綴點綴可爾。然而，若要成為一流國民，建設一流國家，單靠有錢有權並不夠。目前社會上發生的許多問題，顯然不是執泥於經濟、政治層面就可以解決的，因為其根源皆仍在於缺乏文化素養。文化顯然是一個個人和群體的靈魂所在，少一點點便覺得差了一大截。尤其是在個人和群體生活中，秩序和美感的有無，最能顯示其文化素養的高低。

　　在晚近的文化發展中，個人與群體生活之普遍缺乏秩序與美感，已逐漸被尖銳地感受到，並因而凸顯了出來。由於經濟的發展已經使得人們對於生活品質的要求達到一定的高水準，並以之做為對自己多年努力的報償，因而在生活環境中缺乏秩序與美感，很自然地會造成此種要求的落空，以及此種期待心

理的挫折。秩序與美感可以說是吾人對於穩定的、高品質的生活的根本要求，一旦此種本質性的要求落空，很容易就會造成認同心理的危機。自從晚近幾年以來，對台灣認同感的降低以及移民風氣的增長，皆顯示出此種理想與現實的差距和衝突。

目前國內無論是個人或群體的生活皆缺乏秩序與美感，原因多端，舉其犖犖大者，有以下數項：

㈠農業社會中的秩序規範已然逐漸解體，對於現代化工業社會卻仍無法調適，甚至對於後者有某種程度的拒斥之感，以致無法適當認識並學習現代社會秩序。傳統部門與現代部門的接合不當，草根社會和工業社會的整合不易，是缺乏秩序的基本原因，更不必提在秩序之上進而追求美感了。

㈡自從政府宣布解嚴之後，社會力獲得釋放，且正蓬勃地興起並發展之中。原先在一元的政治力約束之下的社會力，如今或由於多元的政治力的介入，或由於因應不同的問題，因而成為各種社會運動，諸如環保、反核、勞工、原住民等等運動，其在發展初期多採取強烈的抗爭手段，成為社會生活混亂的根源之一，也因而影響到群體生活的秩序與美感。

㈢前此經濟的發展造成財富的累積，但由於沒有形成適當的消費與再投資的觀念，而且沒有建立適當的投資管道，以致社會上游資充斥，並且缺乏系統的出路，使這些游資轉向投機股票和賭博彩券。大量人口熱衷於金錢遊戲，只知道在錢上滾錢，其心靈的活動只在股票的漲跌之間有所知覺，其間或洶湧澎湃，或斤斤計較，但此外什麼文化創造、秩序美感，皆漠不關心，當然很難再有貢獻於美感的生活秩序之形成了。

㈣國民的人文教育不足，缺乏深刻的思想與理念。所謂

「文化」其實是一種意義充實的生活方式。生活若要富於意義，便須體現某種理念意涵。生活若缺乏理念意涵，便會淪為庸俗不堪，乏善可陳；相反的，生活中若能體現某種理念，便覺意義非凡，生趣盎然。若能進而以妙趣橫生的方式實現理念，此種有意義的生活甚至可以成為藝術。目前台灣文化發展的根本困境，在於無論個體或群體的生活，皆未尋索出某些可以普遍被接受的深刻理念，更毋庸談論將生活藝術化了。過去傳統中華文化是以實現「禮」為根本理念。用今天的話來說，「禮」其實就是個體與群體生活中的秩序與美感。由於理念的闕如，國人很難建立有意義的生活秩序。

有關個人與群體生活的秩序與美感，其中所涉及到的問題甚多，但是，目前國內在這方面的困境，主要是由於缺乏合禮中節的生活秩序，缺乏足以為生活編織夢境、創造美感的文化作品，和缺乏整體性的文化環境規劃，可以說是主要的問題所在。以下我們就分別從這三方面來一一加以討論。

## 二、合禮中節的生活秩序

任何個人與團體皆需要用適當的秩序來結構化其生活，使其在有節制、有美感的生活韻律中，抒發個人和團體的創造力。傳統中國之所以被舉世公認為有高度文化的國度，是因為其中無論個人或群體的生活，皆用適度的儀節禮俗結構起來。自從周公作禮以治國之後，中國文化便崇尚禮治。例如周朝有冠、昏、喪、射、御、朝、聘諸禮，此外，飲食、迎送、揖讓、授受、拜跪、坐立行走、相見執摯，皆各有俗。

儒家重視禮，《禮記》〈哀公問〉說：「孔子曰：丘聞之，民之所由生，禮為大。非禮無以節事天地之神也，非禮無以辨君臣上下長幼之位也，非禮無以別男女父子兄弟之親，婚

姻疏數之交也。」①由此可見，禮在社會組織中佔重要的地位，其主要的作用就在賦予群體生活以秩序，所以《禮記》〈曲禮上〉說：「禮者，所以定親疏，決嫌疑，別同異，明是非。」②《禮記》〈經解〉亦謂：「朝覲之禮，所以明君臣之義也。聘問之禮，所以使諸侯相尊敬也。喪祭之禮，所以明父子之恩也。鄉飲酒之禮，所以明長幼之序也。婚姻之禮，所以明男女之別也。夫禮禁亂之所由生，猶坊止水之所自來也。」③由此可見，禮正所以防亂治序，賦予各種人際關係以適切的意義。

關於禮的討論和說法甚多，吾人不擬在此贅述。大致說來，吾人以為，禮的真諦就是在秩序與美感之中組織個體與群體之生活，使其創造力得以合度中節地發展、實現，因而擁有充實的生命意義，以致人們過去的生活值得紀念，未來的生活值得期待，現在的生活過得充實。為此，禮的外在形式雖然可以隨著時代和社會的變遷而改變，然而文化必得有禮，則是不變的原則。中華文化如果還要繼續生存發展下去，禮必不可少。

禮的種類繁多，幾可涵蓋個人與群體生活的各個方面，藉以賦予秩序，增添美感。不過，大致上，我們可以將之歸納為：㈠日常禮儀；㈡祭祀儀典；㈢生命禮儀；㈣節序禮俗四個種類，茲一一分析檢討如下：

㈠日常禮儀：在傳統中華文化中，飲食、迎送、揖讓、授受、拜跪、坐立行走、相見執摯，皆各有禮，甚至駕車乘車，亦有其禮。這些都是屬於日常生活中的禮儀，不但可以顯示一個人的教養，而且能使日常生活中的人際關係獲得一定程度的

---

① 王夢鷗註譯，《禮記今註今譯》，下冊，（台北：商務印書館，民國73年修訂二版），頁798。
② 同上上冊，頁4。
③ 同上，下冊，頁796。

秩序和美感。

　　現代社會生活更趨複雜，處處都有一定的禮儀，需要更多的細心和敬謹，才能周到地滿全禮的要求。從個人日常飲食、拜訪、餽贈、談話、打電話⋯⋯等的禮貌，到與工作有關的業務禮儀、社交活動，到公共場所的禮貌，諸如在餐廳、戲院、劇院、演奏會、演講會、圖書館、博物館，以及各種團體活動等應有的儀態和禮節，到開車、乘車、行路應有的交通禮節，全部皆包含在內。

　　目前在國內，個人的禮貌被當做是私人的事，用以顯示個人的教養和身份，並沒有來自社會上太大的無形壓力。尤其在解嚴以後，由於整個人環境的變化，加上一些政治人物的不良示範，在電視、報紙等傳播媒體頻頻出現，使得一般人被灌輸了「愛拼才會贏」的觀念，以致從成年人到兒童，溫文有禮者少，粗魯蠻橫者多，長幼無序，言語無禮，逐漸使大家忽略了個人生活中應有的禮貌。今後實有必要透過更多的細心、耐心和愛心，從家庭教育著手，輔之以學校教育和社會教育，使能從幼年以至於成年，人人皆逐漸養成禮貌的習慣。

　　其次，台灣這些年來經濟發展迅速，各企業部門，尤其是私人企業，由於業務競爭和成就動機的雙重壓力，一般說來相當講究業務禮儀，舉凡開會、服務、接待、應對、電話、應酬⋯⋯等等，皆十分重視應有的程序與禮貌，其著眼點在於業務的效率，不過，在美感以及人文素養方面仍有待提昇。

　　平心而論，目前國內在日常禮儀方面最為低落，最亟需改善的是公共場所的禮貌和交通禮節。在公共場所，往往發現服裝不宜、喧嘩吵鬧、大聲喊叫、酒醉失態，甚至大打出手的情形。在劇院或演奏會不守時、不安靜、不優雅。在圖書館中大聲喧嘩，隨意撕劃書報。一般而言，國民對公共場所的公物皆

不加愛護，非但不保持整潔，而且任意破壞。草地、花圃、公園椅子、垃圾桶、花架、桌椅、電話亭皆任意弄髒弄壞；尤其在名勝古蹟中隨處刻寫「××到此一遊」，這些皆顯示國人自私、缺乏公德心，表現之於公共場所，就很難形成秩序與美感了。

最為嚴重的，要算交通禮儀的低落，以致幾乎全然無秩序與美感可言。乘坐公車，不排隊；或者原先排了隊，但是公車一來便爭先恐後地擠上車；在公車上搶佔座位，毫無禮讓，相互推擠，甚或隨意破壞與弄髒。開車者只管把車佔住路面，不管別人行車；車子鑽左鑽右，全然不顧別人；超車搶前或開快車來抵制後面超車，搶黃燈甚至闖紅燈之事時有所見；一旦發生事故便相互破口大罵，甚至相互毆打，或把車停在路中央就相互理論，完全不把別車放在眼裡。交通生活裡面既缺乏守法的精神，更難進一步談及秩序與美感了。

總之，在日常禮儀方面，日常禮貌雖屬個人之事，但仍有待家庭教育和學校教育加以提昇；業務禮儀由於有效率外力敦促，較具水準，但仍需加強美感與人文素養；至於公共場所與交通活動的禮節則最為低落，有待大力改善。

㈡祭祀儀典：禮的原始意義即為「祭祀儀式」。「禮」字的左旁為「示」，表示「天垂象見吉凶」之意，凡與神明有關之字多採為偏旁；右旁為「豐」，是一種祭器的象形文。為此，許慎《說文解字》曰：「禮，所以事神致福也。從示從豐。」又說：「豐，行禮之器也，從豆，象形。」禮就是取義於事神致福的種種儀節。在傳統中國文化中，祭天、祭社稷、祭地祇、祭祖先、祭百物之神皆屬重要之盛事。迄至今日，祭祖、祭先聖、先賢、先烈亦仍為政府所提倡，其儀典亦皆隆重，並益之以樂以舞，藉以增加儀式中的美感。但在民間，則

家庭中的祭祖風氣猶有待加強，因為祭祖有「報本返始」、「教訓孝道」、「團結宗族」之意④。目前雖有由政府及民間團體提倡的祭祖活動，但是各家庭的祭祖之風卻已逐漸式微。尤其在都市的大廈或公寓式建築中並未設計祖先牌位的位置，家庭的孤立與失根亦成為現代家庭重重的問題的根源之一。

其實，各種各類的祭祀儀典最能給予人的心靈以秩序和美感的經驗。除了其中所含宗教上的意義足以提昇人的超越之心之外，儀式的進行，刻意美化了的動作和言辭，以及音樂的配合，皆能使人有按部就班，秩序井然，以及油然而生的美感。今後應從祭祖開始，逐漸擴大於各種祭祀儀典，以自發或邀請的方式參與，儘量減少其強制性以及社會化的導向，則祭祀儀典仍可以在國民的心靈生活方面扮演一份不可或缺的角色。

㈢生命禮儀：一個人在一生中的幾個重要階段，例如出生、成年、結婚、死亡等，都可能成為某些儀式所環繞的重要階段。傳統中華文化十分講究這些生命禮儀，也因此在《禮記》中，特別列出冠禮、婚禮、喪禮。冠禮所以針對成年；婚禮所以針對結婚；喪禮所以針對死亡。這些都是一個人生命過程中彌足珍貴，值得紀念的時刻，若能以禮待之，更能進而把人的生命的韻律給節奏化，甚至予以美感化了。

加冠加笄之禮在國內久已不行，顯得我們好似無禮的野人了。但在日本還是經常舉行，日本為全國踏入二十歲的青年行加冠禮，人人皆穿戴唐服唐冠，彼此敬酒，互賀成年，儀式隆重，趣味深遠，使生命的重要階段能體現某種神聖的理念。男子二十歲加冠，二十曰弱冠之年，女子則十五歲而加笄，宣布成年。冠禮其實就是一種成年儀式。《禮記》〈冠義〉曰：

④ 何聯奎，《中國禮俗研究》（台北：中華書局，民國 64 年三版），頁99-100。

「凡人之所以為人，禮義也。禮義之始，在於正容體，齊顏色，順辭令。……冠者，禮之始也；……古者冠禮筮曰筮賓，所以敬冠事，所以重禮，重禮所以為國本也。……成人之者，將責成人禮焉也。責成人禮焉者，將責為人子、為人弟、為人臣、為人少者之禮行焉。將責四者之行於人，其禮可不重與？」⑤由此可見，成人禮具有實現人之所以為人的重大意義，不能以任何類似公民宣誓典禮之類的活動加以替代。成年禮值得再予恢復，可研究採行合乎現代社會精神，儀式簡單隆重，但又別具美感的方式為之，但切勿僅將之視為某種社會化或獲取公民地位的儀式而已。

　　婚禮是一個人生命中最大喜事之一，其意義之深重更不待言。《禮記》〈昏義〉云：「昏禮者，將合二姓之好，上以事宗廟，而下以繼後世也，故君子重之。」又云：「敬慎重正而后親之，禮之大體，而所以成男女之別，而立夫婦之義也。男女有別，而后夫婦有義；夫婦有義，而後父子有親；父子有親，而后君臣有正。故曰：昏禮者，禮之本也。」⑥由於結婚之意義重大，所以凡是青年男女，只要決定結婚者，無不慎重處理。在國內，有採公證結婚者，有採禮堂行儀式者，亦有在教堂由教士主持者，另外也有各種別出心裁的婚禮，如跳傘、潛水……等；其形式，有中式，有西式，有中西混合，不一而足。結婚既為大喜事，其氣氛應為隆重歡悅，且應明白每一儀式之意義。目前的弊病是結婚者往往不甚了解每一儀式之意義，儀式多顛倒混雜，且多喧嘩吵鬧，甚至有請歌舞助興，大跳脫衣舞者，實在不倫不類。將來主管文化禮俗的政府機關似應研究各種既有秩序，又富美感的結婚儀式，先行實驗再加以

⑤ 王夢鷗註譯，《禮記今註今譯》，下冊，頁 960-962。
⑥ 同上，下冊，頁 964-966。

推行，並編列參考手冊，對每一儀式的意義詳加說明，供國民參考。

　　喪葬之禮是用於一個人一生的最後階段——死亡，主要是子女對父母應盡的孝道之表現。父母的養育之恩，誠如《詩經》所述「父兮生我，母兮鞠我，拊我畜我，長我育我，顧我復我，出入腹我，欲報其德，昊天罔極。」是以《孝經》云：「生事之以禮，死葬之以禮，祀之以禮。」喪葬之禮應隆重敬慎，以能對死者表達孝思或敬意為要旨。如今在殯儀館、禮堂或教堂舉行的喪禮多能依禮而行，不過，在殯儀館中常常可以見到前赴弔喪者往往把喪禮當成另一種社交場合，不但大聲寒暄，吵雜不堪，甚至嬉笑如故，絲毫沒有因著對死者的敬意或哀思而感到應有的自我約束。此外，民間的喪禮往往在路旁甚或交通要道上搭篷為之，不但妨害交通，而且大聲以擴音機誦經，亦妨害公眾安寧。殯葬行列排場過度奢華冗長，在殯葬行列中加上許多代哭的陣頭，如「五子哭墓」、「孝女思親」、「牽魂陣」，或電子琴演奏。在喪葬禮中甚至出現脫衣舞表演之類的現象，非但低俗不堪，而且完全失去了對死者應有的孝思和敬意。有關喪葬方面還有其他許多待改進的現象，政府實應有系統地加以研究，並配合各類規定，耐心加以勸導和執行。

　　總之，在一個人一生中的重要階段皆應以禮條理之、美化之，如此，出生有過生日之禮，成年有成年之禮，結婚有結婚之禮，死亡有喪葬之禮，便使個人的生命，過去的值得紀念，未來的值得期待，而現在則能活得充實。禮不必要繁複費錢，卻應以敬誠和優雅的方式為之，方能達致賦予個人生活以秩序和美感的宗旨。

　　㈣節序禮俗或所謂的「歲時節俗」，則是把團體的生活，

按照時序的進行，配合相應的民俗活動，使得群體生活能納入有節奏、有美感的生活韻律之中，使得人們的過去值得紀念，未來值得期待，現在又活得充實。在中國和台灣地區此種節序禮俗多配合節氣來安排，從春節、元宵、清明、端午、普渡、七夕、中秋、重陽、冬至、尾牙、直到除夕[7]，皆各有意義深遠和趣味雋永的禮俗活動，不但可以凝聚人們的感情，增加群體生活的趣味，而且可以傳衍文化傳統，增益群體生活的秩序與美感。

目前由於工業化的加深，以及鄉土的流失，節序禮俗已經逐漸趨於淡薄，以致無法凝聚人心，反倒使得草根社會中的暴戾之氣倍增。今後實應透過各種鄰里組織，民間團體以及宗教寺廟，相互配合，加強組織動員，在各重要節慶之中促使各種善良的禮俗活動重新活躍起來，藉以厚積民德，改善民風，袪除暴戾之氣，增加草根社會中的情義。

一個人的一生，由生至死，皆各有禮；一個社會群體，透過時序節慶，亦各有禮。禮使個人與群體的生活獲致秩序與美感。此在中西文化，皆有深刻的體認。正如同古希臘人，無論生死、禍福、勝敗、安危，皆在希臘神殿中舉行特定儀式，使得個人和群體生命中的重要階段和事件皆獲取了命運的形式[8]。

目前台灣社會中極需加強個人與群體生活中的秩序與美感。今後實應就前述日常禮儀、祭祀儀典、生命禮儀和節序禮俗四個部分加以設計，秉承傳統中的優良做法，配合現代社會的需要與特性，再造當代社會中的禮樂精神。

## 三、編織夢境的文化產品

[7] 何聯奎，《中國禮俗研究》，頁 107-145。

[8] Cf. M. Heidegger, "Der Ursprung des Kunstwerkes", in *Holzwege* (Frankfurt: Vittorio Klostermann, 1972) p.31.

為了經營個人與群體生活中的秩序與美感，除了要有禮之外，還需要有能為人們編織美妙夢境的文化產品。一般而言，繪畫、雕刻、音樂、詩歌、戲劇、建築、電影……等文化產品的目的，皆在於引發吾人潛意識中極為深沉的創造動力。一幅簡筆畫就可以引發吾人生動的聯想，在吾人意識中構成一幅心像，並全盤把握其意義內涵，即使吾人知覺的資料不足——例如馬蒂斯的一些畫的顏色線條皆十分簡省，但吾人仍可於觀賞之餘，在心中興起堪憐堪戀的夢境。有了更多這類文化產品的點綴，個人和群體生活中的美感可以因而提昇。

台灣目前由於財富的累積，人們有多餘的錢來購買文化產品，藉以點綴生活情趣。然而迄今文化產品的創作與生產並未提昇到一個高度的水準，其原因有下列數項：

㈠文化的商品化與庸俗化。一般人只用金錢和低俗的價值來衡量文化產品，以致投合大眾口味的文化產品多，能提昇大眾心靈層次者少。

㈡文化產品的創作不能立基於現代中國人的生活世界，以及國人在此種生活世界中的心靈需要。脫離生活世界及其中心靈需要的文化產品終究無法感動人心，亦無法適切地以感性的方式表現國人的創造力。

㈢文化產品很少能針對目前傳統與現代銜接的具體情境，提出足以提振心靈的理想和理念。由於缺乏扣緊生活情境的理念，文化產品本身就沒有長久涵泳或觀賞的價值，亦難以賦予生活本身以耐久的趣味。

其實，文化產品本身雖然是「知覺的對象」(perceptual object)，然而它們在觀賞者心中所引發的夢境則是「意向的對象」(intentional object)。按照現象學的解析，所謂「意向」是在吾人意識之中指向意義、構成意義的動力。雕刻、繪畫、音

樂、戲劇、電影……等等文化產品皆是具有某種結構的整體。在觀賞者的意識中，經由一番主觀的詮釋之後，便能經營出一個意義豐盈的夢境。文化產品不是用來再現任何實物、風景或情節的，它們皆是想像之物。在觀賞之時，真正的創造者是觀賞者。一項文化產品就有如跳板，可藉以傳送出一幅心靈的意象，不再是現實的、物質的，其深沈與豐贍遠遠超過吾人所見、所聽到的作品，而吾人所藉以編織出來的夢境，卻使得吾人在現實生活中充滿意義，並為此而值得繼續活下去。我們每一個人所看的一部電影、一幅畫、一具雕刻，所聽的一首歌、一曲交響樂，皆非在吾人眼簾中知覺到的音聲和影像，而是在吾人意識中興起的意向的對象。由此可見，所有的美術館、藝廊、音樂廳、電影院……皆是吾人藉以重構夢境的場所。藝術家的工作就在於組織音色材料，引發人們心中的夢境。現實世間誠然是有限之世間，其間產生的文化產品卻是「體質有限，勢用無窮」。

　　法國哲學家沙特(J. P. Sartre)曾在《論想像》(*L'Imaginaire*)一書中指出：一幅畫雖是由畫框、畫布、顏色所構成，也許還標示著價格，但是，吾人若只執泥於這些，則不能產生意向的對象，並非由於後者隱而不顯，卻是因其不能被意識的活動所發現。唯有當吾人將這些現實因素加以空無化，產生注意力的轉移，如此才能在意識的自由之中興起意向的對象，構成生活中的夢境⑨。

　　每一個人皆需要藉以在生活中編織夢境的文化產品。即使是一個計程車司機，在其車內方寸之間的開車生涯，也需要扭開收音機，收聽音樂，藉以點化一車的春天。我們每天打開報

⑨ J. P. Sartre, *L'Imaginaire* (Paris : Gallimard, 1940)pp.23-26.

紙，要看副刊；扭開電視，要看連續劇；家中牆面，需要畫來補白；每日生活，需要精緻、有風格的日用品。問題是，能為我們的生活編織美好夢境的文化產品不多；能使我們因感動而覺得生命是值得的作品更為少見。

文化產品的商品化、庸俗化是夢境空洞的主要原因，它亦會妨礙文化的創造，甚至會侵蝕到精緻文化和民間文化，使之難以純粹地創造發展，甚至會加重其非理性與低級趣味的成份。商品化與庸俗化亦使得生活中的儀節與日用品難以提昇水準。今後國人若要克服這方面的困境，除了要鼓勵高水準的藝術創作，使能超脫現實條件的執泥，標舉出更為高遠的價值理想；此外亦應建立完善的批評制度，培養理論、批評與詮釋的人才，用以提昇欣賞和創作的水準，減少庸俗化、商品化的趨勢，而使文化產品真正成為吾人美化生活，編織夢境的機緣。

針對文化產品脫離生活世界的困境，其責任在於文化創作者與教育者，今後不應一味只引進與本地生活全然無關的外國理論，技法與創作題材，卻應深刻體會此地人民的生活世界中之心靈希索，並從中凝練出文化產品的生命。

最後，針對文化產品缺乏理念的情形，則一方面應發掘傳統中華文化中的美學觀與哲學理念，將之注入現代創作與產品設計之中；另一方面亦應研究現代生活，探討在工業社會與科技進步中所隱含的理念成份，將之發掘出來，化隱為顯，琢磨出足以令現代人感動的創作理念。

總之，減少商品化與庸俗化，提昇價值的層級，增加文化產品的純粹性和理想性，將文化產品生根於此時此地的中國人的生活世界，發掘其中的心靈感度，並且顯題化傳統文化和現代生活中的理念。如此一來，文化產品將能以更大的數量、更高的品質出現，且能使我們在現實生活中編織堪憐之夢境，堪

度之生活。

## 四、整體規劃的生活空間

為了營造個人與群體生活的秩序與美感，不只需要足以編織夢境的文化產品，而且整個生活空間的組織亦需要整體的規劃。文化產品只是點，生活空間則是面。整體性的生活空間規劃應該使我們出門就見到文化、歷史、藝術、詩意。為此，都市計畫、建築工程、環境保護皆應別出心裁，合力為人們營造出一個如詩的生活空間。

許多人認為文化建設的硬體容易，軟體困難，其實，硬體談何容易？試看近年來蓋好的各縣市文化中心，有幾個是具有文化氣質，能使我們立於其前，行走其中，自然而然地會提振精神，油然興起承接傳統、創造現代文化的使命感？答案是少之又少，一個個都是功能主義的現代建築，其形式皆隨功能的需要而定。除此以外，台灣地區各大小都市，各地住宅，無不充斥著毫無文化趣味的現代建築。現代化已經把我們帶進了功能劃一，毫無特色的生活空間之中。缺乏理念，並缺乏融合理念與生活的技巧，在生活環境的規劃上，最為明顯。

就拿都市空間的規劃來說。人是有空間歸屬感的，而都市正是現代人的存在場域，它的每一角落應皆能具備現代人的某種情意核心。一座樓宇、一角街景，或書舖或市集，或廣場或公園，皆可能點亮人心靈中的情境。因為人的自我是由許多情意核心糾結而成，必須具體呈現在身軀及其活動的空間之上。整座都市就猶如萬般情意的大集合。都市是吾人居住、工作、休閒、學習……的場所，是可以在其中實現一個人的生涯的地方。一個堪當創造秩序與美感的生活空間的都市規劃，應能將都市的種種功能連結起來，成為一個綜合體，藉以凝聚吾人的

生活與想像，使我們甚至欲以個別的名字來予以稱呼：「台北」、「台中」、「台南」、「高雄」……直到呼喚它的名字，猶如念咒一般，超越了意識的控制而成為百般情意湧現的機緣。一座城市此時才成功地轉化其結構與功能，成為人的存在意義的體現之所。

若要經營出這樣的都市空間，必須在都市的種種活動和空間之中，以秩序和美感為規劃理念，以至於在其中展現出具有特色的地方精神(genius loci)。猶如歐洲一些美麗城市的老城區，往往能形成如詩如畫的景緻，其中甚至每一塊牆面的油漆顏色皆不可以隨意更動。如果其中有任一家庭想更改顏色，還需經專家評鑑是否會破壞整體畫面的美感，在肯定無礙原先畫面的諧調之後，始得批准。這就是一種有理念的都市規劃之例子。

比較起來，我們的都市空間規劃似乎仍未建立起這種理念，不但談不上具有文化特色的地方精神，而且零亂和突兀的建築比比皆是，街道、房子和花樹絲毫組合不成一幅幅的畫面。

如果要建構人性化的都市空間，則行人徒步區是不可或缺的要素。像在歐美一些城市皆設有行人徒步區，人們行走其上，可以恢復人的尊嚴，好整以暇地逛街購物，不必為橫衝直撞的汽車而提心吊膽，遊興受損。此種行人徒步區是把空間當成是人的存在意義可以自發地展現的場所，不是為了克服距離，儘速通過，卻是為了體現人的各種經驗。於是，街道不再是為了汽車的通過，卻是可以藉之接近目標，在其中心靈的經驗得以轉進，甚至可以遊戲其間的路徑。在街道上，我們可以有偶遇舊識的驚喜，與人交談的喜悅，和觀賞精品的美感。在行人徒步區上，許多對城市居民有意義的事都可能發生。

民國78年12月中旬，台北市行人徒步區正式開始實施，雖然就整個台北市而言，這只是一個小範圍的地方，但從此人們可以無憂地在其中信步而逛，對於營造一個人性化的都市空間而言，倒是一個重要理念的開端。不過，如此一個行人徒步區亦不易維持，一方面有被停放機車之虞，另一方面亦易招致髒亂，令人擔心會遭到過去「我愛永康街」活動同樣無疾而終的下場。可見，市民們的公德心仍然是有秩序與美感的都市空間的必要條件。無論如何，此種行人徒步區的構想應可以更加推廣，擴及於台北市其他地區，以及台灣省其他都市。

　　以上我們以都市的生活空間為例來說明空間組織之需要理念，始能合乎心靈的要求。其實，在中西文化中皆有適切的空間組織之理念供規劃之參考。例如，德國哲學家海德格(M. Hei-degger)曾在〈建築居存思想〉一文中闡述，都市和建築是人類實現其世間存在的方式，也是一種展現、維護、育養存有的方式。海德格曾經深刻地指出，人的居存就是在「護存大地，接受蒼天，引領人類，等待神明。」⑩天、地、人、神四相合一，是人的居存空間的根本結構，顯豁出人的生活空間中的深度、張度與境界。德國詩人赫德齡(Hölderlin)嘗謂：「人之居也，如詩。」海德格進而予以闡釋，指出所謂詩意的居存，旨在凝聚四相，展現存有。他說：「所謂『人之居也，如詩』一語之意，在於詩意首先使人的居存成為真正的居存。詩使吾人真正地居存。但是，人透過什麼可以獲致一個居存的場所呢？透過建築。」由此可見，人的生活空間之整體規劃必須綜合自然、人，及其整體的存在處境。⑪

　　按照中國傳統哲學的看法，生活空間一方面要如儒家所

---

⑩ M. Heidegger, *Poetry, Language, Thought* (New York : Harper & Row, 1971) pp. 149-151.

言，有嚴整的形式，合禮的節奏，使人在其中的生活由秩序產生和諧；另一方面亦要如道家所言，保存自由的契機，使人能從秩序中超脫，得以適性地舒展其創造力。在生活空間裡面，建築、都市、環境應能和諧地相融，令人能在其中按時序成長，自由進出，使人在生活空間之中，隨著時間之推移，觀點之變化，能使其生命得以節奏化，並體現自由的氣息。

　　一個浸潤著文化氣息的生活空間是一個可游可居的世界，這也是中國人所嚮往的生活空間。宋朝畫家郭熙嘗謂：「世之篤論，謂山水有可行者，有可望者，有可游者，有可居者，畫凡至此，皆入妙品。但可行可望不如可居可游之為得，何者？觀今山川，地佔數百里，可游可居之處，十無三四，而必取可居可游之品。君子之所以渴慕林泉者，正謂此佳處故也。故畫者當以此意造，而鑒者當以此意窮之。此之謂不失其本意。」⑫郭熙此言主旨在於論畫，兼評山水林泉。然而所謂「可游可居」的生活世界之建造，實為人心之所共同嚮往。尤其在今天，可游可居之品再也不能僅覓之於山川林泉，卻應由政府和社會大眾共同在都市與鄉村之中加以經營，始能賦予有秩序，有美感的生活世界一個空間上的基礎。

　　為達到此一理想，政府今後在都市計畫上應多注意以下幾點：

　　㈠適當銜接傳統與現代部門：改善目前老舊社區與現代建築摻雜並陳，互不搭調，甚至相互衝突的情形。今後一方面應有計畫地發展現代都市的新穎風貌，另一方面亦應保存歷史建築，展現生活環境中歷史文化的延續性。最重要的須使兩者的銜接柔和而漸進，形成都市的整體之貌。

㈡重視人的體驗與人文氣息：在各類規劃之中應以人的存在體驗為考慮核心來開展，用以組織各項結構性、功能性的建設。尤其應加強文化性的建設，擴大人文活動領域，營造出富人文氣息的都市情調。

㈢經營都市中的秩序與美感：政府今後的都市計畫應重視都計美學，對於各類建築、道路系統、停車設施、公園綠地，以及各種公共設施加以整體規劃。對於違規的建築，及將停車及逃生設施擅改為營業場所者，亦應嚴加取締。

但是，只有政府的重視是不足的，還需一般民眾的相互配合，才能營造有秩序與美感的生活空間。例如，注意環境衛生，不隨意傾倒垃圾；不隨意破壞公共場所整潔或損害公物；不隨意加蓋違章建築，亦勿以短視近利而將原定的停車空間或逃生空間改變用途，不隨意停車，亦不隨意在公用路面搭棚宴客或辦喜事、喪事……等等。

總之，在政府與民間的共同配合之下，才有可能營建一個具有秩序與美感的生活空間。

# 五、結　論

在經濟發展已至一定程度，國民收入與生活水準皆大幅提高的今日，個人與群體生活的秩序和美感便成為越來越重要的需求，此類需求的滿足與否不但攸關到國家文化水準的整體表現，而且這方面的失望與挫折更會影響到國民對此一地區的認同感。我們在上文的討論中特別從合禮中節的生活秩序，編織夢境的文化產品，以及整體規劃的生活空間三方面來探討個人與群體的生活中之秩序與美感的問題重點。總結起來，今後吾人若要在個人與群體的生活中適切地營造秩序與美感，應注意以下幾點：

㈠每個國民皆應重視日常禮貌。家庭教育和學校教育亦應相互配合，培養有禮貌、知進退的好國民。各公司行號，企業團體和公家機關則應重視與業務有關的禮儀，並加強其中的美感和人文素養。國人表現最差的，則是公共場所和交通方面的禮節，實有待個人自覺、民間團體提倡、政府立法執行、與教育部門的全體相互配合，逐漸加以改善。

㈡積極推動家庭中的祭祖活動，並由祭祖儀式擴大到其他各種祭祀儀典，加強儀式的美感成份，並賦予每一儀式中的經典、動作、音樂以深刻的意義，透過各種資訊管道，使國民能加以了解和欣賞，並因而喜好參加各類祭典（包含宗教儀式在內）。

㈢加強提倡各種生命禮儀，制定簡單而隆重，既能繼承古義又能合乎現代要求的生命禮儀，尤其應重新提倡成年之禮，並改善婚喪禮儀，使減少不倫不類的成份，增益其虔敬與美感。

㈣動員各種鄰里組織、民間團體、宗教寺廟，使之相互配合，使各種節序禮俗重新恢復活力，並提煉其中優良的民俗活動，加以秩序化和美化，互相合作，大力提倡，使能厚積民德，移風易俗，祛除暴戾之氣，增益草根情義。

㈤鼓勵高水準的文化產品創作，建立完善的批評制度，培養理論、批評與詮釋的人才，用以提昇欣賞和創作的水準，減少庸俗化、商品化的趨勢，使各類文化產品能真正美化國民的生活。

㈥文化創作者與教育者應深刻地認清此地區人民的生活世界及其中的心靈希索，做為理論與創作的重要參考架構。此外，一方面應深入發掘傳統中華文化的美學和創作理念，將之注入現代創作與產品設計之中；另一方面亦應研究現化生活中

的理念成份，加以發展，使與傳統理念相互結合，成為創作的靈感泉源。

㈦整體規劃生活空間，使傳統部門與現代部門相互融接，不致產生格格不入的突兀之感，卻能在擴大現代風貌之時維繫歷史與文化的連續性；在都市計畫之中，應以人的存在體驗為重要參考點，盡力經營其中的人文氣息，增加人文活動之空間；重視都計美學，並對各類建築、道路系統、停車設施、公園綠地以及各種公共設施加以整體規劃，並對違規建築以及將停車與逃生設施擅加改變用途者嚴加取締。一般民眾亦應加強公德心，愛護環境整潔與維護公物，並配合政府維護整體生活空間的秩序與美感。

總之，我們若要想成為文化大國，個人與群體生活的秩序和美感是極為重要的指標。一個缺乏秩序與美感的社會永遠不可能成為文化大國。為此，從今以後，政府、學界、民間應該同心合力，透過理論的思考和篤實踐履的工夫，一起努力從合禮中節的生活秩序、編織夢境的文化產品、整體規劃的生活空間三方面，營造有秩序有美感的個人與群體生活。禮是古代中國的文化理想。相信透過上述的努力，我們可以經由創造性的詮釋，重塑「禮」的文化理想於當代中國。

# 第九章

# 價值體系的評析

目前台灣正處轉型期間，社會中有好幾個不同的價值系統並存，甚至相互衝突。這些價值系統分別來自數個相互重疊的社會底基：

其一是先民所帶來的傳統文化和民間信仰，後者加上在台灣的拓荒精神逐漸發展出具有草根性色彩的區域特色；前者則延續了中華文化大傳統，至民國 38 年政府播遷來台而再度加強。自 76 年開始更由於開放大陸探親和大陸出版品而未重新結合上大陸文化母體，賡續著中華文化的大傳統。此一文化價值體系大致是立基於農業社會的底基之上。

其二是殖民國家的文化影響。台灣早期受荷蘭統治，甲午戰爭後又受日本統治，這些殖民國家或多或少皆留下其文化影響之痕跡。這些文化價值體系乃立基於外在社會與政治力量。荷蘭因相距甚遙，一旦武力影響消失，其文化影響亦隨後消失；但日本就在台灣近鄰，且在統治期過後，仍然繼續以經濟影響台灣，所以其文化價值的影響仍未中止。

其三是工業社會變遷的動力所形成的價值體系。目前台灣大部分地區皆已工業化。雖然仍有不少農村，但皆已受工業社會波及，甚至其中亦工廠林立，使得其中原先利他、互惠、追求幸福的傳統社會倫理，轉向利己、功利、追求快樂的工業社會倫理。

其四是歐美先進國家的文化影響。由於國際交通發達,傳訊便利,使得先進國家的文化風潮,尤其是一些前衛性的,甚至「後現代」的文化潮流亦傳進台灣,對一切文化既成秩序進行「解構」,並已經產生嚴重的「反規範」現象。

總之,台灣當前的價值體系是中國文化大傳統在台灣地區長期發展的結果,其間雖曾受殖民文化影響,但目前在現代化的衝擊之下逐漸脫胎換骨,甚至已受到後現代潮流的波及。種種社會底盤不同步的發展,以及其間所形成的不同文化特色的並存和對立,甚至彼此衝突,是目前轉型期文化之特性,其中尤以中國文化大傳統,地區的草根特性,和工業文化為主要因素。展望未來的趨勢,大致上會以工業社會及其變遷的動力為主,來整合中國文化大傳統和民間的草根文化。

為了對台灣地區價值體系的現況進行分析與評估,以下我們擬分三個部分來進行。

一、首先呈現價值的理想面,由於價值總包含了「應然」的成分,我們首先應對現代工業社會中的理想價值以及本土文化中的理想價值做一闡述,以便為往後可能的創造性詮釋做一預備,真正做到在工業社會變遷動力中融合、創新本土文化價值的地步。

二、其次呈現價值的實證面,價值觀亦表現個人所追求之目標,有其「實然」的成分,因而必須用實證的方法來加以呈現。本段文字將提呈兩個實證研究結果,分別勾勒出台灣地區個人邁向現代化價值的大致圖像,和個別的終極價值對台灣地區民眾的重要性或不重要性的程度,以及未來十年的可能變化。

三、最後呈現當前台灣在價值體系方面最大的隱憂,尤其是在道德價值的危機,和工作價值的貶低和工作倫理的低落方

面，特別是我們應多面對，並思考對策的。

# 一、價值的理想面

對於社會價值體系深有研究的羅濟曲(M. Rokeach)曾說：
「一個價值是一種持久的信念，認為某一特殊的行為模式或存在狀態，比起其他對立或相反的行為模式或存在狀態更值得令個人或社會喜好。一個價值體系則是諸多有關可欲之行為模式或存在狀態，按照其相對的需要性之序列而有之持久性組織。」①按此處所謂可欲之行為模式或存在狀態，應包含了某種尚未實現而欲實現之的理想性在。台灣的價值體系，正如前述，主要是由工業社會變遷的動力所形成的價值體系，以及本土文化原有的價值體系兩相糾結而成。茲將其中仍然對應台灣現狀的理想價值陳述如下：

㈠關於工業社會，甚至所謂「後工業社會」(Post-Industrial Society)中的價值體系已有多位學者提出報告。這些報告中展示的價值體系現況亦蘊涵著工業/後工業社會中的一些理想價值。例如，貝爾斯及庫契(Bales and Crouch)的價值量表分由接受權威程度、需求決定表現程度、接受平等觀念及個人主義四個層面構成。在工業社會/後工業社會中，個人主義與平等觀念大幅提高，由需求決定的表現程度亦相對提高，權威則相當程度失去重視。此一情形，顯示出個體性、平等、自我實現、獨立自主四者乃其中含藏的理想價值成分。

洛克菲勒(J. D. Rockefeller)在《二度美國革命》*(The Second American Revolution)*一書中亦提到，由工業社會到後工業社會的發展中，社會價值發生大幅變化，產生了許多新興價

---

① Milton Rokeach, *The Nature of Human Values* (New York:The Free Press, 1973), p.5.

值，大體上是增加了社會責任和個體性之比重，加強合作和對他種生活方式之探索；對自然和人性採積極看法，團體感、個性、自由、平等、民主、社會責任；重視工作、性、人的自主；形上及宗教意識興起；權威及物質主義則閒置一旁。

此外，康赫曼(H. Kahn)則指出，在歐洲亦有價值轉變的情形發生，從傳統對工作的重視轉向對休閒及非職業活動的重視[2]。貝爾(D. Bell)亦指出：在後工業社會中有轉向問題解答、參與民主、並脫離對工作及佔有之重視的趨勢。日本學者松本稻次(Yoneji Masuda)在《資訊社會乃後工業社會》(*The Information Society as Post-Industrial Society*)一書中認為日本亦在資訊化歷程中，漸由物質主義和對物品財貨的重視，轉向對資訊財的重視；從競爭轉向合作，用以滿足需要或目標之時間變得更為重要，更重視自我實現。

工業化社會中之價值雖屬多元，但仍有某種程度的一致性，並且已經逐漸顯露弊端。因此有人提出各種批評，並進而指出新的理想價值。例如馬庫色(H. Marcuse)就指出當前有許多價值需求都是由於社會控制所產生的假需求，並主張用新的、純真的需求來替代假的需求：以對有意義之工作、喜悅、和團體共融的需求，替代壓抑性的作為和競爭；用愛和環境保護來替代攻擊性和毀滅性的生產；排斥消費主義、浪費和頹廢，要求單純和合乎人性之生活；反對工業化之恐怖和醜陋，要求美和感性[3]。

以上各種說法雖然有部分差異甚至相互矛盾之處，但歸結

② Herman Kahn, Discussion Comments in D. Bell, ed., *Toward the Year* 2000: *Work in Progress* (Boston: Beacon Press, 1968), p.23.
③ Douglas Kellner, *Herbert Marcuse and the Crisis of Marxism* (Houndmills: Mac-Millan Education Ltd., 1984), pp.236-237.

起來,工業/後工業社會中的價值理想,不外乎:自我實現、自由平等、社會責任與共融、工作與休閒均衡、宗教與形上投注、資訊流通與滿足、愛、真誠、喜悅與美感等等,值得吾人加以注意。

㈡除了工業/後工業社會中的理想價值之外,中國文化傳統中的一些理想價值,仍可透過創造性的詮釋,而成為新的社會脈絡中的價值理想。像忠孝、仁愛、信義、和平這些價值理想,其本質仍然可以保存,但亦可藉著科技法則和規範來發揮。這些價值理想一方面可以將中國人本心的要求轉化為具體的規範,另一方面亦可以從本心出發,將社會的規律和科技的法則轉變成為行為的規範④。

在傳統中國文化的理想價值中,最值得今日吾人重視的,不外還是仁愛、正義與和諧。首先,中國人一向講仁愛,主張「民吾同胞、物吾與也」,並且要愛護生命、尊重生命、提昇生命。今後仁愛的精神應該不止於自己的親友家庭,在目前國際化和科技化的趨勢之下,不但可以向全體人類,而且可以及於自然。

其次,關於正義,其中最重要的莫過於對個人的尊重,尊重每一個人自我實現的權利、自由與平等,此乃道德上的正義。其次則是根據每個人應得的一份來組織社會並分配資源。因此,有了道德上的正義,還應該表現為分配的正義,適當的分配社會資源和權利。分配的正義就是一般所謂的公平(fairness)或國人所謂的「公道」。至於過去草根性濃、江湖味重,所謂「以眼還眼,以牙還牙」這種報復式的正義則應該逐漸減少。

---

④ 沈清松,《解除世界魔咒》(台北:台灣商務,1998),頁85-95。

最後，所謂的「和諧」是指個人與個人，個人與群體，個人與自然在一種適當的比例之下順性發展，因而在表現差異之時亦能獲取協調一致的狀態。任何人在工業社會中作為企業組織的一個單位，或作為自然生態系統中的一分子，皆需認可群體與自然，回歸全體，並在全體的脈絡中適性發展。個人、群體、自然之間有一個適當的比例或分際，才能夠促成動態的生存發展，促成「動態的和諧」。按此處「和諧」的概念有別於政治上的口號，亦與一般人所謂「和稀泥」的態度大不相同。

在人的整體實現方面，中國傳統文化一向重視人的「可完美性」，可以做為全體價值的統攝點。當然，在工業社會中，個體的意識逐漸覺醒，許多的研究調查也指出國人已把個人的自我實現放在價值追求的第一位。但是，在傳統中國文化的價值體系中，人的可完美性(perfectibility)優先於人的個體性(individuality)。儒家要求人由凡人成為士人、君子、賢人、聖人，一層層地發揮並實現人內在的可完美性；道家也要求人成為聖人、神人、真人；佛家亦要求人由凡夫修成阿羅漢、菩薩，乃至成佛。此種要求人趨向完美的理想，可以在現代社會中成為完整人格實現之高標準。為此，人可以不只是一個工匠人，還可以成為知識人、道德人，甚至可以在宗教的神聖價值中體現潛能。

然而在重視人的可完美性時，我們仍要避開人的自大。人可以自尊，但不能自大。個體可以有種種權利與價值，但就整個宇宙與人群而言，個人不過只是渺滄海之一粟。認清這點，人應謙卑。對我們要重建天人的關係，一方面相信人是天經地緯，但這並不表示人是宇宙的統治者。人可與合天，但人不即是天，天人關係的重建必須通過人，但人必須先有天心、道心，帶著謙卑，然後才可以重建天人關係。

由發揮人的可完美性以致於天人合一，重建天人關係，於是我們有一個整合的核心，用以融合工業/後工業社會中的價值理想和本土文化中的價值理想。這些觀念，也都是今後的文化建設中應不斷反省並且予以實踐的。

以上所闡述的價值的理想面，如果不扣緊當前台灣地區的價值體系的實情來發言，則仍然是抽象的、空洞的。因而仍然需要透過實證的研究結果來呈現價值觀的概然現況。當然在價值系統的研究之時，如果只注意到實證面而忽視理想面也是不完整的。因為只有理想而沒有實證是空洞的，但若只有實證而沒有理想則是盲目的。這是我們進行對台灣地區價值現況的實證探討之前必先有的一層認識。

## 二、價值的實證面

關於台灣的價值體系的實證研究，最早有顧浩定(W. L. Grichting)的《台灣的價值體系》(*The Value System in Taiwan*, 1971)⑤，但較傾向於宗教觀點；其後逐漸出現了其他的實證研究成果。以下我們傾向於在「現代化」與「資訊化」兩角度做的實證研究。

換言之，對於台灣地區目前價值觀的現況，我們可以採取兩個方向的實證研究成果來加以討論。

第一個方向是楊國樞、張分磊在《大學生的價值取向與個人現代性》⑥一文，以及黃俊傑、廖正宏在〈傳統與現代之間──台灣農民的價值取向〉("Between Tradition and Modernity:

---

⑤ Wolfgang L. Grichting. *The Value System in Taiwan* (Taipei: W. L. Grichting, 1971).

⑥ 楊國樞、張分磊，《大學生的價值取向與個人現代性》，未發表之論文（民國 66 年）。

Value Orientation of Farmers in Taiwan")⑦英文論文中,運用克魯孔和斯楚貝克(Kluckhohn and Strodbeck)所提出的價值量表,分別對台灣地區的大學生、高中學生和農民進行研究,其目的是為顯示這些價值取向中所表現的現代化的程度。

第二個方向是沈清松、汪琪、鍾蔚文三人在〈台灣地區資訊化歷程與文化變遷之互動研究〉⑧中,運用羅濟曲(Rokeach)的價值量表,並增之以未來十年的價值變動項目,對台北市大安區、高雄市新興區、台北縣土城鄉、高雄縣茄萣鄉進行抽樣調查,其目的是為顯示其價值觀與資訊化歷程的相關性,以及在資訊化歷程中的文化現況與趨勢。

前述第一個方向側重在現代化中的價值取向;第二個方向側重在資訊化造成的文化變遷中的價值取向,合起來大致可以呈現出目前台灣地區民眾的價值體系之現況。

㈠根據克魯孔和斯楚貝克價值量表之研究結果:克魯孔和斯楚貝克兩氏的價值量表計分五項:

1. 人性導向:分別為以人性是善、中性、善惡混、惡等四種。

2. 人與自然關係導向:分為屈服自然、和諧自然、控制自然三種。

3. 時間導向:分為過去導向、現在導向、未來導向三種。

4. 活動導向:分為現狀導向、實現導向、成就導向三者。主「現狀」者講究本然存有,自發地表現人性的衝動和慾望;主「實現」者講究活動即存有,在歷程中展

---

⑦ Chün-chieh Huang & Cheng-hung Liao, "Between Tradition and Modernity: Value Orientation of Farmers in Taiwan," in Joseph Jiang, ed., *Confucianism and Modernization: A Symposium* (Taipei:Free Council, 1987), pp.223-254.

⑧ 沈清松、汪琪、鍾蔚文,〈台灣地區資訊化歷程與文化變遷之互動研究〉,國科會研究計畫報告(台北:民國 78 年 1 月)。

開整體自我之一切面相；主「成就」者講究可由外在標準衡量之成就。

5. 關係導向：分為直線導向、平行導向、個人主義三種。

分別言之，就人性導向而言，傳統儒家思想較傾向於主張人性是善。按照上述楊國樞、張分磊對大學生的研究，和黃俊傑、廖正宏對農民的研究綜合來看，主張人性是善者，農民佔 49.5 ％，男大學生佔 29.6 ％，女大學生佔 36.8 ％，男高中生佔 32.5 ％，女高中生佔 34.5 ％。主張人性為中性──不善不惡者，農民佔 11.0 ％，男大學生佔 43.0 ％，女大學生佔 37.0 ％，男高中生佔 32.0 ％，女高中生佔 24.5 ％。以上對人性的看法，主張人性是善或至少中性者佔了大部分。由此可見，目前國人對人性的看法，大致和傳統中國文化中的主流一致。

其次，就人與自然的關係而言，傳統中國傾向於屈服自然和和諧自然，然而目前控制自然的傾向則大幅度提高。主張控制自然導向的，農民佔 65.7 ％，男大學生佔 83.9 ％，女大學生 76.8 ％，男高中生佔 77.8 ％，女高中生佔 77.3 ％。此種控制自然的取向顯示出合於現代性要求的程度提高。

再次，就活動導向而言，傳統中國與現代中國都有強調即活動即存有，主張在歷程中實現自我，開展全面人性的導向。目前此種導向，農民佔 36.3 ％，男大學生佔 58.9 ％，女大學生佔 66.5 ％，男高中生佔 70.7 ％，女高中生佔 79.8 ％。此外，主張現狀導向者，僅於農民中佔 31.9 ％比例較高以外，其餘比例皆不高。由此可見除了農民仍趨保守以外，其餘皆有相當高的比例合於現代化的要求。

再就關係導向而言，傳統中國傾向於直線式的集體主義，例如服從父母、父權主義，現在則以個人主義居多。主張個人主義取向的農民佔 64.4 ％，男大學生佔 84.4 ％，女大學生佔

87.0 ％，男高中生佔 52.3 ％，女高中生佔 42.1 ％，皆有相當高的比例較合於現代化講求個人主義人際關係之要求。

　　最後就時間導向而言，傳統中國文化的時間導向以過去為主，現代中國則較以現在導向和未來導向為主。以現在導向為主者，農民佔 58.5 ％，男大學生佔 29.0 ％，女大學生佔 43.2 ％，男高中生佔 52.5 ％，女高中生佔 53.3 ％。至於時間導向以未來為主者，農民佔 35.8 ％，男大學生佔 62.1 ％，女大學生佔 44.9 ％，男高中生佔 34.8 ％，女高中生佔 35.3 ％。在時間導向上大部分皆以現在及未來為主，已合於現代化之要求。

　　以上關於大學生的價值取向研究乃於民國 66 年執行完畢，關於農民的比例則是在民國 75 年 8 月舉行的「儒家與現代化研討會」中發表，其中時間相隔十年，但大致可以顯示大學生的現代化較農民為早為高。不過，在農村社會的改變，農業現代化的影響之下，農民亦跟隨著菁英分子，在價值體系和世界觀方面逐步現代化。雖然其程度略低，速度略慢，但是在控制自然、個人主義，現在與未來的時間導向而言，農民的價值觀和世界觀亦已踏入現代化的主流趨勢。而這種情形在菁英分子身上則更為明顯，其程度亦愈高。

　　由以上實證研究的結果可以顯示，現代化社會的價值體系基本上雖屬多元傾向，但仍然有其大致的傾向。這些調查結果所顯示出的是價值體系的實然面，而未能顯示出其中的應然面，但亦顯示出多元化社會中仍然有某些共同趨勢的主流取向。不過，就應然方面看來，這些共同趨勢亦有其缺失。例如控制自然導向之弊端在於破壞生態均衡，造成環境問題；個人主義導向之弊端在於自私自利，不顧公利，且個人深陷於消費主義的慾望深淵；太過重視現在和未來的弊端，在於忽視過去，因而成為無根的一代，尤其用可控制的未來和可掌握的現

在來界定未來和現在，容易流於浮淺和市儈。這些也都是值得加以檢討的。但是在多元化社會中自亦不能主張強制性的一元價值。無論如何，各種價值的可接受性，應該建立在個人的自由意志之上，以個人抉擇為其基礎，並且應該保持彈性，使價值的創新成為可能。

以上克魯孔和斯楚貝克的價值量表所顯示的主要是由人性觀、人與自然、人與他人、人的活動、人與時間所形成的一個價值框架，但並沒有特別指明那一個價值的重要性程度。此一價值量表可以覺知價值取向所在之關係與概念脈絡，但並不能清楚顯示當事人所最看重或最不看重的個別價值。對於這一點，羅濟曲的價值量表就能善盡功能。羅濟曲的價值量表羅列了十六種終極價值，分別為(1)舒適的生活；(2)和平的世界；(3)美的世界；(4)刺激、活力的生活；(5)平等；(6)家庭平安；(7)自由；(8)心安理得；(9)愛情；(10)國家安全；(11)生活樂趣；(12)自尊自主；(13)社會地位；(14)真誠的友誼；(15)智慧；(16)死後得救。並且要針對上述價值分別列出三個最重要與三個最不重要的價值。為了知道個人對未來價值重要性的可能改變之預期，我們尚可追問其在未來十年中的重要性之改變，並增列了知識、效率、賺錢、傳統道德修養、人的自主性等五項指標做為價值變動參考。如此既可顯示其最看重與最不看重之價值，又可知道其可能變化。

㈡77年度對個別價值重要性程度及可能變遷的研究結果：

根據沈清松、汪琪、鍾蔚文三位在 77 年對台灣省南、北兩個城市與鄉鎮進行問卷調查的結果顯示，在羅濟曲(M. Rokeach)量表所列出的十六項終極價值當中，受訪者認為最重要的終極價值，以「家庭平安」比例最高，共有 36.4 ％（271 人）的受訪者選擇這一項；其次則為「國家安全」，共有 20 ％

（149 人）；再次則為「舒適的生活」（10.8％，80 人）；其他較值得注意的包括世界和平（7.5％，56 人）；心安理得（7％，52 人）以及自由（4.4％，33 人）。

其次，該項研究亦顯示，受訪者認為「次重要」的價值，大致上亦顯示了類似的排列次序；居首位的仍為「家庭平安」（20％，148 人）；居次位的也仍然是「國家安全」（16.6％，121 人）。只有第三位的次重要價值略有變動，由「心安理得」（12.3％，90 人）取代了「舒適的生活」（10.3％，75 人）。其餘如「生活樂趣」，「自尊自主」，「真誠的友誼」得票均在 10％以下。

以上是 77 年的研究所顯示出來的台灣民眾心目中「最重要」和「次重要」的價值。但該項研究亦顯示出其「最不重要」與「次不重要」價值的大概情形。根據該研究結果顯示：最不重要的價值居首位的是「死後得救」（44.1％，300 人），其次則為「刺激、活力的生活」（28％，191 人）；再次則為「社會地位」（13.2％，90 人）。至於選擇其餘項目的受訪者，都在 5％以下。至於「次不重要」的終極價值，亦有十分類似的排列次序：原先的第二名「刺激、活力的生活」上升為首位（28.1％，166 人）與「死後得救」（25.5％，151 人）對調，位列第三的則仍為「社會地位」（18.3％，108 人）。

由以上大致的陳述，我們可以獲得一個印象，就是受訪者在「重要」與「不重要」的終極價值項目上，同意度相當高。以「家庭平安」言，將「最重要」和「次重要」的人數合計，即已超過半數以上。至於認為「死後得救」最不重要或次不重要的合計起來，更高達 70％。

由於近年來台灣社會急遽變遷，人們的價值觀念均會發生

快速的轉變，因此，77 年度的研究調查中亦詢及受訪者在未來的十年內，其價值重要性的選擇是否會改變的問題。答案顯示有 2/3（66.3 ％，469 人）認為他們不會改變。但是估計自己會改變的，也仍有 1/3，並不在少數，亦頗值得注意。

羅濟曲的量表所測量的是一般人價值觀之取向，但由於台灣社會變遷快速，加上資訊傳播迅速，為明白在這種變遷趨勢下可能發生的價值觀的改變，因而在問卷上又增列了「知識」、「效率」、「賺錢」、「傳統道德修養」、「人的自主性」等五項加以詢問，顯示出知識、效率、人的自主性會越來越受到重視。至於「賺錢」和「傳統道德修養」也同樣會「越來越重要」，但是在程度上則會略有差別。簡言之，「知識」的價值之重要性顯然領先其餘；「效率」居第二；「賺錢」與「傳統道德修養」則在伯仲之間，相去不遠；最後則以「人的自主性」居末位。由此看來，受訪者已相當程度地體會到知識與效率在未來的重要性。至於「傳統道德修養」與「賺錢」兩項重要性提高的程度雖不及上述兩項，但不會降低其重要性則是十分明顯的。唯有「人的自主性」仍然不明顯。

針對以上這個調查的結果加以解析，我們可以得到以下關於台灣目前價值觀的現況的幾項重點：

1. 傳統文化的影響仍在：依據羅濟曲價值量表調查的結果顯示，台灣民眾對終極價值的重要性之排列，仍然顯示出相當濃厚的傳統中國文化的色彩。西方價值觀中所相當強調的「自由」、「平等」兩項價值，無論在「重要」或「不重要」方面的考慮，得票都很低，顯示出受訪者保持中庸或不置可否的態度。至於重要性居首的「家庭平安」則顯示中國人以「家」為生活重心的觀念仍在，而所謂的「平安」不但包含了「安全」的意思，而且涵蓋了「和諧」與「穩定」的狀況。

其次，家庭平安固然重要，但仍有其先決條件，因為「覆巢之下無完卵」，如果沒有「國家安全」，家庭的平安自會失去保障，由此可以了解「國家安全」的價值重要性何以僅次於「家庭平安」。這點亦顯示出當前中國人仍保有著傳統中國文化中由家而國的觀念型態。

在「家庭平安」與「國家安全」之後，才會進一步體會到人與自己的關係與物質生活的享受，因而「心安理得」、「舒適的生活」等價值之重要性位居其後。至於「死後得救」牽涉到「今生今世」之外的未知世界，和西方基督宗教式的信仰，然而中國人重視生命的「此世性」——「不知生，焉知死」——中國傳統文化的特性再度展現。

此外，「刺激、活力的生活」亦暗示「平安」、「和諧」、「穩定」的生活秩序受到影響之可能性，因此亦不受到重視。至於十年內價值的變動，「傳統道德修養」仍有其重要性，而「人的自主性」仍未受到重視，皆可以顯示傳統文化色彩仍是國人價值觀的潛在決定因素。

2. 安定性的價值優先於發展性的價值：前述的調查顯示，「家庭平安」、「國家安全」、「心安理得」、「舒適的生活」皆是屬於安定性的價值，皆受到較大比例的重視。而「刺激、活力的生活」、「社會地位」等則屬發展性的價值，則皆同樣被列為不重要的價值之列。由此可見，國人在終極價值方面，仍然是以安定性的價值優先於發展性的價值。

安定性價值優先於發展性價值的原因，除了傳統中國文化的影響之外，主要是近些年來台灣民眾財富累積的結果，使得民生富裕，人們較傾向於享受安定之生活；而且近兩年來社會運動的興起，自力救濟、街頭運動頻繁，造成了一些動盪不安，亦使得一般家庭傾向於護衛性的反應，因而心儀於安定性

的價值。

不過，在未來會越來越重要的價值中，知識、效率等價值會受到越來越大的重視，而「賺錢」亦受一定的重視，這些雖未有終極價值的地位，但亦皆屬發展性的價值。由此可見，在未來十年中，一些非終極性的價值體系較會突顯出其中較具發展性的因素。此亦為一值得注意之傾向。

3. 世俗性、功利性的價值優先於超越性、純粹性的價值：在最受重視的終極價值中，「家庭平安」、「國家安全」、「心安理得」、「舒適的生活」都是此世性的、世俗性的價值，並沒有超越的意味，很難有超越的依據和導向。這點亦由「死後得救」之為最不重要之價值得到反面的證明。這點印證了中華文化的此世性，但也顯示出目前社會的發展，功利的風氣有增無減。因而在未來十年會越來越受到重視的價值中，「知識」、「效率」、「賺錢」皆屬功利性的價值，亦皆變得越來越重要。本來「知識」在西方文化中有純粹的為知識而知識的價值。但中國人之所以認為知識會越來越重要，顯然是因為若無知識會吃虧，若無知識會無法成功獲利等功利性的理由。這點似乎在未來十年中難以改變，甚至有變本加厲，更為嚴重的趨勢。

4. 價值觀與人口變項有密切關係，亦與受訪者的資訊認知和文化表現有密切的關係。按照沈清松、汪琪、鍾蔚文的抽樣調查結果的交叉分析顯示，大體而言，教育程度較高、年紀較輕、居住地為都市、職業屬於專業性質、出過國的人，是在各方面資訊化程度皆較高的受訪者。在價值觀方面，他們較注重發展性的價值，如社會地位、自由、自尊自重、智慧，與刺激、充滿活力的生活。在未來的十年中，他們更會認為人的自主、知識、效率等價值會變得越來越重要，而相對地「傳統道

德修養」及「賺錢」則會變得更為不重要。在態度方面，他們
對於專業知識、資訊工具的使用，以及國家在資訊、經貿方面
所帶來的成果，均持正面的看法。在認知方面，他們所聽說過
及接觸過的新媒介與電子、電腦藝術比較多，相對的，他們使
用傳播媒介、尋找資訊，與欣賞和參與藝文活動的比例也比較
高。而在以上各個人口變項上，又以教育的影響最為突出，幾
乎貫穿所有變項。

　　再者，特別值得注意的是價值觀與其他認知和文化表現兩
者亦有密切而穩定的關係。例如傾向發展性價值的受訪者，通
常使用資訊媒介與參與藝文活動的頻率亦較高，他們對新媒介
以及新的藝術表現的認知程度亦較高，對於專業知識，使用資
訊工具及國際化的態度也趨於肯定。反過來說，持安定性價值
觀的人，在以上各項則會趨於較低程度與較為負面的態度。

　　尤其必須強調的是：受訪者所選最重要的價值不同，其欣
賞、主動參與藝術的頻率，以及對藝術的熟悉程度亦有異。凡
是以發展性價值為最重要的價值者——例如前述的「社會地
位」、「自由」、「自尊自重」、「刺激、與充滿活力的生
活」——則其欣賞、並主動參與藝術活動的頻率亦較高，對藝
術的熟悉程度亦較高。這點亦有反證：以安定性價值為最不重
要價值的受訪者在認知、欣賞、參與傳統藝術方面的比例，較
以發展價值為最不重要的價值的受訪者，分別高出大約 13 ％
和 14 ％。可見以安定性價值為最不重要價值的，其欣賞藝術
頻率亦較高，對新藝術的熟悉程度亦較高。

　　以上兩個方向的實證研究大致顯示了台灣地區民眾在現代
化和資訊化兩個脈絡下所呈顯出來的價值體系的現況。其中最
後一項研究，是在 1988 年內完成，大致可以描繪出台灣地區
價值體系的現況。

# 三、當前文化價值最嚴重的隱憂

呈現了台灣地區當前價值的理想面和實證面之後，我們還須進一步指陳在當前文化價值方面最大的隱憂。因為經濟的發展與功利之風的猖獗，台灣在文化部門最嚴重的危機莫過於以下二者：

㈠道德價值逐漸式微，使得人們在倫理生活方面陷入困境。一般人雖能有效的運用手段達到各種目的，卻逐漸失去值得奉獻的理由，生活變得失去意義。生命的歷程變成是在「討生活」，而無法提振生命的意義。

㈡工作價值逐漸失去比重，使得人們多少皆患了富貴病，只想儘速求利，卻不想勤勞耕耘。尤其加上賭風盛行，生活虛浮，工作倫理受到十分嚴重的打擊，勢將進一步影響現有的經濟發展。

以下我們分別就這兩個重點隱憂，加以解析，以便把握當前文化發展在價值方面的癥結所在，進而能對症下藥，尋出克服與超越之道。

### ㈠道德價值的低落與倫理生活的困境

在經濟力與社會力正蓬勃興起的台灣社會中，傳統的善良風俗與道德價值受到侵蝕，難以維持社會秩序之運作。有越來越多的人生活在低俗的慾望或膚淺的價值之中，失去了內心道德的真實感。倫理規範亦日愈崩解，無法對個人的或群體的行為產生自發性的或強制性的約束作用。道德淪喪、倫理崩解，使得許多衛道之士感嘆台灣社會在經濟致富之後，卻又陷入「道德貧窮」的困境。

當然，對於社會問題的解析，不適宜戴上「泛道德主義」的有色眼鏡來看待。所謂「道德貧窮」並非一種價值判斷的結

果，而是顯示出個人意義失落與群體規範無力的狀態。意義與規範皆有其興起與淪喪的社會脈絡。倉廩實而後知榮辱，並不表示經濟富裕之後必然會走向道德認知與實踐的提高，但卻表示道德的認知與實踐有其經濟與社會之條件。因此，目前台灣社會有許多問題並不適宜直接地判定為道德貧窮之現象，卻應分別從管道與目標之差距、意義的迷惘與失落、規範的僵化與宰制等三方面來予以思索。在這三層次的考慮當中，管道與目標之差距是純屬經濟與社會條件之考慮，只有後兩層考慮才涉及了道德和倫理的考慮。

1. 價值目標與實現管道之差距所造成者⑨：有部分社會問題被部分衛道人士認定是道德低落的現象，其實是由社會所追求的目標與實現的管道之間的差距所造成的，無關乎道德問題。例如社會中眾人皆追求金錢與成功，但求得金錢與成功的管道不暢，於是有人挺而走險，透過偷搶與賭博來得之。尤其在經濟快速成長的社會當中，部分人眼見其他人由於勤奮與智慧而成功，自己卻又不願按牌理出牌，亦不甘忍受艱辛，一切都想速成，甚至置社會所提供的正常管道於不顧，這類問題並非任何倫理道德藥方所能治癒，卻須分別就目標與管道兩方面來下手。就目標而言，應提供更多元、更豐富、更長遠的價值目標，使社會從短視、功利的目標——例如金錢與成功——的執著中，產生目標的轉移與擴大。就管道而言，則應提供更多合理、合法之管道，使其得以實現所追求的目標，不致於因管道不暢而產生挫折，另覓他途。

意義和規範的問題才真正涉及了道德和倫理，一般人常把

⑨ 此路線的思考主要是根據 Robert Merton, Robert Nisbet 等人的看法發展的，參見 R. Nisbet 等著，郭振羽、羅伊菲譯，《當代社會問題》（台北：黎明公司，民國 70 年）。

道德與倫理並舉，甚至認為兩者為同一。實則道德與倫理雖然相關卻仍有別。德國觀念論哲學家如謝林(F. W. J. Schelling)、黑格爾(G. W. F. Hegel)皆區別道德與倫理。謝林認為道德只要求個人人格之完美，倫理則是要求全體社會遵行之規範，可藉以保障每個人的人格。黑格爾認為道德只指涉個人意志，倫理則涉及了體現於家庭、社會、國家中的客觀理性。在中國哲學中，道德通常亦指個人實現人性的歷程與成果，至於倫理則強調社會關係的規範。總之，道德指的是個人追求意義、實現價值之歷程與結果，而倫理則是指群體規範的實踐歷程。

在意義與規範上產生的問題，並非單憑目標與管道之差距便足以解釋。在意義和規範上所出現之弊端，亦非單在經濟與社會層面上使力就足以補救。

2. 由價值之迷失所造成者[10]：道德涉及了個人追求意義、實現價值的歷程與結果，每一個人皆有自覺或無自覺地在追求有意義的生涯，並實現某些自認為善的價值。但是，由於傳統的意義型態和價值系統又尚未確定，因此，許多人失去了工作與生活上值得奉獻的重要目標，因而感到迷惘與失落，只能在感官的刺激和動盪的生活中尋求補償。人們似乎追求著更快的速度，更大的胸脯，其實心中多屬空虛，不知自己是誰？所謂道德的貧窮，就此而言，實為意義的貧窮、價值的貧窮。

道德行為是吾人對某些被認為合於自我實現或群體實現之要求的價值，加以追求，因而產生之活動。目前台灣社會逐漸全然邁向工業社會，甚至已有部分後工業社會之情況產生。在這種新的社會脈絡中，價值的多元性是無可避免的。

道德的重建有賴於在新的社會脈絡中確立個人所追尋的價

---

[10] 此一路線主要是根據韋伯及現象學派的思想而發展的。

值，使個人的工作與生活找到值得奉獻的理由，並在實際的行為中篤實履踐。但是，無論如何，我們再也不能主張強制性的一元價值。新興價值的可接受性應是建立在個人的自由意志之上，以個人抉擇為其基礎，並且應該保持彈性，使價值的創新成為可能。如此才能獲取有意義的生命，不致產生「道德貧困」之症候。

　　3. 倫理規範的僵化所造成者⑪：倫理涉及群體規範之確立與實行，倫理貧困之主因在於群體規範崩解，以及社會成員不履行既有規範。我國這近四十年來在急促的腳步中踏入現代化社會，倫理規範退化而無進步，法律規範雖然隨著現代社會的發展而日新月異，但並未能成為人們信念和生活的一部分，因而無法彌補倫理規範崩解所造成的虛空。一方面傳統倫理規範在現代社會中失去了規範所應有的約束性。傳統倫理規範本有的形上學或宗教意識基礎──例如天或業報觀念──在現代社會中已然失落，且其涵意之籠統，亦無法符合現代化社會所需要的精確行為規範。另一方面，傳統的倫理規範是長期集體生活所孕育出來的，並非速食麵式的法律條文所能替代。法律條文之訂立往往應乎社會理性化歷程之要求；然而吾人生活中情感、思想與行動卻往往依乎信念和直覺，其中人際互動的倫理規範扮演十分重要的角色。總之，傳統與現代銜接不妥，體系與生活兩相背離，乃目前倫理規範之主要困境。

　　尤其是職業倫理、環境倫理、公物倫理之缺乏，顯示在國人的認知中，仍然缺乏一種「理性化的公共空間」觀念。蓋現代化之世界乃理性化之世界，其中之人際關係由理性化之公共關係所組成，是以職業、環境與公物倫理規範特別凸顯出來，

⑪ 此一路線的思想主要是依據批判理論的觀點而發展的。

唯有社會中人予以遵守，始能成就一個合乎現代化要求的倫理世界。國人在這三方面的缺乏認知，顯示吾人從富裕走向好禮，尚有一段長遠的距離。

如果我們從經濟的富裕，走向道德的富裕，則須開創更多的社會目標，並減縮目標與管道之間的差距；建立合乎現代社會特質的價值體系，尋求值得個人工作與生活奉獻的理由；開拓理性化公共空間，確立職業倫理、環境倫理與公物倫理，應是一條無可替代的康莊大道。

### ㈡工作價值的貶低與工作倫理之低迷

77 年度在價值體系上最值得注意的現象乃工作價值的貶低，以致工作倫理受到打擊。其原因在於近些年來台灣的經濟發展形成財富的累積，以致社會上游資充斥，且缺乏系統的出路，使得較有資本的人轉而投機股票、炒地皮、飆房價；較少資本的人則沉迷於大家樂、六合彩。舉國上下一片賭風，以致有「賭場社會」之譏。結果是賺了大錢的人懶得再兢兢業業地賺小錢；賭債高築的人亦覺得債欠多了，並非賺辛苦錢所能還得起的。這種現象對國人一向勤勞、敬業的工作倫理造成莫大的打擊。工廠、工地招不到工人，較辛苦、危險的工作必須仰賴於非法的外籍勞工和偷渡的大陸勞工。此外，投機事業亦打擊生產事業。資本家有鑑於生產事業本身須受到環保運動和勞資糾紛之困擾，亦覺得不如將資本轉向投機事業。

分析起來，求利之心會對工作倫理有負面影響，這實在是一個吊詭的現象。在傳統中國文化和西方資本社會中，這種吊詭現象是不存在的。在中國文化中，求利之心與工作倫理皆是傳統文化實用取向之餘緒。中國文化重視實用，凡有所關切，多從人生實際方面來考量，不尚空談，而重視身體力行。此種講求實際的文化取向，走向求利，亦走向勞動，而且兩者是相

互結合的。因為辛勤工作正是獲利的途徑。無論種田或做生意，孜孜不倦地工作始能累積財富。為此，傳統思想總是鼓勵辛勤工作：「勤能補拙」、「業精於勤荒於嬉」這些說法都在鼓勵工作，避免好逸惡勞。

按照韋伯的看法，在西方工業化初期，資本主義興起之時，新教倫理亦鼓勵新教徒要辛勤工作。因為工作是符合上帝旨意藉以製造財富的方式：一方面工作與上帝的召喚有關，可以實現每個人的天職，另一方面工作亦有禁慾功能，不使人慾橫流，卻可超越世俗，合乎上帝旨意。因而，當時的教士會如此勸誡教友：「記著，時間就是金錢，一個能藉工作日賺十先令的人，若去閒遊半日，雖只花去六便士……其實是花去了五先令！」、「應為上帝工作而致富，而非為了肉慾與罪惡」⑫。前此歐洲亦有數度資本累積，但並未產生資本主義。直到有了新教這種工作倫理及組織方式，始能發展出有系統地生產與致富的經濟型態。

韋伯的論點雖仍值得商榷，但是單有財富累積並不能發展出穩定且有系統地生產與致富的觀念。財富累積是這 40 年來辛勤工作、經濟發展的結果。但是此種財富累積的直接後果就是游資充斥，無法透過系統的或創意的管道進行再投資，於是便進入了投機的不正常管道。加上近些年來民間文化發展趨於庸俗化，很難提昇國民的精神生活，以致雖有錢而不知如何用錢，以致暴發戶的姿態猖狂；解嚴之後的社會力不知如何提昇，造成暴戾之氣充斥。每個人皆知道重視自己的權益，但對於他人的權益或整體的利益卻遲於覺知，更未學習到在規範中爭取權益，在規則中實現自由的素養。

---

⑫ M. Weber, *The Protestant Ethic and the Spirit of Capitalism,* translated by T. Parsons (New York: Charles Scribner's Sons, 1958), p.50.

經濟的發展創造了財富，但卻未能往更高的科技、文化、精神財富方面去追求更上層樓，卻只知在錢上滾錢，因而架空了工作倫理和生產部門。社會力的解放雖展現了蓬勃的社會活力，但層出不窮的脫序現象則與上述游資充斥現象結合起來，打擊了生產部門和工作倫理。此種情形的持續必會導致台灣經濟力的衰退。求利之心固然是物質文明的動力之一，但是求利之心與工作倫理之分裂，甚至以短視近利而傷害工作倫理，必會倒過來阻礙文明之進步。

　　若要突破目前這種困境，首先必須針對充斥的游資提出一套系統的解決辦法，引導其向高科技、精緻文化、生產性投資、銀行儲蓄、公共投資債券、社會福祉等方面發展。至於加收證券所得稅、壓低房價飆速、取締六合彩雖亦有其必要，但終究屬於局部性、壓抑性、防堵性的做法，仍然有所不足，必須進之以系統、積極性的做法，使豐富的游資成為創造財富、提昇科技、發展文化的正面動力，勿使之反成為社會動盪的原因。尤其應防止此種動盪因素與社會力的動盪相結合。目前台灣社會力的釋放已經在有形的財富之外增益了寶貴的無形財富。但它目前亦正遭到脫序現象的侵蝕，並由於政治抗爭之介入而受到誤導或變質，今後應約束之以法治精神，並用更高的社會發展目標來加以提昇。

　　所謂更高的社會發展目標，當然與文化有密切關係。目前台灣的文化創造尚不能提昇社會發展，最主要的原因在於精緻文化多唱高調。而民間文化則有低俗的取向，皆難以普遍地提高國民心靈。今後應努力的目標在於讓精緻文化更生活化、更普及化，而民間文化則應更趨美感化、禮儀化，如此才能逐漸提昇這蓬勃的社會力。

　　總之，政府與民間應在疏導游資與社會力方面多下功夫，

藉以減除經濟與社會發展的負面障礙，使求利之心與工作倫理重新組合，使國民重新學得「在規則中自由」的素養，如此中國人的務實取向必能發揮特長，再創更高的經濟、文化成果。

## 四、結　論

本章對於台灣地區的價值體系之現況進行分析與評估，首先指出了價值的理想面和實證面必須兼籌並顧。在價值的理想方面，工業化歷程中所追求的價值理想，諸如自我實現、自由平等、社會責任與共融、工作與休閒均衡、喜悅與美感……等等，應如何與傳統中國文化所隱含的理想價值，例如仁愛、正義、和諧……等等相互融合，仍然需要思想家和人文工作者的研究和闡揚，在創造性的詮釋中加以結合。

其次，在價值的實證方面，顯示一方面當前的價值觀已有相當程度適於現代性之要求；另一方面則仍然顯示傳統中國文化中價值體系的影響力亦仍然存在，但目前最大的困難在於世俗性、功利性的價值佔了極大的比例。這種世俗功利的價值取向，自亦埋伏了我們前述的文化隱憂，亦即道德價值低落、倫理生活陷入困境；工作價值遭到貶抑，工作倫理受到嚴重打擊的情形。當然，這些價值上的外顯困境也和當前經濟上的問題（例如游資、失業）和社會上的困境（社會力高漲而缺乏規範）密切相關。

不過，值得注意的是，教育程度較高、年紀較輕、居住地區為都市、職業屬專業性質、出過國的人口的資訊化程度較高，且傾向於發展性價值並且較熱心參與各種藝文活動，對文化認知亦較多。由此可見，如何繼續提高教育程度，平衡城鄉差距，提昇專業人員的人文素養，多致力於輔導青少年的工作，以及擴大對其他地區的認知，應是十分重要的工作方向。

當然，在這方面應存著融合中國與西洋，銜接傳統與現代的主旨，在創造與吸收的過程當中，避免陷入依賴的情境，而能創造出有特色的文化價值，才是值得再予努力的大方向。

第十章

# 台灣地區文化生活與滿意度
# 民意調查分析報告

　　為了對民國 79 年(1990)一年台灣地區民眾的文化生活，表現在「文化資訊」、「文化活動」、「文化產品」，以及「文化機構和政策」等方面的現況與滿意度進行了解，本人曾擬就一項問卷，包含 36 個問題，委託「中國時報特案中心民意調查組」於81年1月17日至20日，對台灣地區（包含大台北地區24.5 ％，台中縣、市 13.2 ％，高雄縣、市 14.5 ％，其他地區17.8 ％）年滿 20 歲以上的成年民眾，進行電話調查。抽樣的方法是依照「系統抽樣法」，由台灣地區住戶電話簿中等距、隨機抽出 3,691 個電話樣本，排除其中的非人為因素，例如：戶中無受訪對象、無人接聽、電話佔線、電話停話、電話故障、電話空號、傳真機、公司或營業用電話及宿舍等等，總共受訪人數為 1,786 人，結果訪問成功 1,007 位台灣地區 20 歲以上的成年民眾，成功率為 56.38 ％。至於其中抽樣誤差方面，對於母體的各項推論以 95 ％的信心水準，推估抽樣誤差約為正負 3.2 ％。

　　以下茲根據調查的結果，分就「文化資訊」、「文化活動」、「文化產品」、「文化機構與政策」四個方面，對於民國 79 年一年台灣地區民眾文化生活的現況以及滿意度分析如下：

台灣精神與文化發展

■

240

# 一、文化資訊

　　文化資訊是促使一個人進一步從事文化活動，購買文化產品，了解文化機構和政策的認知依據。有更豐富的文化資訊，才會有更多元而高水準的文化認知、活動和產品。我們在問卷當中曾經對於台灣地區民眾對有關文化方面的資訊需求，以及79年一年是否曾經尋求文化方面的消息，與前兩、三年文化資訊的比較，文化資訊來源，以及對 79 年一年文化資訊的滿意度，和未來的需求方面都進行了解。

　　首先有關文化資訊的需求方面，我們向受訪民眾詢問：「請問你個人對於有關文化方面的資訊，是否感到有實際需要？」

　　回答「很需要」的佔受訪民眾 18.7 ％，約近二成；回答「需要」的佔 49.8 ％，約佔五成；回答「不太需要」與「根本不需要」的(14.9 ％、6.4 ％)，合計約佔二成。由此可見，一般而言台灣地區的民眾，在由於經濟發展而獲得較高的物質生活的滿足之後，更需要文化來提昇其精神生活，因而對文化資訊就有更多的需要，也因此感覺到「很需要」和「有需要」的民眾約佔全部受訪人數的七成，可謂相當高的比例。不過仍然有 10.2 ％的受訪民眾不知道究竟自己有否文化需求，換言之，有一成強的民眾對於「文化資訊」是何物？以及文化資訊與其生活有否關係？仍然沒有清楚的知覺，以至不知道如何回答。

　　進一步我們對文化需求與其他的人口變項交叉分析，結果顯示：

　　1. 首先就年齡層而言：將回答「很需要」和「有需要」的合併計算，則 40-49 歲中佔該年齡層的 81.1 ％，其次是 30-39 歲之間佔 79.4 ％，再次是 20-29 歲之間佔該年齡層的 76.5 ％。

大致說來三者的差距不大，也顯示對於文化資訊最有需要的大致是介乎 20 歲到 49 歲之間，尤其 40、50 歲之間的人，在物質生活有一定的成就以後，更感到在文化資訊上面的需要，以提昇其精神生活。不過，在回答「很需要」的人當中，則以30-39 歲的年齡層為最高，佔全體回答「很需要」的受訪民眾的 38.2 ％，可見這個年齡層的人正在踏入中年，正在建立其事業，在社會上發展其抱負的時候，也是自我最需擴充知識的年齡，因而對文化資訊最感需要。

2. 就教育程度而言：不識字的受訪民眾，竟沒有回答「很需要」的，而回答「需要」者有 30.8 ％，僅佔三成，而回答「不太需要」和「根本不需要」者，則合佔 68.2 ％。至於回答「很需要」或「需要」的受訪民眾當中，以大專和研究所以上程度為最高，佔該教育程度的 87.3 ％（「很需要」27.8 ％，「需要」59.5 ％），約近九成，其次則是高中以上程度，佔該教育程度的 76.1 ％（「很需要」20.6 ％，「需要」55.5 ％）。由此可見教育程度越高對於文化資訊越需要，而教育程度越低則對文化資訊越不感到需要。

3. 就職業別而言：回答「很需要」和「需要」文化資訊的民眾當中以從事教育工作者為最高(35.0 ％、62.5 ％)，合計為 97.5 ％，而且該職業別沒有一個人回答「根本不需要」。其次則是學生(22.9 ％、61.5 ％)，合計 84.4 ％；再次為民營事業受雇者(17.7 ％、64.2 ％)，合計 81.9 ％。至於在回答「不太需要」和「根本不需要」的民眾當中，則以農民(22.7 ％、18.2 ％)、工人(26.2 ％、13.9 ％)、軍人(20.0 ％、20.0 ％)為多。由此可見，對於文化資訊方面仍然以公教人員、學生和私人公司的上班族需求較大，至於農民、工人和軍人則因職業和工作型態的關係，文化資訊需求較小。

4. 就收入層面而言：在回答「很需要」和「需要」人當中，以每月收入在 7 萬 5 到 10 萬之間的人為最高(26.7 ％、58.3 ％)，共佔該收入層的 84.9 ％，約佔八成五強。其次則是 5 萬到 7 萬 5 之間(25.3 ％、55.5 ％)，合計 80.8 ％，約佔八成強。再次則為 10 萬以上(24.0 ％、54.8 ％)，佔該收入層的 78.8 ％。再其次則為 2 萬 5 到 5 萬之間(21.1 ％、55.9 ％)。至於每月收入在 1 萬以下的民眾，則有 57.1 ％回答「不太需要」和「根本不需要」。而在 1 萬到 2 萬 5 之間，則有 36.6 ％回答「不太需要」或「根本不需要」。由此可見，對文化資訊的需求亦與收入有關，其中最有文化資訊需求的是每月收入在 5 萬到 10 萬之間的受訪民眾，而到了 10 萬以上又有下滑的趨勢，顯示收入太高者的生活方式和物質享受，對文化資訊的需求反而不如中等收入的人。

5. 就性別而言：男女大致相當平均，男性回答「很需要」和「需要」佔 75.75 ％，女性佔 76.7 ％。

6. 就出國與否而言：則有相當的影響。在受訪民眾中有出過國的，在文化需求上回答「很需要」者 24.1 ％，回答「需要」者佔 60.7 ％，合計 84.8 ％，約占八成五強。至於沒有出國者，回答「很需要」佔 19.3 ％，「需要」52.8 ％，合計 72.1 ％。然而在回答「根本不需要」的 64 人當中，有 56 人是沒有出過國的，佔 87.5 ％，有 8 個人是出過國的，佔 12.5 ％。由此可見，國人在近年來經濟發達，交通便利的情況下，出國觀光旅遊的機會增多，對國外越加認識就越感到有文化資訊的需要，因此有出過國的受訪民眾回答「很需要」和「需要」文化資訊者比例較高；而沒有出過國的民眾，回答「根本不需要」的則較高。顯示出國觀光旅遊或辦理商務，使民眾開闊心靈，因而對文化的資訊需求亦有所影響。

7. 就地區而言：在回答「很需要」和「需要」受訪的民眾當中，以高雄地區為最高(18.2 ％、65.9 ％)，合佔該地區受訪者的 84.1 ％，約為八成四強；其次台中地區(22.0 ％、55.9 ％)，合計 77.9 ％，與大台北地區(18.6 ％、58.8 ％)，合計 77.4 ％，約在伯仲之間；而在台灣省其他地區的民眾最多，但其中回答「不太需要」和「根本不需要」的在全省各地區當中卻居最高；換言之，有 56.4 ％回答「不太需要」的民眾集中在台灣省其他地區，有 49.2 ％回答「根本不需要」的也集中在此一地區。由此可見，高雄是一個新興、不斷擴張的一個大都會，在經濟活動活絡，物質生活改善之後，有需要更多的文化資訊；而台灣省其他地區，相形之下在經濟、文化各方面，比其他地區顯得較為低落，因此對文化資訊方面的需要也較少。

進一步，我們詢問受訪民眾：「請問你在79年一年當中，是否經常尋求文化方面的消息？」

調查結果是回答「每天」尋求的，僅佔 2.4 ％，回答「經常」的佔 23.1 ％；回答「偶爾」的，佔 43.6 ％；回答「從來不」的則佔30.9 ％，約佔三成強。由此可見，雖然在上一題當中回答「很需要」和「需要」文化資訊者共佔 68.5 ％的高比例，然而在 79 年一年當中，實際上尋求文化方面的消息者比例並不高，而且有近三成一的民眾在79年一年當中「從來不」曾尋求過任何文化資訊，且最多的情形是「偶爾」為之。這點顯示台灣地區的民眾在文化資訊方面，在心裡面感到需要與79年一年當中實際尋求文化資訊，中間仍然有相當大的差距。

若詳就受訪者的年齡、教育、職業和居住地區加以分析，則可發現：

1. 就年齡而言：在 79 年一年當中，年齡在 50-59 歲之間回答「從來不」曾尋求文化資訊者，佔該年齡層的 42.5 ％，而

60 歲以上則佔 48.3 ％。由此可見，79 年一年當中，年紀越大者從來不曾去尋求文化資訊的受訪者比例越高；而相形之下，年紀較輕者回答在 79 年一年當中「偶爾」尋求文化資訊者，20-29 歲佔該年齡層的 52.2 ％，30-39 歲佔該年齡層的 45 ％，可見年紀越輕的在 79 年一年當中「偶爾」尋求文化資訊的情形越多。而在「每天」和「經常」尋求文化資訊者中，40-49 歲佔該年齡層的 30.4 ％，約佔三成強，可見在 40-49 歲之間的民眾由於該年齡層是在步入中年之後，心靈上更需要文化的陶冶，因而在 79 年一年當中對文化資訊的尋求程度較為顯著。

  2. 就教育程度而言：在 79 年一年當中，以大專和研究所程度以上回答「每天」和「經常」尋求文化資訊者為最高(4.8％、36.8 ％)，共計佔該教育程度受訪者的 41.6 ％，約四成一強；而該教育程度回答「偶爾」尋求文化資訊者亦佔 45.7 ％。至於高中程度的受訪者，在 79 年一年當中回答「每天」和「經常」尋求文化資訊的僅合佔該教育程度受訪者的 23.4 ％，而回答「偶爾」的則較高，佔 49.6 ％。至於回答在 79 年一年當中「從來不」尋求文化資訊的，不識字者佔 67.4 ％，小學程度佔 64.3 ％。結果大致顯示在 79 年一年當中，教育程度越高者，實際尋求文化資訊者也越多，而教育程度較低者則不但不感到需要文化資訊，而且也較少尋求文化資訊。

  3. 就職業別而言：在 79 年一年當中，回答「每天」和「經常」尋求文化資訊的，以從事教育工作者為最高，合佔該職業別的 60 ％（分別佔 5 ％、55 ％）。至於在回答「偶爾」尋求文化資訊的人中，則以學生和私人公司的上班族為最高，分別各佔其職業別的 53.8 ％和 48.7 ％。然而回答「從來不」曾尋求文化資訊的，以農人(63.3 ％)、無業(47.5 ％)、工人(44.6％)和家庭主婦(40.5 ％)為最多。由此可見，農、工和家庭主婦

的工作型態影響其對文化資訊的尋求；而沒有固定職業或退休以後者，其與社會的相關性以及對文化的需求的急迫性就較為減少，因此使其中有高比例的人口「從來不」曾尋求文化資訊。

4. 就地區而言：值得注意的是，在 79 年一年當中回答「每天」和「經常」尋求文化資訊的，以大台北地區較為突出 (2.4 ％、27.8 ％)，合佔 30.2 ％。其他的地區就較為平均，皆在二成二、三左右。但這三類地區（高雄、台中、台灣省其他地區）有較高的比例（約在三成二左右）回答在 79 年一年當中「從來不」曾尋求文化資訊。在這裡值得注意的是，雖然高雄地區有相當高的文化需求，但 79 年一年當中「從來不」尋求文化資訊的比例卻高於台北，可見高雄地區雖然由於經濟的發展，人們感到有文化方面的需求，但在實際的文化生活上則尚未能落實。

此外，為了瞭解民眾在 79 年一年當中所獲得的文化資訊，與解嚴和開放報禁以前比較起來，民眾在主觀方面是否有顯著的差異？我們詢問受訪者：「請問你覺得 79 年一年所獲得的有關文化的資訊，是比三、四年前增加或減少？」

回答「多很多」的佔 21.2 ％，回答「多一些」的也有 47.8 ％，合計 69 ％，約佔七成。由此可見，近三、四年來的社會變遷和新聞傳播媒體的發展，以及政府的努力，一般老百姓感覺到文化資訊有顯著的增加。

至於受訪民眾在獲知文化消息方面的管道，就訪問的結果顯示，最主要的來源以「報紙」為最高，佔 50.6 ％；其次是「電視」，佔 24.5 ％；再次是「雜誌」，佔 8.4 ％；再次是「親友告知」，佔 4.1 ％，再其次是「收音機」，佔 2.7 ％；而從「傳單」得知的，則僅佔 2.3 ％。由此可見，在報紙增張

以後，各報紛設文化版，並提供文化性的資訊和服務，已成為民眾文化資訊的主要來源。至於電視節目主要仍是娛樂取向，其中雖亦提供文化方面的訊息，但多放在對聽、閱眾較不方便的時段播出，因而雖然電視媒體的影響十分顯著，但就提供文化資訊方面來講，不及報紙的一半。但最令人注意的是各文化中心、文化機構、或文化活動的主辦單位所發的傳單，僅佔文化消息來源的 2.3 ％，可見由文化主辦單位散發或直接寄送的傳單，在傳播文化資訊方面的功能仍然十分有限，而比起歐美先進國家「傳單」所扮演的文化資訊宣傳方面的重要角色，國內在這方面仍有待努力。

為了瞭解國人 79 年一年對文化資訊的滿意度，我們詢問受訪民眾：「整體說來，請問你對 79 年一年獲知的文化資訊感到滿不滿意？」

結果回答「很滿意」的僅佔全部受訪民眾的 2.6 ％，回答「滿意」的佔 58 ％，回答「不太滿意」的佔 18.5 ％，回答「很不滿意」的僅佔 1.9 ％，不過回答「不知道」的卻有 18.7 ％，約近二成。由此可見，大體說來有六成以上民眾對於 79 年一年的文化資訊感到「很滿意」或「滿意」；然而，「很滿意」和「很不滿意」的比例都不高，可見 79 年一年的文化資訊，對一般民眾而言並沒有特別突出或特別拙劣的表現。只是「不知道」或無法判斷的人口約近二成，顯示一般民眾對於文化資訊方面滿意與否，仍然沒有足夠的認知，也沒有建立主觀的標準。

如果分就年齡、教育、職業和居住地區加以分析，則可發現：

1. 在年齡方面：在 79 年一年當中，對於文化資訊感到「很滿意」和「滿意」者在 40-49 歲、50-59 歲、60 歲以上的

人口相當平均，分別各佔該年齡層的 5.4 %、73.0 %、6.1 %、72.7 %，10.1 %、68.1 %。而在 20-29 歲、30-39 歲之間，「不滿意」和「很不滿意」的程度則較顯著，分別各佔該年齡層的 2 %、24.2 %，2.7 %、25 %。

2. 就教育程度而言：大專和研究所以上感到「很滿意」和「滿意」的民眾佔 68.9 %，但是其中「不滿意」和「很不滿意」的也佔 31.1 %。由此可見，教育程度越高越有認知和主觀的判斷標準，意見也更為多元，雖然有 2/3 以上的人對 79 年一年的文化資訊感到相當滿意，可是不滿意的比例也仍然相當明顯。相反的，在受訪者當中不識字的民眾沒有一個回答「很不滿意」，而回答「滿意」和「很滿意」的則合佔該教育程度的 87.5 %，其同質性較高。可見，就教育程度而言，在文化滿意度方面，教育程度低者其同質性較高，而教育程度高者其差異性較大。

3. 就職業別而言：比較值得注意的是農人階層回答「很滿意」和「滿意」的(4.5 %、81.8 %)，共佔該職業別的 86.3 %，其次是家庭主婦，「很滿意」1.7 %，「滿意」79.8 %，共佔 81.5 %。然而，在前面的調查顯示，農人和家庭主婦在 79 年一年當中較少尋求文化資訊，可是此處顯示其滿意度卻較高，由此可見，這些職業別的工作型態使其尋求文化資訊的機會較少，然而其主觀的判斷標準亦較為缺乏，因此對於僅有的文化資訊本身就容易產生較高的滿意度。除此以外值得注意的現象是，公務人員沒有一位是回答「很滿意」的，也沒有一位回答「很不滿意」的，而其中回答「滿意」的是佔該職業別的 68.6 %，「不滿意」的則佔 31.4 %；而教育人員則有 5.7 %回答「很滿意」，74.3 %「滿意」，也有 20 %「不滿意」，而沒有人感到「很不滿意」；而軍人回答「很滿意」的佔 21.4

％，「滿意」57.1 ％，「不滿意」的佔21.4 ％，沒有「很不滿意」的。由此可見，軍、公、教人員一般而言，對 79 年一年的文化資訊都沒有「很不滿意」的情形，大致說來他們都是屬於國家穩定機制的一環，因此較少顯示其不滿意的情形。而軍人較少尋求文化資訊，卻有較高的滿意度，顯示其在文化上主觀的標準方面也並不十分強烈或明確，因而在所尋求的較少的文化資訊當中容易感到滿足。至於有最高比例尋求文化資訊的教育人員而言，有八成以上感到「滿意」，只有二成感到「不滿意」，可以說他們代表了文化滿意度方面判準的典型。

4. 就居住地區而言：各地區的民眾就地區內部來比較，台中地區的民眾對 79 年一年的文化資訊有較高的滿意度，其中「很滿意」的佔 1.9 ％，「滿意」佔78.7 ％，合計 80.6 ％，約佔八成，而且沒有一個人回答「很不滿意」。其次是台北地區（「很滿意」2 ％，「滿意」72.6 ％），和台灣省其他地區（「很滿意」3.6 ％，「滿意」71.0 ％）。至於高雄地區的滿意度敬陪末座（「很滿意」5.2 ％，「滿意」64.7 ％）約合佔七成，而「不滿意」亦較為顯著，計 29.3 ％，約佔三成。由此可見，高雄地區對文化資訊的需求較高，而實際尋求文化資訊則較低、滿意度亦低，因此高雄地區在實際改善文化環境和提供更多文化資訊方面有必要作更大的努力，以滿足民眾在這方面日益高漲的需求。

最後，為了瞭解受訪民眾在未來對文化資訊方面的需求程度，因而我們亦詢問受訪者：「請問你覺得未來三年中是否需要更多的文化資訊？」

調查的結果顯示，回答「很需要」的佔26.4 ％，「需要」的佔 56.4 ％，合計 82.8 ％；至於回答「不太需要」和「根本不需要」的則分別為 4.6 ％和 2.7 ％，可說較為不重要；不過

亦有 9.9％，約佔一成的受訪民眾回答「不知道」，而這個「不知道」的比例大約是在第一個問題回答「不知道自己是否有文化資訊的需要」的比例，因此我們可以確定仍有一成的民眾對自己的文化需求，以及未來是否需要文化資訊，沒有明確的知覺。但大致說來，有近八成三的民眾覺得未來需要更多的文化資訊，由此可見，各傳播媒體、各文化活動單位，以及政府在這方面有更多值得努力的空間，也應該提供更多的文化資訊來滿足民眾更多的需要。

不過為了了解究竟那些人對於文化資訊有更多的需要？以及向誰提供文化資訊？我們從交叉分析顯示：

1. 首先就年齡而言：大致上在各個年齡層都顯示，在未來三年對於文化資訊的高度需求，其中尤其是 20-29 歲為最高（「很需要」34.9％，「需要」60％），佔該年齡層的 94.9％；其次是 30-39 歲之間(33.9％、60.1％)合佔 94％；再次是 40-49 歲的民眾(27.1％、64.3％)，合計 91.4％。至於回答「不太需要」和「很不需要」的受訪者，較高的比例則顯示在 50-59 歲和 60 歲以上的人當中，其中前者合佔 19.4％，後者合佔 17.7％。

2. 就教育而言：在回答「很需要」和「需要」的人口當中，以大專和研究所以上的比例為最高(35.1％、59.7％)，共計 94.8％；其次是高中以上(32.3％、62％)，合計 94.3％；再次是國中以上(26.4％、63.6％)，合計 90％；至於不識字的人口當中，也有 7.7％感到「很需要」，53.8％感到「需要」，但是其中也有 9.2％感到「不太需要」，有 19.2％感到「根本不需要」。可見教育程度越高，在未來三年當中對於文化資訊需要的程度越高。

3. 就職業別而言：在各個職業層當中都相當平均的表示

未來對文化資訊「需要」。其中在感到「很需要」的受訪民眾當中，以軍人為最高，佔該職業別的 50 ％；其次是公務人員，佔該職業別的 40.5 ％，教育人員則佔 40 ％。不過，如果將「很需要」和「需要」合併計算，除了農人最低，只佔 59.1 ％，其餘皆在八成以上，而且相當平均，其中尤以教育人員佔 97.5 ％為最高，其次是民營事業受僱者 95.6 ％，公務人員 95.3 ％，自由業 94.6 ％，家庭主婦 93.4 ％，學生 93 ％，軍人 92.7 ％，自營商人 88.9 ％，工人 83.3 ％，農人 59.1 ％。由此可見，公教人員和民營事業受僱者在未來對文化資訊仍然有很高的需要。不過，未來三年中家庭主婦對文化的需求也很大，可見家庭主婦對於外在世界的開放與精神的提昇，預期在未來會有更高的進展，政府及文化團體在這方面應為她們提供更多的文化資訊，使其感到滿足。另外農人當中，除了在「很需要」和「需要」的比例偏低外，也有最高的比例的人口覺得在未來三年當中「不太需要」(18.2 ％)，和「根本不需要」(22.7 ％)文化資訊，約佔四成一。可見目前農村文化資訊提供的情形，以及農民的心態，就文化方面來講是較為封閉的。中國文化過去是建立在農業的文明之上，但今天情況顯然有很大的變化，農民對於文化資訊採取較為封閉的態度，將來農民也將逐漸與整個文化發展步調更為抽離了，這一現象與適當的對策也是政府及文化單位所需加以注意的。

4. 就收入而言：回答在未來感到「很需要」和「需要」文化資訊的人當中，最高的是月入 2 萬 5 到 5 萬之間，佔該收入層的 95.2 ％；其次是 5 萬到 7 萬 5 之間，佔 95 ％；再次是 10 萬以上，佔 93.5 ％；再次是 7 萬 5 到 10 萬，佔 92.5 ％，大致是相當平均，顯示高收入的民眾在未來有更多文化資訊上的需要。其中尤以每月收入 10 萬以上的家庭，未來有相當高的

文化需要，這也是一個好現象，顯示由於收入的富裕，對未來精神上和文化上的需要也更高。雖然在前面的分析曾經顯示79年一年尋求文化資訊的，在這個收入層而言比 5 萬到 10 萬之間的偏低，但是就未來而言，這個收入層的文化資訊需求也是值得開發的。

5. 就出過國與否而言：出過國的受訪民眾有合計 91.9 ％的人回答「很需要」和「需要」；而未出過國的也有 90.9 ％的民眾回答「很需要」和「需要」，結果是相當一致的，因此無論出過國與否，對未來的文化資訊都有更多的需要。

6. 就地區而言：回答在未來三年中對文化資訊「很需要」和「需要」的當中，以高雄地區和大台北地區較高，合計分別佔該地區受訪者的 96.8 ％和 95.6 ％；而台中和台灣省其他地區也相當一致，「很需要」和「需要」的合計分佔 89.6 ％和88.8 ％。不過，比較起來，台北、高雄兩大都會區在未來對文化資訊仍有較多的需要。

7. 至於性別方面：在回答「很需要」和「需要」的民眾當中，女性略高，佔全部受訪女性的 93.4 ％，男性則約有 90.4％覺得有需要，就統計而言差距並不是十分顯著。

總結起來，就未來三年文化資訊應該提供的方向，特別應針對在大台北與高雄大都會地區，教育程度高，年齡 20-49 歲之間，每月收入在 2 萬 5 以上的各職業別男女，尤其應針對軍人和家庭主婦，配合他們的工作型態的需要，開發他們能接近的傳播管道，為他們提供更多的文化資訊。

## 二、文化活動

對於文化的調查，除了文化資訊以外，進一步需要了解台灣地區國民參與文化活動的頻率、目的、種類，以及影響參與

的原因，尤其必須針對79年一年的文化活動滿意度進行了解。然而由於人們對文化活動的參與也與其價值有密切的關係，因此在本文裡面亦將羅濟曲(M. Rokeach)的價值量表，配合中國人的特殊情形，以及電話訪問的特性，加以刪減，分類為十項價值，來加以詢問。

　　根據此次調查的結果，當我們追問受訪者：「請問你經常從事文化活動嗎？」回答「每天」的，僅有 1.1 ％；回答「經常」的有 12.5 ％，不到一成三；回答「偶爾」的佔最大多數，有 54.5 ％，約佔五成五，超過全部受訪人數的一半。然而回答「從不」參加的也有 31.8 ％。換言之，在 79 年一年當中曾經參與過文化活動的受訪者，佔全部受訪者的 68.1 ％，約近七成，已經是一相當可喜的數字。當然，其中「從不」參加的佔三成強，也是十分顯著的。大致說來，人們感到需要文化資訊的比例(68.5 ％)和實際參與文化活動的人口比例是約略相等的。不過在這些實際參與文化活動的人口當中，以偶爾為之為最多，可見在國人的文化生活當中，文化活動僅只是附屬性的，偶一為之情形，而經常參與文化活動人口比率仍然不高，僅佔不到一成四。

　　至於台灣地區民眾最喜歡從事的文化活動的種類，若欲對此問題加以了解，必須先確定文化活動的範圍。根據吾人對文化的定義——個人或群體發揮其創造的歷程與結果，其中包括「信仰系統」、「認知系統」、「規範系統」、「表現系統」與「行為系統」——則吾人將文化活動大致區分為「宗教性活動」（信仰系統）、「知識性活動」（認知系統）、「慈善活動」（規範系統中的道德成份）、「休閒活動」（主要屬表現系統）、「民間禮俗活動」（行為系統）。

　　而根據以上分類對於受訪者加以詢問的結果，國人最喜歡

的文化活動是「休閒活動」，像看電視、電影、旅遊……等等，佔 35.7 %，約佔三成六；其次則為「知識性活動」，佔 25 %，佔有二成五；再次則為「宗教活動」，佔 16.6 %；至於「慈善活動」則佔 10.5 %，「民間禮俗活動」佔 6.4 %；而「沒有喜歡的」也佔 2.9 %；「不知道」的佔 2.8 %。可見國人目前在經濟發展，生活品質提高之後，首先較傾向的文化活動還是「休閒活動」方面，很顯然在未來滿足民間文化需要方面，休閒活動、休閒設施、休閒政策、休閒教育，仍佔相當重要的地位。其次，「知識性的活動」，如演講等，也有高度的需求，由目前各公家、私人單位經常舉辦各種演講類活動，可以看出目前智性的文化活動仍然佔相當的地位，這跟國人滿足知識的好奇，追求新知，透過資訊保持對於世界的開放的態度很有關係，顯示這是一個仍然在靈活發展中的社會。至於「宗教活動」佔將近一成七，位居第三，是十分值得重視的，不過我們並不能據此認為「宗教的價值」在國人心目中已居十分重要的地位，因為在下文中對於價值的調查將會顯示：在國人認為人生中最應追求的價值裡面，宗教生活僅占 2.7 %。這兩者之間並沒有任何矛盾，因為國人雖然參加宗教的活動，需要宗教生活的滿足，但顯然並不以宗教為最重要的價值，反而更會重視如「國家安全」，「家庭平安」、「仁愛和諧」等這些人間性價值，可見人們參加宗教活動，較偏向為了其心靈上的滿足和安慰，但並不一定視其為重要價值。

如果我們對各種人口變項加以分析的話，就會發現：

1. 就年齡而言，20-29 歲的年齡層，最樂於參與的文化活動是「休閒活動」，佔 48.3 %；其次是「知識性活動」，佔 27.4 %；再次是「宗教活動」，佔 10 %；至於「慈善活動」和「民間禮俗」，則各佔 6.7 %，和 7.6 %。至於 30-39 歲的人

口情況大致相同，以「休閒活動」為多，佔31.7％；「知識性活動」，佔29.8％，「宗教活動」略為提高，佔17.6％，「慈善活動」也有提高，佔15％，「民間禮俗活動」則佔6％。40-49歲的年齡層，「休閒活動」仍然佔最高，佔37.1％；「知識性活動」居其次，佔25％；「宗教活動」則更為提昇，佔19.3％；「慈善活動」則略降低，佔12.9％，「民間禮俗活動」則佔5.7％，敬陪末座。50-59歲之間，只有些微的變化，仍以「休閒活動」為最高，佔34.3％；但「宗教活動」則提昇至第二位，佔32.9％；「知識性活動」退居第三，佔15.7％；「慈善活動」佔11.4％；「民間禮俗活動」則佔5.7％。到60歲以上，則有較大幅的變化，「宗教活動」居最高，佔29.4％；「休閒活動」居其次，佔27.6％；「知識性活動」居第三，佔23.5％；「禮俗活動」，佔15.9％；「慈善活動」，佔13.2％。歸納前述的結果，可以看出，就年齡而言，「宗教活動」有隨年齡層的增加而增加的趨勢，年齡的增加與喜愛「宗教活動」的程度成正比例增加。至於「休閒活動」大致說來雖然一直佔有重要的地位，但有隨著年齡而略為減低的情形。至於「知識性活動」則一直持續佔第二位，然而到50歲以後才逐漸減少，可見對於知識的需求，從20歲到49歲之間有持續的重要性，而到50歲以後，因著年齡的增長，智識的完足，以及對世界開放度的減弱而有所減少。

2. 就教育程度而言：不識字者最喜歡的活動，首先是「宗教活動」，佔該教育程度受訪者的46.7％；其次是「休閒活動」40％；而其他活動的受訪者比例都沒有顯著的重要性，甚至沒有人喜歡「民間禮俗活動」。至於小學以上程度，最喜歡的依然是「宗教活動」，佔該教育程度的34.3％，其次也是「休閒活動」，佔32.4％；但是「慈善活動」略為提昇，佔

18.5％，而「民間禮俗活動」，佔 9.3％；「知識性活動」最低，佔5.6％。而國中畢業者，則有些微改變，最喜歡的是「休閒活動」，佔 36.7％，其次才是「宗教活動」，佔 27.5％；再次是「知識性活動」，提昇至20.8％，其餘「慈善活動」，佔 9.2％，「民間禮俗活動」則佔 5.8％。高中畢業者最喜歡的是「休閒活動」，佔 40.1％；其次為「知識性活動」，佔 25.6％；再次為「宗教活動」，佔 13.9％；再次為「慈善活動」，佔 12.8％；「民間禮俗活動」，佔 7.5％。大專和研究所以上則有較大的改變，「知識性活動」成為最喜歡的文化活動，佔 39％，約有四成；其次是「休閒活動」，佔 38％；其餘比例皆不到一成，「宗教活動」，佔 9.3％，「慈善活動」，佔 8％，「民間禮俗活動」，佔 5.8％。由以上兩個線索相當清楚的顯示出來，「宗教活動」有隨著知識的提高而較不受到喜愛的趨勢，而對「知識性活動」的喜愛則有隨著教育程度的提高而提高的趨勢。不過大致說來，「休閒活動」在各教育程度都佔極為重要的地位。

　　3. 就職業別分析：選出其中喜愛的受訪者比例超過一成的文化活動來看，公務人員最喜愛的是「休閒活動」(44.6％)，其次是「知識性活動」(36.1％)，教育人員最喜歡的文化活動是「休閒活動」(41％)，其次是「知識性活動」(30.8％)，而「宗教活動」和「慈善活動」皆佔10.3％。而工人最喜愛的也是「休閒活動」，佔43.2％，其次是「宗教活動」，佔18.9％，再次是「慈善活動」，佔 17.6％，再次是「知識性活動」，佔14.9％。農人最喜愛的文化活動是「宗教活動」，佔42.3％，其次是「休閒活動」，佔 23.1％，再次是「民間禮俗活動」，佔 19.2％，為各所有職業別中最高。自營商人最喜歡的文化活動是「知識性活動」，佔 34.8％，其次是「休閒活

動」，佔 18.3 ％，「慈善活動」，佔 15.7 ％。民營事業受雇者最喜歡的文化活動是「休閒活動」，佔 43.6 ％，其次是「知識性活動」，佔 28.6 ％，和「宗教活動」，佔 12.7 ％。自由業最喜歡的文化活動是「休閒活動」，佔 35.1 ％，其次是「知識性活動」，佔 29.8 ％，「宗教活動」，佔 19.3 ％，「慈善活動」，佔 14 ％。學生最喜歡的文化活動是「休閒活動」，佔 42.2 ％，其次是「知識性活動」，佔 30.4 ％，「民間禮俗活動」，佔 18.8 ％。家庭主婦最喜歡的文化活動是「休閒活動」，佔 32.9 ％，其次是「宗教活動」，佔 28.8 ％，「知識性活動」，佔 16.4 ％，「慈善活動」，佔 14.4 ％。軍人最喜歡的文化活動是「知識性活動」，佔 46.7 ％，其次是「宗教活動」，佔 20 ％，與「休閒活動」，佔 20 ％。另外無業或退休者最喜歡的文化活動是「休閒活動」，佔 36.2 ％，其次是「宗教活動」，佔 27.7 ％，「知識性活動」，佔 23.4 ％。

　　由以上可見，「休閒活動」雖然普受喜愛，但其中農人、自營商人和軍人，由於職業的性質、工作的方式，較少從事休閒活動，比起其他職業別來，自然也就較少人喜歡休閒活動。至於「知識性活動」雖亦較普遍為人所喜愛，然而工人、農人和家庭主婦則較少比例喜愛。「宗教活動」最受喜愛的依序是農人、家庭主婦和無業或退休的民眾。喜愛「慈善活動」超過一成的則有教育人員、工人、自營商人、自由業和家庭主婦。至於喜歡「民間禮俗活動」而超過一成的，特別是學生和農人，大概是因為農人本身就生活在民間節慶禮俗之中的緣故，而學生則是因為近年來學校教育機關的提倡，及文化機關對民間禮俗的重視和學生對禮俗認識程度的提高的關係。

　　4. 就性別而言：男女兩性在喜愛的文化活動上，就「休閒活動」、「慈善活動」和「民間禮俗活動」上並沒有什麼太

大的差別，較有差別的是女性比男性較為喜愛「宗教活動」(19.2 ％：16.3 ％)，而男性則比女性喜愛「知識性活動」(29.3 ％：23.3 ％)。

為了了解民眾參與文化活動的主要目的，我們詢問：「請問你參與文化活動的主要目的是什麼？」在所給的答案中，比例最高的是「為了提高生活品質」，佔 46.5 ％；其次是「為了開拓人生」，佔 25.8 ％；再次則是「為了打發時間」(8 ％)；再次是為了「工作或職業需要」(5.5 ％)；最後是「純粹為了好玩」(2.5 ％)和「其他目的」(4.6 ％)；「不知道」則佔 7.1 ％。就以上看來，在當前經濟條件提高，國民有更多餘的時間和金錢來從事文化活動的時候，有將近四成七的民眾著眼點仍在生活品質的提高，因此整體上還是從物質生活和精神生活的角度，也就是從「度生活」的角度來看待文化活動。不過近年來由於社會的發展與知識的衝擊，對自我的反省亦略為增加，因而為了開拓人生價值的目的而參加文化活動的也佔相當重要地位，約佔二成六。基本上民眾若以「開拓人生」的目的來參加文化活動，自會增加更多自覺的成份，以及人生設計的意味，文化活動的價值自亦更高。然而其中「純粹為了好玩」的比例相當低落，換言之，在參與活動之時，純粹的、超然的、遊戲的性格仍然是相當低落的。其實，遊戲與創造才是文化的本質，國人對這一方面的體認顯然不足。換言之，文化活動價值的純粹性仍然沒有足夠受到肯定，所謂「知之者不如好之者，好之者不如樂之者。」文化最後終究必須是「游於其中」、「樂在其中」，才有最高的意義。而國人參與文化活動的主要目的在「提高生活品質」和「開拓人生」，仍然顯示某種「實用主義」，一種是生活上的實用，一種是帶著自覺的、人生上的實用，但是仍然缺乏肯定文化活動本身純粹價值和意義的動

機。

　　至於影響台灣地區民眾參與文化活動的主要因素，根據吾人訪問的結果，其中「興趣」佔 33 ％為最高；其次是「活動種類」，佔 22.8 ％；第三則是「時間」，佔 18.8 ％；再次則是「工作壓力」9.7 ％；最後則是「地點遠近」6.3 ％；不過也有近一成的民眾表示「不知道」。由以上的結果可以得知，一般民眾參與文化活動最主要的決定因素在於主觀的興趣，以及對應這些主觀興趣的活動種類，可見主要是「興趣」導向。至於「時間」佔第三位，是因為時間往往決定工作和忙碌的程度，而一般有能力參與文化活動者，其工作量與忙碌的程度也較為提高，因而時間的有無亦往往決定其是否參與文化活動。

　　如果由時空的因素來考量文化活動的種類，因而將文化區分為「傳統中國文化」、「地方性文化」、「現代文化」和「前衛性文化」，則大部份民眾較喜愛的是「現代文化」，佔 30.6 ％；其次是「傳統中國文化」，佔 26.7 ％，兩者約在伯仲之間。至於「前衛性、未來性的文化」則佔 15 ％，有一成五，而「地方性文化」僅佔 13.6 ％。可見國人最主要的文化觀念仍是「傳統中國文化」和「現代文化」，雖然主張台灣「地方性文化」者有之，主張「前衛性、未來性文化」者也有之，畢竟仍是少數，大多數民眾仍然肯定「傳統中國文化」和「現代文化」。就此而言，傳統中國文化與現代的結合，或傳統中國文化的現代化，可以說仍是當前文化的主要課題。

　　這個問題有待自年齡、教育程度、職業、性別等再作分析：

　　1. 首先就年齡層來分析：依每一年齡層內部比較，20-29歲的受訪者最喜愛的是「現代文化」(39.9 ％)，其次是「傳統中國文化」(26.3 ％)，再次是「前衛性、未來性文化」(20.1

%），最後才是台灣「地方性文化」(13.6 %)。然而在 30-39 歲
的受訪者，最喜歡的則是「傳統中國文化」，佔 37.5 %，其次
是「現代文化」(32.6 %)，再次是「前衛性、未來性文化」
(16.6 %)，最後才是「地方性文化」(13.3 %)。在 40-49 歲的受
訪者，最喜愛的是「現代文化」(31.4 %)，其次是「傳統中國
文化」(29.8 %)，再次是「地方性文化」(21.5 %)，最後才是
「前衛性、未來性文化」(17.4 %)。在 50-59 歲的受訪者，最
喜歡的文化是「傳統中國文化」(36.9 %)，其次是「現代文
化」(33.8 %)，再次是「地方性文化」(21.5 %)，最後是「前衛
性、未來性文化」(7.7 %)。60 歲以上受訪者，最喜歡「傳統
中國文化」(52.2 %)，其次是「地方性文化」(28.1 %)，再次是
「現代文化」(11.9 %)，「前衛性、未來性文化」(7.5 %)。由
以上可見，「傳統中國文化」有隨著年齡的增長而逐步受喜愛
的趨勢，而「前衛性、未來性的文化」則有隨著年齡的增長而
減低的趨勢；至於「地方性文化」，僅在 40-50 歲當中受到兩
成的重視。一般而言，「現代文化」都受到近三成或三成以上
的重視，不過在 60 歲以後就退居第二位，為「傳統中國文化」
所替代。

　　2. 就教育程度而言，不識字者最喜愛「現代文化」(55.5
%)，其次是「傳統中國文化」(25 %)，再次是「地方性文化」
(15 %)，最後是「前衛性、未來性文化」(5 %)。小學畢業者最
喜愛的是「傳統中國文化」(36.4 %)，其次是「現代文化」
(30.3 %)，再次是「地方性文化」(17.2 %)，最後是「前衛性、
未來性文化」(16.2 %)。國中畢業者最喜愛的是「傳統中國文
化」(35.1 %)，其次是「現代文化」(32.5 %)，再次是「地方性
文化」(21.9 %)，最後是「前衛性、未來性文化」(10.5 %)。高
中畢業者最喜愛的是「傳統中國文化」(31.8 %)，其次是「現

代文化」(30.9 %)，約在伯仲之間，再次是「前衛性、未來性文化」(28.1 %)，最後是「地方性文化」(15.2 %)。大專、研究所以上最喜愛的是「現代文化」(40.3 %)，其次是「傳統中國文化」(33.7 %)，再次是「前衛性、未來性文化」(14.3 %)，最後是「地方性文化」(11.7 %)。由以上分析可知，雖然「傳統中國文化」和「現代文化」都受到普遍的重視，然而「傳統中國文化」較受到小學、國中和高中畢業者的重視。而「現化文化」則受到不識字者和大專、研究所以上的喜愛，雖然就受教育程度而言，他們是兩個極端，但這兩個極端都比較活在現在。

　　3. 就職業別而言，在各職業別內部比較，最喜好「傳統中國文化」佔三成以上人口的，依序是無業或退休者，佔 47.1 %，其次是農人(42.1 %)，自營商人(40.5 %)，工人(38.5 %)，自由業(36.5 %)，家庭主婦(33.6 %)，公務人員(31.6 %)，民營事業受雇者(30.5 %)。值得注意的是教育人員(28.9 %)、軍人(26.7 %)、學生(20.6 %)對「傳統中國文化」的喜愛偏低，可見雖然「傳統中國文化」受三成以上人口的喜愛，但是被視為闡揚中華文化最力，社會穩定的中堅，以及傳統價值的傳承者的學生、教育人士和軍人，其喜愛「傳統中國文化」的比例卻偏低，而在退休者、農人和自營商人中則較偏愛之，這一方面顯示將來在中華文化傳承上的危機，另一方面也顯示對中華文化的宣傳、詮釋和創造的對象，不能僅針對教育者和學生來進行，過去僅針對學生和教育者來進行的作法，成效不彰，而對於實際實踐中華文化的階層，如農人及自營商人，則有所忽視，是今後應當彌補的地方。

　　至於喜愛「現代文化」超過三成的，包含學生(49 %)，教育工作者(39.5 %)，自營商人(36.9 %)，民營事業受雇者(36.6

%)，家庭主婦(34.4 %)，無業或退休人士(31.4 %)，公務人員
(30.4 %)，而軍人則佔 26.7 %，工人佔 23.1 %，農人則僅佔
10.5 %。可見「現代文化」最受教育工作者、學生和自營商人
及民營事業受雇者的重視。教育工作者和學生較為忽視「傳統
中國文化」，而較為重視「現代文化」，這將是文化價值轉變
的一個重要訊息，很顯然的，今後在文化創造上不能只一味的
強調傳統文化，而必須重視現代文化的詮釋和創造。另外，
「地方性文化」的喜愛者一般都在兩成以下，其中只有農人在
二成以上，佔 42.1 %，其對「地方文化」的重視和對「傳統中
國文化」的重視是一致的。農人的意識型態是分由傳統中國文
化和台灣地方文化所佔據。在「前衛性、未來性文化」方面，
特別受到軍人(33.3 %)、自由業(21.2 %)和工人(20 %)的重視，
以及公務人員(19 %)、教育工作者(18.4 %)的重視，軍人對於
前衛性、未來性的文化活動遠勝對「傳統中國文化」和「現代
文化」的重視，顯示他們在心靈上對於未來世界寄予厚望。

　　4. 就性別而言：女性顯著地比男性重視「現代文化」
(46.6 %：29.2 %)，男性則比女性略為顯著的重視「傳統中國
文化」(36.1 %：30.6 %)，另外男性亦比女性略為重視「地方
性文化」和「未來性文化」，但差距並不太顯著。

　　為了了解地區因素對文化活動喜愛的影響，我們也詢問受
訪者：「就地區而言，請問你比較喜歡哪些地方的文化展示或
表演？」其中包含「台灣的」、「中原的」（大陸本土）、
「日本的」、「西洋歐美的」和「其他」。

　　調查的結果顯示台灣地區民眾最喜歡的是「台灣地區」的
文化展示或表演，計佔 25.3 %，約佔四成四的受訪者，其次則
是「中原的」（大陸本土的），佔 25.3 %，再次是「西洋歐美
的」，佔 13 %；再次是「日本的」，佔 7.2 %。由此可見，台

灣地區民眾基本上仍比較喜歡兩岸中國的文化展示或表演，共約佔八成，其中包含台灣和中原文化，但喜愛台灣地區的文化展示或表演，尤甚於大陸本土。至於「日本的」和「西洋歐美」合計約佔二成。前文分析顯示喜愛「現代文化」的受訪民眾約近三成，比較起來，台灣地區民眾對於「現化」的觀念，並不僅限於歐、美，也包含中國的現化。大致說來，民眾對於中國地區文化活動的喜愛比例遠勝對日本歐美的喜愛，可見某種「文化本位主義」或「文化主體性」正在浮顯，過去所謂「崇洋」、「崇日」之說，在今天而言並不見得再是一個事實，中國人有一種「文化自主感」正在建立當中。

為了瞭解民眾對文化活動喜愛的背景，我們根據羅濟曲的價值量表，配合中國人的特色和電話訪問的特性加以修正，分類為「真善美」、「社會正義」、「仁愛和諧」、「自由與自尊」、「社會平等」、「愛情友誼」、「國家安全」、「家庭平安」和「宗教生活」、「發財」等十個價值，來詢問受訪者：「請問你認為人生最應追求的是哪一項？」

結果顯示，最重要的價值是「國家安全」（27.7 %），其次是「家庭平安」(23.7 %)，再次是「仁愛與和諧」(10.1 %)，至於其他的價值依序是「真善美」(7.9 %)，「自由與自尊」(7.6 %)，「社會平等」(6.5 %)，「社會正義」(5.8 %)，「宗教生活」(2.7 %)，「發財」(1.3 %)。比起 79 年 7 月本人與詹火生教授所做「台灣地區 1991 年社會滿意度民意調查」的分析報告結果，其中最重要的前三個價值依序是「家庭平安」、「國家安全」和「自由與自尊」，而最後三個則是「發財」、「宗教生活」和「愛情與友誼」。比較起來，有幾個值得注意的現象：

1. 在世局的冷戰結束，而兩岸關係趨於緩和，兩岸關係

法正在研訂當中，可是「國家安全」的重要性卻由 79 年的第二名轉變為第一名，這也符合吾人在 79 年調查中認為未來「國家安全」會越來越重要的預測，顯示國人對於保有台灣現狀的意願更為提高，而對於兩岸關係的不穩定愈加留意，以及對台灣安全的保障益感重要，這點頗值得政府的重視。

2. 其次「家庭平安」依然是中國人最重要的價值，這一點顯示傳統中國人對家庭的重視和傳統價值觀的穩定性。然而其中「仁愛和諧」提昇到第三名，遠勝過 79 年位居第三的「自由與自尊」，顯示這半年來價值觀略有調整，國人更趨於對和諧安定的重視，這一點也可由 79 年二屆國代選舉，執政黨以標舉「革新、安定、繁榮」為號召而大獲勝利作為明證，因此今後國人對「仁愛和諧」的重視，不但會顯示在社會生活上，也會顯示在政治行為的要求上。

3. 至於「宗教生活」，只有 2.7 ％的民眾認為是人生最重要的價值，但是前面的分析顯示，喜歡參與宗教活動的受訪民眾佔 16.6 ％，可見國人雖有近一成六喜好參加宗教活動，但並不認為宗教是最重要的價值，而仍然多數以「國家安全」、「家庭平安」和「仁愛和諧」為最重要的價值。

4. 至於「發財」，在貪婪之島竟不以之為最重要的價值，顯示國人雖然愛財，並且繼續求財，但是金錢顯然只具有工具性的價值，是作為追求家庭平安、仁愛和諧、自由與自尊、真善美的工具，而且在國人的價值觀中已經建立了較高和較低價值的層級，這也是價值觀發展中相當健康的現象。

不過，整體說來，為了瞭解國人對 79 年的文化活動方面的滿意度，我們追問受訪者：「整體起來，你對 79 年一年的文化活動滿不滿意？」

回答「很滿意」的佔 4.1 ％，答「滿意」的佔 62.1 ％，答

「不太滿意」的佔 16.4 ％，答「很不滿意」的佔 1.1 ％，至於答「不知道」的，也有 16.1 ％。由此可見，整體說來，國人對於 79 年一年的文化活動，約有 66.3 ％感到「很滿意」和「滿意」，很少有「很不滿意的」，但是有近一成六強的受訪人口回答「不太滿意」。綜合起來，有近七成的人對於 79 年一年的文化活動感到滿意，已經是一個相當可喜的現象，不過有 16.1 ％的人不知道如何回答，很顯然的，仍然有不少民眾對於自己所要求的文化活動的標準沒有很明確的主觀認知。

不過，若就年齡、教育程度、職業、地區和性別再作分析，可以進一步了解到：

1. 就年齡而言：感到「很滿意」的人口，有由年齡的增加而略為增高的趨勢（依序是 3.6 ％、2.9 ％、6 ％、8.2 ％、13.6 ％），至於感到「滿意」的人口，則有隨著年齡而遞減的趨勢（依序是 77.7 ％、73.3 ％、72.4 ％、72.1 ％、66.7 ％）。不過，大體說來，如果將「很滿意」和「滿意」的人口合併計算的話，各個年齡層差別不大，相差皆不超過 5 ％，而以 30-39 歲為略低。而「不太滿意」的人口，主要也是集中在 30-39 歲，比例較高，佔 22.4 ％，其次是 40-49 歲，其餘皆在一成八左右。

2. 就教育而言：將「很滿意」和「滿意」合計，則滿意度以不識字者為最高(20.8 ％、70.8 ％)，而大專、研究所以上滿意度最低(2.5 ％、69.5 ％)，其餘各教育程度滿意度合計皆在八成左右。至於就教育程度而言，「不太滿意」的受訪者以不識字為最低，佔 8.3 ％；其次是高中畢業 15.3 ％；再次是小學畢業 17 ％；再次是國中畢業 18.9 ％；最高的是大專、研究所以上，佔 26.3 ％。可見教育程度的提高，會增加其對文化知識的豐富性和選擇的多元性的要求，因而提高其對文化活動不滿

的程度。

　　3. 就職業別而言：在回答「很滿意」的人口當中較值得注意的是農人，佔該職業別的 23.5 ％。在回答「滿意」人口當中，最高比例的是自由業(85.7 ％)，其次是無業或退休者(79.1 ％)，再次是家庭主婦(77.5 ％)，自營商人(76.5 ％)，私人公司上班族(75.6 ％)，軍人(73.3 ％)，學生(72.3 ％)，工人(71.4 ％)，農人(70.6 ％)，公務人員(66.2 ％)，教育人員(62.2 ％)。可見公教人員在滿意度上比起其他職業來較為偏低。而回答「不太滿意」的人口當中，比例最高的是公務人員(32.5 ％)，教育人員(32.4 ％)，軍人(26.7 ％)，自營商人(20.4 ％)，而不滿意程度較少的是農人(5.9 ％)，自由業(8.2 ％)。可見軍公教人員對於 79 年一年的文化活動有較高的不滿意度，這是值得注意的現象。其原因顯然並不是因為公務人員有更多元的價值觀，而是因為其工作的型態，以及文化活動很難配合其工作的時間和需要。此外，也可以在其所主張的價值觀當中獲得解釋：公務人員的價值觀主要是集中在「國家安全」(40 ％)，「家庭平安」(33.3 ％)；而教育工作者主要是集中在「國家安全」(46.1 ％)，「家庭平安」(23.3 ％)；軍人的價值觀主要是集中在「國家安全」、「家庭平安」和「自由與自尊」（各佔 26.7 ％）。很顯然的由此價值觀出發，所參與的文化活動又較少，對文化生活較為不滿。恐怕他們所需要的，更是在工作崗位上和家庭活動中的文化活動。為了滿足他們的需要，將來可能要更加安排一些工作崗位上的（演講等）知識性活動，以及家庭性的休閒活動。

　　4. 就地區而言：大台北地區回答「很滿意」的佔 5.8 ％，「滿意」的佔 72.5 ％，「不太滿意」的佔 19.3 ％，「很不滿意」的佔 2.4 ％。在台北有較高的滿意度，可見台北仍是文化

首善之區，文化活動的精緻性和選擇性較高，所以較易令人滿意。台中地區「很滿意」佔 1.9 ％，「滿意」則有 84.9 ％，「不太滿意」佔 11.3 ％，「很不滿意」佔 1.9 ％，很顯然在滿意程度上也有較高的比例。高雄地區「很滿意」的有 4.9 ％，略次於台北，但「滿意」方面則只有 69.9 ％，比較起來顯然較低，而「不滿意」的則略為提高，為 24.6 ％，可見高雄地區在增加文化的豐富性、多元性和精緻性方面仍然有待加強。至於台灣其他各地區，「很滿意」的佔 5.3 ％，「滿意」的佔 73.8 ％，「不太滿意」佔 20.3 ％。

5. 就性別而言：女性的受訪者比男性在文化活動上有較高的滿意度。女性回答「很滿意」的有 6.6 ％，「滿意」的佔 77.6 ％；至於男性回答「很滿意」的有 3.4 ％，「滿意」的佔 71.0 ％；相反的，男性回答「不太滿意」的有 24.4 ％，女性則有 14.2 ％。由此可見，整體說來女性對 79 年一年的文化活動感到較為滿意，而男性的受訪者感到較不滿意者較多，顯然在未來的文化活動應多考慮增加為男性設計的文化活動，以提高男性受訪者的滿意度。

# 三、文化產品

除了文化資訊與活動之外，我們還需進一步了解受訪民眾對文化產品的興趣、消費、喜愛的標準與滿意度。所謂的「文化產品」包含：收藏和觀賞性的藝術品，如繪畫、雕刻等，作為聽覺對象的音樂，作為閱讀用的文藝作品，以及生活上涉及到的如生活景觀、日用品（如碗盤、桌椅等），從精緻的文化產品，到表現日常生活品味與風格之物皆包含在內。

在問及到：「79 年一年當中，請問你有否購買過上述的文化產品？」之時，回答「經常買」的佔 13.4 ％，「偶爾買」的

佔 61.1 ％，回答「從不買」的有 23.6 ％，至於「其他」與「拒答」僅佔非常低的比例（「其他」1.2 ％，「拒答」0.6 ％）。由此可見，在 79 年一年當中曾經購買文化產品的佔全部受訪人口的 74.5 ％，約佔七成五，而且有近一成四的民眾「經常買」。可見在 79 年一年當中台灣地區民眾對於文化產品的購買已經相當可觀，也顯示出文化消費蓬勃的一面。至於其中有近二成四的受訪者「從不購買」，僅及曾購買者的 1/3，就文化消費而言，這點可以說是值得欣喜的狀況。

若就年齡、教育和職業、居住地區略加分析：

1. 就年齡而言：在 79 年一年當中，「經常買」文化產品的以 20-29 歲為最多，約佔該年齡層的 16.9 ％，隨後則有逐漸降低的趨勢，30-39 歲降為 13.1 ％，40-49 歲佔 11.1 ％，50-59 歲佔 9.1 ％，到 60 歲以上則又略為攀升，佔 12 ％。在「偶爾買」的受訪者當中，20-29 歲的佔 62.9 ％；30-39 歲佔 68 ％，為最高比例；40-49 歲佔 65.3 ％，居第 2 位；之後逐漸滑降，50-59 歲佔 51.9 ％，60 歲以上最低佔 42.2 ％。可見在 30 歲以後「偶爾買」的情形有隨著年齡逐漸減低的情形出現。而在「從不買」的人口當中，20-29 歲佔 20.2 ％；30-39 歲佔 18.9 ％；40-49 歲佔 23.6 ％；50-59 歲佔 39 ％；60 歲以上佔 45.8 ％。可見在 30 歲以後的人口當中，「從不買」的比例有逐漸增加的趨勢。歸結起來，國人購買文化產品的型態以「偶爾買」為主，而且在 30 歲以後的年齡層中有隨年齡增長而漸減的趨勢，至於「從不買」的比例雖僅佔二成四，但在 30 歲以上的人口當中，卻有隨年齡的增加而增加的趨勢。

2. 就教育而言：「經常買」的人口以大專和研究所以上為最高，佔該教育程度人口的 21 ％，約佔二成一，相當可觀。其次是高中以上，佔 15.3 ％。再次是國中畢業，佔 7.3 ％。可

見教育程度越高，「經常買」文化產品的比例越高。而在「偶爾買」的人口當中，仍以大專、研究所程度為最高，佔 69.8％，約七成，亦相當可觀；其次是高中以上和國中以上，兩者在伯仲之間，分別為 64.6％和 65％，約各佔六成五；再次是小學畢業，佔 43.0％；不識字者佔 39.0％。由此可見，教育程度越高「偶爾買」的比例越高。然而就「從不買」的人當中則可以看出相反的趨勢，其中最高比例的是不識字者，佔 58.5％；其次是小學畢業，佔 56.2％；再次是國中畢業佔 27.6％；再次高中畢業，佔 20.1％；最後則是大專、研究所以上，佔9.2％。很明顯的，教育程度越低其「從不購買」文化產品的比例越高。

3. 就職業別而言：在「經常買」的受訪者當中，以自由業為最高，佔 21.1％；其次為軍人，佔 20％；再次是自營商人，佔 18.5％；而公務人員和教育人員各佔 17.9％；而比例最少者則是工人(3.7％)和農人(3.4％)。至於在「偶爾買」的受訪人口當中，以教育人員為最高，佔 79.5％；其次是公務人員(67.9％)和民營事業受雇者(67.7％)；再次則為學生(67.0％)和家庭主婦(66.5％)；最低的則是農人(31.0％)。

而在「從不買」的受訪人口當中，則以農人為最高，佔65.5％；其次是無業或退休者(44.6％)；再次是工人(37％)。而在「從不買」的受訪民眾中比例最低的是教育人員(2.6％)。可見，文化產品的消費者，如果將「經常買」和「偶爾買」合計，則是以教育人員為最高，佔97.4％；其次是公務人員，佔85.8％；再次是民營事業受雇者 83.6％；而以農人和無業者最少購買文化產品。

4. 再就收入而言：收入越高，「經常買」的比例愈高，其中每月收入在 10 萬以上的，「經常買」比例佔該收入層的

27.4％；其次收入在 7 萬 5 到 10 萬之間的佔 21.1％；5 萬到 7 萬 5 的佔 16.4％；2 萬 5 到 5 萬則為 10.3％。其次在「偶爾買」的受訪者當中，以每月收入在 5 萬到 7 萬 5 為最高，佔 71.4％；其次是 7 萬 5 到 10 萬，佔 68.3％；再次是 2 萬 5 到 5 萬，佔 66.2％；再次是 10 萬以上(53.1％)。然而相反的，在「從不買」的人口當中，每月收入越少，從不買的比例越高。因此每月收入在 1 萬以下的有 56.6％的受訪者從不購買文化產品；其次是 1 萬到 2 萬 5，佔 48.4％；再次是 2 萬 5 到 5 萬，佔 23.4％；5 萬到 7 萬 5，則佔 12.2％；再次是 7 萬 5 到 10 萬，佔 10.6％；10 萬以上則又再度升高，佔 19.5％。基本上我們可以肯定：收入越高，「經常購買」文化產品的比例越高；收入越低，「從不購買」文化產品的比例越高。

再就受訪者所喜愛的文化產品風格而言，經過調查的結果顯示，喜愛「傳統中國式」的風格佔最高比例，有 36.5％；其次是「台灣本土式」，佔 32.1％；再次是「西洋歐美風格」，佔 12.8％；最後是「日本風格」，佔 5.9％。

若就年齡層、教育程度、職業等人口變項加以分析，可以有以下的發現：

1. 若就年齡而言：喜歡「傳統中國式」風格比例最高的是 50-59 歲的民眾，佔該年齡層的 49.3％，約近五成。其次是 40-49 歲，佔 47.5％；再次是 60 歲以上，佔 45.7％；再次是 30-39 歲，佔 39.2％；再次是 20-29 歲，佔 29.2％。其次是「台灣本土式」風格，最喜歡的是 30-39 歲的受訪者，佔該年齡層的 41.3％；其次是 60 歲以上，佔 40％；再次是 50-59 歲，佔 37.3％；再次是 40-49 歲，佔 36.9％；至於 20-29 歲則僅佔 31.2％。而最喜愛「日本風格」者主要是 60 歲以上的受訪者，佔 10％；其次是 50-59 歲，佔 7.5％，再次是 20-29 歲

的年輕人，佔 7.3 ％；30-39 歲佔 6.3 ％；40-49 歲佔 4.2 ％。
而比較喜歡「歐美風格」的，則有隨著年齡增長而減低，愈年
輕喜愛的比例愈高，20-29 歲佔 22.3 ％；30-39 歲佔 13.3 ％；
40-49 歲佔 10.7 ％；50-59 歲佔 6 ％；60 歲以上佔 4.3 ％。由
此可見，大致上說起來，年齡較高較喜歡「傳統中國式」風
格；而喜歡「西洋歐美風格」者則年齡越輕，比例越高。

2. 就教育而言：教育程度越高，喜愛「傳統中國式」風
格的比例越高，大專、研究所以上佔47.2 ％；高中和國中程度
在伯仲之間，分別佔 40.6 ％和 41.1 ％，各約佔四成一；小學
畢業佔 36.1 ％；不識字則佔 16.7 ％。相反的，喜愛「台灣本
土式」風格的，則教育程度越低，其比例越高：不識字佔 79.2
％；小學畢業佔54.6 ％；國中畢業佔49.1 ％；高中畢業佔32.6
％；大專、研究所以上佔 27.2 ％。至於喜愛「日本風格」產品
者，不識字的沒有人選擇，其餘各教育程度亦皆未及一成，比
例不大。而對「西洋歐美風格」產品的喜愛，也有隨教育程度
的提高而上升的情形，因此大專、研究所以上佔 20.3 ％，高中
以上 18.2 ％，國中畢業僅佔 3.6 ％。

3. 就職業別而言：喜愛「傳統中國式」風格的，以教育
人員為最高，佔該職業別的 53.1 ％，有五成三強；其次是無業
或退休者，佔 50 ％；再次是自營商人，佔 47.2 ％；再次是民
營事業受雇者，佔 44 ％；再次是農人，佔 42.9 ％；再次是家
庭主婦，佔 41.2 ％，以及自由業 40.0 ％，以上皆是喜愛程度
在四成以上者。至於最低者是工人，僅佔 30.4 ％，但仍然有三
成，可見各職業別都有相當高比例的人喜愛「傳統中國式」風
格。至於喜愛「台灣本土式」的職業別比例則有較大的變化，
以工人佔該職業別 55.1 ％為最高，其次是家庭主婦(50.4 ％)，
其次是農人(47.6 ％)，其他則皆不及四成，尤其以軍人為最低

(6.7％)，次低是教育工作者(21.9％)。至於喜愛「日本風格」產品的，各職業別多不及一成，只有教育人員佔 12.5％為最高，其次是自由業(10％)和農人(9.5％)。而喜愛「西洋歐美風格」，以軍人佔 40％為最高，其次是學生(26.8％)，再次是自由業(22％)，再次是公務人員(16％)，農人當中則無人喜歡歐美式風格。

　　為了明白受訪民眾喜歡的文化活動和其所喜愛的文化產品之間的關係，我們將第 12 題（涉及文化活動）和第 17 題（涉及文化產品）加以交叉分析，發現喜愛「傳統性中國文化活動」的受訪者，有 60.9％喜愛「傳統中國式」的文化產品，有 28.2％喜愛「台灣本土式」的文化產品，其餘對日本、西洋歐美風格的文化產品的喜愛皆不及一成，微不足道。其次，喜歡「地方性文化活動」的受訪民眾，則有 46％喜愛「台灣本土式」的文化產品，其次有 42.7％喜愛「傳統中國式」的文化產品，其餘對日本、西洋風格的喜愛比例亦皆微不足道。

　　由以上兩點看來，對「傳統中國」的文化產品與活動之喜愛，與對「台灣本土」的文化產品與活動之喜愛，是相互包容而不是對立的，也因此喜愛「傳統中國文化活動」者，雖然比較多喜歡「傳統式中國文化產品」，但是也有近三成的人喜歡「台灣本土式的文化產品」；而喜歡「地方性文化活動」的民眾，雖有較高的比例喜愛「台灣本土式的文化產品」，但仍然有接近伯仲之間的比例喜愛「傳統式中國文化產品」。由此可見，就民眾的主觀感受而言，沒有必要將傳統中國文化和地方性的、本土性的文化產品和活動對立起來。

　　再就喜愛「現代的文化活動」的民眾而言，有 38.3％的受訪人口喜愛「台灣本土式」的文化產品，有 31.0％喜歡「傳統中國式」的文化產品，有 23.1％喜愛「西洋歐美風格」的文化

產品。由喜愛現代文化活動者最喜愛「台灣本土式」的文化產品看來，他們對台灣本土文化產品的喜愛，主要是就其現代的一面，而且這些喜愛台灣現代文化產品的民眾，並不排斥傳統中國文化產品，可見「傳統」與「現代」並不截然對立，因為喜歡現代的文化活動的民眾當中，有三成強的人喜愛傳統中國文化產品。不過其中也值得注意的是，喜愛現代的文化活動之民眾中有二成三強喜愛西洋歐美風格的文化產品，可見在受訪民眾當中對所謂「現代」的概念，有相當重要的西洋歐美因素在內。

最後，喜愛「前衛性、未來性文化活動」的受訪民眾，依然有 34％喜愛「台灣本土」的文化產品，有 28.4％喜愛「傳統式中國」文化產品，有 27％喜愛「西洋歐美風格」文化產品。由此可看出民眾對於前衛和未來的追求，有更多西洋歐美的因素在內，然而主要還是奇望於台灣本土文化的國際化與未來性，因而有34％喜愛前衛文化活動的民眾喜愛台灣本土的文化產品。而既使是對前衛和未來的追求，也並不與傳統背道而馳，也因此在其中仍然有 28.4％喜愛傳統中國的文化產品。

而在這其中「日本風格」的文化產品相當受到忽視，因為在受訪民眾當中，喜愛日本風格的文化產品者本來就少，僅佔 5.9％。不過這 5.9％的喜愛者主要還是集中在喜愛「現代的」文化活動（佔 36.8％）和「前衛性、未來性」文化活動（佔 26.3％），由此可見，雖然對日本風格文化產品的喜愛者為數不眾，然而其大量集中在現代與前衛性文化當中，可見喜愛日本風格文化者，比較集中在具「現代意識」和「前衛意識」的受訪民眾當中，而不停留在阿公阿媽對過去日本統治時期的懷舊情結當中。

至於受訪者在選擇文化產品時所依據的主觀標準為何？我

們曾詢問：「請問你覺得在選擇文化產品時，你最重視的特質是什麼？」

　　調查結果顯示，比例最高的是「藝術品味」，佔29.1％；其次是「實用性」，佔 28.6 ％；再次是「娛樂性」，佔 17.1％；再次是「表現個性」，佔14.2％；至於「表現個人地位」與「表現個人財富」比例都低，分別是 1.3 ％和0.6 ％。因此，如果以上的數字可信的話，則國人在購買文化產品時，並沒有明顯發生像斐伯倫(Veblen)所謂的「誇富行為」，而是以藝術品味和實用性為重。這也顯示中國人對文化產品總夾雜著藝術與實用的傳統取向。然而現代人所側重的「娛樂性」與「表現個性」也受到重視。在文化產品中加入個性和娛樂的考量，凸顯出傳統中國人在文化消費行為中除了重視藝術與實用之外，也已加入了個人主義和享樂主義的因素。

　　若就年齡、教育程度、職業等人口變項來分析上述「藝術品味」、「實用性」、「表現個性」和「娛樂性」等四個特性，則可了解到：

　　1. 就年齡而言：重視「藝術品味」的受訪者，以40-49歲比例最高，佔該年齡層的 31.1 ％；再次則為 50-59 歲，佔 36.4％；再次是 20-29 歲，佔 30.5 ％；再次是 30-39 歲，佔 29.9％，和 60 歲以上，佔 29 ％。由以上看來，重視「藝術品味」的人口在各年齡層中相當平均。而就「實用性」而言也是如此，最重視「實用性」的是 60 歲以上，佔 38.7 ％；其次是40-49 歲，佔 36.3 ％；再次是 30-39 歲，佔 32.8 ％；再次是20-29 歲，佔 29.3 ％；最後是 50-59 歲，佔 22.7 ％。至於重視「表現個性」者，則越年輕的比例越高，年紀越大則比例越低；20-29 歲佔 18.9 ％；30-39 歲佔 16.2 ％；40-49 歲佔 12.6％；50-59 歲佔 10.6 ％；60 歲以上則僅佔 6.5 ％。至於「娛樂

性」方面，則以 50-59 歲最重視，佔 28.8 ％；其次是 60 歲以上，佔 24.2 ％；再次是 20-29 歲，佔 19.8 ％；再次是 30-39 歲，佔 18.8 ％；而 40-49 歲的年齡層，大概最為務實，工作亦較忙碌，因此較不重視娛樂性，僅佔 9.7 ％。

2. 就教育程度而言：則大致可以看出，教育程度越高，越重視「藝術品味」，例如大專、研究所以上佔該教育程度的 37.3 ％；其次高中畢業，佔 32.2 ％；再次國中畢業，佔 30.1 ％，兩者各約佔三成左右；再次是小學畢業，佔 24.2 ％；不識字則佔 13 ％。就「實用性」而言，則相反的，隨著教育程度的提高而減低，因此不識字者重視實用性者佔 47.8 ％；小學程度佔 36.4 ％；國中程度佔 31.4 ％；高中程度佔 30.6 ％；大專、研究所以上佔 30.2 ％。至於重視「表現個性」方面，大專、研究所以上佔 17.2 ％；高中程度是 15.4 ％；國中程度僅佔 15.3 ％。至於「娛樂性」取向，則以小學程度佔 23.2 ％為最高，不識字者次之，佔 21.7 ％；再次國中程度(21.2 ％)和高中程度(21.1 ％)；最後是大專、研究所以上(13.6 ％)。就此而言，各教育程度之間沒有太顯著的差異。

3. 就職業別而言：重視「藝術品味」的受訪者當中，以教育人士為最高，佔該職業別的 50 ％；其次是軍人(46.7 ％)；再次是公務人員(36.3 ％)，最低比例的是農人(21.1 ％)，和無業或退休者(22.2 ％)和工人(23.9 ％)。再就「實用性」而言，最重視者為農人(42.1 ％)；其次是家庭主婦(41.0 ％)；再次是軍人(40.0 ％)；而最不重視「實用性」的是教育工作者(23.7 ％)和學生(24 ％)。再次就「表現個性」而言，最重視的是學生(20.2 ％)和自由業(20.0 ％)，以及教育工作者(18.4 ％)；而最不重視「表現個性」的則是軍人(6.7 ％)。而就「娛樂性」而言，最重視娛樂性的職業別是無業或退休者，佔 24.4 ％；其次是工人(22.5

%)，自營商人(21.9 %)，家庭主婦(20.1 %)，公務人員(20 %)；而最不重視「娛樂性」的是教育人士，僅佔 5.3 %，再次是軍人 6.7 %。

由於經常聽到國人對於電視節目的批評，認為電視節目無助於文化發展。為了了解究竟台灣地區民眾是否感覺到電視有助於豐富其文化生活，我們特別請教受訪民眾：「請問你認為當前的電視節目，是否有助於豐富你的文化生活？」

調查結果十分值得注意的是，有 7.9 %的受訪者認為「很有幫助」；有 51.3 %的受訪者認為「有幫助」；有 25.4 %的民眾認為「不太有幫助」；有8.7%的民眾認為「根本無益」；而也有 6.6 %的民眾認為「不知道」。由此可見，台灣地區民眾認為電視可以有助於豐富其文化生活的仍佔大多數，約佔59.2 %，近六成弱；不過仍有三成五（佔34.1 %）的民眾認為無益。基本上，由前面得知多數民眾喜愛從事的文化活動以休閒活動為最高，而電視既屬於大眾休閒文化的一部份，有較多數的民眾認為電視有助於其文化生活，可見電視的文化功能仍然是值得肯定的。但既然也有近三成五的民眾認為無益，由此可見，電視節目在增進畫面美感、製作品質方面，仍有待加強努力，才能減少以電視無助於國人文化生活的抱怨。

為了瞭解國人在 79 年一年當中，對文化產品的滿意度，我們曾詢問受訪者：「整體說來，79 年一年中你對於國內的文化產品滿不滿意？」，對於此一問題，回答「很滿意」的佔3.4 %，「滿意」佔 63.7 %；「不太滿意」佔 18.8 %，「很不滿意」佔 1.5 %。由此可見，有六成七的民眾對於國內的文化產品感到滿意，而有近二成強的民眾感到不滿意。

若就幾個人口變項加以分析：

1. 就年齡層而言：將「很滿意」和「滿意」合併計算，

則以 50-59 歲為最高，佔該年齡層的 84.9 ％；其餘各年齡層皆相當平均，都在七成五左右。至於將「很不滿意」和「不太滿意」合併計算，則除了 50-59 歲僅佔一成五，而且沒有人感到「很不滿意」外，其餘大致相當平均，皆在二成三、四之間。

2. 就教育程度而言：若合併「很滿意」和「滿意」而言，則以國中程度為最高，佔該教育程度的 86.1 ％；而以大專、研究所以上為最低，佔 72.3 ％。而合併「不太滿意」和「很不滿意」計算，則以大專、研究所以上為最高，佔 29.7 ％。而以國中程度為最低，佔 13.9 ％。

3. 就職業別而言：將「很滿意」與「滿意」合併計算，以農人佔 85 ％為最高；其次為工人，佔該職業別的 82.3 ％；其次是無業和退休者，佔 81.2 ％；而以公務人員(68.4 ％)，軍人(71.4 ％)和教育人員(73 ％)為較低，且皆沒有「很滿意」的。至於合併「很不滿意」和「不太滿意」計算，則以公務人員（佔 31.6 ％）為最高，軍人（28.6 ％，但無很不滿意）、教育人員（佔 27 ％）和學生（佔 27.5 ％）次之；至於農人則最低，僅 15.0 ％，而且沒有「很不滿意」的。可見軍、公、教人員和學生對於文化產品有較高的要求和批判性，因此其「不滿意」的程度亦較高。

最後我們總結民眾在文化活動、文化產品方面的消費佔其總收入的比例，根據訪問的結果顯示：

文化消費最高的是佔其總收入的 1/24 至 1/100 者，為 24.6 ％；其次是 1/6 至 1/12，佔 20 ％；再次是 1/12 至 1/24，佔 13.8 ％；再次是 1/2 至 1/6，佔 8.1 ％；而 1/2 以上者則佔 2 ％。但是，值得注意的是仍然有 30.3 ％的民眾回答「不知道」，其原因很可能是一方面不願讓他人知道的保密性因素，但另外一方面也可能因為在電話訪問當中不願意費心加以計算的結果。

若就年齡、教育程度、職業、收入和居住地區來分析上述的消費比例：

　　1. 就年齡而言：79年一年的文化消費佔總收入的1/2者，有57.7％集中在20-29歲之間；其次則有30.8％的受訪者集中在30-39歲之間。其次再就文化消費佔總收入1/2至1/6的人口而言，有51.9％集中在20-29歲之間，有27.8％集中在30-39歲。至於佔總收入1/6至1/12的文化消費人口當中，有46％為20-29歲，34.5％為30-39歲。文化消費佔總收入1/12至1/24的人口當中，有32.8％集中在20-29歲，有38.8％為30-39歲，14.7％為40-49歲。至於文化消費佔總收入的1/24至1/100的人口當中，有29.8％在20-29歲，38％為30-39歲，14.7％在40-49歲之間，至於其他各年齡層的比例都不到一成，或只在一成左右。由此可歸納出來：年齡較輕的，尤其是20-40歲的人口，是我國文化消費的主力，而且似乎有年齡愈高，文化消費越少的傾向，就拿文化消費佔總收入最低的1/24至1/100來說，若就年齡層內部來比較，20-29歲之間佔27.5％，30-39歲佔38.1％，40-49歲佔38.3％，50-59歲佔48.8％，60歲以上則佔57.5％，足證年齡越大，文化消費越少。

　　2. 就教育程度而言：則可以看出一個不同的趨勢，就是教育程度越高，文化消費越大；而教育程度越低則文化消費越小。例如在文化消費佔總收入1/2以上的人口當中，有46.2％集中在高中程度，有46.2％集中在大專、研究所以上。至於佔總收入1/2至1/6的人口中，高中程度佔50％，大專、研究所佔28.8％，其餘各教育程度皆或僅居一成或微不足道。就佔總收入1/6至1/12的人口中，高中程度佔43.8％，大專、研究所以上佔41.8％，其餘皆微不足道。至於文化消費佔總收入1/12至1/24的人口中，高中程度佔35％，大專、研究所以上佔46

％。至於佔總收入最少的 1/24 至 1/100，有 37 ％為高中程度，有 31.7 ％為大專、研究所以上。由此可見，教育程度越高，文化消費越多，而教育程度越低，文化消費也越低。

3. 就職業別而言：文化消費佔總收入 1/2 以上的，主要是學生，佔 26.9 ％；其次是私人公司上班族，佔 19.2 ％；再次是家庭主婦和無業者、自營商人，各佔 15.4 ％。其次花費佔總收入 1/2 至 1/6 的，主要是私人公司上班族，佔 31.3 ％；其次是學生，佔 16.3 ％；再次是家庭主婦(13.8 ％)和自營商人(12.5 ％)。文化消費佔總收入 1/6 至 1/12 的，主要仍是私人公司上班族(30 ％)，其次是家庭主婦(15.6 ％)，公教人員和教育人員，各佔 10.4 ％。至於文化消費只佔總收入 1/24 至 1/100 的人，亦以私人公司上班族(23.1 ％)為最高，其次是自營商人(14.5 ％)和家庭主婦(13.6 ％)。由以上可以看出，較願意將收入花費在文化上面的民眾，主要是私人公司上班族、學生、家庭主婦和自營商人。

4. 就收入而言：文化消費佔總收入 1/2 以上的人口，主要是集中在每月收入 2 萬 5 至 5 萬之間的受訪者，佔 28.6 ％，其 79 年一年的文化總消費約在 15 萬到 30 萬之間；其次每月收入 5 萬到 7 萬 5 之間，佔 23.8 ％，79 年的文化消費約為 30 萬至 45 萬；再次是每月收入 7 萬至 10 萬之間，佔 19 ％，79 年的文化消費約為 45 萬到 60 萬。其次，文化消費佔其總收入 1/2 至 1/6 的人口，有 27.9 ％集中在每月收入 2 萬 5 到 5 萬者，則其 79 年的文化消費在 5 萬到 30 萬之間；其次有 26.5 ％為每月收入 5 萬到 7 萬者，則其 79 年的文化消費在 10 萬到 45 萬之間；再次有 17.6 ％為每月收入在 7 萬 5 到 10 萬之間，則其 79 年的文化消費約在 15 萬到 60 萬之間。文化消費佔總收入 1/6 至 1/12 的人口中，有 32.6 ％為每月收入 2 萬 5 到 5 萬者，則

其 79 年的文化消費約在 2 萬 5 到 10 萬之間；其次有 25.3 ％為
每月收入 5 萬到 7 萬 5 者，則其 79 年的文化消費約在 5 萬到
15 萬之間；再次有 20.8 ％為每月收入 7 萬 5 到 10 萬者，其 79
年的文化消費約在 7 萬 5 到 20 萬之間。文化消費佔總收入 1/12
至 1/24 的人口中，亦以每月收入 2 萬 5 到 5 萬，佔 35.9 ％為
最高，則其 79 年的文化消費約在 1 萬 2 千 5 百到 5 萬之間；
其次為每月收入 5 萬到 7 萬 5 者，佔 25.2 ％，則其 79 年的文
化消費約在 2 萬 5 到 7 萬 5 之間。再次為每月收入 7 萬 5 到 10
萬者，佔 19.8 ％，則其 79 年的文化消費約在 3 萬 7 千 5 到 10
萬之間。至於 79 年文化消費佔總收入 1/24 至 1/100 的人口當
中，亦以每月收入在 2 萬 5 到 5 萬者最高，佔 40.2 ％，其 79
年的文化消費約在 3 千到 2 萬 5 之間；其次是每月收入在 5 萬
到 7 萬 5 者，佔 22.9 ％，其 79 年的文化消費約在 6 千到 3 萬
7 千 5 之間；再次是每月收入在 7 萬 5 到 10 萬者，佔 10.3 ％，
其 79 年的文化消費約在 9 千到 5 萬之間。根據以上的結果顯
示，肯將收入花在文化方面的以每月收入在 2 萬 5 到 7 萬 5 之
間者為較高，乃文化消費的主力，而每月收入較此為少者，文
化消費也少，每月收入較此為多者，文化消費的比例也不高。

　　5. 就地區而言：台北地區有 3.7 ％的人口，其文化消費是
佔其總收入的 1/2；而佔總收入 1/2 至 1/6 的有 14.9 ％；1/6 至
1/12 的佔 28.7 ％；1/12 至 1/24 的佔 18.6 ％；1/24 至 1/100 的
佔 34 ％。台中地區，文化消費佔總收入 1/2 以上的，為台中地
區受訪人數的 4.7 ％；花費在 1/2 至 1/6 的佔 10.6 ％；1/6 至
1/12 的佔 32.9 ％；1/12 至 1/24 的佔 18.8 ％；1/24 至 1/100 的
佔 32.9 ％。高雄地區，文化消費佔總收入 1/2 的佔該地區受訪
者 2 ％；1/2 至 1/6 的佔 6 ％；1/6 至 1/12 的佔 40.4 ％；1/12 至
1/24 的佔 15.2 ％；1/24 至 1/100 的佔 36.4 ％。台灣省其他地

區，文化消費者佔其總收入 1/2 的佔 4.1 ％；1/2 至 1/6 的佔 11.7 ％；1/6 至 1/12 的佔 24.9 ％；1/12 至 1/24 的佔 22.4 ％；1/24 至 1/100 的佔 36.9 ％。比較起來，文化高消費者主要是集中其他地區，其次才是台北地區，例如文化消費佔總收入 1/2 的，有 50 ％集中在台灣省其他地區，有 26.9 ％集中在台北地區；文化消費在 1/2 至 1/6 的有 46.3 ％集中在台灣省其他地區，有 35 ％集中在台北地區；而文化消費佔總收入 1/6 至 1/12 的，有 39.3 ％集中在台灣省其他地區，有 26.9 ％集中在台北地區；文化消費佔總收入 1/12 至 1/24 的，51.8 ％集中在台灣省其他地區，有 25.5 ％集中在台北地區；至於文化消費佔總收入 1/24 至 1/100 的，有 47.8 ％在台灣省其他地區，有 26.1 ％在台北地區。因此就肯回答其文化消費比例者而言，主要的文化消費者是集中在台灣省其他地區和台北市；相形之下，台中和高雄地區的文化消費則較為偏低。

## 四、文化機構與文化政策

關於國內的文化民意調查，我們還需要知道民眾對於文化機構和文化政策的反應。其中就文化機構而言，涉及到民眾對文化中心（無論中央或地方）活動的參與，對其文化功能的滿意度，以及對推行單位文化機構的制度性層次的看法。除此以外，我們也希望了解民眾對於文化發展的策略，以及對兩岸文化交流的看法。

首先就文化機構而言，我們詢問受訪者：「請問 79 年一年當中，你有沒有參加過地方或中央文化中心的活動？」對於此一問題，最常見的情形是「從未參加」，佔全部受訪者的 43.9 ％，約近四成四；其次則是「偶爾參加」，佔 35.8 ％，約三成六；再次是「很少參加」，佔 15.0 ％；至於「經常參加」

的只有 4.9 ％。

　　若就年齡、教育程度、職業、收入、地區和性別加以分析，則可得知：

　　1. 就年齡而言：回答「經常參加」的，主要是 30-39 歲，佔 28.6 ％；其次是 20-29 歲，佔 24.5 ％；再次是 40-49 歲，佔 22.4 ％，至於回答「偶爾參加」者，主要是 20-29 歲，佔 38.6 ％；其次是 30-39 歲，佔 34.1 ％；再次是 40-49 歲，佔 14.6 ％；至於 50 歲以上就微不足道了。由此可見，參加的人口主要還是集中在 20-40 歲之間，而且年紀愈大愈少參加，年紀愈輕，則愈常參加。至於「很少參加」和「從未參加」的，就各年齡層來講，20-29 歲佔 39.7 ％；30-39 歲佔 40.6 ％；40-49 歲佔 47.3 ％；50-59 歲佔 48.1 ％；60 歲以上佔 60.4 ％。可見隨著年齡的增長，其從未參加的比例也有增加的趨勢。

　　2. 就教育程度而言：「經常參加」者主要集中在大專和研究所以上，佔 61.2 ％；其次是高中程度，佔 28.6 ％；至於「偶爾參加」，主要也是以大專和研究所以上比例最高，佔 43.9 ％；其次是高中以上，佔 37.2 ％。而「從未參加」的人口，就每一個教育程度內部來比較，不識字者佔 75.6 ％；小學程度佔 60.6 ％；國中程度佔 56.8 ％；高中以上佔 43 ％；大專和研究所以上佔 28.2 ％。由此可見，教育程度越高，其「從不參加」的比例越低，教育程度越低，其「從不參加」的比例越高。

　　3. 就職業別而言：「經常參加」的人口主要是公務員、教育人員和自營商人，各佔 16.3 ％，私人公司上班族佔 10.3 ％；其次「偶爾參加」的人口主要是私人公司上班族，佔 26.1 ％，其次是學生(14.3 ％)和自營商人(13.2 ％)、公教人員(12.4 ％)。至於就職業別內部而言，「從未參加」的人口，農人佔

70.7 ％為最高，無業者佔 60.3 ％居次，再次為家庭主婦(58.3 ％)，工人為 55.4 ％，自由業為 48.3 ％。

4. 就收入而言：「經常參加」的主要是每月收入在 5 萬到 7 萬 5 者，佔該收入層的 31.1 ％；其次是 7 萬 5 到 10 萬者，佔 28.9 ％。在「偶爾參加」的人口中，主要也是每月收入 2 萬 5 到 5 萬者，佔 31.4 ％，其次是 5 萬到 7 萬 5，佔 28.2 ％，再次是 7 萬 5 到 10 萬者，佔 20.2 ％。而「從未參加」的受訪者，就各收入層內部來比較，1 萬以下的有 66.7 ％，1 萬到 2 萬 5 的有 67.3 ％，2 萬 5 到 5 萬者有 44.6 ％。可見參加與否，和收入高低也有一定程度的關係。

5. 就地區而言：台北地區，「經常參加」的佔該地區的 4.5 ％，「偶爾參加」的佔 37.1 ％，合佔 41.6 ％。可見參加過的民眾佔台北地區受訪人口的四成二，而「從未參加」的也佔 39.6 ％，大約相當，其餘則為「很少參加」。台中地區，則有 5.3 ％的受訪者「經常參加」，34.8 ％「偶爾參加」，47.7 ％「從未參加」。高雄地區，「經常參加」的人口佔 6.3 ％，「偶爾參加」的佔 33.6 ％，「從未參加」的佔 44.8 ％。台灣省其他地區，「經常參加」佔 4.6 ％，「偶爾參加」佔 36.1 ％，「從未參加」佔 45.2 ％。由此可見，各地區有參加過的（偶爾參加和經常參加）人口比約在四成左右，不過在「從未參加」的人口當中，以台中地區為最高，其次是台灣省其他地區，然後是高雄地區，台北則比較少。

6. 就性別而言：男性「經常參加」的有 5.6 ％，「偶爾參加」的佔受訪男性的 39.2 ％，合計約佔四成五。女性「經常參加」的佔 4.2 ％，「偶爾參加」的佔 32.2 ％，約合佔三成六。而「從未參加」者佔女性受訪者 46.9 ％，佔男性 41.7 ％。由此可見，在參加文化中心活動的人口當中，男性比例略高於女

性。

　　其次，為了了解一般民眾對文化機構的滿意度為何，我們詢問受訪者：「整體說來，你對政府的文化機構（如文建會、文化中心）所扮演的功能滿不滿意？」

　　其中表示「很滿意」的，佔全部受訪人口 5.2 %，「滿意」佔 45.6 %，合而言之，對政府文化機構感到滿意的，約佔 50.8 %，近五成一。換言之，有一半以上的民眾對政府的文化機構感到滿意。至於回答「不太滿意」的人口則佔 22.2 %，「很不滿意」的佔 4.4 %，換言之，對政府的文化機構感到不滿意的約佔 26.6 %，近二成七弱。此外也有 22.0 %的受訪者表示「不知道」，可見仍有二成二的受訪民眾對於文化機構缺乏認知或不太了解，因此無法答覆其對文建會和文化中心的滿意與否。就此而言，政府的文化機構仍然有必要在文宣上多作努力，以促成一般民眾對文化機構的認知。除此之外，各文化中心也應該多加努力提昇活動的品質，藉以提高民眾的滿意度。

　　有關文化機構的制度層次問題，我們尤其集中在民眾對文建會是否升格為文化部的問題的看法上，因而詢問受訪民眾：「請問你認為有沒有必要將文建會升格為文化部，藉以提昇整體性的文化政策？」對此問題回答「很有必要」的受訪者佔 20 %，回答「有必要」的佔 47.3 %。換言之，認為有必要將文建會提昇為文化部的民眾，佔全部受訪者的 67.3 %，約有六成七強。其次回答「不太有必要」的佔 6.7 %，回答「根本沒有必要」的佔 2.9 %，可見明顯地認為沒有必要的比例不到一成。但是回答「不知道」的人口比例也佔了 22.2 %，可見有二成二強的民眾對文建會、文化部或所謂「制度性提昇」究竟對文化發展有沒有關係，了解甚少，甚至絲毫不知，因此無法回答此

一問題。而這個比例與前面對政府的文化機構的滿意度的問題回答「不知道」者之比例大約相近，其原因恐皆出自對文化機構的認知不足。

再者，尤其涉及到當前台灣的文化處境，有所謂本土文化與中原文化之爭，究竟未來政府對文化的走向應該如何著實產生不少的困惑。尤其晚近有提倡所謂「台灣文化」、「雙語教學」，甚至將台獨的主張提昇到文化的層次來加以討論的；此外也有主張所謂「台灣文化主體論」的，當然也有主張應致力於發揚中華文化的……。總之，「統獨之爭」也難免侵染到了文化的領域。為了了解民眾對這個問題的態度，我們詢問：「在以下的文化發展策略中，請問你比較贊成哪一個策略？」我們所提出來的答案包括：「(1)優先發展台灣文化、(2)優先發展中華文化、(3)在發展中華文化時，注意台灣地區性特色、(4)放棄傳統文化，開創世界性現代文化。」

對此問題，我們得到的最主要的答案是「在發展中華文化時，注意台灣地區特色」佔55.4％，約五成五強；其次是「優先發展台灣文化」，佔 14.8 ％；再次則是「優先發展中華文化」，佔 11.8 ％；而只有 7.7 ％的受訪者主張「放棄傳統文化，開創世界性現化文化」。但也有 8.4 ％的人表示「不知道」。以上的答案傳達一個非常重要的訊息，也就是大部份的民眾還是支持今後的文化發展策略是「在發展中華文化時，注意台灣地區性特色」。換言之，並不是將「台灣文化」和「中華文化」相互對立，而是以中華文化包含台灣文化，以台灣文化隸屬於中華文化。政府過去 40 年來，只是偏重強調中華文化，然而對於台灣地區性的文化特色，並沒有透過教育的歷程和文化政策來加以發揚，使其經由教育和政策的重視，而趨於合理和優雅，也因此在解嚴之後，隨著社會力的釋放，台灣地

區性文化出現許多非理性和低俗的傾向。然而平心而論，在台灣地區性的文化當中，仍然含藏著許多寶貴的特色，值得加以發揚，而且唯有發揮台灣地區性的文化特色，才能夠有貢獻於中華文化的豐富性。

再者，在今天台灣文化發展上最重要的一個現象就是兩岸文化的交流，為此我們設計了幾個問題，希望了解台灣地區民眾對於兩岸文化交流的意見。

首先，我們詢問受訪者：「對於政府目前以文化交流為優先的兩岸政策，請問你是否贊成？」結果顯示：表示「很贊成」的，佔受訪民眾的 23.0 ％，「贊成」的佔 55.9 ％，合計 78.9 ％，約近八成民眾贊成政府目前以文化交流為優先的兩岸政策。而只有 5.1 ％的受訪者，表示「不太贊成」；只有 1.6 ％的民眾，表示「很不贊成」，二者加起來僅 6.7 ％。若將此不贊成的比例與前述主張「優先發展台灣文化」的受訪者比例 (14.8 ％)相互比較，可以發現：不贊成政府以文化交流為優先的兩岸政策的，遠少於主張優先發展台灣文化的。可見即使在主張優先發展台灣文化的受訪者當中，仍有一半以上的民眾贊成以文化交流為優先的兩岸政策。

以一般人擔心中共恐會透過兩岸文化交流的過程來對我方進行統戰。我們為了了解民眾對於這個問題的意見，特別詢問受訪者：「請問你認為與大陸的文化交流，有沒有成為中共統戰工具的危險？」對此回答「一定會成為統戰工具」的，佔全部受訪者的 2.8 ％；回答「成為統戰工具的可能性很大」的，佔 15.6 ％；回答「成為統戰工具的可能性不大」的，佔 29.3 ％；回答「一定不會成為統戰工具」的，佔 25.4 ％。換言之，如果將回答「一定會成為統戰工具」和「成為統戰工具的可能性很大」的，視為是對於中共透過文化交流進行統戰的戒心，

則約有 18.4 ％的民眾具有此一戒心。若將回答「成為統戰工具的可能性不大」和「一定不會成為統戰工具」的，視為是對兩岸文化交流的信心，則有 54.7 ％的受訪者有此信心。但這其中也有 25.5 ％的受訪者表示「不知道」，換言之，他們既無戒心，也無信心，對於文化交流與中共統戰之間的關係仍不甚明白。

進一步，我們詢問受訪者：「請問你認為兩岸文化交流，是否有助於兩岸人民的相互了解與解消敵意？」結果回答「很有幫助」的受訪者佔 23.2 ％；回答「有幫助」的佔 58.5 ％；回答「不太有幫助」的則佔 12.4 ％。由此可見，若將認為「很有幫助」和「有幫助」的合計，共佔全部受訪人口的 81.7 ％，換言之，有將近八成二的人口認為兩岸文化的交流有助於兩岸人民的相互了解。而認為「根本沒有幫助」的微乎其微，而主張「不太有幫助」的比例亦很小。而且比較起來，用「不知道」來回答此一問題的，不到回答「不知道文化交流與中共統戰的關係」的一半，可見一般而言，若不涉及中共統戰的問題，單就人情之常來推斷，一般的民眾都較為清楚了解文化交流和兩岸人民互相了解之間的關係，而且大多數人皆認為這個關係是完全正面的，可以促進了解，消除敵意。

最後，為了了解民眾對於目前兩岸文化交流現況的滿意度，我們亦詢問受訪者：「整體來說，你對目前兩岸文化交流的現況是否感到滿意？」對於此一問題，回答「很滿意」的佔全部受訪者的 3.3 ％；回答「滿意」的佔 41.6 ％；而回答「不滿意」的佔 30.1 ％；回答「很不滿意」的佔 4.0 ％。換言之，感到滿意的約佔四成五，而感到不滿意的則約佔三成四。

若就年齡、教育程度與職業來加以分析，則可以發現：

1. 就年齡而言：回答「很滿意」和「滿意」的，在 20-29

歲，合佔該年齡層的 60.6 %；在 30-39 歲佔 55 %；40-49 歲佔
53.6 %；50-59 歲佔 67.3 %；60 歲以上佔 42.1 %。由此可見，
就滿意度較高的而言，主要是集中在 50-59 歲和 20-29 歲之間。
而感到「不太滿意」的人口當中，就各年齡層內部比例，則
20-29 歲佔 39.3 %；30-39 歲佔 45 %；40-49 歲佔 46.5 %；
50-59 歲佔 32.8 %；60 歲以上佔 56.9 %。可見在較為不滿意的
人口當中，以 60 歲以上和 30-49 歲之間的比例為最多。

　　2. 就教育程度而言：就各教育程度內部來比較，將「很
滿意」和「滿意」合併計算，則小學畢業佔 69.2 %；國中程度
佔 67.7 %；高中程度佔 60.1 %；大專、研究所以上佔 45.6 %；
可見有隨著教育程度的提高而減少的趨勢。相反的，若將「不
滿意」和「很不滿意」合併計算，則不識字者佔 38.1 %，小學
程度佔 30.7 %；國中程度佔 32.2 %；高中程度佔 39.8 %；大
專、研究所以上佔 54.4 %。由此可見，大專以上的教育程度對
兩岸交流的現況不滿的程度較高。

　　3. 就職業而言：若將「很滿意」和「滿意」合併計算，
則滿意度最高者為農民，佔 77.8 %（但沒有「很滿意」的）；
其次是家庭主婦，佔 63.8 %；再其次是學生，佔 63.2 %；軍
人佔 61.5 %。而若將「不滿意」和「很不滿意」合併計算，則
不滿意的比例較高的依序是：私人公司上班族 73 %；公務人
員 53.5 %；教育工作者 51.4 %；而其中「不滿意」的比例最
低的則是農民，佔 22.2 %，而且沒有「很不滿意」的。

## 五、結　論

　　在前面吾人所分析的調查結果中，無論是在文化資訊、文
化活動、文化產品、文化機構與文化政策各方面，皆已經透露
出許多重要的訊息，我們沒有必要在此加以重複。基於「讓數

字說話」的精神，有些解釋實沒有必要多著筆墨。不過，歸結前述各項調查結果，我們覺得有必要特別突顯以下各點，作為結論與建議。

1. 就文化資訊而言，受訪民眾大都覺得 79 年一年的文化資訊比起三年前大有增加，尤其透過報紙、電視、雜誌等（特別是報紙），皆可獲致不少有關文化方面的資訊。不過，雖然有七成左右的民眾表示「很需要」和「需要」文化資訊，但是僅有二成五的民眾「每天」和「經常」尋求文化資訊，而且有三成一的民眾從不尋求文化資訊，其餘尋求者多屬偶爾為之。由此可見台灣地區民眾對文化資訊的需要和實際尋求之間仍有很大差距。不過，鑑於有八成三的民眾表示未來三年內會越來越需要文化資訊，政府、傳播媒體和文化單位有必要努力提供更多元、更豐富、更多管道、更易接近的文化資訊，尤其應多提供工作上和生活上易接近的文化資訊。

2. 就文化活動而言，國人參與文化活動，多屬偶爾為之的型態，經常參加者，畢竟少數。其所喜愛的文化活動，多屬休閒性、知識性；其參與文化活動的目的，多為了提高生活品質或拓展人生，很少有純粹遊戲性的目的。顯示國人文化活動的人間性、實用性。針對國人對休閒性文化活動的大量需求，今後有必要對休閒設施、休閒教育進行系統規劃，尤其是彈性上班時間制度的建立，避免一窩蜂使用休閒設施的情形，免得反而達不到休閒的目的，更遑論文化。至於國人對知識性文化活動仍有重要需求，應設法透過各種社教活動與傳播管道，予以滿足。在活動內容方面，應多以「傳統中華文化」和「現化文化」為主，當然亦不能忽視「台灣地區性文化」和「前衛性、未來性文化」。尤其應多提供工作上、生活上易接近的文化活動，藉以經營國人在文化上的自主性。

3. 就文化產品而言，值得注意的是，79 年一年中曾經購買文化產品，綜合「經常買」和「偶爾買」，竟然已達七成五，實已相當可觀；其所喜愛的文化產品風格亦已相當多元，但以「傳統中國式」和「台灣本土式」為主。對於這些產品的選擇標準，主要是結合了「藝術性」和「實用性」，但亦已夾雜了「表現個性」、「娛樂性」這類個人主義和享樂主義的考量。當然這些都與受訪者的年齡、教育程度、職業別有密切關係。

4. 台灣地區肯花錢在參加文化活動和購買文化產品的人口，主要集中在年齡 20-40 歲之間，教育程度高，每月收入在 2 萬 5 到 7 萬 5 之間，居住在大台北地區和台灣省（台中、高雄以外）各地區的私人公司上班族、自營商人、家庭主婦和學生。

5. 對於文化機構，79 年一年中，從未參加過中央或地方文化中心的活動的受訪者，佔全部受訪者的四成四；很少參加者佔一成五，「經常參加」和「偶爾參加」者約佔四成強，且大多是偶爾為之，可見文化中心仍未全面發揮其功能，在未來幾年中應多努力加強。然而，有六成七強的受訪民眾主張政府有必要將文建會升格為文化部，藉以善盡功能，提昇整體性的文化政策。這一訊息應受到政府重視，也盼望在今年的立院會期中，能夠早日通過行政院組織法修正案，並在其中通過成立文化部，以滿足大部份民意的需求。不過有二成以上的受訪民眾對文化中心和文建會的存在與功能認知不足，應值得這些單位加以重視，並多進行文宣工作，提昇民眾的認知。

6. 對於今後文化發展的大方向，大多數的受訪者贊同「在發展中華文化時，注意台灣地區性特色」，這點顯示，沒有必要將台灣文化和中華文化予以對立，更沒有必要將統獨之爭延

展到文化層面。一方面，政府不能只一味提昇中華文化，而忽視透過教育歷程和政策重視來發揮台灣地區文化特色，並使其增益理性和優雅的成份；另一方面，強調台灣文化主體性的人士亦應覺識台灣文化乃整體中華文化的一個重要部份，發揮特色，進行創造，使台灣更為蓬勃，並不是為了自絕於中華文化，而是為了更豐富中華文化。因為只有各地區特色文化蓬勃發展，整體中華文化始能更趨豐富。

7. 對於兩岸文化交流，有八成左右的受訪民眾贊成政府目前以文化交流為優先的大陸政策，而且有五成五的民眾對此深具信心，不擔心文化交流會成為中共的統戰工具，反而大部分的人（八成二）認為兩岸文化交流有助於兩岸人民的相互了解和解消敵意。對於此一現象，我們一則以喜，一則以憂。喜的是大多數民眾對文化力量和文化交流深具信心，勢將有助於兩岸文化交流工作的推行。就此而言，兩岸人民關係法似應早日通過，藉以規範此一交流活動。然而，憂的是只有少數民眾對文化交流會被中共利用來進行統戰的可能性懷有戒心。然而，國內的大陸問題專家卻一再提醒吾人中共種種「反和平演變」的措施以及對台統戰的作法。大多數民眾的缺乏應有戒心，更易陷入統戰陷阱而不自知。就長遠而言，兩岸文化交流必將帶來兩岸中國更為光明的希望；但就短期而言，文化交流亦須伴隨著對大陸和中共的適當認知與戒心。這點恐需提供民眾更多的資訊，使其能有正確的認識與判斷，不但無害於兩岸文化交流，而且有助於兩岸正確地進行文化交流。

# 民國 83 年民眾對文化消費、價值與文化政策及兩岸文化交流滿意度分析

## 一、文化消費與價值

　　關於價值觀方面的調查，一直是本調查持續關心之重點。在本次民調中，我們既詢問受訪者最重視的兩項個人價值，及其所重視的兩項關係價值。除此以外，我們也留意其文化消費行為，分別就一年來購買的文化產品和一年的文化消費總額加以分析。

　　㈠ 個人價值：基礎性價值爲先，進取性價值殿後

　　我們分別列出 1.名位、2.權勢、3.財產、4.功德、5.健康、6.知識、7.環保、8.都重視、9.其他，來詢問受訪者最重視的兩項價值。總體而言，我們得到受訪者重視的價值比例依序是：1.健康(63.6%)，2.環保(43.4%)，3.功德(30.6%)，4.知識(22.4%)，5.財產(8.6%)，6.都重視(3.7%)，餘皆不及一個百分點。由於在 1,017 位受訪者中僅 26 人答不一定，無意見或未回答，由此可見答題十分踴躍，頗能反映實情。

　　最獲重視的「健康」既是最傳統的價值，也是最現代的價值，可謂基礎性價值。因為有了健康才能進一步追求其他價值。若沒有健康則其他一切價值皆會落空。健康既是一切價值的基礎，對健康的重視也表示個人樂觀進取的一面，此次調查中，健康普遍獲得不分性別、居住縣市、年齡、教育程度、職業的受訪者重視。其中尤其是年齡在

39 歲以下，教育程度在專科和大學以上，職業為學生者最為重視，程度皆近七成甚或七成以上。

其次，第二重視的價值「環保」，82 年居第四位，83 年躍居第二位，由此可見 83 年民眾的環保意識頗有提高。環保不但對健康重要，而且對生活品質亦有基本的重要性。換言之，環保仍屬基礎性的價值。

最重視環保價值的人，大體上是以 50-59 歲(48.0 ％)和 40-49 歲(47.5 ％)的年齡層比例最高，教育程度則以初中，國中(48.2 ％)高中，高職(46.8 ％)為最高比例，職業則以家管(47.7 ％)、公教軍警(47.3 ％)和自營商(46.0 ％波里)比例較高。至於調查結果顯示比例較低，也就是較不重視環保的，則為 20-29 歲(40.6 ％)和 60 歲以上的人(37.6 ％)，教育程度在小學及以下(39.0 ％)與大學及以上(36.2 ％)，職業為學生(31.1 ％)及農林漁牧鹽礦業(39.2 ％)。

以上健康和環保屬基礎性價值；但位居第一的功德和位居第四的知識則屬進取性價值。

功德屬傳統進取性價值，是利他的價值。較重視功德的人，屬40-49 歲(37.0 ％)、50-59 歲(36.0 ％)教育程度為初中、國中(42.3 ％)，職業為農林漁牧鹽礦業(37.3 ％)，民營事業職員(35.5 ％)。較不重視功德的為年齡在 20-29 歲(24.3 ％)與 60 歲以上(22.6 ％)，教育程度為小學及以下與大學及以上，職業為學生(17.8 ％)及勞務者(28.4 ％)，由此可見青年及大學生比較缺少了傳統利他美德。

知識則是現代進取性價值，年齡越年輕越重視，越大越不重視；教育程度越高越重視，越低越不重視知識。在職業方面則以學生(40.0 ％)和公教軍警(33.3 ％)，在較不重視知識的受訪者中，以 50-59 歲(10.7 ％)，60 歲以上(5.4 ％)年齡層為主，教育程度屬小學及以下(13.1 ％)和初中、國中(13.1 ％)，職業則屬農林漁牧鹽礦業(5.9 ％)，家管(19.2 ％)，勞務(19.4 ％)，自營商(19.4 ％)。

較值得注意的是，在被批評為短視功利，貪婪之島的台灣社會中，受訪者對於財產、權勢、名位的重視比例皆不高。其中除了財產佔 8.6％尚不及 1 成以外，權勢和名位皆不及 1 個百分點（分別為 0.9％、0.8％）。事實上，由於電話訪問的距離感與非私人性質，受訪者沒有必要隱瞞。如果沒有隱瞞的情形屬實，則上述的答案顯示台灣地區民眾的價值觀有理想與現實相背離的情形，換言之，理想上追求健康、環保、知識與功德，但在現實上仍汲汲營營於名利、權位。

### (二) 關係價值：家庭親情領先，國安與和諧較不受學生重視

進一步，我們以 1. 友情與愛情，2. 親情與家庭生活，3. 事業夥伴，4. 社會和諧，5. 國家安全，6. 世界大同，7. 都重視，8. 其他，等八項來探問受訪者的關係性價值，所得到的結果，整體而言，台灣民眾最重視的依序是 1. 親情與家庭生活(53.7％)，2. 國家安全(44.0％)，3. 社會和諧(40.9％)，4. 世界大同(9.0％)，5. 友情與愛情(7.8％) 6. 事業夥伴(6.6％)，7. 都重視(4.5％)，8. 其他(0.2％)。

在最受重視的關係性價值中，以親情與家庭生活居冠。其中，女性(60.4％)顯然比男性(47.1％)重視，台北縣市(59.1％)比其他各縣市（台中 52.7％、高雄 49.2％、其他 51.5％）重視，而且年紀越輕，越重視；年紀漸長，越不重視。換言之，對親情與家庭生活之重視，與年齡增長成反比，與教育程度成正比。在職業方面，則以學生(68.9％)、公教軍警(68.8％)和民營事業職員(67.8％)最為重視。

上面的分析中，值得提醒社會大眾注意的是，年輕人與學生最重視、當然也最需要家庭親情，對照今天青年學生問題叢生的情況，值得各個家庭予以重視。

其次，居第二位的關係性價值「國家安全」差第一位的家庭親情近九個百分點。這在兩岸關係改善之後毋寧是正常的現象，但其重要性仍然十分明顯。在四成四重視國家安全的人當中，以年紀越大越重視，尤其是 50-59 歲(62.7％)和 60 歲以上的人口。相反的，教育程度

越高越不重視，越低則越重視國家安全。在職業方面，農林漁牧鹽礦業(64.6％)最重視，但本應最重視的公教軍警則距前者約一成七，可見軍警公教人員對國家安全意識有鬆懈的現象。至於最不重視國家安全的，則屬學生，僅 28.9％重視，距農林漁牧鹽礦業約近三成六，值得注意。

關於第三位的關係價值——社會和諧，約有近四成一的人口重視，其中以 40-49 歲(47.1％)和 30-39 歲(43.5％)的年齡層，也是最置身於社會責任甚至社會緊張之中的人最為嚮往，由此也可見到某種理想與現實背離的情形。至於教育程度方面，則有程度越高越重視社會和諧的情形。在職業方面則以自由業(51.7％)和軍警公教(51.6％)最為重視，但學生(33.3％)和農林漁牧鹽礦業(33.3％)則最不重視社會和諧。

### (三) 文化消費：年齡與教育程度差距大

關於文化消費，茲分購買產品與全年消費額兩項加以分析。

在購買產品方面，錄音帶 56.5％佔首位，圖書 52.5％居次，雜誌 47.9％居第三，CD 42.7％居第四，錄影帶 31.7％居第五，雕刻 12.0％居第六，買畫 11.6％居第七，賞古董 8.1％居第八。由此可見，民眾的主要文化消費還在於音樂、閱讀、影像等消費型態，較少長久性文化投資（如雕刻、畫、古董等）。

值得注意的是，錄音帶、書籍、雜誌、CD等的消費，皆有隨年齡的增加而明顯降低的趨勢。換言之，與年齡增加成反比。且 20-29 歲年齡層與 60 歲以上年齡層相差多至五成以上。在教育程度方面，錄音帶、書籍、雜誌、CD、買畫等皆有隨教育程度提高而增加之趨勢。換言之，這類消費與教育程度成正比。其間差距，甚至可達五成五（雜誌）。

就職業別而言，學生最愛購買的是書籍(77.8％)，錄音帶(77.8％)，雜誌(71.1％)，CD(64.4％)。軍警公教最愛購買書籍(75.3％)，

雜誌(67.7％)，錄音帶(66.7％)。此外，自由業、自營商和軍警公教人員有較高比例買畫和雕刻，但在買古董方面，軍警公教人員減少，多是自營商(16.5％)、自由業(11.7％)和農林漁牧鹽礦業(11.8％)在購買。

最後，關於82年一年文化消費額，大致並未見起色。對於我們所問：「請問你在過去一年當中，參加文化活動或購買文化產品，總共大概用了多少錢？」受訪者的答覆，是多者是1千元到5千元之間(16.4％)，其次是1千元以下(14.3％)，再次是1萬元到5萬元(13.6％)，其餘為：5千元到1萬元(8.8％)，5萬到10萬元(3.1％)，10萬元以上(3.2％)。但也有四成的人回答不知道/忘記了或未回答。

在消費額在1千到5千元的受訪者中，以年輕人居多，職業為學生(33.3％)、自由業(25.0％)與公教軍警(22.6％)。但在消費額1萬到5萬者中，也有不少年輕人，且教育程度高，其職業屬自由業(25.0％)或軍警公教(21.5％)。

在高消費額方面，無論是5萬到10萬，或10萬以上，都以自營商最值得注意（分別是7.9％和10.0％）。

整體說來，文化消費仍不理想，尤其回答不知道與拒答人數比例太高，可見涉及錢的問題，即便是文化消費，也仍是一個敏感問題。

## 二、文化政策與兩岸文化交流

關於當前文化政策方面，由於近兩年來政府推動社區文化，其用意在發揮地方文化特色並結合地方產業，實施兩年以來，有必要了解民眾對社區文化政策的支持度與需求。此外，李登輝總統晚近提出「經營大台灣，建立新中原」的大政方針，原本富於文化意涵，但也有必要透過調查得知民眾對此一號召的了解和支持度。最後，對於兩岸文化交流，我們仍繼續往年調查的作法，了解民眾對83年度兩岸文化交流的滿意程度與期許。

## (一) 社區文化：民眾支持但看法與政策內涵有差距

對於近兩年來由文建會推動，且受到李登輝總統大力支持的社區文化運動，在此次調查結果中顯示：「很贊成」佔 46.2 %，「還算贊成」佔 25.5 %，合計 71.7 %，約七成一的受訪者表示贊成。至於表示「不太贊成」者僅 2.4 %，「很不贊成者」僅 1.2 %，合計比例不到四個百分點，可謂甚微。但值得注意的是共有近二成五的受訪者表示不知道/無意見或未回答，表示仍有相當多的人口對政府的文化政策的認知與關心程度低。另外，政府在政策宣導方面亦有所不足。

不過，值得注意的是，在年齡層方面，越年輕的越多受訪者表示贊成；年輕漸長，贊成的比例亦相對減低。再就教育程度而言，教育程度越高，表示贊成的比例也越高。其間在「小學及以下」與「大學及以上」的差距在兩成以上。這表示社區文化還是一個充滿希望的文化政策，因為其支持者多為年輕與教育程度高的民眾。不過在年長者及教育程度較低的受訪者中，隨著年齡增加及教育程度降低，其回答不知道/無意見/不回答的也較高，這必須透過更多文宣與資訊管道，增加其認知與關心度，使潛在支持者轉變為顯態支持者。

至於職業方面顯示的差距並不顯著。大體而言，合併「很贊成」與「還算贊成」的比例，學生(84.4 %)、民營事業職員(78.3 %)和公教軍警(77.4 %)等的贊成度較高，退休/待業/無業與自由業較低（皆為66.7 %），其中亦出現較多很不贊成的人口（自由業 3.3 %）和較高回答不知道/無意見/未回答的人（退休、無業者佔 30.4 %）。

關於社區文化建設的內容，目前政府較為重視的是發展地方文化特色和配合地方產業兩項，但是此次吾人調查的結果，民眾的答覆卻是：1.讓老年人有心靈寄託(45.2 %)；2.照顧社區青少年(35.9 %)；3.加強聯絡社區民眾的感情(26.8 %)；4.發展地方文化特色(17.8 %)；5.都重要(12.0 %)；6.配合地方產業(7.9 %)。

首先，值得注意的是，上面有關贊成社區文化運動的觀念與作法

的問題，受者有近二成五表示不知道或不回答，但對於社區文化建設應以哪兩項為最重要，則大部分都作答了，回答不知道或不回答者僅佔6.6％。可見上述答案相當真實地反映了民眾理想的社區文化內涵。

其次，就上述的答案而言，民眾心目中的理想社區文化運動內涵，與政府目前推行的社區文化運動內涵是有差距的。政府推行的社區文化運動著重地方文化特色發展與配合地方產業，其著眼點在於推動與地方產業結合、有經濟根柢的文化發展，而地方文化特色之經營也常呈現為一些展演與活動。但是民眾的答覆則較著重社區中「人」的需要：使社區老年人有心靈寄託，照顧社區青少年，甚至加強聯絡社區民眾感情等。這些需要似乎更為實際，至於展演活動往往流於表面。

政府提倡的「配合地方產業」在各性別、居住縣市、年齡層、教育程度，皆未有及一成的支持，唯有在職業別獲農林漁牧鹽礦業近二成二的支持(21.6％)。但同一職業別更支持「讓老年人有心靈寄託」(37.3％)，和「照顧社區青少年」(25.5％)。至於政府主張的「發展地方文化特色」雖較受到20-24歲年齡層支持(27.2％)，但同一年齡層亦更重視「讓老年人有心靈寄託」(49.0％)，「照顧社區青少年」(36.8％)和「加強聯絡社區民眾感情」(31.0％)。在教育程度之間，此一政策最獲大學及以上的受訪者支持(33.8％)，但同一教育程度者更支持「讓老年人有心靈寄託(48.5％)和「照顧社區青少年」(42.3％)。就職業別而言，最支持政府發展地方文化特色的是學生(33.3％)，但學生仍更支持「讓老年人有心靈寄託」(51.1％)和「照顧社區青少年」(37.8％)。

在老年人和青少年問題叢生，社區關係日趨疏離的今日，此一民調結果傳達了重要訊息，政府的社區文化政策不能只著重於發展地方文化特色和配合地方產業，更應回應民眾需求，致力於讓社區中的老年人有心靈寄託，並照顧社區青少年，且應加強聯絡社區民眾的感

情。

## ㈡ 「經營大台灣，建立新中原」文化意味不濃

對於李登輝總統年內提出的「經營大台灣，建立新中原」口號，受訪民眾表示很贊成的佔 25.9 ％，還算贊成的佔 23.3 ％，合計 49.2 ％，近五成民眾表示贊成，至於表示不太贊成 5.1 ％，很不贊成 1.8 ％，加起來不及一成。但值得注意的是有四成四的受訪者表示不知道/無意見或未回答。可見仍有相當多民眾對此一口號的認知和關心不足。

在表示很贊成的人中，男性(33.3 ％)高於女性(18.3 ％)。不過女性有五成二的受訪者表示不知道/無意見或不回答，以致影響很贊成比例。就居住縣市而言，最明顯的是高雄縣市表示很贊成的最多，佔三成四強，這大概也顯示高雄地區較強烈的台灣意識。

若就年齡層來分析，「很贊成」的受訪者有隨年齡而增加的趨勢。換言之，越年長者越強烈表示贊成。但是，相反的，表示「還算贊成」者則有隨年齡增加而減少的趨勢，其結果是各年齡層在贊成度上會漸趨於近似，皆在五成上下，但也顯示越年長支持度越強烈，越年輕支持度越溫和。尤其值得注意的是在最年輕的 20-29 歲之間的受訪者出現了較高的不贊成度，是唯一答「不太贊成」與「很不贊成」超過一成一的年齡層。

在教育程度方面，支持度也相當平均，但值得注意的是大學以及以上仍有四成強的受訪者表示不知道/無意見或未回答。相反的，在表示不知道/無意見或未回答的比例最少的教育程度為專科 29.7 ％，然而也是此一教育程度出現了近一成三的反對者，其中有 10.3 ％表示「不太贊成」，2.4 ％表示「很不贊成」。

就職業別而言，比較值得注意的是學生，他們回答很贊成(15.6 ％)和「還算贊成」(20.0 ％)，在所有職業別中為最低。然而，他們回答「不太贊成」(20.0 ％)和「很不贊成」(6.7 ％)的比例，在所有職業

別中又為最高。由此可見,李登輝總統「經營大台灣,建立新中原」的口號還有必要提高其理性說服力,提供年輕人更富於希望的未來圖像,才能在現有已不錯的支持度上,增加學生和年輕人的支持度。

調查結果顯示,受訪者對李登輝總統「經營大台灣,建立新中原」口號的認知,是將它定位於1.以台灣為主,調整兩岸關係(24.6%);2.政治性(15.9%);3.經濟性(10.4%);4.整體建設方向(9.4%);5.文化性(6.7%);6.其他(1.9%)。必須注意有三成一的人表示不知道/無意見或未回答,而且這一部分的人會隨著年齡的增加而增多;但也隨著教育程度的提高而減少。

此一調查結果顯示,有較多的人,也就是近二成五的受訪者,認為李登輝此一主張是以台灣為主,調整兩岸關係;其次則有近一成六的受訪者認為這是一個政治性的主張;僅有一成強的受訪者會認為這是對台灣經濟優勢加以擴大的作法。但認為這是一個文化上的主張者卻是少之又少,不及七個百分點。可見在一般民眾心目中,李總統此一主張的文化意味不重,相反的,主張其為政治性者,會隨年齡之漸減而增多,也會隨著教育程度提高而增加。尤其值得注意的是,在職業別中,學生與公教軍警主張其為政治性口號皆超過其為「以台灣為主,調整兩岸關係」之比例。由此可見,在民眾心目中,「經營大台灣,建立新中原」主要是一個政治性的,涉及兩岸關係調整的口號,其文化意義不足。如果要加重其文化意味,還需大力釐清和宣傳。

### (三) 兩岸文化交流:差強人意,繼續加油

對於83年度的兩岸文化交流部份,表示很滿意(4.6%)和還算滿意(34.3%)的受訪者共近三成九。但表示不太滿意(23.8%)和很不滿意(8.8%)的受訪者也共近三成三。加上有近二成九的受訪者表示不知道/無意見或未回答,年來的兩岸文化交流只能說是差強人意。

值得注意的是,在表示不太滿意的受訪者中,年紀越輕者越多,教育程度越高者也越多。在職業別方面,如果將「很滿意」和「還算

滿意」合併計算,將「不太滿意」與「很不滿意」合併計算,則公教軍警雖有 39.8 %滿意,但不滿意者更高達 46.3 %;民營事業職員雖有 35.6 %滿意,但更有 40.1 %不滿意。

在差強人意的兩岸文化交流過程中,我們詢問受訪者對於未來的期許。結果有 41.4 %的受訪者表示應「繼續加強兩岸文化交流」;有 20.5 %的受訪者表示今後應「加強以台灣文化為重心」;有 16.7 %的受訪者表示應「加強發展中華文化」;有 8.2 %表示應「強調台灣文化是中華文化的一部分」。

在強調應繼續加強兩岸文化交流的受訪者中,男性(44.0 %)高於女性(38.8 %),台北縣市高於其他縣市。年齡方面,越年輕越主張繼續加強交流,其中 20-29 歲(49.8 %)與 60 歲以上(25.8 %)相距了二成四,不可謂不大。就教育程度而言,則教育程度越高越主張繼續加強交流,其中小學及以下(18.7 %)與大學以上(60.8 %)相距了四成二,差距更大。在職業別方面,學生(62.2 %)、軍警公教(52.7 %)、自由業(50.0 %)和民營事業職員(49.3 %)最主張繼續文化交流,其中比例最高的學生(62.2 %)和比例最低的農林漁牧鹽礦業(19.6 %)相差了近四成三,差距亦甚大。

佔第二位的「加強以台灣文化為重心」約佔二成,距首位的「繼續加強兩岸文化交流」約差了三成,僅為其半,其支持者主要為 60 歲以上(23.7 %)和 40 餘歲(27.7 %)的年齡層,以及教育程度在初中、國中(24.1 %)小學及以下(20.9 %)的人口,職業為自營商(26.6 %),農林漁鹽礦業(25.5 %)與勞務業(23.7 %)。

在主張「加強發展中華文化」的受訪者中,也有年紀越輕,比例越高的趨勢;在教育程度方面,則以專科與大學及以上的支持度最高;職業別方面,則以軍警公教(29.0 %)和民營事業職員(25.0 %)支持度為最高。

至於贊成「強調台灣文化是中華文化的一部分」的受訪者,則以

20-29 歲、專科畢業，或職業為學生(24.4％)者為最多。值得注意的是，學生仍除了大多數支持「繼續加強兩岸交流」(62.2％)之外，其餘大多數的學生皆集中於贊成「強調台灣文化是中華文化的一部分」。

　　從上述分析看來，較年輕的受訪者要不就主張加強中華文化，要不就主張「強調台灣文化是中華文化的一部分」，相較於主張「加強以台灣文化為中心」較為年長的年齡層，可以說是較具未來展望的抉擇。相較於後者多為教育程度較低者支持，前兩者則為教育程度較高者所支持。

　　值得注意的是，「加強發展中華文化」和「強調台灣文化是中華文化的一部分」兩者基本上是相合的，前者特別強調一般而言的中華文化，後者則特別針對台灣文化而強調其為中華文化之一部分。兩者加起來的贊成者約佔二成五，加上前面繼續加強兩岸文化交流的比例，可以說大部分民眾贊成在以中華文化為基礎上繼續加強兩岸文化交流，這也可以說是國內民眾對於江八點、李六點皆強調以中華文化為共同基礎的兩岸交流之正面回應。

附錄二

# 民國 84 年民眾的價值觀及對文化政策與兩岸文化交流的滿意度分析

　　本文首將分析主觀面的價值觀，其中可以顯示國內民眾對文化的期待與判斷標準的依據所在，其次，再進一步分析國內民眾對文化政策與兩岸文化交流的滿意度情形。

## 一、價值觀

　　先就價值觀言，我們區分個人性價值與社會性價值。個人性價值指個人追求卓越的價值，如名位、權勢、財產、功德、健康、知識、環保、休閒及其他。社會性價值包含從與別人、與家庭到社會、國家、世界等的關係，如友情與愛情、親情與家庭生活、社會和諧、國家安全、世界大同……等理想性價值。為了明白受訪者的價值層級，我們在個人性價值與社會性價值方面皆分別詢問其第一選擇和第二選擇。

　　按此次調查的結果，在個人性價值方面，首就第一選擇言，受訪者最重視的首先是健康，約佔近四成五(44.8 %)；其次是功德，約佔二成二強(22.2 %)；再次是環保，佔不到一成(9.6 %)。其他依序如財產、知識、休閒、名位、權勢……等等所佔比例皆甚低。再就第二選擇言，受訪者最重視的依序是環保(22.5 %)、健康(21.7 %)、知識(15.2 %)、休閒(12.2 %)、功德(9.0 %)……餘如財產、權勢、名位等皆微不足道。

以上的結果顯示，「健康」此一基礎性價值最受重視，若將第一選擇和第二選擇合計，幾佔六成七之高，可謂國人價值體系方面較高的共識之所在。「健康」之為基礎性價值，就像乘數的 1，其他價值乘以 1 纔有價值。如果健康是 0，則其他價值再好，乘以 0 的結果還是 0。對此國人可謂深有體認。但以基礎性價值，而非以發展性價值為最優先，也顯示國人在發展性價值上較乏共識。

在發展性價值方面，功德是第一選擇中的第二位，佔二成二強，遠勝環保與知識。但在第二選擇中則僅佔不足一成(9.0 %)，居第六位，可見功德價值的優先性亦具排斥性，以功德為第一選擇，不以功德為第二選擇。功德在第一選擇中的重要性，一方面印證了國人重實際的傳統傾向，另一方面亦顯示台灣社會晚近宗教復興運動的影響。修功德是佛教和道教在民間影響產生的通俗性「實踐」觀念，其範圍由修行練功、行善避惡到捐獻財物皆有之。不過這在目前台灣社會中多了功利性與救贖性的意涵。功利性，是因為許多功德多與個人祈福消災解厄的動機相連，而非純粹為修養而修功德，或為道德而修功德。救贖性，是因為在競爭劇烈的社會中，個人或家人或其他關係人在賺錢、求祿、揚名之過程中，總難免有道德上或法律上欠正當的行為，良心欠安，因此以功德，尤其最簡便的以捐獻財物，求得良心平安，達至現世救贖的作用。

由於健康和功德比例較高，環保的價值在第一選擇中僅近一成，但仍位居第三。而且在第二選擇中，環保佔 22.5 %，位居第一，超過健康、休閒與知識。由此可見環保意識日愈抬高，環保價值在國內民眾心目中日趨重要。

在社會性、關係性價值方面，首就第一選擇言，受訪者最重視的首先是親情與家庭生活，約佔近五成強(50.5 %)，可謂社會性、關係性價值方面最具壓倒性、共識性的價值；其次是國家安全，但僅佔一成一強(11.2 %)；再次則為友情與愛情，約佔一成強(10.1 %)。其他

依序為社會和諧(8.4 ％)與都重視(8.4 ％)，不知道/無意見/未回答(7.2 ％)，事業夥伴(2.1 ％)、世界大同(2.1 ％)。

但在第二選擇中，則以社會和諧為第一(21.7 ％)，國家安全為第二(20.7 ％)，親情與家庭生活第三(16.8 ％)，餘為世界大同(7.4 ％)、事業夥伴(6.7 ％)、友情與愛情(4.0 ％)。

以上的結果有幾點值得注意：

1. 特殊關係比普遍關係重要：在個人價值方面以健康為最重要，親情與家庭生活在第一選擇中超過五成，友情與愛情與國家安全在伯仲之間。至於社會和諧與國家安全僅在第二選擇中獲其優先性。可見在國人當前的價值體系中，特殊關係比普遍關係重要。

2. 國家安全意識趨於薄弱化。筆者在民國76、80年的調查結果顯示，國人最重要的價值是「家庭平安」、「國家安全」。81年的調查結果，「國家安全」更躍居第一。但如今的調查結果在第一選擇中，「國家安全」雖位居第三，卻僅佔一成一強。在第二選擇中，「國家安全」雖位居第二，但亦僅二成強。可見，國家安全意識是有趨於薄弱化情形。

3. 傳統的世界大同理想幾近放棄。在第一選擇和第二選擇中，世界大同不是名列最後就是幾近尾端，而且比例甚低（第一選擇 2.1 ％，第二選擇 7.4 ％ ）。由此可見，對戰禍不斷與外交困頓的當前世局，國人對傳統的世界大同理想幾近放棄，而且對國際和平與安全心存焦慮。

4. 休閒意識不強，休閒價值不高：此次調查中，休閒在第一選擇中完全無地位，僅有 2.9 ％，在第二選擇中略微提高，佔 12.2 ％。然而，在未來的社會裡面，怎麼樣透過休閒來善度文化生活，是更為重要的。就像社會學家那斯比和阿伯丁在《大趨勢》裡所表示的，21世紀會是一個「休閒的世紀」，因為屆時大家的工作時間逐漸減少，工作型態也在改變，自己可以運用的時間和金錢愈來愈多，休閒生活

變得愈來愈重要。人們平常要工作，只有在休閒的時候才能夠從事文化的創造。休閒的生活和文化有著密切的關係。然而，此次調查的結果顯示，國人對休閒的意義與價值的認識仍甚不足。

## 二、文化政策

近三年來，政府推動的最重要文化政策，就是社區文化建設，或所謂「社區總營造」工程。此一政策是由文建會和文化總會共同推動，且受到李登輝總統大力支持，屢屢親自出馬，親臨多次社區文化活動。推動三年來，究竟民眾滿不滿意？按此次民調的結果顯示，表示「很滿意」的僅 5.3 ％，表示「還算滿意」的 31.0 ％，合計 36.3 ％，約三成六強。至於表示「不太滿意」的有 20.8 ％，表示「很不滿意」的有 11.2 ％，合計 32.0 ％，約佔三成二，與滿意者合計相差不到 5 ％，而且其中表示很不滿意的比表示很滿意的超過 6 ％。

值得注意的是：表示不太滿意和很不滿意的有隨教育程度提高而增加的趨勢，尤其大專程度表示不太滿意者 30.3 ％，很不滿意者 13.1 ％，合計 43.4 ％；大學及以上不太滿意者 36.9 ％，很不滿意者 22.1 ％，合計 59.0 ％，幾近六成；若以年齡記，不太滿意和很不滿意者合計，越年輕比例越高（20-29 歲 39.5 ％，30-39 歲 35.4 ％，40-49 歲 34.2 ％）。在職業別方面，軍警公教不太滿意和很不滿意者合計 44.8 ％，超過很滿意和還算滿意合計的 37.8 ％。民營事業職員主管不太滿意和很不滿意者合計 41.0 ％，些微超過很滿意和還算滿意合計的 39.6 ％。學生不太滿意和很不滿意者合計 41.9 ％，則超過很滿意和還算滿意合計的 29.8 ％一成以上。顯然，迄今政府推動的社區文化建設比較未能照顧到以上這些教育程度、年齡層、職業別的需要。

尤其值得注意的是：回答不知道/無意見/未回答的受訪者佔 31.7 ％，其中尤以最常在社區中活動的人口，其年齡層在 50-59 歲(50.0 ％)和 60 歲以上(45.5 ％)，教育程度在小學及以下(52.0 ％)，職業別為無

業退休待業(44.9％)、農林漁牧鹽礦業(42.6％)、受雇或自雇勞務(38.3％)。由此可見,政府推動的社區文化建設宣傳仍為不足,且其作用亦未達至最常在社區中活動的人口,以至其未能感知此一文化政策,以至大部分答以不知道/無意見/未回答。

關於社區文化建設應以何者為重點,此一問題既可反映受訪者的看法,亦可顯示民眾的需要。為了探知民眾對於重點順位的看法,我們在問題中區分了第一選擇與第二選擇。首先,就第一選擇而言,依序是加強聯絡社區民眾(19.6％)、發展地方文化特色(19.3％)、照顧社區青少年(16.4％)、讓老年人有心靈寄託(14.7％)、開展社區文化活動(6.6％)、配合地方產業(5.7％)。在第二選擇方面,民眾答覆依序是:開展社區文化活動(24.8％)、讓老年人有心靈寄托(22.5％)、照顧社區青少年(12.0％)、加強聯絡社區民眾(9.4％)、發展地方文化特色(4.2％)、配合地方產業(0.6％)。這些大致可以反映上述常在社區的民眾,青少年、老年人的需要,主要是以人的需要、人與人的關係和生活需要為主要考慮,而不是像政府構想的以配合地方產業等為著眼點。

85年5月20日李登輝總統就職,成為中國人歷代以來第一任民選選總統。前此李總統一再強調政治革新、司法革新、教育革新三項重點。在就職為第一任民選總統之後,應可放開胸懷,進行大格局的文化創新。前此所進行的社區文化運動,是文化落實與扎根的工作,固然也很重要,但畢竟是小規模的文化建設。今後更應致力於大格局的文化創造,援引大小傳統文化資源、活絡兩岸文化交流、發揚中華文化的普世性,建立文化大國。

然而,究竟國內民眾對於第一任民選總統就任以後,建立台灣為文化大國的目標樂不樂觀呢?本次民調正好是在第一任民選總統就職之後十天舉行,應可如實反映出國內民眾的期待和判斷。一般說來,此次民調的結果顯示,大部分民眾傾向於樂觀,雖然表示很樂觀的僅

有 9.7%，還不到一成，但表示樂觀者有 364%，佔三成六強。加起來，共有四成六強的民眾表示樂觀，這可謂相當積極的反應。不過，值得注意的是，也有近兩成(19.5%)的民眾表示不太樂觀，有 7.3% 的民眾表示很不樂觀。換言之，對於第一任民選總統就任以後，建立台灣為文化大國的目標，有近二成七弱的民眾反應不樂觀。再加上有二成七(27%)的民眾不知道/無意見/未回答，無論是因為不了解或有所保留，皆可視為較負面的反應，也顯示對達成此一目標的不確定性。

　　影響此一不確定性的人口變數，主要是年齡和教育程度。就年齡言，回答不知道/無意見或未回答的民眾，有隨著年齡的增加而增加的趨勢。就教育程度言，則有隨教育程度的增加而遞減的趨勢。不過，值得注意的是，在給與明確回答的受訪者中，教育程度越高，回答不太樂觀（小學及以下 10.1%，初、國中 16.4%，高中高職 18.0%，大專 27.4%，大學及以上 32.8%）和很不樂觀（小學及以下與初、國中 3.4%，高中高職 6.6%，大專 12.6%，大學及以上 17.2%）的比例亦趨於提高，尤其若將回答「不太樂觀」和「很不樂觀」的人口合計，在大專程度受訪人口中佔四成，在大學及以上程度受訪人口中佔五成。如果說這些高學歷的受訪者是社會的精英，顯然這些社會精英對於民選總統就任以後，建立台灣為文化大國的目標較不樂觀，也因此顯示他們對國內文化政策的期待較高，但結果也較不滿意的情形。

## 三、兩岸文化交流

　　自 84 年 8 月以來，中共對台文攻武嚇，造成兩岸關係緊張，加上我國總統選舉期間，中共刻意以台灣為目標，進行軍事演習，兩岸關係更形惡化。即使在李登輝總統就職演說中，明白表示願意親訪大陸的善意之後，中共總書記兼國家主席江澤民還說要再「察其言、觀

其行」，以至兩岸關係由緊張轉趨低迷。一直到本調查執行期間，尚未有中共高層對李登輝總統就職演說發表回應性談話。

　　在兩岸關係低迷的氣氛中，雖然兩岸文化交流照常舉行，但民眾對兩岸文化交流的刻板印象顯然受到中共文攻武嚇、軍事演習以及其後低迷氣氛的影響。也因此民眾對於所提「整體來講，請問您對目前海峽兩岸的文化交流滿不滿意？」的問題，有 30.0 ％的受訪者表示「不太滿意」，有 8.6 ％的受訪者表示「很不滿意」，共近四成民眾明白表示不滿意。此外，更有 34.0 ％的受訪者表示不知道/無意見/未回答，一般而言亦應視為負面的反應。如此一來，約有七成二強的受訪者未予目前海峽兩岸的文化交流以正面的肯定，僅有 1.8 ％表示很滿意，有 25.7 ％表示還算滿意。換言之，僅有 27.5 ％的受訪者明白表示滿意。

　　值得注意的是，對目前海峽兩岸的文化交流表示「不太滿意」的人口中，有年紀越輕，教育程度越高，比例越高的趨勢；而在明白表示「很不滿意」者當中，也有教育程度越高，比例越高的趨勢。如果越年輕、越有文化水準的民眾，越對目前海峽兩岸的文化交流表示不滿意，這是一個值得注意的警訊。

　　為了瞭解國內民眾對未來兩岸文化交流走向的看法，我們提供了以下幾個答案供其做第一或第二選擇：⑴傳播現代文化，促進大陸和平演變；⑵透過兩岸文化交流，共同發揚中華文化；⑶加強發展台灣文化，擺脫大陸文化影響；⑷發展台灣文化特色，建立文化新中原；⑸其他；⑹不知道/無意見/未回答。

　　針對以上六點，第一選擇以「透過兩岸文化交流，共同發揚中華文化」所佔比例為最高，計 32.4 ％，約佔三成二強，超過位居第二的「不知道/無意見/未回答」(28.1 ％)，更遠超位居第三的「傳播現代文化，促進大陸和平演變」(19.3 ％)和位居第四的「加強發展台灣文化，擺脫大陸文化影響」(12.4 ％)。值得重視的是：主張透過兩岸文

化交流，共同發揚中華文化的民眾，越年輕、教育程度越高，比例越高。可見，這是一個具有未來性、文化性的論題。不過，由於回答「不知道/無意見/未回答」的比例，緊追其後，排列第二，可見關於未來兩岸文化交流走向的問題，多少有些茫然之感和不確定性。

這一情況更由第二選擇以「不知道/無意見/未回答」為最高比例，佔 47.7 ％，約近五成，而獲得證實。不過，有趣的是，第二選擇中位居第二的是「發展台灣文化特色，建立文化新中原」，佔 32.8 ％，可見也有近三成三的民眾支持此一第二選擇。至於位居第三的第二選擇，則是「透過兩岸文化交流，共同發揚中華文化」(11.0 ％)；第四位是「加強發展台灣文化，擺脫大陸文化影響」(5.7 ％)，與其後各點皆微不足道。

從以上的結果看來，國內民眾對於兩岸文化交流的未來走向，雖然多少有些茫然之感和不確定性，但是大體上還是以透過兩岸文化交流，共同發揚中華文化為最佳選擇，而以發展台灣文化特色，建立文化新中原為第二優先。選此兩者的比例皆遠超過讓台灣擔任歐美國家對大陸進行和平演變的馬前卒的取向——「傳播現代文化，促進大陸和平演變」，或台獨取向的「加強發展台灣文化，擺脫大陸文化影響」。由此也可看出眼睛雪亮的社會大眾對於兩岸關係未來走向的選擇。

第十一章

# 兩岸文化交流的回顧與展望

## 一、引言：回顧交流十年的幾個明顯腳印

　　從民國 76 年底開始迄 86 年底，兩岸的文化交流已經進行十年了。從政治的角度來看，十年固然是相當長的一段時間；但若從文化的角度來看，十年卻是相當短暫的一瞬。就文化的整體發展而言，十年的時間很難看出什麼重大的轉變，也難以劃分明顯的歷史階段。話雖如此，十年來兩岸的文化交流的確也曾有一些明顯的腳印，可以逐一予以追溯，當作進一步前行的參考。為此，以下所作的簡單分期，與其說是歷史階段的分期，不如說是旨在標明走過的腳程。

　　民國 76 年 11 月 2 日，我政府宣布開放大陸探親與大陸出版品，從此兩岸恢復互動關係。兩岸關係的恢復，可以說正是從文化的互動（開放出版品）和人道主義（開放探親）開始的，此後經貿的互動亦隨之蓬勃發展，啟動更為複雜的交流歷程。就文化交流而言，從 76 年底至 79 年下半年這段期間，一方面由民間做各種自發性的交流嘗試；另一方面，中共與我方皆開始嘗試訂定各種相關的交流法規。① 這一時期可以稱為交

---

① 例如民國 77 年 8 月頒布有關「淪陷區出版品、電影片、廣播電視節目進入本國自由地區管理要點」，11 月底訂定「現階段國際學術會議或文化、體育活動涉及大陸有關問題作業要點」，78 年 4 月訂定「現階段大眾傳播事業赴大陸地區採訪、拍片、製作節目報備作業要點」，中共則於 1988 年訂定「關於

流嘗試期。

及至民國 79 年 10 月 6 日，總統府成立國家統一委員會，其後於民國 80 年 3 月訂定「國家統一綱領」，成為此後我方從事兩岸交流的政策原則；其次，行政院「大陸委員會」，也於 79 年 11 月 22 日正式掛牌運作。11 月 21 日在民間成立海峽兩岸中介團體，定名為「海峽交流基金會」，實際負責兩岸民間往來所衍生的財產繼承、婚姻關係、文書認證、經貿仲裁等事務性工作。從國統會到陸委會、海基會的成立，顯示台海此岸對於兩岸交流的慎重態度。大陸方面，亦於民國 80 年 12 月 16 日成立「海峽兩岸關係協會」，成為中共負責處理對台事務的「民間組織」。民國 81 年，我立法院通過「兩岸人民關係條例」，兩岸互動更有了法源依據。就文化交流而言，政府於民國 83 年初通過「現階段兩岸文化交流實施原則」，加上其他各種制度性機制與法令，也意味著國家機器介入自發的文化交流歷程，並加以節制或協助。這一時期，可稱為制度化時期。

到了民國 84 年 1 月 30 日，中共國家主席江澤民在農曆春節前夕，提出所謂「江八點」，其中第六點認為「中華各族兒女共同創造的五千年燦爛文化，始終是維繫全體中國人的精神紐帶，也是實現和平統一的重要基礎。兩岸同胞要共同繼承和發揚中華文化的優秀傳統。」同年 4 月 8 日，李登輝總統於國家統一委員會中致詞，其中提出六條兩岸交流原則，亦即所謂

開展對台文化藝術交流的歸口管理辦法」「關於台灣記者來大陸採訪的管理辦法」，1990 年訂定「關於開展對台灣科技學術交流與合作的暫行規定」……等。

② 第二條的詳細說明如下，「博大精深的中華文化，是全體中國人的共同驕傲和精神支柱。我們歷年來以維護及發揚固有文化為職志，也一直主張以文化作為兩岸交流的基礎，提昇共存共榮的民族情感，培養相互珍惜的兄弟情懷。在浩瀚的文化領域裡，兩岸應加強各項交流的廣度與深度，並進一步推動資訊、學術、科技、體育各方面的交流與合作。」

的「李六條」，其中第二條明白表示要「以中華文化為基礎，加強兩岸文化交流」②。由於兩岸的領導人皆明白宣示「以中華文化為基礎，加強兩岸文化交流」、「兩岸同胞要共同繼承和發揚中華文化的優秀傳統」，此種共同宣示成為爾後兩岸文化交流的共識基礎，也是兩岸民間與官方各類有關兩岸文化交流論述的依據。這段時期可以說是共識奠定期。

不幸，由於兩岸在國防與外交等涉及主權問題上的爭議，自 84 年 8 月起至次年 3 月我國總統選舉期間，中共不斷對台進行文攻武嚇，造成兩岸關係緊張，加上中共刻意以台灣為目標，進行飛彈試射與軍事演習，逼使兩岸關係惡化。在兩岸關係低迷的氣氛中，雖然兩岸文化交流照常舉行，但由於中共武力威嚇的介入，引起台灣民眾的普遍反感，在交流的意義上有重大的轉變。中共方面，在 1997 年香港回歸之後，更加緊了對台工作的急迫感，也影響到本非政治性的文化交流。這一時期，可以稱為轉變性緊張期。

今後兩岸文化交流，若欲早日度過此一緊張期，進入適合文化交流本意之交流方式，其要件在於減少政治的干預，縮小主權的詮釋範圍，使其不侵及文化領域。反過來說，如果兩岸繼續擴大主權詮釋範圍與爭議，則文化交流的空間亦將隨之萎縮，最終將無法使兩岸免於兵戎相見的悲劇。

## 二、「文化」的內涵與兩岸文化交流

其次，我們有必要釐清「文化」的意義和內涵，才可進而認清兩岸「文化」交流的範圍，並且評估其現況。我在《解除世界魔咒》一書中，曾經對於文化的意義和定義作了清楚的釐清，並曾檢討過人類學家泰勒(E. B. Taylor)、社會學家涂爾幹(E. Durkheim)、哲學家賴醉葉(J. Ladrière)等人對文化所提出的

定義，茲不在此贅述 ③。最重要的是，根據這些檢討，我曾經提出對於「文化」的一個較富包容性、系統性的定義，茲重新敘述如下：「所謂文化，是一個在時間中發展的生活團體，發揮其創造力的歷程與結果，其中包含了信仰、認知、規範、表現和行為諸次系統。」④

以下茲分就信仰、認知、規範、表現和行為諸次系統（為方便起見亦可稱為系統），選擇重點，對十年來兩岸文化交流的問題加以回顧與評述，其目的不在求完整，僅著重於問題的突顯。

### (一) 信仰系統

信仰系統涉及個人或群體對於生命意義所在之終極真實或價值的心靈投注，是文化最為深沉的部份，屬文化的深層結構。基本上，信仰系統可以區分為宗教信仰和人文信仰，後者關涉到所謂的價值體系，由於內容較為複雜，也難以有具體的交流形式，為此不擬在本文中討論，以下僅就宗教信仰論之。⑤

---

③ 沈清松，《解除世界魔咒》（台北：台灣商務，1998），頁 31。

④ 沈清松，前揭書，頁 31。此一包含五個次系統的文化定義以民族為其最完整的參照點。這五個系統彼此有密切關係，大體言之，由信仰系統對生命意義之終極投注，形成對自己、對自然、對社會的認知。由信仰與認知進而形成善惡利害之判別與趨利避害、趨善避惡之規範。至於表現系統則以感性的方式表現其信仰、認知與規範。而行為則是信仰、認知、規範與表現總合起來表現為人的舉止與對自然、對社會的行動。

⑤ 價值觀有其理想面與現實面。在理想面，有傳統中華文化和現代工業社會的價值理想。中華文化中的價值理想仍是使中國人的存在有意義、有尊嚴的憑藉，例如：仁愛、信義、和諧、人的可完美性等等。其次，若要合乎現代人的特質，必須奉行現代社會的價值理想，諸如：自我實現、自由平等、社會責任、工作與休閒均衡、資訊流通與滿足等等。社會主義的價值理想，亦有部份有貢獻於此，例如：以工作為人性的實現，反自私，求公平等等。
然而，價值的現實面也有諸種缺陷。例如傳統中華文化雖有許多優良的價值理想，但亦有一些顯示中國人劣根性的弊病，諸如：宗法觀念、特權思想、不求進取、推諉苟全等等。至於現代社會中雖為許多吸引人的優良價值，但也不乏諸如：權力宰制、金錢至上、惡性競爭、消費主義、環境污染等等弊端。馬列主義雖然也曾經提供了不少激發人性的理想，但其中亦有許多不利未來社會建設的部份，諸如：階級鬥爭、集體主義(例如單位制)，生產力至上等等。此外，當前無論兩岸皆有價值低俗化與虛無化的危機。

在宗教交流方面，過去十年之中，兩岸的各大宗教都已有了實質性的接觸，但主要的困難，仍是來自中共的政治考量與宗教政策。就各宗教而論，基督教方面，於84年1月，大陸「福建省基督教協會牧師訪問團」一行九人，包括福建省神學院院長鄭玉桂，福建省基督教會副主席嚴子祺等，應我中國平信徒傳道會牧師黃約翰的邀請來臺訪問二週，這是大陸教會團體首度組團來台。

天主教方面，則由於涉及梵第崗對我外交上之承認，近年來中共頻頻要求梵第崗斷絕與我關係。此外，大陸愛國教會與地下教會的矛盾糾結，一直造成兩岸天主教正式交流之困難。自86年2、3月起便預備來台的一組交流團體，迄今一直未能成行。不過，此間天主教設有「橋樑教會小組」，負責對大陸教會的瞭解與連繫事務。值得注意的是，大陸天主教所使用之聖經、禮儀、禱文亦為台港天主教使用通本與儀式。此外，大陸的一些修院也曾邀請此間神學家，前往短期講授神學與聖經，但仍相當程度受到限制。

佛教方面，較受到矚目的，則是79年3月27日星雲法師率領國際佛教促進會大陸弘法探親團，赴大陸一個月的訪問活動。此為海峽兩岸佛教界40年來首次正式交流活動，甚受大陸宗教、文化界及中共高層幹部的重視，在接待及安排行程上，甚為禮遇，並推崇該團對促進兩岸文化交流所作的貢獻。不過，其後星雲受許家屯事件的牽累，倏忽之間便成為中共的拒絕往來戶。由此可見政治因素干預宗教交流之一斑。

在民間信仰方面的交流活動，則最為自發與熱烈。其中尤以媽祖信仰為大宗，這是因為媽祖信仰在台灣非常普遍，香火鼎盛，而且此一信仰在大陸有其根源性，中共官方也認為合乎其政治目的。也因此，雖然湄洲媽祖廟在文革期間雖曾慘遭破

壞，然而自從兩岸開放交流之後，由於台灣媽祖信徒不絕於途的熱烈參拜與慷慨解囊，協助重建，而有了今天風光的局面。中共廈門「中國旅行社」為擴大吸引台胞前往尋根謁祖，更推出閩南宗教文化旅遊專線，旅遊點包括：莆田湄州媽祖廟、廈門海滄青礁慈濟宮、漳州龍海白礁慈濟宮、平和三坪寺、安溪青水岩、漳州「開漳聖王」陳元光墓，及「延平郡王」鄭成功南安故里等等。中共曾明白表示要「讓媽祖在統一祖國的事業中立大功」。

86年1月，有一百六十多位來自台灣各地的媽祖廟代表與信徒，組團專機赴湄洲迎駕媽祖金身來台，出遊百日，開啟了兩岸宗教交流新的一頁。這是由於台灣人的經濟實力與宗教熱誠所復興了的祖廟的媽祖金身，以其根源性來增益本地媽祖信仰的靈驗性，回饋本地的媽祖信仰。這一案例也可以視為台灣人民對大陸宗教投資，帶動大陸宗教發展，進而良性回饋台灣宗教信仰的典型例子。

整體說來，兩岸宗教交流仍以民間信仰為主調，其他大的制度性宗教也迭有進展。但只要涉及中共的宗教政策或其他政治敏感議題，尤其是主權問題，便立即發生交流上的困難，則各宗教都是一致的。

㈡ 認知系統

認知系統可分就學術、出版與資訊來討論。在學術方面，本來為了形成有中華文化特色的現代化中國，兩岸的學術交流，應特別著重人文和社會科學界的交流，人文學者應共同致力於中華文化原有經典寶藏的整理與創造性的詮釋，發揚新時代的人文精神，藉以界定真正的「中國特色」，並使現代中華文化的創造力能有所本。至於社會科學學者，則應可合作探討現代中國社會應有的社會結構、組織與制度，提昇生產、管理

與分配的效率等等。

不過，理想歸理想，由於中共意識型態方面的顧慮，以及我方重視實效的情況下，在國家支援的學術交流上，仍以自然科學與科技交流為主，而較輕忽人文和社會科學界的交流。這點可以從我方在「大陸科技人才來台從事研究許可辦法」下，許可來台者多為自然科學與科技人員，甚少人文和社會科學人員的事實，可見一斑。尤其國科會在第五次全國科技會議之後，曾於85年11月在大陸委員會的委員會議中提出，擬修訂「大陸科技人才來台從事研究許可辦法」，擴大開放大陸科技人士來台，優先辦理有關兩岸民生福祉的科技研究與研討會，並在多邊架構下進行科技研究。

雖然如此，兩岸的人文和社會科學交流仍有重大發展。值得注意的是政治大學於民國82年9月至84年8月間，在國科會支持之下，首度採取至大陸移地研究及與大陸學者合作方式，進行一項「大陸地區人文及社會科學發展現況評估」整合型研究計畫，分總論、人文、社會、商管、傳播五組，計二十四門人文與社會學科，進行全面評估，詳細討論大陸各學門之歷史延革與分期，制度運作、研究方法、所開課程、研究成果、學門重要代表人物及思想、實際問題、優缺點、兩岸比較、交流建議等作出系統整理與檢討，彌補了四十餘年來的隔閡，避免過褒過貶，達至正確瞭解，可謂兩岸交流十年中一項重要成果。⑥

在出版方面，十年來，經由兩岸有關智慧財產權與兩岸出

---

⑥ 全體成果見國科會各別子計畫研究報告，部分成果見沈清松主編，《中國大陸人文及社會科學發展現況》（台北：國科會補助，國立政治大學學術研究發展委員會出版，1995），pp.600。簡要報導見沈清松，〈大陸地區人文及社會科學發展現況評估整合型研究計畫成果報導〉，《科學發展月刊》，24卷4期，（台北：國科會，1995.4），頁295-300。

版交流的規範化，加上兩岸出版界與官員的交流歷程，目前兩岸的出版交流可說已經踏上坦途。然而，這也意味著兩岸出版交流由過去較大比較利益所引起的熱烈程度，逐漸轉向規範化後的冷淡。這也是受到大陸出版界今後需接受市場經濟的考驗，而台灣出版界正在轉型的影響的結果。前幾年，台灣出版界還大力協助大陸滯留書稿，但現在則轉趨困難。在此情況下，中華發展基金管理委員會協助大陸冷門學術著作出版，並邀請這些作者來台參訪，實為雪中送炭的正面作法。

順便值得一提的是，除此之外，中華發展基金管理委員會還辦理諸如邀請大陸專業人士來訪、延攬大陸專業人士來台講學及研究、協助大陸研究生來台研究、委託兩岸學者進行專業研究、補助辦理贈書大陸文教機構、獎助我研究生赴大陸研究、補助學者專家赴大陸地區講學……等，並協助民間舉辦與主動規劃委辦各類交流活動。由此可見，我方在文化交流上的誠意與利他心態。可惜在這方面中共多以有色的政治眼光看待，不但沒有相應的利他作為，甚至諸多設防，以致至今像協助大陸研究生來台研究這類案子，在 86 年度核准的 25 人中，只有 3 人順利來台。

在資訊方面，目前兩岸皆已訂有規定，在相當程度上開放兩地記者採訪。尤其陸委會於 85 年 11 月通過由新聞局提出的「大陸地區大眾傳播人士來台參觀訪問拍片製作節目許可辦法」部分條文，准許大陸記者來台常駐，來台採訪可停留一年，必要時得延長一年。不過，由於自去年以來兩岸政治的低迷氣氛，並沒有發生大陸記者積極踴躍申請來台的現象。而台灣記者在大陸，由於大陸制度的不合理與社會控制的嚴密，在採訪上仍遭遇不少困難，可改進之處甚多。至於郵件、電話、傳真、電信、衛星，甚至共同的資訊網路的建立，有部份項目

已經建立了交流的管道，其餘則尚待研究其可行性。如今兩岸有許多學者已經能透過電子郵件互通訊息。總之，純粹民間性質的資訊互動，一定有助於兩岸在文化的認知層面之提昇。

自從 79 年 6 月起，正式開放公教人員赴大陸開會、探親，使台灣的學術界赴大陸開會亦不僅限於私立學校，而進一步擴及到公立學校的教職員。自此以後台灣學界赴大陸開會者不絕於途。台灣學者赴大陸參加各類的會議，在促進兩岸學術發展上不無補益。兩岸亦合辦各類型的學術會議，有時在台灣，有時在大陸。其中最值得注意的是，在兩岸領導人分別在李六條與江八點中表示中華文化為兩岸互動之基礎之後，台灣高層曾經由文建會委託二十一世紀基金會，與北京大學聯合舉辦「兩岸中華文化學術研討會」，藉以釐清兩岸對「中華文化」的瞭解。該會於 84 年 10 月 18 日到 22 日在北京大學舉行，分就人性論、宗教觀、自然觀、歷史觀、藝術觀、政治理念、經濟思想、科技觀、常民文化、海峽兩岸過去四十年文化發展狀況的回顧與反省、當前兩岸中華文化之內涵與發展、展望未來中華文化的發展方向與前景等議題，詳加討論，顯示兩岸學界對中華文化的共識與差異。⑦

晚近，由於中共加緊對台工作，我方學者赴大陸參加學術會議，有較多機會受到附加的統戰座談或活動，例如強邀討論統獨問題，有時甚至會令人有不勝其煩之感，顯示政治侵染學術的份量有逐漸加重的趨勢。這在將來是要加重或要減少，那就要看大陸決策者與執行者的智慧了。

### ㈢ 規範系統

規範系統可分為法律規範與倫理規範。就法律規範而言，

---

⑦ 二十一世紀基金會，「兩岸中華文化學術研討會」，台北，85 年 4 月出版，頁 290。

台灣已經進入了法治社會，而大陸則起步較晚，又曾遭中斷，在這方面，台灣的立法、司法與執法的經驗，應可提供大陸參考。兩岸法律互動方面，最初大陸中國法學會海峽兩岸法律問題研究會於 79 年 7 月於北京成立，其目的在為兩岸團體、企業、個人提供法律問題諮詢服務。其後東吳大學在前校長章孝慈的領導下，與大陸法政大學合作，舉辦多次的「兩岸法學學術研討會」，輪流在台灣與大陸輪流舉辦，甚有意義。此外，兩岸律師實務交流研討會於 85 年 6 月於台北舉行兩天，大陸中華律師協會九人應我台北律師公會邀請與會。其中有廈門市人大常委副主任張斌生、中共司法部律師司司長沈白路，司法部台灣事務處處長唐興華等人，是我「大陸地區法律專業人士來台從事法律相關活動許可辦法」實施以來，來訪中共司法官員職位最高者。

其次，兩岸在倫理規範方面，目前都遭遇到規範解組的危機。台灣方面，因為社會本身的變遷，在由現代趨向後現代的變遷過程當中，造成了對倫理規範本身的解構。至於大陸則是在由前現代邁向現代的發展過程當中，由於人人向錢看齊，以致產生價值觀上的虛無主義，因此產生規範模糊、動搖的現象。這方面雖亦屬文化深層結構，不易看出具體互動形式，但學術研討應有助於雙方相互瞭解與勉勵。最近由中華倫理教育學會與國立台灣師範大學聯合舉辦的「第一屆兩岸倫理學術研討會」，即將在 11 月中於台北召開，期盼是一個好的開始。因為倫理規範雖是由人民生活長期形成的，並非任何論述與會議所能改善，但是對於兩岸倫理學術與未來倫理走向，則需要經由類似會議，逐漸形成共識。倫理規範方面的討論是較為長遠的，而法律規範則更為急切。

㈣ 表現系統

藝術方面的活動和作品最能感人，也最易產生共鳴，藝術作品表現了人與人之間的「共感」(Sensus Communis)，最富於「具體的可溝通性」(Concrete Communicability)。尤其傳統藝術或地方藝術的相互交流，最能夠引起相互的了解和情感的分享，增加彼此的認識，精進表現的技巧。

台灣在表現系統方面的發展，在政府播遷來台以後，由於兩岸的隔絕，一時文化斷根，加上西方思潮的湧入，因此於60年代，在各種表現部門，幾乎由各種西方現代藝術潮流所佔據，例如：普普藝術、歐普藝術、新劇場、新潮電影等等，至70年代又逐漸返回對傳統根源的重視，於是地方戲曲、祭祀儀典、童玩、雜耍、各種民間技藝，以及鄉土文學，再度引人注意。台灣表現文化的發展，終歸是徘徊在傳統藝術、民間藝術與現代藝術之間。然而，到了80年代，由於商品化趨勢的加深，大眾文化興起，各類的表現形式，無論民間或是精英的，大多迎合市場需要而走向庸俗化。

在大陸方面，一方面傳統的藝術在文革之後遭到斲喪，但生機猶存，不過由於改革開放的結果，在所謂「資產階級自由化思想」衝擊之下，也產生了商品化、庸俗化的藝術表現。對應此種情景，中共官方推行所謂「兩手抓」的文化政策，一方面加緊掃黃，一方面繁榮文化，配合社會主義的發展「用健康的、優秀的文藝作品佔領思想、文化陣地，以有效地縮小，以致消除資產階級自由化在文藝領域的影響，鞏固和擴大反對資產階級自由化的成果。」由以上看來，中共文化的發展是在批判傳統、大眾文化和社會主義文明三者之間徘徊。

前面所言，傳統的藝術和地方藝術，最能興起人們歷史的共同隸屬感，所以雖然大陸的傳統與地方藝術在文革期間曾受到相當的迫害，但仍然生機尚存，蘊藏豐富。兩岸在這方面的

交流，既可共同尋找傳統之根，亦可在新的社會脈絡中加以復興。大體說來，兩岸在各種藝術形式上，諸如音樂、舞蹈、美術、戲劇、文學，乃至建築，皆已有相當豐富的交流。尤其以歌仔戲與客家歌謠的兩岸交流最為頻繁而且多樣，可以說已到了能彼此相互豐富的境地。

其次，兩岸故宮及博物館所收藏之文物，各有特色，都表現了中華文化豐富的内涵，應該可以建立某種交流管道。由於大陸佔盡文化時空母體之利，近年來在考古上有許多新的發現，是屬於全體中國人的共同文化遺產。這方面的交流商談最引人注目的，要算民國 83 年 11 月，由大陸「中華文物交流協會」會長、中共國家文物局長張德勤率領的大陸「海峽兩岸博物館事業與文物交流學術訪問團」。該團團員大都為大陸著名博物館館長，並拜訪故宮博物院院長秦孝儀商討兩岸故宮文物交流事宜，但未獲具體結論。其後台灣的「兩岸文物交流學術訪問團」，於 84 年 10 月下旬，應大陸國家文物局邀請，赴北京訪問，由國立歷史博物館館長黃光男擔任團長，成員包括陸委會文教處長張良任、海基會文化處長歐陽聖恩等人。不過，雖然兩岸對兩岸文物應該交流的原則有共識，但迄未有具體的結論。不過，近日湖北省博物館部分文物，在我文建會贊助下來台，在台北市私立鴻禧美術館展出，算是一項具體的行動。

目前兩岸最受歡迎的要算電影、電視、流行歌曲等常民文化。不過，中共亦相當提防台灣對大陸的文化登陸。為此，中共廣播電影電視部和公安部曾於 84 年 12 月初聯合下文通知，要求各級宣傳部門，警惕台灣當局透過電視節目進行文化登陸。大陸這種資訊封閉政策也會影響及常民文化的交流。

目前兩岸仍然缺乏的是立基於兩岸華人的現代經驗，表現

當代華人心靈感受的現代作品與藝術形式。⑧這類作品與藝術形式的出現，是兩岸藝文工作者應互相切磋、共同探索的。而此一方面既有賴於現代市場經濟文化的提昇，另一方面亦需提防受到商品化、庸俗化的威脅。如何經由交流，為現代華人尋回足以令他們感動的共同符號，仍是在表現系統的交流方面最重要的工作。

### (五) 行為系統

就行為而言，由於兩岸歷史經驗與生活水準的差異，台灣和大陸人民在日常行為方面，多少形成了一些差距和隔閡。台灣在經濟的發展之下，未能富而好禮，因此而有暴發戶的行為，顯示財大氣粗的作風，在日常禮儀和群體生活方面，往往缺乏秩序與美感。而大陸方面，由於原先經濟條件的限制，且在批判傳統中繼承了許多傳統的劣根性，加上政治鬥爭的經驗，形塑了特有的行為模式。在兩岸交流之後，行為部份的差距和隔閡，往往造成彼此心理更大的衝擊，甚至增加兩岸的誤會。

基本上，兩岸在行為系統上都需要改革種種惡習，返回並發揮本有的心靈活力。台灣方面，環境污染嚴重，生態保育不良，工業污染嚴重造成對健康的嚴重威脅。國民不用文化創造和心靈修養來提昇經濟與民主的成果，卻日日爭奪於利益與權力之間，生命意義貧乏，暴戾之氣高漲，治安日趨敗壞，殺人搶劫之事頻傳。官員、民代、警察、黑道、宗教騙子……等等，有權者用權，無權者用騙，爭的只是無法滿足生命意義需求的錢與權，而且越爭奪心靈越空虛，也越造作出更多的社會問題。這許多負面的行為實在也沒有值得向大陸同胞炫耀之

---

⑧ 或許林懷民的雲門舞集對大陸現代舞的啟發，可以視為一項好的開始。

處。

至於大陸方面，大陸人心在改革開放加深之後，也產生了「一切向錢看」以及種種虛無主義現象。在行為上只追求眼前可見的利益與快樂，缺乏值得生命奉獻的理由，造成人慾橫流的弊病。也因此，大陸在其九五計畫中，針對改革開放以後產生的種種社會弊端，著重社會主義精神文明的建設，尤其重視倫理與價值觀的重建工作，大體上也是一種改善行為系統的作法。

## 三、十年來兩岸的文化交流的基本成果

雖然就文化交流而言，十年的時間很難看出什麼重大成果，也難以顯示立竿見影的效果。即使如此，這十年來兩岸點點滴滴的文化交流，透過一般人民的互動、藝人的交往與學界的討論，的確也已經形成了一些基本的成果。茲分以下三點敘述：

### ㈠ 兩岸非政治性互動空間的建立

按照我個人的觀點，十年來兩岸文教交流的第一個值得注意的成果，是在這段期間，兩岸在文化交流的過程中，已經建立了一個非政治性的互動空間。此一非政治互動空間的建立與維持，可以說既是出自兩岸決策者的政治智慧，也考驗著此一智慧是否會繼續清明。

就這一點而言，兩岸的交流過程十分不同於南北韓之間的往來模式。南北韓的互動是始自政治層面，因此一開始接觸，馬上就進入衝突；對比之下，兩岸之間來往的情形大不相同。兩岸的來往是以文化與人道的接觸作為起點，用以促進雙方的瞭解，避免誤會，尋求文化的共同性，並尋求共同可作為的空間，也因此減除了相當多衝突的可能性。

不幸，目前亞洲地區的分裂中國家，在尋求和解，建立互動的問題上，都似乎處理得不好，以致晚近都陷入衝突之中。這都是由於政治層面「主權」的考量所造成的衝突。

　　尤其兩岸之間，自 85 年以來所形成的半政治性、半軍事性衝突，進一步也壓縮了目前非政治性的互動空間。我們從陸委會所提供的近年來文教交流的資料，便可以看出，自 84 年開始，兩岸之間即始是文教交流也受到了影響，有相當程度減低的情形出現。其中除了學術交流影響較小之外，其他大部分的領域多半都受到了波及。但是，無論如何，大體上説來，兩岸的領導者都仍有意願，也明白表示要維持兩岸之間由文化交流所構成的非政治性互動空間。

　　總之，近十年來兩岸之間的文化交流，建立了一個非政治性互動管道，到了目前，此一交流管道卻因著主權爭議與政治衝突而受到壓縮。就此而言，如何在目前這種因衝突而受到壓縮的情況下，進一步來促進雙方瞭解，擴大此一非政治性的互動空間，應該是未來兩岸交流的主要目標。

### ㈡ 民眾認清兩岸文化雖屬「同根」但不「同質」

　　其次，第二項重要的成果，就是由於探親旅遊的親身體驗，以及民間信仰與技藝表現的交流，在臺民眾建立了對於兩岸文化雖屬「同根」但卻並不「同質」的清楚認識。對此，中共在民族大義的名號下，較傾向於有意的忽視不同質的因素，而強調同根同種的因素。兩岸的文化由於是同根的，有共同的語言、共同的生活習慣，也因此在相互探親、旅遊、文化互動的情況中，並沒有太大的阻隔，彼此也很容易相互瞭解。這些基本上都是立基於幾千年來長遠的文化傳統的結果。但是，文化的「同根」與文化的「同質」不能相互混淆。雖然兩岸文化雖屬同根，但是基於地區性、時間性、制度性的差異，已然造

成不同質的狀況。

首先，地區性的差異。由於移民造成的結果，產生空間上的飄移，形成區域性差異。不過，此種差異在文化上是正常的，即使大陸內部也有明顯的地區性差異。

其次，時間性的差異。台灣現在正由「現代」往「後現代」的時間的向度發展，而大陸廣大的領域基本上都仍停留在「前現代」，有一小部分的點狀或局部塊狀地區現代化。基本上，大陸是由廣大的前現代領域在往現代的時間向度發展。因此兩岸有相當程度的差異是因著時間的漂移而造成的。此一差異較為嚴重，需要相當長的時間才能漸趨均衡，但條件是大陸必須持續改革開放，並適時調整政經制度。

最後，政治與經濟制度的差異，對文化發展也造成重要的影響。台灣地區在自由經濟和民主政治下，文化雖然尚未有大幅度的創新，不過由於自由民主的氣氛，仍然充滿了活潑的氣息。大陸地區的文化在相當程度上受到政治的控制與計畫經濟的影響，文化無法自發地發展，型態上也比較僵硬。目前政治控制有在主觀上愈來愈緊，但客觀上愈來愈鬆的情形，尤其地方與中央的關係造成政治控制不易。經濟上，目前大陸雖然要實施市場經濟，並把「市場經濟」納入憲法之中，但是運作還不順暢，而且整個社會和政治環境尚不允許自由市場經濟活潑的運作。大體說來，大陸地區由於缺乏民主政治和真正的自由經濟機制，文化活潑不來，創新不易。

以上這些都造成了兩岸文化相當大的不同質。其實，在大陸地區內部也有民族性和區域性的差異。不過，整體說來，對於因為政經制度影響造成的不同質，台灣民眾有愈來愈深刻的認識。台灣民眾基本上都肯定兩岸文化的同根，但是，對於同根而不同質的認識，可以說是這十年來民眾旅遊、探親、文化

交流所產生的親證之知。而中共在政治與軍事上的蠻橫，尤其自 84 年 8 月起對台的文攻武嚇與飛彈試射，更加深了此一不同質的印象，甚至造成漸行漸遠的後果，如果中共不做出友善或示好的行動，此傷難以癒合。

### ㈢ 學術交流認清兩岸對華人的共同責任

第三件成果，則是兩岸在互動中，經由學術的交流與討論，逐漸認識到彼此對華人應有的共同責任，在於極力推動國家的現代化，並發揮本有中華文化的活力。這兩點也可以說是在十年交流以來，特別是經由學術交流與文化互動逐漸達致的認識。此一認識可以說是相當重要的。台灣地區近些年來不斷追求國家現代化，而且我們的現代化之所以不同於歐美各國，也是由於原有的中華文化資源作用的結果。近些年來，台灣較為出色的學術研究與藝文創作，多屬對原有文化資源的創新詮釋，或對現代心靈進行特色詮釋的結果。

大陸也是近幾年來，尤其是自從八九年民運以後，才覺醒到「只有中國可以救社會主義」，一改過去認為「只有社會主義才能救中國」的信念。為了達到「建設有中國特色的社會主義」的目的，就必須動用原有的「民族文化」中的豐沛資源。也因此，近些年來，在兩岸的學術會議中，大陸的學者有較多的自由去詮釋傳統的文化資源，不一定要再經由馬列主義的框架。這其中藏含了許多未來的可能性。無論如何，追求國家的現代化，並發揮中華文化的活力，這兩點大體上是兩岸可以相當一致的目標。

## 四、今後兩岸文化交流意義的釐定

一般說來，所謂「文化交流」是指「兩個異質文化之間的互動歷程」。然而，從上文看來，台灣與大陸既然都同樣根源

於中華文化，顯然我們有必要從兩岸文化交流中排除一種泛文化際的互動歷程之想法，兩岸的文化交流並不是泛文化際的文化互動(Cross-cultural interaction)。不過，由於台灣和大陸的文化「同根」而不「同質」，彼此仍需經由互動歷程達致相互瞭解與相互豐富。

兩岸的文化交流既然不是異質文化之間的互動歷程，而是同根文化在不同空間、時間、制度差異之間的一種中介的歷程，故此兩岸文化交流其實是一種文化的「媒介」或「接引」(mediation)的歷程。究竟何謂「文化的接引」？按照包克納(S. Bochner)和麥廖德(B. McLeod)等人在《接引者：文化際之橋樑》(*The Mediating Person: Bridges Between Cultures*)一書所言，依照他們對異質文化交流的實證觀察，文化接引的作用透過教育、出版、人員的互換與科技的引進，曾經促進了許多地區的現代化[9]。換言之，文化的接引本身也是將「前現代」地區向「現代化」接引的一種力量。不過，文化的接引雖有現代化的作用，但並不僅止於現代化。像正式使用「橋樑」一詞在宗教交流——也是一種文化交流——的天主教教宗若望保祿二世，便曾以「橋樑教會」一詞來寄望於台灣和香港的天主教會，期許他們能夠一方面將中華文化的傳統接引到宗教的真理上，另一方面亦能將大陸接引回到經過福音洗禮的中華文化傳統中[10]。可見「接引」的作用並不止於現代化，也可用之於媒介文化傳統。

文化交流是最自然、最易引起共識、也最攜帶著中華民族未來的希望的交流形式。我個人認為，兩岸文化交流的原則，

---

[9] S. Bochner, ed., *The Mediating Person: Bridges Between Cultures*, (Schenkman Publishing Co., 1981), pp.7-10.

[10] 羅漁、吳雁編著，《大陸中國天主教四十年大事記》（台北：輔仁大學出版社，1986），頁394-404。

應在於存異求同，並合乎我所謂「同情的了解，對比的自覺」的基本態度⑪。

一般而言，文化具有三個特性。一、自發性：文化是由下而上的自發的交往、創造與生活的歷程。為此，越是自發的文化交流越能成功。也因此文化交流不能以政治干預。文化交流雖不能毫無規劃，但也不能過度規劃。二、特殊性：文化因著民族、語言、地區、歷史、社會等而有特殊性，瞭解並接受交流者的特殊性，文化交流才會成功。三、普世性：文化應具普世價值，而且世界上好的文化價值，也很快會被接受。

關於文化的自發性，目前兩岸文化交流的困難有一大部份來自中共的政治干預。例如大陸學者不得來台參加國際學術會議，而在核準赴台人員資格方面亦多政治考量，其中尤以新聞交流為烈。基本上，中共將文化事務皆納入政策考量⑫，比較起來，我方較放任自發，也因而如明居正所評，顯得戰略意識不足⑬。

關於文化的特殊性，一方面中華文化在世界文明中有其特殊地位，形成華人生命意義的核心，這是兩岸交流的文化共有的文化特殊性的基礎，也因此無論是江澤民的「江八點」或李登輝總統的「李六條」，都強調中華文化是兩岸交流的基礎。但是，對於兩岸各有的地區特殊性，則兩岸相互的瞭解和接受的程度仍頗為不足，因而造成兩岸交流的障礙。

關於文化的普世性，台灣在 70 年代工業化加深之後，大

---

⑪ 這是本人總結兩岸交流基本態度之語，見沈清松，〈兩岸文化交流的評析與展望〉，收入《民國 79 年中華民國文化發展之評估與展望》（台北：二十一世紀基金會，1990），頁 233。

⑫ 沈清松，〈中共文化政策評析與兩岸文化交流〉，收入《兩岸關係與中國前途》（台北：民主基金會，1992），頁 103-126。

⑬ 明居正，〈兩岸文教交流再推進之策略〉，兩岸關係再突破之策略研討會，台北，1996，4，27。

陸則在改革開放，尤其晚近在市場經濟衝擊下，皆受到現代與後現代文化之影響，其中尤以大眾文化為然。對此兩岸在時間上與緩急上雖有別，但總是一個難以避免的大趨勢。不過，目前世局雖已進入後冷戰時代，但中共在國際情勢知覺(perception)方面，則仍提防著圍堵與和平演變，並以反資產階級自由化和清除精神污染為手段予以防止。台灣雖是中華文化在現代社會的實驗室，也可作為全體華人吸取現代/後現代文化的典範，並扮演中介者的角色，供大陸參考。但台灣所中介者應為現代文化之普世性價值與中華傳統文化之特色價值，而非作為西方圍堵中共或和平演變的馬前卒。

## 五、對未來兩岸文化交流的期待與展望

這十年來的兩岸關係雖是由文教開始，漸及於經濟與政治，然而，目前卻因為政治互動的緊張與低潮，連帶著文教交流也受到壓縮。在此困境下，對於未來的期許與展望，我有以下幾點看法：

### ㈠ 約束政治的侵染力

如果今後兩岸的文化交流要有希望，要能帶給兩岸更多的和平共榮，相互瞭解，甚至形塑共同的文化創造力，就必須更為約束政治的侵染力。檢討起來，現在兩岸的政治力量可謂無所不在。我想，若把政治領域過分擴大，本來就不是人類之福。政治本就應該限制在一定的範圍之內，因為人類生活除了政治之外，還有日常生活、藝術生活、倫理生活、宗教生活……等等，都是非政治性的。為此，兩岸今後皆應該限制政治的領域。例如對「主權」的觀念不宜作過度氾濫的詮釋，包含參訪、展演、開國際會議……等情況，都不宜介入「主權」的觀念，使政治的領域過度擴散。今後兩岸應該共同有自覺地約

束「主權」觀念的詮釋，不要過度擴大政治的領域，並在政治領域之外擱置主權爭議，這樣，文化交流才會活潑起來，並促進更多的相互瞭解與相互豐富。總之，文化應從過度的政治干預中釋放而出，恢復其本有由下而上的活潑動力，果如此文化交流才能帶來兩岸更大的希望。

### ㈡ 台灣應扮演更重要的中介性角色

在兩岸的文教交流中，台灣可以扮演更重要的中介性，亦即橋樑性的角色，把現代化與傳統中華文化銜接起來，成為創造現代中華文化的楷模。今後我方對兩岸文教交流的規畫，應朝此一中介功能去考慮，把世界優良文化傳統與當代最新文化思潮，經由我們生活過、體驗過，篩選過而且比較先進的詮釋，使之適用於全體華人。

對此，大陸在實際上也十分需要。根據我個人參與兩岸學術交流的經驗，大陸有許多大學與學者都體驗到，他們化很多錢請外國知名學者作演講，往往不知所云。主要原因是國外學界研究風格的差異，尤其在人文與社會科學方面，往往「小題大作」，卻是見樹不見林。然而中國學人畢竟有傳統士人講體驗，求整全的習性。對於於太過西化的演講，大陸的學生和老師一時之間仍較難接受。相對地，台灣的學者經過消化，能把新思潮、新方法與傳統文化銜接起來，並得其要旨，知其本末，反而有助於其學術進步。

### ㈢ 擴大資訊交流以帶動文化交流

兩岸今後應擴大資訊交流，以帶動文化交流。所謂「資訊」並不只是「新聞」，也不只是「資訊工業」。在「資訊工業」方面，大陸也很擅長於電腦程式設計。所謂的「資訊」是指一種依據資訊行事的態度，凡事要有根據，要找資料，不管是在圖書館、或在電腦網路找資料，來作判斷的依據，而不是

根據個人的經驗作判斷。

在我看來，「資訊」是後現代世界的希望，大不同於前此的近代世界。大體上，近代世界有兩樣重要的歷史性產物，一是國家，一是市場。就「國家」而言，最重要的是「主權」。就「市場」而言，主要是人們自發地對利益的追求。如果停限在近代世界的價值觀，就「主權」的角度來說，兩岸若各自堅持，當然一定會造成衝突。就市場利益而言，一方面固然會有互補之處，但是利之所趨，遲早也會產生衝突。這是兩岸目前經貿交流的實況。

目前正值踏入 21 世紀，轉進後現代之際，一個嶄新的現象正在興起，就是資訊。由於資訊的出現，正興起一種新的文化整合力量，超越過去的「國家」與「市場」之上。現在資訊已經突破國家的限制，例如電腦子郵件超過海關的控制，且資訊也促成文學、電影、戲劇、音樂、音響、傳真……許多領域的整合。未來由資訊所形成的文化整合，是擋也擋不住的趨勢。現在大陸地區許多學者也能享用電腦，但最大的問題是「資訊的貧富不均」。像大陸西北地區有些地方，連份報紙也看不到，必須在公共場合貼上一份公用報紙，卻讀不到什麼消息。

今後兩岸要擴大資訊交流，除了新聞交流應更應加強對等與合理之外，將來應透過各種不同的形式互通資訊，尤其應與教育、學術、文化……等多方面互相資訊交流。例如兩岸大學針對課程，討論教材、教法等共同關心的問題，將會有相當深遠的影響。有關教育、學術、文化等方面的資訊交流，將可帶動文化交流的深化。

### ㈣ 加強與大陸不同民族、文化的交流

今後應該多加強與大陸不同的民族文化的交流，作為邁進多元文化(Multiculturalism)時代來臨的文化互動方式。我認為

「多元文化」的概念不只包含泰勒(Ch. Taylor)所謂的「自我認同」與「相互尊重」⑭，而且還須加上「相互豐富」的精神。大陸地區有甚多少數民族，在這些多元的民族中，最根本的問題其實還是宗教問題，因此也應加強兩岸的宗教交流。大陸有其明確的少數民族政策，一方面是要對其施行主權控制，另一方面也給與相當的自主空間。在這種情形下，某種多元性也在形成當中。事實上，大陸地區本身就包含了多元的文化，我們應多促進與這些不同民族文化之間的交往，在其中我們可以扮演多重角色。台灣本身也有不少原住民，有不同的種族族群，也有各種不同語言的族群，算起來我們本身應已具有有很好的基礎，來促進成兩岸多民族的交流與宗教交流。

### (五) 把文化交流放置在整體社會脈絡中

今後該把文化交流放置在整個經濟、社會變遷的脈絡中看待，因為文化的發展從來就沒有孤立於政治、經濟與社會的脈絡之外，尤其是像文化交流這樣一個非政治性空間的擴大，與政治、經濟、社會三者均有著不可分割性的整體關係。然而，平心而論，我們至今對於大陸社會問題的瞭解還嫌太少。我們對於大陸學術的瞭解比較多，對於大陸的政治、經濟也有許多學者在研究。可是，大陸社會問題可謂經緯萬端，這些問題與文化之間存在著著密切的關係，應該加以釐清。將來我們應該能清楚認識大陸每一個社會問題，而且對每一個問題都應該有詳盡的比較研究才行。

### (六) 價值觀與行為的調整

晚近，李登輝總統提出「心靈改革」的口號，希望藉此將

---

⑭ Charles Taylor, *Multiculturalism, Examining the Politics of Recognition*, Edited and Introduced by Amy Gutmann, (Princeton: Princeton University Press, 1994), p. 25-73.

台灣社會推上「文明社會」的行列。所謂的「心靈改革」，應不是要改革每一個人的心靈本身，更不是要進行意識形態的控制或洗腦，而是要透過自發的誘因與自覺的措施，扭轉國人心靈墮落與自私的傾向，調整價值觀與行為，尤其是要改革那些阻止心靈善性發展的個體與群體的惡習，改革那些缺乏效率的法律、制度與政府施政，返回並發揮國人本有的向善、利他、自由、創造、活潑的心靈活力。

　　這一點對於大陸也同樣重要。大陸人心在改革開放加深之後，也產生了「一切向錢看」以及種種虛無主義的現象。雖然大陸當前的虛無主義可謂「前現代」的虛無主義，不像台灣的虛無主義已經混雜著某些「後現代」的色調，但兩岸人民同樣在虛無主義的威脅下，都只追求眼前可見的利益與快樂，缺乏值得生命奉獻的理由，造成人慾橫流的弊病。大陸在即將實施的九五計畫中，特別針對改革開放以後產生的種種社會弊端，著重社會主義精神文明的建設，尤其重視倫理與價值觀的重建工作，大體上也是一種調整價值觀與行為的作法。

　　由於兩岸關係一向以文化交流為主，而且文化交流也比較能穩定地進行，至於經貿與政治的交流則充滿了變數與不穩定性，迄今尚未獲得改善。「價值觀與行為的調整」可以成為今後兩岸文化交流更上層樓的內涵。

　　總之，兩岸的文化交流含藏著兩岸關係良性化的希望，不但能增益相互瞭解與相互豐富，而且有可能在新的世局脈絡中導向共同的文化創造。兩岸目前與其在外交上相互顛覆、在國防上武器競賽，讓外人得利，不如把金錢與精神投注在文化與教育方面。如此一來，才能使文化交流真為兩岸的未來帶來希望。

## 第十二章

# 知己知彼

## ── 中共文化政策評析與兩岸文化交流

## 一、引　言

　　自從 1987 年年底中華民國政府宣佈開放大陸探親和大陸出版品以來，兩岸正式恢復了互動的關係，開始了兩岸民間交流的時期。而兩岸關係的恢復，可謂從「文化的互動」（開放出版品）和「人道主義」（開放探親）開始的，此後經貿的互動也隨之蓬勃發展，開始更為複雜的兩岸交流歷程。迄今經由將近四年的文化交流經驗，證明是對兩岸彼此傷害最少，而對未來有最大希望的交流形式①。我政府公開宣稱的大陸政策，更肯定了「文化交流」的優先地位：兩岸的互動是以文化為優先，經貿次之。至於政治方面，按照〈國家統一綱領〉，必須在完成近程的交流互惠階段之後，開始中程的互信合作階段，才建立官方溝通管道。

　　文化交流雖然在我大陸政策中受到最優先的肯定，然而，既稱為交流，就不是單方面的，因而必須對大陸的文化政策有

① 請參閱：沈清松，〈兩岸文化交流的評析與展望〉，收入行政院文化建設委員會《民國 79 年度中華民國文化發展之評估與展望》（台北：行政院文建會，民國 80 年 3 月），頁 209-236。亦請參閱上一章。

清楚的認識，才能產生正確的，對應的交流方式。不過，在台灣一般認為文化基本上是由下而上的生活與創造的歷程，因而是否能夠用由上而下的政策加以指導，甚或控制，無論政府、學者或民間都有所懷疑。近些年來，雖然行政院訂有「加強文化建設方案」，及其他諸如「文化資產保護法」、「著作權法」、「出版法」、「社會教育法」、「縣市文化中心工作要領」等相關法規，但仍然不是全面性的文化政策，而且在文化政策的制訂上，也沒有一貫的理論根據，作為政策構想的參考框架。相形之下，中共的文化政策，從理論依據，到政策原則，到實際作法，皆有明確可循的脈絡。

　　基本上，中共是將文化視為一種精神文明的建設，與對民眾合乎社會主義要求的道德意識的培養，並以之為社會控制與穩定的機制之一。因此，文化基本上是由黨所控制的國家機器，進行由上而下的指導和控制。就此而言，我們不得不對於中共的文化政策有所了解。否則，若將兩岸的文化互動，視為純屬人民之間秉承傳統的、生活的、自發的互動方式，甚至進一步想透過此種文化交流對大陸進行和平轉變，而完全忽視中共的黨機器和國家機器對於文化的控制和主導作用，恐會產生許多不相應的主觀期待和作法；或者所輸往大陸的文化，是在中共所欲清掃、剷除或拒斥的文化因素之列；或者此間民眾表面上的自發性，反而成為中共文化政策或統戰遂行的工具。因而，在此兩岸文化互動的初期，基本上還不到侈言「文化整合」的時候，而應從彼此相互了解作出發點。而後者既包含人民在互動中的相互了解②，也包含了對中共官方文化政策的認識。

---

② 筆者對此曾提出「同情的了解，對比的自覺」十字，參閱前揭書，頁233。

以下本文對於中共文化政策的評析，分就「理論依據」、「政策原則」與「實際作法」三方面，逐一加以討論。

## 二、中共文化政策的理論依據

　　中共的文化政策有其理論框架作為依據，主要是根據馬列主義和毛澤東思想，至於中共其他當權者的言論，則尚談不上理論的地位。大致分析起來，中共文化政策的制定，必須考慮到辯證唯物論的文化觀和辯論法，以及毛澤東思想，尤其毛澤東在〈延安文藝座談會上的講話〉，對於結合馬列主義和中國實情的想法。

### (一) 辯證唯物論的文化觀

　　辯證唯物論的文化觀基本上包含「意識型態說」和「反映論」兩點。就「意識型態說」而言，所謂「意識型態」，是指具有政治社會實效的觀念體系，並由於具有政治社會實效，既可能有德翠西(D. de Tracy)所言的恢復並穩定社會秩序的「觀念科學」(Science of ideas)的功能；亦可能有馬克思所言「階級統治的觀念工具」之功能。單就馬克思所言，對階級統治的觀念工具之揭發，原先包含有對「假意識」的批判功能，但在官方的馬克思主義中，卻反而側重其階級統治功能。例如中共學界就以意識型態為有系統、自覺地、直接地反映社會經濟型態和政治制度的思想體系③，屬於社會意識諸形式中構成觀念的、上層建築的部分，而且強調意識型態具有階級性，體現一定的階級利益和要求；意識型態的內容包含了政治、法律、思想、道德、文學、藝術、宗教、哲學、人與人經濟關係和政治關係的反映。按照馬克思所言：「思想、觀念、意識的生產，最初

③　郭湛，「意識型態」條，收入《中國大百科全書》哲學第 2 冊，北京：中國大百科全書出版社，1987 年，頁 1097-1098。

是與人們的物質交往與現實生活的語言交織在一起的。觀念、思惟和人們的精神交往，在這裡還是人們物質關係的直接產物。」④就官方的馬克思主義而言，文化是意識型態的一部分，它也必須為階級而服務，也就是為無產階級之工、農、兵及其同盟而服務。

其次，由於意識型態是反映社會存在的狀態，因此對於文化創作的地位，基本上採取「反映說」。所謂「反映說」，就是指文學、藝術等文化創作，基本上是在於反映社會大眾的物質生活。這是從知識論的角度來看藝術的地位。辯證唯物主義的認識論，把人的感覺表象和思惟，視為是對客觀存在的反映。列寧曾說：「我們的感覺、我們的意識，只是外部世界的印象。不言而喻，沒有被反映者，就不能有反映，被反映者是不依賴於反映者而存在的。」⑤從反映說出發，文化創作的本質就是在於反映社會大眾的生活，以及社會主義建設的歷程，文學、藝術或文化的創作本身並不是主體創作的結果，而是社會實踐的反映，因此中共會對任何主張有創作主體的理論加以駁斥。

基本上中共主張的文藝理論，是從馬列主義的意識型態論和反映論出發的。因此毛澤東在〈講話〉中說：「無論是哪一等級的作為觀念型態的文藝作品，都是人民生活在人類頭腦中的反映和加工的結果。革命的文藝，則是人民生活在革命作家頭腦中的反映和加工的結果。」⑥要求文藝作家必須投身到人民的生活當中，去觀察、體驗、研究、分析一切人、一切階

---

④ 馬克思、恩格斯，《德意志意識型態》，收入《馬克思恩格斯全集》第3卷，北京：人民出版社，1965年，頁29。
⑤ 列寧，《列寧選集》第2卷，北京：人民出版社，1955年，頁65。
⑥ 毛澤東，《毛澤東集》第8卷，中國共產主義研究小組印行，1976年版，頁126。

段、一切群眾、一切生動的生活形式和鬥爭形式,進一步「加以組織、集中和典型化」——這就是毛澤東所謂「加工」的意思。晚近中共文化部代理部長賀敬之在 1991 年 5 月 2 日所刊佈〈關於建設有中國特色的社會主義文化的幾點看法〉一文中,特別表示:「馬克思主義文藝思想,首先是從根本上揭示了人類文藝發展的共同規律,這主要就是馬克思主義文藝中的兩個基本理論:一個是反映論,即文藝是社會生活在作家頭腦中能動的審美反映,這是辯證唯物主義在文藝問題上的直接體現。一個是意識型態論,即文藝是一種特殊的意識型態,這是歷史唯物主義在文藝問題上的直接體現。」⑦當然基本上,賀敬之所謂的反映論和意識型態論,都可以從辯證唯物論導出,不必冠以馬克思的歷史唯物論。此外,賀敬之並進而指出:根據這兩個理論出發,必須批評並反對把馬克思主義理論主體化的作法,亦即以文藝為藝術家創造力的表現之看法,而應堅持以文藝旨在反映社會生活。其次,要反對把文藝活動非意識型態化,就是尋求純粹的,或為藝術而藝術的創作活動,而要堅持以文藝來服務於社會的進步和變革。

然而,在當代對馬克思主義的新詮釋中,由於人文主義的關懷和對於文藝活動本身的自主性的關切,因而有不同的看法。例如,新馬克思主義者馬庫色(H. Marcuse)在《美學向度》一書當中,對於反映論加以批判,而指出藝術有其自主性,並因此在社會中產生了極大的批判和解放的作用。所謂的「為藝術而藝術」,只是這種批判性和自主性的一種表現。⑧此外,由於反映論假定了藝術本身是反映現實的一種「表象」(Vor-

---

⑦ 賀敬之,〈關於建設有中國特色的社會主義文化的幾點看法〉,北京:《求是雜誌》,1991 年 6 月,頁 15。

⑧ H. Marcuse, *The Aesthetic Dimension*, Boston: Beacon Press, 1978, pp.19, 48, 52.

stellung, representation)，然而，以藝術為一種「表象」的想法，在當代受到質疑和拋棄，例如，科林烏(R. G. Collingwood)以藝術為一種「表現」(expression)⑨；或如海德格批判表象思惟，而以藝術為一種「真理的開顯」⑩，皆顯示反映說的不足。

## (二) 辯證法

中共文化政策的訂定與辯證法有密切的關係。其所採取的辯證法，一方面有來自於黑格爾和馬恩列史的根源；另外一方面也有來自於傳統中國陰陽消長的看法；此外，還得加上毛澤東對於辯證的實際條件的區分，換言之，區分「普遍的矛盾」與「特殊的矛盾」，而主張特殊的矛盾要有特殊的對待的看法。

黑格爾的辯證法，起自肯認「二律背反」(antinomies)的普遍性，黑格爾認為並不只有康德所提出的四個二律背反⑪，而是「在一切種類的一切對象中，在一切表象中，在一切概念和一切理念中皆有之。認清這點並用這個特性來認識一切對象，這是哲學反省裡面最緊要的一部分，這個特性就構成了隨後所言的『邏輯的辯證結構』。」⑫不過，黑格爾辯證法的主旨，主要還是舖陳精神在時間中發展的法則——精神只有在與自己對立之中，始有活潑發展的生命，精神的運動律則就是由一種限定走向另外一種限定，其間的進展，完全採取一種矛盾的進程，並由此獲得生命，而其中最主要的方式，就是依肯定、否

---

⑨ R.G.Collingwood, *The Principles of Art*, London: Oxford U.P.,1938, pp. 105-124.

⑩ M. Heidegger, *Der Ursprung des Kunstwerkes*, in Holzwege, Frankfurt am Main: Vittoris Klostermann, 1972, pp. 66-68.

⑪ 指世界在時空上有限或無限；事物可分割至單純體或不可；世界有自由因或一切由自然律決定；世界有一必然存在或沒有等四項二律背反，見 I. Kant, *Kritik der reinen Vernunft*, A427-B455-A460B488.

⑫ G. W. F. Hegel, *Enzyklopadie der philosophischen Wissenschaften*, im Grundrisse, Erster Teil, Frankfurt am Main: Suhrkamp Verlag, 1970, pp.128-129.

定和否定的否定來進行的。⑬黑格爾的辯證法，啟導了列寧對於傳統文化採取「批判的繼承」的態度，後者亦影響了中共。理論上言，中共對傳統文化亦宣稱採取「批判的繼承」的態度，但實際建構無多，仍不堪以文化政策視之。

　　一般而言，中共對於黑格爾辯證法的理解，主要是承繼了馬列主義的看法。其辯證法主要是由「對立統一」、「質量互變」和「否定之否定」三個規律構成。而且在這三個規律之中，特別強調其中的「對立統一」，認為統一的物質世界的萬事萬物，都是處在相互作用的普遍關係之中，處在不斷產生、不斷消亡的運動、變化和發展的永恆過程之中。統一物會分裂為兩個相互排斥的對立面，對立面之間的相互制約和相互作用，是普遍關係的本質。對立面的統一和鬥爭，是辯證法的實質的核心。至於質變與量變、肯定和否定，都被視為是對立統一在發展過程中的不同面向，也因此都假定了對立統一。就此而言，中共在解釋黑格爾的辯證法之時，也特別強調其中對立統一的一面；也以此來突顯中國哲學裡面「乾、坤」，「剛、柔」，「天、地」，「寒、暑」，「男、女」，「愛、惡」……等對立面的相互作用，看作是事物變化的普遍法則和萬物發生的泉源。用對立面的互相轉化說明事物變化的過程，以窮則變，變則通來說明事物必須經過變革才有發展。換言之，這種對於對立統一的強調，也與此種對中國思想的詮釋有關。

　　這種側重以「對立統一」來詮釋黑格爾和馬列主義的辯證法，主要是出自毛澤東的理解。此外，毛澤東在〈矛盾論〉中又特別提出「矛盾的普遍性」和「矛盾的特殊性」的關係問題，強調要用不同的方法解決不同的矛盾。毛澤東並且認為不

----

⑬ 沈清松，《物理之後》，台北：牛頓出版社，民國 76 年，頁 240-244。

第十二章　知己知彼

能把辯證法看成是死背硬套的公式，必須把它同實踐，同調查研究，同在群眾中的生活連接起來。

根據上述對立統一的法則而形成的文化政策的指導原則，可以歸結為是一種所謂的「兩手政策」。就消極方面而言，是既要「反左」，又要「反右」。所謂「反左」，特別是針對文化大革命裡面激進的、泛政治化的錯誤；而「反右」則是反對資產階級自由化，而在現階段，尤其在八九民運之後，特別著重「反右」。所以賀敬之說：「所以我們不但在當前要著重反對資產階級腐朽思想的侵蝕，反對資產階級自由化；而且要長期堅持不懈地反對資產階級自由化的教育和鬥爭進行下去。前幾年發生的那些事物，也不應當重複了。」⑭兩手的策略在積極上，則是要「一手抓整頓，一手抓繁榮」，一方面要繁榮文藝，另一方面則要加以整頓、控制。或是所謂的「一手抓硬、一手抓軟」。換言之，就是一面對於資產階級自由化思潮的氾濫，色情、淫穢的出版物、音像製品進行掃黃——即所謂「清除精神污染」；另外一方面則是積極創作更多符合中共意識型態標準的文藝創作，也就是李瑞環所謂：「當務之急是抓緊創作足夠多的健康的精神產品，去佔領文化市場和各種場所，佔領人們業餘的時間和精神。」⑮此外，一方面要抓物質文明，另一方面也要抓精神文明。而在精神文明當中，一方面要抓科學，另外一方面也要抓道德，因為科學有助於生產力的提高，但除此以外也要培養有理想、有道德、有文化、有紀律的社會主義信念。這正是江澤民所謂的：「要堅持不懈地向全國人民，特別是青少年，進行愛國主義、集體主義、社會主義，自

⑭ 賀敬之，前揭文，1991 年 5 月，頁 12。
⑮ 李瑞環，〈關於弘揚民族優秀文化的若干問題〉，北京，《求是雜誌》，1990 年 10 月，頁 3。

立更生、堅苦奮鬥的思想教育，以及革命傳統教育。」⑯

　　最後，辯證法的對立統一也表現為既要「破」，也要「立」。所謂的「破」，主要是為了糾正過去的錯誤，必須進行新與舊，正確與錯誤的鬥爭；尤其在現階段特別要針對國際勢力對中共所進行的和平演變。此外，從十一屆三中全會以後，工作重點轉移到經濟建設上，因而文化、藝術工作也要特別配合，加強正面的建設，把強調的重點放在「立」，建立有中國特色的社會主義，建立新道德的精神，建立社會主義的精神文明等等。

　　㈢ 毛澤東思想

　　主要從結合中國實情與人民生活方面來詮釋「意識型態說」和反映論，並從側重對立統一來詮釋辯證法，毛澤東思想一直指導著中共文化政策，其主要意義在給予上述理論以特定實際導向。從八九民運之後，文藝界積極推動對毛澤東〈延安文藝座談會上的講話〉的學習，並且由中宣部文藝局在各地召開學習〈講話〉的一連串座談會。在〈講話〉中，毛澤東特別著重文藝工作和一般革命工作的關係，革命文藝的發展，並以革命文藝協助其他革命工作等要點。在〈講話〉當中主張文藝工作應該是為群眾而創作（群眾包含工、農、兵及其同盟），因此應該先深入地在群眾中生活，並將文藝活動作為群眾生活的反映。換言之，即毛所謂：「一切革命的文學、藝術家，只有連繫群眾，表現群眾，把自己當作群眾的忠實的代言人，他們的工作才有意義。」⑰進一步，根據辯證法對立統一的原則，毛澤東主張：

　　1. 「歌頌與暴露的對立統一」：換言之，對敵人的「殘

---

⑯ 江澤民，建國四十周年講話，引自賀敬之，前揭文，頁 8。
⑰ 毛澤東，前揭書，頁 132。

暴、欺騙，及其必然失敗的前途」加以暴露；而對於群眾的生活和品德則加以歌頌。

2.「提高和普及的對立統一」：既然革命文藝是為了工、農、兵而創作，所以首先要追求普及；但是也透過「加工」的作用，將人民的生活形成觀念，進而加以提高。所謂「提高」是在「普及」基礎上的提高。

3.「動機與結果的辯證統一」：既主張為大眾服務的動機，同時也要有對大眾有益的效果。不能單單只看動機（主觀願望），或是看效果（社會實踐），而特別要著重作品為人民服務的動機，以及其在社會大眾中產生的效果，並以社會實踐為檢驗主觀願望的標準。

基本上毛澤東的此一思想，指出了馬列的文藝思想結合中國具體情境的應用方向。

## 三、中共文化政策原則

中共文化政策原則的訂定，基本上是依據前述辯證法和唯物論的要求；其次在現階段特別針對社會主義中國化的階段性需要，以及確定黨對文化的領導和控制等三方面。在晚近所特別強調的反和平演變亦是根據中國特色社會主義原則而來。

### ㈠ 根據辯證唯物論的政策原則

由辯證唯物論衍生的政策原則主要表現為：

1.「雙為政策」：也就是文藝的創作必須「為人民服務」、「為社會主義服務」。很顯然的，所謂的「人民」，是在社會主義定義之下的人民。換言之，「人民」是集體稱呼，而不是指每一個活生生的個人。而且，只有順從社會主義的才可稱為人民，否則就成為人民的敵人。所以所謂的「雙為」，基本上是為社會主義，以及順從社會主義的人民而服務。

2. 「雙百方針」：主要指的是「百花齊放」、「百家爭鳴」。換言之，為了繁榮文藝的需要，須鼓舞各種不同的創作形式。根據李瑞環所言，「雙百方針」包含了三點：(1)開展同志式的討論和競賽，在不違背四個基本原則的前提下，允許各種風格、流派、觀點的存在。(2)文藝活動的優劣，是經由實踐檢驗，由人民來判是非，而不由少數菁英來定高下。(3)「雙百」的方針與「二為」有辯證關係，「二為」是文藝發展的總目標、總方向，而「雙百」則是二為的必經之路。[18]不過，雖然在尊重多元創作的條件下，基本上還是肯定宣揚社會主義的主旋律。在此一原則下，對於要創作什麼，雖然不加以干預；但對創作之後是否合乎社會主義的要求，則加以干預。

3. 「兩手抓的政策」：就是所謂「一手抓掃黃，一手繁榮文藝」；「一手抓硬，一手抓軟」；「一手改革開放，一手治理整頓」的政策。即一方面對於過去傳統社會的「餘毒」，以及資產階級自由化以後產生的種種「弊端」，進行治理整頓；另外一方面，則要通過大量健康的文藝作品，開展豐富的文藝活動，保持社會氣氛的和諧和穩定。

㈡ 配合有中國特色的社會主義建設

所謂「社會主義的中國化」，可以追溯到中共 1938 年召開六中全會時，毛澤東所謂：「離開中國特點來談馬克思主義，只是抽象的、空洞的馬克思主義。」此外，毛澤東在〈整頓學風、黨風、文風〉一文中特別表示：「馬列主義是馬恩列史他們根據實際創造出來的理論，……我們如果僅僅讀了它，但是沒有根據它來研究中國的歷史實際與革命實際，沒有創造出合乎中國實際需要的自己的特殊性理論，我們就不能妄稱為

---

[18] 李瑞環，前揭文，頁 12。

馬克思主義的理論家。……要能夠真正領會馬列主義的實質，真正領會馬列主義的立場、觀點與方法，並且應用了它去深刻地、科學地分析中國的實際問題，找出她的發展規律，這樣才是我們真正需要的理論家。」⑲至於在政策上的落實，則從中共十一屆三中全會開始。尤其最清楚的表現在中共第十三次全國代表大會上趙紫陽的報告：〈延著有中國特色的社會主義道路前進〉一文之中。該文提出所謂「社會主義初級階段論」，主張「從國情出發，把馬克思主義基本原理同中國實際結合起來，在實踐中開闢有中國特色的社會主義道路。」⑳此一政策方針在文化政策上包含了兩方面：

第一、文化發展必須配合經濟發展，並採取經濟規律。文化的發展基本上亦須遵循所謂：「一個中心，兩個基本點」的政策。所謂「一個中心」，即是指以經濟建設為中心；「兩個基本點」，是指四個堅持和改革開放。而所謂「以經濟為中心」，其實也就是以「生產力」為中心。正如前述的報告所講的：「一句話，社會主義優越性的充分發揮，和吸引力的不斷增強，歸根到底都取決於生產力的發展。一切有利於生產力發展的東西，都是符合人民根本利益的，因而是社會主義所要求的，或是社會主義所允許的；一切不利於生產力發展的東西，都是違反科學社會主義的，是社會主義所不允許的。」㉑在生產力至上的意義之下，文化的發展也只能配合生產力的提高。換言之，文化的發展是為了「形成有利現代化建設，和改革開放的理論指導、輿論力量、價值觀念、文化條件和社會環境，克服小生產的狹隘眼界和保守習氣，抵制封建主義和資本主義

---

⑲ 毛澤東，前揭書，頁 66-67。
⑳ 《人民日報》，1987 年 11 月 4 日。
㉑ 同上。

的腐朽思想。」㉒換言之，也就是建設有利於現代化高度生產力發展的精神文明。

除此之外，此一政策也意味著：文化本身必須依照經濟規律，採取商品經濟的形式。馬克思曾在《經濟學手稿》（1857-1858）中提出人類歷史進展的三個階段：「人的依賴關係，是最初的社會型態，在這種社會型態下，人的生產能力只是在狹隘的範圍內和孤立的地點上發展著。以物的依賴性為基礎的人的獨立性，是第二大型態，在這種型態下，才形成普遍的社會物質變換，全面的關係，多方面的需求，以及全面能力的體系。建立在個人全面發展和他們共同的社會生產能力，成為他們的社會財富這一基礎上的自由個性，是第三個階段。」㉓以上人的依賴關係指「自然經濟」的階段；而以物的依賴性為基礎的人的獨立性，則是指「商品經濟」的階段；最後，建立在個人全面發展和他們共同的社會生產能力上創造社會財富的第三階段，則是所謂「產品經濟」階段。中共在馬克思以上這段話裡面，找到必須經過商品經濟的階段，才可能進一步實現產品經濟的理論依據。中共近數年來要求文化產品必須符合市場的需求，例如圖書的出版，必須先經由各地發行單位所反映的需求決定印刷數量。這種作法當然有它的弊端，由於這些發行單位的無知、敷衍，或是所謂市場需求的限制，使許多有價值的作品無法獲得出版。對於這一個問題，賀敬之在其〈關於建設有中國特色的社會主義文化的幾點看法〉中特別表示：「在現階段，我國文化、藝術產品的絕大多數，都要以商品形式進入流通領域，及用商品交換的形式來供給它的服務對

---

㉒ 同上。
㉓ 馬克思，《經濟學手稿》，收入《馬克思恩格斯全集》第 46 卷，上冊，頁 104。

第十二章　知己知彼

■

347

象。」㉔但是由於覺察到文化產品採取商品形式有其實際困難，因而賀敬之又表示：「文化、經濟政策的制定和配套，既要有利打破大鍋飯，密切文化藝術生產和文化藝術消費的關係，用消費來促進生產，提高文化藝術生產的效果；又要能防止把精神產品完全商品化的作法，用經濟槓桿扶植我們提倡的東西。」㉕為此，他特別呼籲：要在經費、投資、基建、運輸費和各種稅收方面，對文化、藝術部門實行優惠政策，為文化、藝術發展創造較好之經濟環境。由以上看來，這仍然是一種「兩手策略」的辯證法的運用：一方面要敦促文化產品採取商品的形式；另外一方面，也運用文化的優惠政策來扶植政府所提倡的東西，強化社會主義的主旋律。

第二、文化發展必須強調中國特色之經營：前述 1987 年的〈延著有中國特色的社會主義道路前進〉的報告當中，其所謂的「中國特色」，按原文所顯示，主要是指中國當前落後的情況，即是所謂「現代化工業與落後於現代化的水平上百年的工業並存；經濟較發達的地區與貧困地區並存；商品經濟和市場不發達；自然經濟、半自然經濟佔相當比重；社會主義經濟制度不成熟、不完善」的情況。其次，這種落後的情況也被理解為所謂的「國情」，也就是指中國實際的現況。而所謂「社會主義的初級階段」，就是指中國「在生產力落後、商品經濟不發達的條件下，建設社會主義必要經過的特定階段。」因而必須「清楚的認識基本國情。」

然而，在 1989 年六四天安門事件之後，中共特別意識到西方思潮的衝擊所帶來資產階級自由化的影響。因此，為了防範西方國家的思想與文化所進行的和平演變，因而特別賦予了

㉔ 賀敬之，前揭文，1991 年 6 月，頁 23。
㉕ 同上。

「中國特色」以進一步的內涵。所謂「中國特色」,就是指「民族文化」,因而特別強調要「宏揚民族文化的優秀傳統」。然而由於中共內部亦存在著「反封建」、「破四舊」的傳統,對於傳統文化總含著一種對「封建餘毒」的防範,甚至造成文革時間種種極端的作法,使中共一方面雖想利用傳統文化;一方面又要批駁、整頓傳統文化,因而對於傳統文化總有著相當矛盾的情結。不過由於資產階級自由化和西方思潮的進入,在大陸內部對開放的要求特別表現為對傳統文化的攻擊,例如在〈河殤〉影片中所表現對於傳統文化的批判。為此,中共特別意識到:有必要立基於民族文化,來抵抗西方的和平演變;尤其在兩岸文化交流之後,提倡民族文化更具有統戰的功能,於是就成為當前中共文化政策的重點。

歸結起來,建設有中國特色的社會主義,是中共當前文化政策最重要的指導原則,如賀敬之所言:「堅持文化的社會主義性質和民族特點,建設有中國特色的社會主義文化,這是我們文化工作的歷史使命和奮鬥的總目標。」[26]然而,中國特色的社會主義的形成,除了經濟規律和民族特色之外,最主要還在對馬克思主義的掌握。為了抵抗西方國家和台灣文化的和平演變,以及對抗蘇聯最近的巨變,中共特別推動在各級學校及各單位加強馬克思主義的學習。這從 1990 年 8 月 18 日《文匯報》一篇署名「辛如」的〈馬克思主義應該怎樣對待現代西方思潮〉一文可見一斑:「馬克思主義和現代西方資產階級思潮正進行著一場嚴肅的思想鬥爭,這場鬥爭是不可調和的。馬克思主義在本質上是革命的、批判的,它要改造整個舊世界,就不能不批判舊世界的一切,包括資產階級思想在內。放棄了這

---

[26] 賀敬之,前揭文,1991 年 6 月,頁 14。

種革命的批判態度，也就不成其為馬克思主義了。」[27]顯然，中共晚近在意識型態領域的加緊控制，對於文化的創作和宣傳，也有重要的主導和限制作用。

(三) 維繫並加強共產黨對文化的領導和控制

中共對於文化發展的國家政策，基本上就是黨的文化政策。在李瑞環〈關於宏揚民族優秀文化的若干問題〉中，最後特別提出：「要加強黨對宏揚民族優秀文化工作的領導」，並指出要定期研究討論、及時督促檢查，加強文化工作者的思想政治工作，從政治上幫助他們自覺地堅持「二為方向」。所謂的「二為」，即是為社會主義以及為人民大眾。但正如前面我們所提過的，所謂為人民大眾，其實就是為共產黨意識型態下所定義的人民。在賀敬之〈關於建設有中國特色的社會主義文化的幾點看法〉文中，也特別指出加強和改善黨對文化工作的領導，並且清楚指出：「社會主義文化藝術事業，作為整個社會主義事業的組成部分，必須堅持黨的領導，這不是什麼從外面強加的，而是社會主義文化事業自身的又一個重要規定性。黨的領導只能加強與改善，不能削弱和取消。任何否定或削弱黨的領導的言論和作法，都是不利於社會主義文化事業的。」[28]賀敬之並很明白的指出：共產黨對於文化藝術事業的領導，首先是「方針、政策和決策的領導」。換言之，國家的文化政策就是黨的政策。至於如何改善黨對文化工作的領導，首要是實現決策的科學化和民主化。所謂「科學化」，是指必須針對民意的文化需求進行調查；其次所謂的「民主化」，則是按照民主集中制的程序作出決定，不以個人或少數人說的算數，而是

---

[27] 辛如，〈馬克思主義應該怎樣對待現代西方思潮〉，《文匯報》，1990年8月18日，3版。

[28] 賀敬之，前揭文，1991年6月，頁16。

要透過集體的決策，並且「集體的決策一經作出，就必須各方面維護它的權威性，用嚴格的組織紀律保證它的貫徹落實。」賀敬之並且表示：「只有保證黨的正確決策的貫徹落實，才能從文化事業發展的全局上，避免大的失誤和挫折。」㉙為了達成黨對於文化的領導，除了加強文化決策的民主化和科學化之外，還要改進黨的各級領導幹部在文化戰線上的領導作風。而黨的幹部尤其必須積極介入並干預文化產品的社會效果；除此以外，也要對於在文化系統中工作的黨員進行黨性的教育，使其能夠「發揮黨員文化、藝術工作者的先鋒模範作用」。

## 四、當前的實際作法

中共對文化政策的具體作法，在文化部所制定的〈文化事業八五計畫和十年規劃〉中有較為原則性規定；但是更為詳細的則表現在中共中央宣傳部、文化部和廣播、電影、電視部所聯合提出的：〈關於當前繁榮文藝創作的意見〉㉚其中所提出來的一些實際作法，都是在宣導和促進學習上述的理論基礎和政策原則，尤其是為了加強共產黨對文化的領導和控制，其中包括以下幾點：

1. 組織並引導作家、藝術家學習馬克思、列寧主義、毛澤東思想，學習黨的路線、方針、政策，學習科學文化知識。其中特別指示：各級黨的宣傳部門、政府文化部門、廣播影視部門、文藝團體、作家、藝術家，都要充分認識學習馬列主義，加強思想建設。對於繁榮文藝創作的重要性和迫切性，其實際的作法，除日常學習之外，還可以採取離職培訓，和在職

㉙ 同上。
㉚ 中共中宣部、文化部、廣播電視部，〈關於當前繁榮文藝創作的意見〉，《人民日報》，1991 年 5 月 10 日，1 版。

學習的方式，分期、分批組織創作人員參加集中培訓，無論是參加中央或地方黨校開辦的文藝幹部培訓班，或是參加藝術學院或大專院校開辦的馬列主義文藝思想理論進修班，進行學習深造。

2. 採取各種形式組織作家、藝術家深入生活：各單位根據創作人員的年齡、生活經驗、健康狀況和專業特點、藝術個性、題材領域等差別，採取不同的方式，組織他們定時深入生活。有的可以安排他們到基層兼職、代聯，有的可定點聯繫，參觀訪問，使其能夠深入生活，結合創作的需要。

3. 加強創作規劃和重點創作的領導：主要的重點創作是具有鮮明的社會主義時代精神、深刻反映現實生活、謳歌社會主義精神、富有民族特色的作品。並且環繞這些重點，規定各省、自治區、直轄市的黨委宣傳部門和政府文化部門、廣播影視部門，要像抓重點建設工程那樣，集中力量，有計畫、有重點的組織文化、藝術產品的生產，1991 年內，要拿出質量上乘的一本好書、一臺好戲、一部優秀影片或電影劇、一篇或幾篇有創見有說服力的文藝理論文章。

4. 搞好二度創作：像音樂、舞蹈、曲藝、雜技、戲劇、電影、電視等綜合性藝術，其創作的完成、藝術的實現，整體質量的提高，必須針對原作進行改編，以有利於思想、政治或社會主義文化價值的宣傳。

5. 建立並動員龐大的專業和業餘結合的創作隊伍：專業作家、藝術家是藝術創作隊伍的骨幹，尤其應以其中的共產黨員，加強其黨性，作為模範。其中擔任政府文化部門、廣播影視部門，或文藝團體的行政或組織工作的作家、藝術家，更要加強其創作與動員的能力。除此以外，亦要有計畫的吸收並動員業餘的藝文創作者。

此外，在〈關於當前繁榮文藝創作的意見〉一文當中，所提出的第六到第十點，都是涉及到文藝作品的管理和控制的。其中包含：

1. 對於文藝作品傳播手段的管理：其中尤其要加強編輯隊伍、演出管理隊伍、電影和錄影發行、放映隊伍，與藝術展覽管理隊伍。特別要提高從業人員的政治、文化素質，文藝理論修養，並且貫徹共產黨的文藝方針。

2. 加強對文藝創作的評論：主要是從馬克思主義、共產黨的政策，也就是所謂反映現實生活，富於時代精神，宏揚民族文化的角度來進行評論，及時發揚成績、糾正錯誤。換言之，文藝評論也是作為引導和控制創作的手段。

3. 加強文藝創作對外宣傳推薦：包含參展、參賽等項目，在政府間的文化交流，和民間藝術組織舉辦的國際文化活動中，推薦合乎中共要求的優秀作品，並積極加強宣傳介紹。

4. 設立基金會，改進獎勵制度：目的是為了加強共產黨對文藝的控制。因此在該要點中指示：「評獎機構的組成，要注意能反映出專家領導群眾各方面具有代表性的意見，力求導向正確、評判公正、獎勵得當，努力把黨的文藝方針、政策具體的體現在各類各藝評獎之中。」

5. 加強文藝法治建設：也是透過立法的手段，保證共產黨對文藝事業的領導，並在社會主義的方針之下，保障作家、藝術家和藝文工作者的權益。

## 五、結　論

以上所述中共的文化政策在其理論依據上有許多值得檢討的地方，至於其政策原則是吾人在與之進行文化交流之時必須加以詳細審視的，藉以確定何者可以在互動中強調，何者應在

互動中避免。

### ㈠ 就其理論依據而言

中共的文化政策所依據的「反映論」和「意識型態理論」，在當代的思潮當中都已如過時的肥皂牌子，也已顯示其理論僵化的一面。

首就反映論而言：反映論一方面否認了創作主體的地位，另一方面亦否認文化的產品有其自主的價值。在創作者和作品皆無法依照其自身創作上的要求或藝術的規律來進行的時候，文化創作由於屈從於文化以外的控制機制——尤其是政治的控制機制，此時文化是無法自主地蓬勃發展起來的。這也就構成中共文化發展極大的致命傷。除此以外，在當代藝術哲學當中對於藝術形式本身的可理解性的強調，或是對於主體透過藝術作品的創作與欣賞進行情感表現的作用的強調，或如海德格對於表象和感性的批判而轉向對於「真理的開顯」的強調，都指出文化產品及其創作者之間有更複雜的關係和更豐富的理論意涵。相形之下，反映說把這些文化創作的豐富取向都予以排斥性的拒絕，反而造成文化創作的貧瘠。

其次就意識型態理論而言：中共的文化政策之所以強調文化活動與產品的意識型態面，主要是為強調其反映階級利益，並藉以進行階級控制的需要。然而，一方面此種對意識型態理論的詮釋，完全忽視了馬克思意識型態理論由於與心理分析的「假意識」說，和當代批判理論的結合，其實包含了對於集體的潛意識或假意識，或妄識的批判，並透過此種批判作用使潛意識的不自覺成為有意識、自覺的，因而使在其中造成意義扭曲的宰制力量不再運作。換言之，意識型態的批判具有終止宰制力量的意味。然而，由於中共的文化政策只想透過精神文明的建設維繫其社會控制的功能，因而也忽視了文化本身引發社

會自覺、自我批判、自我超越、促成進步的作用。當然，除此以外，藝術作品本身就其為人類精神創造的活動，以及生活世界中的必要因素而言，並不全然可以意識型態視之。將文化視為上層建築或意識型態，不但會忽視了物質生活和精神生活都是文化的一部分，同時更忽視了文化活動當中精神的能動性和自主性。

另外就辯證法而言：中共的文化政策依據對辯證法「對立統一」的強調，因而形成所謂的「雙為政策」和「兩手政策」──既一手要抓硬，又一手要抓軟；一手要搞治理整頓，另一手又要搞繁榮文藝；一手要破，另一手要立──表面上看起來，是完全依據辯證法所規定的歷史法則在辦事，然而事實上此種政策原則具有以下的缺陷：

1. 根據對立統一而提出的「兩手策略」，並沒有任何規律性的依據來判斷何時應破，何時應立？何時應治理整頓，何時應開放繁榮？因而，在決定何時破？針對誰而破？何時立？誰應立？何時治理整頓？治理整頓誰？何時繁榮開放？誰應繁榮開放？……這種往往影響到一部分文化工作者的生存或生死禍福與命運的決定，常是非常武斷的，表面上雖是以社會主義的維護和發展為標準，事實上是由當權者、高階領導者的好惡來決定，或受權力鬥爭、國際局勢等因素的左右。此種武斷性與偶然性是與根據辯證法所要訴諸的規律性相違背的。

2. 基本上黑格爾辯證法所強調的是：由肯定到否定，到否定的否定的過程，其中一方面包含有否定性的作用，表現為不斷自我批判與在矛盾、痛苦中成長的過程；另外一方面也表現了一種連繫、擴大和發展的原則。換言之，由肯定到否定，是將肯定和否定的對立面連繫起來，而且經由這種連繫，擴大到異己的領域，並且透過兩者的互動而求得進一步的發展。質

言之，此一過程才是辯證法真正要導向的目的。然而，在中共對於對立統一的強調當中，時而出現反左，時而出現反右，時而出現既反左又反右；時而改革開放，時而治理整頓，時而又要改革開放又要治理整頓。此種對於辯證的兩極端予以武斷式的強調，而不全然側重其能連繫、擴大與發展的歷程，往往對於社會本身的發展動力，以及對異己因素的連繫有高度的壓抑作用，因而無法促成真正的發展。

## (二) 就其政策原則而言

除了上述依據辯證法而有的政策原則以外，關於中國特色社會主義建設的原則，吾人在與大陸進行文化互動的時候，特別可以強調這其中所包含的有關「中國特色」和「經濟發展」的部分：

1. 有關中國特色部分：中華文化是兩岸所共同繼承的文化傳統，也是促成兩岸人民相互了解的深厚基礎。中共對中國特色的強調，過去雖受限於所謂當前落後現況與國情的了解，而今則特別重視其抵抗西方思潮和平演變的功能，也因而無法意識到：真正的中國特色之經營必須以發揚傳統中國文化的動力為真正特色之所本。然而，由於八九民運之後，對於民族文化的工具性重視，以及對於所謂民族虛無主義者的政策性批判，也使得學術界及文化界有更大的政策支持去討論、研究或發揚傳統中華文化的內涵。因此這一年來顯著的現象，是大陸的學者和文化界人士更理直氣壯、或理所當然地引述或參照傳統的經典，並進行傳統藝術的展演。就這一點而言，發揚中華文化也是台灣地區文化發展的重要目標，而且台灣這多年來，也賦予了傳統中華文化以許多新的詮釋，在接引與結合「中華文化」和「現代化」上面作了不少努力，理應可以作為大陸的參考。換言之，追求現代化和發展中華文化，並將兩者相互接

引，應是兩岸的共同目標，這一點應可作為兩岸文化互動的共識。

2. 有關經濟發展的部分：中共所謂有中國特色的社會主義的核心是「一個中心，兩個基本點」，特別重視以經濟為中心。在經濟和生產力掛帥的意義之下，文化的發展不但要配合經濟的發展，而且文化的產品也必須採取經濟的規律，符合商品經濟的要求，符合市場的要求。就此而言，對於經濟的重視，以及經濟發展的經驗，正是台灣經驗中最重要的一部分，而此種經濟的動力也表現在文化的活動和產品的經營管理與銷售之上。台灣在這方面所建立的 know-how、組織和技術，將可有助於中共在這方面的需要。中共對於經濟法則的重視，目前由於社會主義經濟的大環境的影響，在促成文化發展上面並沒有顯著的結果。但是其中由公有制到個體戶之間的媒介接引性步驟，也顯示出中共對於體制變遷的謹慎。不過，兩岸在互動的時候，台灣地區透過文化和經貿的組合形式，來與中共進行互動，相信不但有助於其經濟的開發，而且有助於其文化市場的靈活化。

3. 不過，中共這種黨控制和國家控制的文化政策，最大的問題在於民間的缺乏活力。民間之所以缺乏活力的最重要的兩個原因：首先是由於單位制以及單位的控制，使得民間社會無以形成，因此無法產生自發的文化創造的力量。其次，則是由於中共對於人民的資訊控制，使得民間缺乏資訊的來源，對於世界政治的、經濟的、文化的潮流一無所知，這種資訊控制不但使民間心靈無法開放，而且剷除了其文化的創造力，其最終的結果是不利於文化本身的發展。

台灣地區的文化發展側重民間的自發性，而在文化政策上僅側重其輔助性和保護性，換言之，即對於民間創作的輔助和

獎助，以及對傳統文物的保護。此外皆任憑創作者和人民在自由民主的氣氛當中自在地發揮。以此種自發性文化發展，來與控制性的文化發展互動，如果想要影響大陸地區的人民，其最大的阻礙就是大陸民間資訊的不足。為此今後在與大陸的文化交流上，應該透過各種文化、藝術展演的活動和其他各種管道，加強提供大陸一般老百姓更多的資訊。

最後，對於中共文化政策的研究，**使我們對於其中理論依據、政策原則與實際作法之間的密切關係，感到印象深刻。**雖然在舉世民主化、自由化，由意識型態走向更為務實的潮流當中，文化政策及其理論依據的必要性會遭到更多的質疑，然而，整體說來，我們在文化政策上的闕如，或僅有自發性、輔助性、保護性的文化政策，雖然具有保留給民間活力更多空間的優點，但也顯示出國家發展中文化發展缺乏整體方向的缺陷。而且這種文化的發展與理論依據的缺乏，雖然亦可減少意識型態的束縛，但另一方面，由於缺乏理論而缺乏理念，缺乏對文化政策與文化創作的理論意涵的自覺，也形成文化發展本身的膚淺化。就此而言，今後如何尋求更具彈性、整體性、創造性的文化政策，並且使文化的創作本身有更多的理念趣味和理論意涵，才是深化文化發展的正途。雖然說文化不能被框限於一種理論，但是同樣的，文化也不能沒有理論。在兩岸文化互動的過程當中，我方應如何產生理論的自覺，甚至形成能夠消解馬列主義、指引未來中國文化發展的更為宏大的理論框架，則仍是有待努力的。

# 第十三章

# 各正性命，保合太和

## ——論亞太地區與東西文明融合

## 一、引　言

　　在進入正題之前，我首先要誠摯地指出：今日吾人能夠來到橫濱，共同討論「亞太地區與東西文明融合」這個主題，實在深具歷史意義。因為早在幕末時期，橫濱便與長崎同屬日本早期接受西方思潮的地區，刊行西洋報刊，成立洋書調所，成為西洋事物與西洋思想流通的中心。及至明治維新，就在明治最初十年間，日本文化史上所謂「文明開化期」，西洋事物波濤洶湧般進入日本社會，也是以橫濱和東京為中心，先行傳播流通，然後再逐漸擴散到各地的。

　　以新聞為例，最早英人漢沙德(A. W. Hansard)於 1861 年在長崎創辦《長崎航訊》(*Nagasaki Shipping List and Advertising*)，不久旋即停刊，便轉至橫濱另辦《日本先鋒報》(*The Japan Herald*)。此外，一些洋書調所也集結了不少洋學專家，結成「會譯社」，翻譯橫濱的外文報刊，出版《日本貿易新聞》、《日本新聞》等，可謂日本報業先驅。及至濱田彥藏在橫濱創辦日文的《海外新聞》，轉載英美政經新聞，按月出版，近代日本報業乃正式宣告開始。長崎的本木昌造於 1852

年試製日本鉛字成功。1870年他的弟子陽其二開始用鉛字印刷《橫濱每日新聞》，自此之後日本的新聞又進入了嶄新境界。

我之所以舉新聞為例，是因為新聞、出版皆是思想與文化傳播的重要媒介。不過，除此以外，文化還透過人民接觸、商業往來、學術研究、宗教傳信，甚至透過武力征服，達到傳播的目的，並促成文化吸收與融合的過程。亞太地區各國由於種種歷史因緣，透過不同管道，早已進行了東西文明的接觸與融合，而且這個過程今後還會更形加深。因此，至少就表面而言，吉普林(Kipling)所言：「東方是東方，西方是西方，永不相逢」的說法，再也不是歷史實情。相反的，我們必須同意諾脫普(F. S. C. Northrop)所言：「東方和西方正處在同一世界潮流中，既富東方色彩，亦富西方色彩。東方和西方正在相逢並融合。」①

對於東西文明融合，單是用樂觀或悲觀的眼光來看待是不足的。根據我所主張的對比哲學看來，東西文明是處在既差異又互補，既衝突又融合的情境。這種對比情境，在當前正表現為「地球村落」與「地方主義」，「區域整合」與「國家主義」的對比上，尤其更深刻的，表現在「科技的普世化」和「歷史意識覺醒」的對比上。茲將這三重對比略加說明如下：

## 二、當前文明的三重對比

我所謂「對比」(contrast)，並不是「對立」(opposition)，而是指差異與互補，連續與斷裂之間的交互運作，使得處在這種關係中的諸因素共現於同一現象之場，並隸屬於同一演進律動。就其共時性(Synchronicity)言，不同因素以既差異又互補的

---

① F. S. C. Northrop, *The Meeting of East and West*, (Woodbridge: Ox Bow Press, 1979), p. 4.

方式共現於同一現象之場，稱為「結構對比」；就其貫時性
(diachronicity)言，時間中的前後環節以既斷裂又連續的方式辯
證前進，運轉無窮，稱為「動態對比」。我用對比哲學糾正結
構主義只重視對立性而忽視互補性，只重視共時性而忽視貫時
性的錯誤；我也用對比哲學替代黑格爾的辯證法，因為後者雖
然重視貫時性，但基本上黑格爾的辯證法是在時間中以否定的
方式來前進，甚至導致否定性的全面勝利，完全忽視了歷史動
力的積極性和創造性。基本上，對比哲學是立基於中國哲學智
慧，並對西洋哲學加以袪弊揚優而發展出來的哲學方法。②

　　在對比哲學的觀照之下，當代東西文明基本上處於下列三
項對比情境：

　　㈠地球村落與地方主義的對比：前面提到的新聞和出版，
在文化傳播方面仍然有限。但是，到了今日由於科技日新月
異，人類儼然已踏入資訊時代，各種資訊科技，大小耳朵，電
傳視訊，以及快速的交通工具把整個世界的距離急速縮短，形
成一個「地球村落」(global village)。麥克魯漢(H. M. McLuhan)
所提出的這個概念對許多人而言似乎就要實現。③當地球村落
的實現日漸逼近之時，「東西文明融合」似乎就變得理所當然
的了。而且，不只東西文明融合指日可待，甚至整個世界全體
文化的融合，都將不再是夢想了！

　　然而，就在地球村落逐漸形成的同時，各地區也正風起雲
湧地興起文化的地方主義的風潮，姑不論其是否有自我封閉或

---

② 對比哲學首先在本人的博士論文中提出，參見 Vincent Shen, *Action et
Créativité: une étude sur les contrastes génétiques et structurels entre l'action blond-
élienne et la créativité whiteheadienne,* (Louvain-la-Neuve: ISP, 1980), pp. 4-36；
其後在本人所著《解除世界魔咒》、《物理之後》、《傳統的再生》等書中
發展。

③ H. M. McLuhan, *Understanding Media: The Extension of Man*, New York:
Mcgraw-Hill, 1964.

另覓分裂的傾向，至少表現出對於地方文化特色的強調。就以台灣為例，近些年來也出現了台灣文化有別於中原文化，或強調原住民文化迥異於台灣文化的說法。這種情形並不只出現在台灣，而是普遍出現在世界各地，不必我一一列舉。由此可見，就在世界文化走向整合、雷同的趨勢中，也有對文化差異、分殊甚至相互衝突的強調。杭亭頓(S. Huntington)在〈全球文化衝突的時代來臨了？〉一文中，甚至認為，文化衝突是現代世界衝突演進史的最新階段，並預言西方文化與非西方文化的衝突將成為新的焦點。④杭亭頓雖然忽視了文化整合與文化衝突之間的對比關係才是今日世界文化的趨勢實情，但他至少提醒了世人，在所謂「地球村落」的「文化整合」趨勢中，別忘了還有「文化衝突」的趨勢。兩者形成的緊張力量正是今後文化走向不可忽視的歷史動力。

　　㈡區域整合與國家主義的對比：自冷戰結束之後，區域整合成為世界新秩序的重要因素之一。除了經營多年的歐洲共同體之外，還有北美、南美、東歐、亞太……等地區的區域整合亦方興未艾。區域整合似乎提供了超越國界的國際組合的新型態。然而，值得注意的是，在此同時，國家主義亦更形高漲，甚至成為區域整合的障礙。國家利益和主權維護往往造成區域整合更上層樓的現實困難。這種情形，即使在最具歷史文化高度同質性、迄今整合最為成功的歐洲共同體，亦不例外。

　　㈢科技普世化與歷史意識覺醒的對比：除了上述兩層對比之外，我認為當代歷史有兩個基本的對比趨勢，構成了當代歷史的基調：其一是由科技所帶領的普世化歷程；其二是歷史意

④ S. Huntington 撰，丁連財譯，〈全球文化衝突的時代來臨了？〉，《中國時報》，民國 82 年 6 月 22-24 日，第 7 版。

識的覺醒，促成對自我認同和文化特色的追尋。⑤首先，由於現代科技的運作性，使科技系統不斷擴充，因而帶動了普世化的歷程。現代科技雖然是西方近代文化的產物，但其發展並不僅限於西方，卻為全世界各國所追求，成為舉世共同的命運。現代科技既出自西方文化內部，並在西方社會中逐漸形成，也因此對西方文化並未造成突然的破壞。但是其他非西方國家卻是在近數十年來纔努力輸入並發展科技，因此造成對原有文化的嚴重破壞，並在其近現代史上造成傷痕累累，至今未息。不過，世界各國發展科技的歷史深淺雖有不同，遭遇禍福亦不一樣，但所經歷的過程，例如都市化、工業化、資訊化……等等，以及在地面上造成的景觀，大致是相同的。此種雷同的情形正顯示科技有一種普世化的動力。

與此對比的，則有歷史意識之覺醒，亦為當代歷史的另一動力。所謂歷史意識，就是指個人和群體自覺到本身存在的歷史性。每個人、每個社會皆隸屬於一傳統，承接傳統是個人與社會了解自己與世界的憑藉，並使個人和社會能頂立於天地之間。但是，個人與社會所隸屬的傳統並非唯一的，此外還有許多其他傳統，與它形成對比的局面。所以個人與社會皆須承接自己的傳統，並向別的傳統開放。從積極方面言，歷史意識使人回頭去探尋自己的文化傳統，並對其他傳統力求了解和溝通。但是，從消極方面言，自我封閉的歷史意識也造成了各種意識型態的鬥爭。所謂文化衝突，甚至國家主義的衝突，也只是歷史意識所顯露的癥狀與結果而已。歷史意識的覺醒在當代歷史上所造成的影響至為深遠，甚至勝過自然科學在地球表面上所造成的改變。誠如德國哲學家高達美(H. -G. Gadamer)所

⑤ 沈清松，《解除世界魔咒》（台北，台灣商務，1998），頁 15-21。

言：

> 「歷史意識之覺醒真正是吾人自近代以來承受的最重要的革命，它在精神上的意義或許遠勝過自然科學的成就在地表所造成的顯著改變。歷史意識標示了當代人的特徵，它是過去的時代所未曾接受的特權，甚或也是一種沉重的包袱。」⑥

上述科技普世化與歷史意識的對比，可以說是在前述三種對比情境中最為深沉的。因為「地球村落」的形成，正是科技普世化，尤其是傳播科技普世化的結果。而地區性文化特色的追求，甚至文化衝突的形成，則是歷史意識覺醒的結果。區域整合雖然不是由科技普世化所促成，而是世界經濟文化競爭的策略，但國家主義則也可以說是某種歷史意識覺醒的表現型式。

在前論地球村落與地方主義對比、區域整合與國家主義對比、科技普世化與歷史意識對比的脈絡之下，亞太地區各國在互動的過程中，必須合乎當前歷史的對比動力。一方面追求文化的共通點，擴大自家文化的普遍性，增益自身文化的含容性，另一方面亦須尊重各個文化的差異性，發揮自家文化的特色性，提昇自身文化的創造性。至於最佳的互動方式，應為《易經》所謂「各正性命，保合太和」，用白話來詮釋，就是一方面各國文化能得自身本性之正，發揮特色，達成自我實現；另一方面亞太地區文化整體加起來又可達致充量和諧。這正是對比哲學所追求的文化互動境界，既不欲空談簡單的文化整合，也不放縱於文化衝突之論。

---

⑥ H. -G. Gadamer, *Le Probléme de la conscience historique*,(Paris: Edition Béatrice-Nauwelaerts, 1963), p. 7.

## 三、從語言獲取與主體資源論看東西文明融合

亞太地區各國，尤其中、日、韓等國，自 19 世紀起，面對西方強勢文明的衝擊，先後走上了現代化的不歸路，對於西方的文化思潮、政經制度和科學技術，不斷地加以引進。在救國（富國強兵）與啟蒙（文明開化）的雙重要求之下，興起了學習西化以超克西方的過程。在我看來，這個過程基本上可視為一「語言獲取」(language appropriation)的過程，並因著語言學習而帶動了思考的方式、制度的建立與行為的模式。[7]無論是自由主義、社會主義、資本主義……等等的引進，皆可視為是不同的語言獲取，思考、制度與行為模式複製之過程。當年日本明治維新推行「文明開化」、「富國強兵」、「殖產興業」，使社會之進步大異於清末之中國。甚至因而有福澤諭吉於 1885 年發表「脫亞論」，主張維新的意義可綜攝於「脫亞」二字，認為日本國土雖在亞洲東邊，其國民精神已脫離亞洲之固陋，而轉進為西洋之文明。甚至進而主張拒絕與當時仍落後的中國、朝鮮認同。

與此類似的，今天在台灣和中國大陸之間政經發展和文明開化的差異，表現而為區域性的差異、現代化程度的差異、自由體制和極權體制的差異，[8]這些使得有部分台灣人民心生脫離中國而自主，其中難免存在某種文明與野蠻對比的心理，這種心理更因天安門鎮壓學生事件和千島湖屠殺台灣旅客事件而

---

⑦ 這觀念我發表在 Vincent Shen, "Creativity as Synthesis of Contrasting Wisdoms," in *Philosophy East and West*, (Hawaii: Hawaii University Press, 1993), vol. 43, No. 2, pp. 279-288.

⑧ 詳見沈清松，〈兩岸文化交流的評析與展望〉，收入《民國 79 年度中華民國文化發展之評估與展望》（台北，行政院文建會，民國 80 年 3 月），頁 209-236。

增強。

其實，無論當年日本因著明治維新而與中、韓等國有差距，或今日台灣因著自由民主而與中國大陸形成差距，這些都是在現代化歷程中，面對西方文明挑戰之後，採取不同的語言學習途徑所形成的差異。東西方明的關係問題，應該放置在廣義的「語言獲取」的脈絡中重新思考。

就此而言，中日自近代以來皆有類似的理論出現，來思考東西方文明的關係。在日本方面，福澤諭吉在《文明論之概略》一書中提出類似「全盤西化」的論調，認為歷史是順著野蠻、半開化、文明的次序發展的，並斷定日本落後，西洋先進，為了國家富強，必須努力學習西洋文明。不過，與此同時，也有志賀重昂、三宅雪嶺等人提出的「國粹主義」。除此以外，還有自幕末以來，佐久間象山等人所提倡的「東洋道德西洋藝術」論調。這些論調雖各有別，但大體上皆為了國家的富強。至於在近代中國方面，情形則較為複雜。有張之洞所主張中學為體、西學為用的「中體西用」論；有胡適之等人主張全盤接受西方文化的「全盤西化」論；有劉師培等人主張堅持中國傳統文化精粹的「國粹論」；還有晚近李澤厚提出以馬列主義為體，中國為用的「西體中用論」。

從今天的觀點看來，上述的論點皆各有偏頗。全盤西化論者只見西方文化之善而無視於其弊，並且不自覺到自家傳統是自身存在的立足點，更遑論動用自家傳統資源，傳承活的傳統，創造自身的特色，亦因而忽視了自己是文化創造的主體。國粹論者唯見自家傳統文化之善而無視於其弊，也無視於現代世界的新形勢，更談不上如何在現代世界中調適發展，對傳統作出創造性的詮釋。中體西用論既難以辨視何者為體，何者為用，復難以適當予以調和，終不免產生精神分裂之感。至於所

謂「西體中用論」以社會主義為體，以中國特色為用，至多僅能為所謂中國特色的社會主義提出一種理論的證成。這些說法皆仍停留在「體用」的語言框架中。

然而，於今看來，體用的語言框架最大的困弊，一方面在於混淆了文化策略與形上思想，在談論東西文明關係與互動策略之時，卻訴諸宋明理學形上思想中的體用概念，實無必要。另一方面，此種「體用」語言框架亦不容易適應現代化的需要。

我個人認為，在今天處理東西文明關係問題，必須放棄原先使用的「體用」語言框架，改用「主體與資源」的語言框架。換言之，我所提倡的是一種「主體資源論」，主張世界各國各民族，以及亞太地區各國各民族，都是文化創造的主體，並在主體的自覺中，把無論束方文明、西方文明，甚或其他文化傳統的精華，都視為是此一創造的主體可以運用的資源。簡言之，我主張以「主體」和「資源」的關係來替代過去「體用」的關係，以主體的身分來運用東西文明資源，在語言的學習和融合過程中進行創造的工作。

例如，單就中華文化而言，我認為今後中華民族應自覺是文化創造的主體，其他無論是儒、釋、道等中華文化大傳統，或是民間文化中的小傳統，或是西方文化中的科學、民主、人權、基督宗教與哲學思想，或是西方文化中產生的其他思潮與制度，例如自由主義、資本主義、社會主義……等等，都應視為人類過去已創造的成果，或創造主體今後可參考使用的資源，並沒有一定的束縛性和排他性。就拿儒家來說，儒家的思想、倫理與價值固然是中華文化極重要的成分，也是亞洲文明的重要成果，但畢竟只是重要資源，必須再經創造主體賦予創造性的詮釋和轉化，且不必將中華文化創造力束縛在儒家的格

局裡面，而排斥其他可能性。歷代大儒也沒有這種偏狹的胸襟。

　　換另一個角度，當初馬克思主義得以引進中國大陸，也是一種語言獲取，藉此一思想與制度之引進，促進中國的近代化。馬克思在中國大陸發展了七十餘年，對於理解中國大陸的文化發展極為重要。其中主張社會平等，主張人透過勞動而自我實現，反自私、求公平……等等，固然是正面的成分；然而，其中階級鬥爭、集體主義（例如單位制）、生產力至上、抹殺個人自由與創造力，則是應予揚棄的負面因素。又如影響台灣的資本主義，雖有尊重個人、自由、社會責任、工作與休閒均衡、資訊流通與滿足的正面成分，可是也有金錢至上、惡性競爭、消費主義、金權結合、環境污染等弊病。由此可見，無論馬克思主義或資本主義，都不能再束縛現代中華兒女的文化創造，阻礙文化創造主體的發展，相反的，卻應以主體為優先，運用資源，取長補短，棄劣揚優。

　　吾人若以亞太各國各民族皆為文化創造之主體，則各主體之間應以「互為主體」的關係相待，遵循「各正性命，保合太和」的原則，進行文化互動。並且以「主體－資源」的原則，處理東西方文明關係，摒棄缺劣，發揚優長。只要是能夠提昇各主體與主體際的潛在美善，無論是東西方文明中任何思潮、制度與器物，皆可引為資源，再造更大的美善。

## 四、文化互動之道

　　如果說亞太各國各民族皆是文化創造的主體，彼此應以互為主體的原則進行互動，並以「主體－資源」的原則，面對東西方文明資源，進行文化創造，並從事文化互動，則在相互互動過程中，應加強語言通譯、分享記憶、相互包容、共同創

造。茲逐一說明如下：

㈠語言通譯：「語言本身」並不存在，而只存在於不同語言團體所說的「各種語言」之中，由於多元語言的事實，不同語言際的相互翻譯便成為相互溝通、文化互動的先決條件。能夠把其他文化主體的文化創造成果用自己的語言翻譯出來，也把自己的文化創造成果用別種語言翻譯出去，不但是文化溝通的必要條件，而且也是個別文化成果是否具有共通性的試金石。⑨因為在可翻譯性中含藏了「共同可理解性」。如果一項文化成果不能翻譯為其他語言，雖然因此突顯了其特殊性，但其「共通性」卻也因此需要檢討。

為了能透過語言通譯，達成文化互動，雙語學習和多語學習變成是必要的。在亞太地區內部，應規劃各種正式和非正式的教育管道，促成多語學習，培養通譯人才。由於文化是語言的真正富藏所在，語言的通譯也應以文化的溝通為目標，透過通譯來分享各種文化中所孕含的價值與意義。如此一來，各文化的歷史與經典的相互翻譯便成為翻譯工作中最重要的工作。

㈡分享記憶：各文化的歷史與經典的相互翻譯，其目的在達成彼此記憶的分享。各國各民族的奠基性事件、⑩典範型人物言行、明說個人與群體生命意義的經典性文字，以及從販夫走卒到帝王將相的生活變遷，皆採敘述(narrative)的方式存在於

---

⑨ 晚近維也納學派(Vienna School)的「建構實在論」(Constructive Realism)提出「外推」(strangification)的概念，主張將不同的學科的命題翻譯為其他學科的語言，藉以反省該學科的原則。本人則將「外推」由「科學」層面擴展至「文化」層面，主張不同文化亦應將其內涵翻譯為其他文化的語言，藉以檢驗其中所含的可普及性。茲見 Vincent Shen, *Confucianism, Taoism and Constructive Realism*, Vienna: Vienna University Press, 1994。

⑩ 「奠基性事件」(événement fondateur)是法國哲學家呂格爾(P. Ricoeur)所提出的概念，用以指稱奠立一個歷史性社群的意義認同的主要歷史事件。例如法國大革命，俄國十月革命，美國的獨立宣言……等等。P. Ricoeur, *Du texte a l'action*, Paris: Edition du Seuil, 1986, p.385.

口傳的傳統(oral tradition)和文字的傳統中(written tradition)，成為各國各民族的集體記憶，並為各國各民族的文化認同的依據。如果要透過文化溝通，了解各種文化的精神，增益彼此的豐富，便應該透過對彼此歷史與經典的學習，分享記憶，藉以分享各自所含的價值與典範，撫平彼此的傷痕。

㈢相互包容：在各國各文化的集體記憶中，總有一些對彼此的粗暴和傷害的記憶，需要彼此相互寬恕，才能達致相互的包容。「寬恕」超越了政治的層面，甚至也超越了道德層面，而達致宗教的無私境界。誠如西諺所言：「犯錯是人性，寬恕是神性」。⑪寬恕實為一種立基於宗教情操的倫理行為。

但是，寬恕並非遺忘。遺忘是一種輕佻、不關心、不在乎的表現。唯其能記憶，所以能寬恕。例如在第二次世界大戰期間，日軍在亞太地區的殘忍暴行，無論其有任何理由，皆對亞太地區各國的現代史造成極深的傷害，已成為亞太各國集體與個人記憶中的苦痛根源，既不應被遺忘，更不應被任何堂皇的理由所粉飾，甚至塗改。這些歷史中的恐怖事件造成的傷痕應常被記憶，才能自我惕勵，改過遷善。唯其能記憶，寬恕始有意義。唯有在分享記憶之中，彼此寬宥，才能相互包容，甚至共同創造。

㈣共同創造：亞太地區各國各民族不祇有過去，還有未來，不祇應分享記憶，還應共創遠景。一方面，未來早已孕含在過去所展開的可能性之中；另一方面，未來也可以是完全新穎的。亞太各國可透過藝術家、科學家、人文與社會學者和政治菁英的互訪與合作，共創未來。比方說不同國家的藝術家共聚在一個工作坊中創造出共同的作品；各國的學者一起研究，

⑪ To err is human, to pardon is divine.

甚或寫作出未來的共同圖像，政治菁英們在會議桌上研擬出共同的規劃案……等等。這些做法將可使亞太地區在發揮彼此的共通性，甚至創造新的普世性文明秩序上作出貢獻。

## 五、結　語

亞太各國各民族自 19 世紀以來，先後在自己的文化變遷過程中，受到西洋文明的吸引和影響，甚至做出過度的反應，像日本一般，一度曾出現「脫亞入歐」或「脫亞入美」的現象。然而，如今看來，與其脫亞入歐而醉心於歐洲的各種思潮、制度和器物，或者，與其脫亞入美而陷溺於可口可樂、麥當勞等「美國文化」，不如共同來關心東方文明的前景。今後，亞太地區諸國應透過語言獲取的歷程來繼續吸收西方文明的優長，藉以豐富東方文明；堅持「主體－資源」的原則，動用東西文明資源，以創造文化新局。

此外，亞太地區諸國、諸民族之間，應以互為主體的原則相待，透過語言通譯、分享記憶、彼此包容、共同創造亞太地區新的文明氣氛，並再造一個擁有普世性的文明秩序。此一文明秩序若遵循對比哲學所主張的同一與別異，差異與互補，連續與斷裂的辯證法則，並進而達致「各正性命，保合太和」的境界，將有希望在西方文明現代性(modernity)⑫的廢墟中，迸發出後現代新的文明花朵。

---

⑫ 「現代性」(modernity)是西方文明自近代以來的基本精神，由強調主體哲學、表象文化和理性化三原則所構成。所謂「後現代」(Post-modern)則是對現代性的困境和弊端所進行的批判、質疑和否定。參見沈清松，〈從現代到後現代〉，刊於《哲學雜誌》，第 4 期，（台北：哲學雜誌社，民國 82 年 4 月），頁 4-25。

# 第十四章

# 海洋文明與亞太文化的未來

## ——一個關於文化差異與區域整合的思考

## 一、前言：海洋文明精神

　　本文把關於文化差異與區域整合的思考，放在海洋文明與大陸文明的差異的脈絡中，並以台灣文化和日本文化為釋例，探討所謂「海洋文明精神」，進而思考亞太區域的整合問題，尤其是想藉此「以小窺大」，一探亞太區域的文化互動並展望亞太區域文化的未來。

　　對於「海洋文明」的理解，本文作者認為不應停限於像克吉倫(R. Kjellen 1864-1922)和豪斯霍佛(K. Haushofer 1869-1946)等人所謂的「地緣政治」(Geopolitics)的觀念，因為文明本身的物質基礎固然與地理環境有密切的關係，但其精神發展則不受限於地理。在某種意義上，本文也反對「地緣政治」概念框架的政治意圖，因為後者往往淪為替帝國霸權的擴張提供理論依據，成為霸權帝國在國際間遂行其宰制野心的意識型態 ①，因而與本文所要提倡的海洋文明的開放精神背道而馳。

---

① 「地緣政治」(Geopolitics)一詞為克吉倫(Rudolf Kjellen 1864-1922)所提出，他主張德國最後會統一歐洲。另外，豪斯霍佛(Karl Haushofer 1869-1946)在《太平洋地緣政治》中則為德日謀求世界霸權辯護。見 Karl Haushofer, *Geopolitik der Pazifischen Ozeans*, Berlin: Kurt Vowinckel Verlag, SS.349-356.

一般而言，「文明」(Civilization)一詞包含了物質文明與精神文明，因此兼具有物質義與精神義。不過，就「文化」(Culture)一詞而言，則無論是《易經》所謂「觀乎人文以化成天下」的「人文化成」之意，或是西塞老(Cicero)所謂的「心靈耕作」(cultura animi)之意，都比較側重人的精神陶成與修養層面[2]。為此，本文雖無意忽視文明的物質層面，但卻更重視文明的精神層面，也就是「人文化成」或「心靈耕作」的前景。

就此而言，在本人看來，如果要在人類歷史上選一個理想的海洋文明典範，本人的選擇是古希臘文明。此一典範之所以值得推崇，是因其由海洋通商促進了商業的發達，進而發展出民主政治、科學知識和藝術創造，一直到哲學思想的出現，把人類精神的開放性與創造性發揮得淋漓盡致，而且能在穩定中創進，在和合中競爭，在實際中追求理想，即有限而趨無窮，為此本人認為古希臘文明可以作為海洋文明的典範。

自人類文明史觀之，希臘半島在愛琴海、克里特海、愛奧尼亞海的三面環繞之下，居處其間的古希臘人面對一望無際的大海，自然而然地興起了朝向無限視域的嚮往，面對大海的變幻莫測，油然興起了對萬物流轉、變中顯理的體悟，由於大自然的挑戰與海運的商業之利，不覺間便培養了向自然爭生存、與人爭卓越的氣魄。就在此種文明氣氛之中，出現了藝術、詩歌，出現了修辭術、語言學與邏輯學，最後更興起了純哲學思辨。這些精神文明的出現，使得人的生活不再只是停留於「討生活」的層面，而是無止地追索生命意義的歷程。尤其哲學的發展始自愛奧尼亞的米勒圖(Miletus)，而在雅典時期達至頂峰，彼時蘇格拉底、柏拉圖、亞里斯多德等大哲對於真理，對

② 關於文明與文化的定義與內涵，參見沈清松，《解除世界魔咒》，（台北：台灣商務，1998），頁 27-37。

於何謂友誼，何謂德行，何謂正義的探問，終究沒有任何現成的答案，進而投入對於事物的理相(Eidos)無窮的的探問，使人雖居處於有限的時空之中，仍能嚮往無限的精神視域，在物質與紛爭的世界中，達至精神的自由。

然而，古希臘的海洋文明在雅典時期達至高峰之後，卻因為亞歷山大大帝四處征伐的野心作為，轉變成希臘化時期的爛熟；其後又繼之以羅馬帝國的霸權統治，逐漸失去自由、開放的精神，反而轉趨宰制與封閉。在其中，希臘化文明已墜入過度放任的感性之中，人心漸趨自我封閉，變得十分難以提振，只有等待羅馬務實的軍事和法律來賦予秩序。

古希臘哲學興起於海洋文明，相形之下，近代歐洲哲學則是興起於大陸文明。近代哲學側重人的主體性，傾向於以意志的宰制來界定人的自由，認為知識就是權利，並以表象的經營來界定理性之作用，於是形成了以歐洲文明為典範的近代文化。然而，到如今，文化的現代性(Modernity)在後現代主義(Post-modernism)的批判、質疑和否定之下，主體死亡、表象瓦解、理性遭到解構，③人類半自動、半被迫地重新返回其本有的開放精神，歐陸文明喪失其典範地位，今後勢將讓位給正興起中的亞太文明，而後者正是以海洋文明精神為其核心。

在本世紀中，歐洲文明因著兩次世界大戰而漸趨沒落，世界的重心已逐漸轉往亞太區域，轉向一個更為廣闊無垠的海洋文明的展開。以海洋文明精神為核心的亞太文明即將取代歐陸文明，成為新的世界文明典範，在其中，日本和台灣都將是不可或缺的組成分子。尤其在今天看來，由於科技的發展，尤其是由於資訊科技日新月異，進步神速，海洋文明在地理決定論

③ 沈清松，〈從現代到後現代〉，《哲學雜誌》，第 4 期，（台北：哲學雜誌社，1993.4），頁 4-25。

上的意涵將逐漸減少。然而，海洋文明的基本精神，也就是在穩定中創進，在和合中競爭，在實際中追求理想的精神，仍將天長地久。台灣和日本都是當今以資訊發展雄據世界經濟發展要角的亞太國家。值此世紀之交，資訊發展勢將為中日兩國，為亞太地區帶來嶄新的文化發展，在新的資訊文化中展露並提昇海洋文明的精神。

不過，在展望這以資訊為主的無限開放的海洋文明遠景之前，且讓我們略為檢視日本與台灣的文化中的某些基本面相。

## 二、突破海島心態邁向普世胸懷：
## 日本儒學、福澤諭吉與西田幾多郎的啓示

日本的現代化與其採取開國政策，並因此向海洋的開放息息相關，然而，在日本鎖國時期，即使處在海島之中，也曾有過像大陸國家一般的宰制傾向，直到在明治維新時期採取開國政策之後，才轉向海洋文明開放。由宰制轉向開放，是日本文化發展中的一大關鍵。

日本在謀求內部統一的過程中，也曾在思想上受到來自大陸文明古國的儒家思想的影響。儒家思想雖然蘊含關涉人之所以為人的普世真理，但無論在中國或在日本都曾被政治所利用，因而失去其關涉人之所以為人的普遍意涵。以日本為例，在江戶時代，儒家思想就曾在政治上發揮了一定的作用。此時儒學雖然是來自中國，但已經經過日本化的選擇和改造。彼時，林羅山(1583-1657)曾為朱熹學的官學化奠定了基礎。他自慶長十年(1605)開始，歷仕德川家康、秀忠、家光、家綱等四代將軍，進講朱子學並充任政治顧問，凡幕府重要文書無不經其手。寬永七年(1630)，德川家光為其設家塾，親藩大名德川義直亦為之建孔廟，當林羅山主持祭孔並主講《尚書》之時，

將軍親臨聽講。五代將軍德川綱吉又建昌平阪學問所，並任命羅山之孫風岡為大學頭，此後林家世襲其職，主掌幕府文教政策。據統計，自 1630 至 1871 年在各藩擔任教授的 1,912 人中，有 1,388 人是屬於朱子學派，其中有 541 人出自林家學塾與昌平阪學問所。④

　　觀林羅山的朱子學，對於朱子的思想，捨其本體論、宇宙論，而獨發揮其倫理學與政治思想，著重禮儀法度，以便於維持幕藩體制。如謂「天尊地卑，天高地低，如上下之有差別，人亦有君尊臣卑。明其上下次第，即謂禮儀法度。」⑤此外，中國儒家傳統強調孝，而林羅山強調忠，並主張當忠孝不能兩全時，須捨孝而取忠。林羅山並將朱子學與神道結合，謂神道「即是王道、儒道、聖賢之道。」⑥總之，林羅山對朱熹學的日本化詮釋，旨在發揮其尊王之義，使儒學成為協助政治宰制的意識形態。

　　除了朱子學派之外，曾同樣發生類似作用的是古學派，由於古學派學者不滿宋明儒學對於聖人之道的闡釋，試圖自己正本清源，直接與古聖對話，詮釋孔子的思想。例如山鹿素行 (1622-1685)不同意朱子學「去人欲、存天理」的主張，卻反過來肯定人欲的積極作用；他也不同意將「義」與「利」對立，反而認為求利而合於節，便是道德的。此外，山鹿素行也結合儒學與武士道精神，使武士道由「悟死」轉向「悟道」，主要就是將武士期許為孔門所謂的士君子。山鹿素行所著《山鹿語類》〈士道篇〉，特別強調武士要知己職分，一方面對主君盡忠節，另一方面亦要成為實踐人倫之道的楷模。於是，武士被

④ 田村圓澄等著，《日本思想史之基礎知識》，東京：有斐閣，1974，頁 280。
⑤ 日本思想大系（二八），《藤原惺窩・林羅山》，東京：岩波書店，1980，頁 192。
⑥ 同上。

授以實現道的天職。

如果說林羅山的朱子學是以尊王之義而有助於政治宰制，山鹿素行的儒學武士道則是以道的天職提昇了武士精神。此外，比較強調個人的自發性、能動性的陽明學，則是以發揮個人善體聖人之心的能力，及其自發的良知良能，因而有助於動員每一個人，因此對明治維新也發生了一定程度的促進作用。然而，在明治維新之後，開國政策的結果導使日本向海洋文明開放，也因而導向更深入的西化歷程。

在主張開國與西化的人中，以福澤諭吉的思想發揮了最大的影響力。福澤諭吉主張「脫亞入歐」，也就是脫離當時落後專制的中國，轉化成像西洋世界一般的現代化國家。他在日本還在鎖國之際，便倡言開國，並且看不起那些主張「尊王攘夷」的鎖國主義者。他認為日本應該向西洋開放，學習西洋事情。為了達到此一目的，他反對那些有學問的漢學家作一些虛妄的文章。他曾在自傳中說明為何《西洋事情》一書會深受日人喜愛，且發生重大影響。他說：

> 「這本書其所以正投合時機，而且它的新思想主張容易實行無阻，乃是由於當局人士對漢學的造詣不深，用一句話來批評他們，就是無知。……而從事維新的有志之輩，斷事大膽、活潑，但相對之下，知識非常淺薄。他們以一片武士道精神而重報國之大義。凡事一聽說是國家的利益，他們就會去做，而不顧其他，好像水往低處流一樣，非常自然。他們不惜棄舊，勇於納新，變遷通達，自由自在地進行一切活動，這就是他們所具有的一種作風，也是我淺薄的《西洋事情》能夠一時受到歡迎的原因。也就是說，日本士人的頭腦有如白紙，一聽說是國家的利益，立刻印在心底，果斷實行，豪不猶豫。將之與中國、朝鮮人等相比，非

可同日而語。中國人和朝鮮人身受儒教主義的影響，他們能在腦中縱橫亂書驕矜自誇的虛文。……所以說句不好聽的話，日本人的文明乃是士人無知所致。」⑦

我之所以十分佩服福澤諭吉，是因為他能用世俗通用的俗文，去引導世俗走向文明。誠如福澤諭吉所言，「不論到甚麼地步，我也要堅持採用世俗易懂的通俗寫法著書立說，以便與世俗階層一起達到文明的佳境，這才是我的本願。」⑧ 話雖如此，他的思想通俗而流於功利，受限於經驗主義與功利主義，並將儒教視為「驕矜自誇的虛文」，而無視於人之所以為人更普遍、更深刻的內涵，則仍有其偏狹之處。可見福澤諭吉雖然已有朝向西洋開放之精神，但仍對功利主義以外之精神遠景與成就有所封閉，也因此無法成為現時代再現希臘文明典範的指導思想。

對此，西田幾多郎(1870-1945)的哲學思想則展開了另一契機。在我看來，西田幾多郎正代表著一種以本土文化為基礎，卻又不局限於海島心態，而能開展出具普世意義的思想體系的開放精神。他生活於日本極力吸收西洋近代文明，但又尋索東方文化的獨創性之時代。西田在東方的禪定體驗中達至其所謂的純粹經驗，藉以融合詹姆斯哲學、柏格森哲學與新康德哲學，發展其原創的「無的場所哲學」，一方面極其獨特(Unique)，另一方面又極其普世(Universal)。這種普世精神使其不至於沉溺於海島心態的固步自封與夜郎自大。對此，西田幾多郎在《日本文化的問題》一書中嘗謂：

---

⑦ 福澤諭吉著，馬斌譯，《福澤諭吉自傳》（北京：商務印書館，1995），頁293-294。

⑧ 前揭書，頁284。

「處於東洋一孤島，幾千年來以封閉的社會獨自發展的日本民族心目之中，日本即是世界，……但是，今日的日本已非東洋一孤島，已不是閉鎖的社會，而是世界的日本，面對世界的日本，日本形成的原理即應是世界形成的原理。於此存在著現在的一大問題，日本最應自戒的是，誤將日本主體化的想法。這不過是皇道的霸道化，帝國主義化而已。」⑨

以上西田幾多郎對於日本文化的這一診斷，不但表明了日本文化的內在糾結，而且說明了為何西田幾多郎會成為世界級的哲學家。那是因為他能克服日本的島國根性，大膽地嘗試融合東西方文明的精華，形成其普世性的哲學思想之故。在獨特的文化中發揚普世精神，這就是西田幾多郎所啟示的文化精神。此一精神不應被經濟的成就沖昏頭，不應因著政治的鬥爭而忘懷，更不應被新生一代的虛無主義所淹沒。這仍是今天日本文化發展的重要課題之一。

## 三、從蒼茫的海洋神話中興起的台灣：
### 連橫的啟示

現在，讓我們轉而檢視台灣所蘊藏的海洋文明精神。本來，「台灣」一名的由來，就是由「神話」經「歷史」而至「現實」的過程。一物之源起往往與其命名甚為相關，蓋一物之命名，即該物在吾人認知中之源起是也。「台灣」一名的根源，亦與其自我認同和自我根源密切相關。

有關「台灣」名稱源起的傳說，皆與海洋有關。最先，是始自秦始皇命徐福求海上三神山，並以「台灣」為三神山之一

⑨ 《西田幾多郎全集》，卷12，《日本文化的問題》，頁341。

的「瀛洲」；其次，又有以台灣為「岱員」者，認為是「岱嶼」和「員嶠」的合稱；再次，又有以台灣為古之「東鯷」者。這些有關「台灣」名稱的源起，皆與海上仙島的傳說有密切關係，由此可見，台灣本來就是興起於蒼芒茫的海洋之間，其存在意義與文化發展本應能發揚海洋文明之精神。不過，台灣的現實歷史則是與大陸文明之遷移，或大陸文明之邊緣延伸，以及大陸中心對海洋邊緣的宰制有關。由於澎湖較近大陸，由大陸而澎湖而台灣，是一自然的遷移路線，學者曹永和認為這是由於捕魚業範圍漸次擴充的結果。[⑩]

　　按照史書的記載，中國大陸之經略台灣，始於《三國志‧孫權傳》所記，孫權於黃龍二年（公元230年）遣將征夷州，俘數千人，而「夷州」即台灣也，是為中國以武力經略台灣之始。其次，《隋書‧海防考》謂「隋開皇中，嘗遣虎賁陳稜略澎湖地」云云。其經略台灣之經過，詳於《隋書》〈琉球傳〉與〈陳稜傳〉。[⑪]逮至元朝，元世祖至元十八年，元師伐日本，曾於海上遇到颶風，漂經台灣。二十八年秋，元師伐台，命楊祥等人往諭曰：「果能慕義來朝，存爾國祀，保爾黎庶；若不效順，自恃險阻，舟師奄至，恐貽後悔。」諭文威嚇之意甚明。然其後由於元軍內鬨，事不成。直至二十九年九月，福建省平直章政事高興遣省都鎮撫張浩、福州新軍萬户張進再兵赴琉求國，擒生口一百三十餘人而還。至明朝初年，海寇為患，廷議徙澎湖人民於漳泉之地，澎湖成為海盜巢穴。彼時鄭和下西洋，諸番來貢，唯台灣之番不理。「鄭和惡之，率師入臺，東番降服。家貽一銅鈴，俾掛項間。其後人反寶之，富者至掇

---

⑩ 見曹永和，《台灣早期歷史研究》（台北：聯經，1979），頁157-162。
⑪ 連橫的《台灣通史》以此為中國經略台台灣之始而忽視了孫權，錯，更正之。

數枚,是為中國三略台灣之事。」⑫ 大體說來,經此數度征伐,兩岸互動已趨密切,其間已有不少漢人陸續遷移來臺,唯中國政權多無心經營此土。中國之所以以武力犯臺,或是為了宣示主權,展示國威,強要台灣臣服;或是為國防之需,為了牽制日本。一直要到鄭成功在多元國際勢力介入的脈絡中贏回台灣,再加上有清一代的經營,台灣才與中國的歷史緊密相連。

不過,台灣之進入中國史,也就隨之以台灣之向海洋開放而進入世界史。此一歷史同時既為大陸來臺移民之歷史,也是強國殖民台灣之歷史。連橫在〈自序〉中所言:「顧自海通以來,西力東漸,運會之趨,莫可阻遏。於是而有英人之役、有美船之役、有法軍之役;外交兵禍,相逼而來,而舊志不及載也。」⑬ 前半段所述為國人移民開墾之艱辛,後半段所言則是國際殖民勢力之介入。按連橫在〈開闢紀〉與〈外交志〉所言,此所謂國際勢力,先是亞洲區域國際勢力與人民之入侵台灣,接著則為歐洲國際勢力之干擾或入侵台灣。

1. 亞洲方面,首先是日本人。日僧圓珍於大中七年八月,為北風漂至而發現台灣,並以此為日人發現台灣之始。及萬曆二十年,日本征夷大將軍豐臣秀吉出兵伐朝鮮,謀併台灣。二十一年十一月命使者原天孫七郎至呂宋,途次賜書位於打鼓山麓之高山國,勸其入貢。是為日本經略台灣之始。「秀吉死,德川家康嗣大將軍。……等安,肥前人,奉景教。家康委以經略台灣之事。欲利用其教以收服土番,乃率其子來。家康以兵三千與之,欲取為附庸然以無援,故不成。」⑭ 日人經略台灣

---

⑫ 連橫,《台灣通史》,上冊,頁9。按此應為中國之第四度經略台灣。
⑬ 連橫,《台灣通史》,上冊,頁15。
⑭ 連橫,《台灣通史》,上冊,頁11。

之願望，直至中日戰後，清廷大敗，與日訂定馬關條約之後，始得遂心願。

其次，是馬來人。按照連橫記載，唐貞觀年間，馬來群島洪水，馬人為避難漂至台灣，遂繁其族於此。連橫曰：「馬人乃居於海澨，以殖其種。是為外族入侵台灣之始。」其後馬人更為強盛，不但能攘土番，分據南北，而且能侵掠外洋，或至呂宋貿易，以物易物，再轉貿於高山之番。

2. 歐洲方面，主要有荷、西諸國。歐洲人由於近代文明之進展，乃擴充殖民於世界各地，包含亞洲地區。於是葡萄牙、荷蘭、西班牙、英國紛紛想染指台灣。在連橫《台灣通史》卷一〈開闢記〉中皆詳加記載：「先是萬曆初，有葡萄牙船航東海，途過台灣之北。自外望之，山嶽如畫，樹木青蔥，名曰科摩沙，譯言美麗。是為歐人發現台灣之始。越三十年餘，而荷人乃至矣。荷蘭為歐洲強國，當明中葉，侵奪爪哇，殖民略地，以開東洋貿易之利……荷人來，借地於土番。不可。紿之曰：『願得地如牛皮，多金不惜』。許之，乃剪皮為縷，周圍里許，築熱蘭遮城以居，駐兵二千八百人。附近土番多服焉。六年夏五月，西班牙政府自呂宋派兵遠征軍，以朗將之，率戰艦入據雞籠，築山嘉魯城，駐兵防守。而臺之南北遂為荷、西二國所割據。」[15]

至於英人之役，則詳述於〈外交志〉。在〈開闢記〉中連橫亦詳述日、荷、西彼此殖民與貿易利益之衝突。直到永曆十五年，鄭成功重挫荷人，荷人降，率殘兵千人而去，而台灣復為中國所有。

大體說來，西班牙、荷蘭等國之所以佔領台灣，原意不是

---

[15] 連橫，《台灣通史》，上冊，頁 12-13。

要以經營台灣為目地，而是想以台灣為其東方貿易中之一據點，換言之，僅為其對台灣的一種世界經貿的工具性利用。[16] 一旦進入歷史的現實脈絡，也就是進入形成人民生活世界的力量消長之中。就此而言，可以有二主要線索：其一、為鄭成功之以武力取台灣，使之復歸我民族之生活。否則，台灣人之生活將在荷蘭、西班牙等國際勢力的形塑之下。由此可見，此「台灣復為中國有矣」的復歸事件，實為一關建台灣之原初暴力。若無此原初暴力，當無爾後中華文化在台灣薰陶與綿延之可能。

其二、為移民墾荒之艱難，此由數度謂稱台灣之名由「埋冤」而來可見一般。一般百姓不可能執行原初暴力，然而持續不斷、滴水穿石之功，則端賴移民日進寸土的開墾之功。是故連橫曰：「台灣原名『埋冤』，為漳、泉人所號。明代漳、泉人入臺者，每為天氣所虐。居者輒病死，不得歸，故以埋冤名之，志慘也。其後以埋冤為不詳，乃今改名。是亦有說。延平入處，建號東都。經立，改名東寧。是則我民族所肇造，而保守勿替者。然則我臺人當溯其本，右啟後人，以毋忘篳路籃縷之功也。」[17]

於今觀之，台灣興起於海洋神話，但是在歷史上與政治上一直屈服於大陸文明的優勢掌控，因而成為大陸文明之邊緣，並未發展出獨創的海洋文明，更沒有發展出兼具獨特性與普世性的人文精神成就。直到晚近由於中華民國在台灣所促成的經濟起飛，以及在國際貿易上不懈的努力，已經以整個世界為其

---

[16] 不過，誠如曹永和所論，在佔領以後，「其對外貿易以及對內的開發，實際上都是依靠中國人。及鄭成功將荷人逐出台灣，台灣在實際上和名義上始皆歸於中國，其後更經鄭氏與清朝的經營，台灣的漢人社會，方獲生長完成。」見曹永和，《台灣早期歷史研究》（台北：聯經，1979），頁44。
[17] 連橫，《台灣通史》，上冊，頁24。

貿易視野，以整個世界為其市場。晚近更由於資訊工業的發達，已使台灣成為直追日本之後的資訊大國。國際貿易與資訊發展，可以說正在形成使台灣逐漸「脫陸入海」的契機，換言之，逐漸脫離大陸邊緣文化的地位，轉而投入海洋文明的懷抱，發展出既不以大陸邊緣文化自滿，也不劃地自限，而能朝向無限開放與提昇的文明型態。

## 四、邁向後現代的文明：
## 資訊科技與新的文化視野

日本和台灣目前在資訊方面的發展，顯示出東方人在資訊方面的才華，東方人的思維方式勢將在資訊文化上大顯身手。資訊發展對於後現代世界的來臨具有深刻而長遠的意義。如果說，國家與市場是近代的兩大發明，也構成了現代性(Modernity)的兩大基礎。如今舉世文明逐漸踏入後現代，而所謂後現代者，並不僅只是對於現代性的批判、質疑和否定這樣消極的反動而已，而其中最屬積極的發明，就是資訊。如今資訊已可穿越國界，超越市場，邁向文化的整合與無限的想像空間。如果說希臘的海洋文明最後是以邁向無窮為其鵠的，那麼在後現代世界中，資訊文化的無窮潛力應可為對海洋文明精神的嶄新詮釋。

相對於近代以來太過講求自我、主體、自省的個人文化分散歷程，在今天，由於電腦的發展，開始產生一種新的文化整合歷程。在網際網路(Internet)裡面，我們隨時可以進入各種世界性的資料庫和網路，並且和世界上其他的電腦連繫起來。而且，在資訊中也注入了許多其他新的科技。現在不論是音樂、戲劇、舞蹈、電影，或其他各種文化的表現形式，都可以和資訊科技連接起來。資訊的發展儼然成為新的文化統合因素。資

訊文化超越了近代以來太過講求自我、主體、自省的個人文化，而出現一種新的組合，在其中主體與自省萎縮，甚至出現無名無姓的文化。

像圖書、唱片、唱盤，CD……等等，可以稱作「原子式的產品」⑱。這些到目前雖然還很重要，也還在流行。但是基本上它們都得經過層層的管制。除了所有權、智慧財產權方面等等的管制之外，還跟著整個近代文化的禁制措施息息相關，也就是必須承受自近代興起的「國家」、「安全」、「邊境」等等觀念與實際相串連起來的種種控制。可是，今天的資訊文化幾乎沒有邊界⑲。因為你進到網路中抽取出來的資訊，根本不經過海關。而且，在一兩秒鐘之內，就得到了你所要的資訊，再也不必擔心買書的麻煩，不怕提太重的書，也不必怕海關檢查。

此外，目前熟悉資訊科技的人們大概都已經熟悉「傳控空間」(Cyberspace)這個概念。它所表示的事實，是由於電腦之間的聯繫，資訊工作者只要輸入幾個數字，或是輸入一些語碼，就可以把我們帶進一個超越各種個別空間限制的一個廣闊無垠的空間，並獲取我們所需要的資訊。

尤其是現在所謂「模擬真實」(Virtual Reality)所造成的改變，更值得加以反省。在哲學上，法國思想家包瑞亞(J. Baudrillard)稱之為「擬象」(Simulacre)。這使得世界文化發展由近代的「表象文化」(Culture of representations)轉變為「擬象文化」(Culture of simulacre)，這是後現代文化的特徵之一。⑳「模擬

---

⑱ 「原子式」與「數位式」文化產品之區別，見 N. Negroponte, *Being Digital*, New York:Vintage Books, 1996, pp.11-12.

⑲ N. Negroponte y 特別發揮這點，見氏著 *Being Digital*, pp.3-8.

⑳ 參閱本人著〈從現代到後現代〉，《哲學雜誌》，第 4 期，1993 年 4 月，頁4-25。

真實」已經成為當前生活的重要因素。譬如在迪思耐樂園的太空館，在模擬太空飛行室中，坐在位置上，便可以進入到太空，碰到各種的情況，如起飛、急轉、躲閃、碰撞、降落……等等，都宛如真實。這些都可以經由電腦來予以構成。而且，你甚至可以設計一個模擬花園，花園裡面有各種你想欣賞的花，並控制到你感覺最舒服的溫度。這些都可以經由模擬真實來構成。此外，各種模擬的學習機制，例如學習駕駛飛機、輪船、太空船等等，皆可用模擬真實做到，而免除現場學習的危險。[21]

由於電腦與資訊的發展，新興起了一種想像的空間。這個想像的空間其實是由兩樣因素構成的：其一就是數位化，其二則是圖像化。兩者合起來，就可以有一模擬的三度空間形像出現。然而，這兩種因素其實是分別屬於兩種不同的思考方式。一種是數位化的思考方式。數位化的思考方式也就是按照1,2,3,4,5...或A,B,C,D,E……這種系列性的、序位性的輸入方式思考。另外一種則是圖像式的思考，或稱為類比式(Analogue)的思考。究其實，人們是透過圖像式的思考或類比式的思考，進入到模擬的三度空間。

這兩種其實是非常不同的思考方式。圖形式的事物能讓我們有一種比較直覺式(Intuitive)的把握，因為當我們看到一個圖像時，馬上就能夠看出它的結構與模樣。例如，看一張圖畫、一朵花、一個客廳的擺設、一個建築物……等等，看一眼就可以明白它是甚麼。如果採用數位化，可能想半天還無法想像出它的樣子。但是，另外有一些情況，像幾點幾分，用數字一顯

[21] 已經有探討模擬真實的形上學意涵之著作，如 Michael Heim, *The Metaphysics of Virtue Reality*, (Oxford: Oxford University Press, 1993)，但本人覺其形上學嫌淺近。

示，就可以非常清楚。有許多數字化的資料能使人更清楚事情的狀況。但若涉及有關環境或空間的想像或實情，則使用圖像或類比的方式來建構模擬真實，反而比較能讓人直覺地掌握之。

現在透過電腦，這兩種思考方式已經可以結合起來。在傳統上，東方式的思考方式比較是屬於圖像式的。中國科技史裡面的那些理論模型，幾乎都是圖像式的。例如李約瑟著的《中國科技文明史》裡所討論的中國科技，大體上都是以建構一個模型，畫出一個圖像，來顯示物體結構與運作方式，基本上沒有太多的理論性或數學性。在中國科技史中，數學不是用來提出理論，也不是作為理論的結構，而是用來計算和描述經驗資料。

相反地，在西方近代科技史裡面，自從迦立略(Galileo Galilei)以來，就認為整個宇宙是一本用數學寫的書，唯有懂得數學，才能夠讀懂自然這本書。基本上，在西方近代科技史中，數學與邏輯是用來表現科學理論的結構，甚至是用來表現整體科學的理性架構。科學理性的語言，就是數學的語言。這點與中國科技有很大的差別。也因此，在西方近代產生了萊布尼茲(G. -W. Leibniz)所謂的「普遍數理」(Mathesis Universalis)。今天數位化的電腦科技可以說是萊布尼茲數理精神的延續，也可說是萊布尼茲哲學思想的體現。萊布尼茲提出「普遍數理」這個觀念，是認為整個宇宙是一個數理的結構，可以用數理的方式來進行運作和推衍。這樣的一個思考方式是西方近代科學的精神之一。

在「模擬真實」裡面有兩種精神在其中運作。一種是數位化的思維，它其實是萊布尼茲精神的延續。另外一種是圖像式的思維，則和東方的思想可以結合起來。重要的是，目前這兩

種思維方式（數位的思考和模擬真實的思考）已經可以透過資訊科技而結合起來，這也可以視為是一種結合西方近代文化與東方傳統文化的思考方式。資訊科技可以相當程度將兩者予以統合。我所謂「資訊科技正帶領一種文化的整合」，可能也包含著使東、西方文化互相接近，進而結合的可能性。一方面各自可以發揮自己的特色，另一方面又可以相互結合，其間孕育著一個無窮的文化視野，將可由中、日這些亞太資訊大國來予以展開，開創一融合中西的嶄新文明景觀。

## 五、結論：亞太文化的未來

亞太地區在透過資訊發展，形塑新的海洋文明這個議題上，可謂潛力無窮。不過，整體說來，科技的發展並不僅止於資訊，此外，生物科技、材料科技、農業科技、工程科技⋯⋯都有了長足的進步。但無論如何，在今天，科技發展正面臨了一個最基本的問題：到底科技是要控制自然或洽融自然？在現代化的過程中，科技控制自然的作為已經造成了環境污染、生態失衡，甚至嚴重到危及人類生存的地步。值此世紀之交，應是人類省思科技的指導思想的時候了。今後人類不能再沉溺於西方自近代以來所謂「知識就是權力」、「人要運用科技控制自然」的指導思想，而應發揚天人合一的精神、發展能「盡性」的科技，換言之，應透過科技發展達到「盡物之性、盡己之性、盡人之性」的崇高目的。

平心而論，本世紀的思想是太過以人為中心了。就以哲學為例，在本世紀發展出來的哲學思潮，無論是現象學、存在主義、批判理論、結構主義、解構主義，新馬克思主義，無論在中國大陸發展的馬克思主義，或在台灣與香港發展的新儒家思想，都是太過以人為中心了，可以說都是某種關於人的論述而

已。然而，由於環保思想的興起與天文物理學的發展，今後不得不改在自然當中為人重新定位，而亞太文化也必須發揮原有與自然融洽相處的精神，邁向結合自然與科技的文化發展，帶給人類新的希望。

亞太地區，就經濟上言，是由日本、亞洲四小龍、東協各國與中國大陸形成「雁飛型」的發展型態。然而，在文化上則是呈現多元中心的型態，各自蘊藏豐富的文化資源與創造活力，這些文化資源與活力勢將成為下一世紀亞太地區發展的最大本錢。如何以共振圓形、共同擴散的方式，達至共同成長與共同繁榮，將是包含日本與中華民國在內的亞太各國的共同課題。這一問題使我重新審視所謂「多元文化」(multiculturalism)的概念。我固然同意察爾斯泰勒(Ch. Taylor)所言的自我認同與相互尊重。⑳不過，我認為單這兩樣還是不夠的，還需加上相互豐富的精神。尤其值此資訊日愈發達，文化互動日愈密切的時代，不同的文化更應相互豐富，而非邁向如杭廷頓所謂的文明衝突。對於所謂「文明衝突」之說，我倒不太能夠同意。因為無論下一世紀人類能否實現所謂的「地球村」，人類當前都共同面對著虛無主義的威脅，只追求眼前可見的利益和快樂，缺乏值得生命奉獻的理由，為此，包括西方文化、儒家文化、依斯蘭文化……等等在內的各種不同的文明與價值體系，皆應在尋求自我認同的同時，學會彼此相互尊重、相互豐富，如此才能真正指引人類走出虛無主義的幽谷。

綜合以上所述，本文在結尾時特別要強調以下幾點：

一、亞太各國應各自動員本有的文化資源，發揮其獨特性

---

⑳ Charles Taylor, *Multiculturalism, Examining the Politics of Recognition*, Edited and Introduced by Amy Gutmann, (Princeton: Princeton University Press, 1994),pp. 25-73.

與普世性，面對現代化與後現代的雙重挑戰，去其弊，揚其優，並在資訊時代中重新脈絡化，以展現後現代的海洋精神。

二、推動亞太地區藝術、文學、史學、哲學、宗教的互動與交談，一方面藉以提昇各自的人文精神，豐富人文視野，另一方面亦促進彼此相互的深層了解，成為彼此借鏡與創新的資源。

三、亞太各國一方面必須建立亞太地區文化互動的資訊網路，另一方面亦需建立亞太資訊文化論壇，共商如合何在發揮特色的同時，發展出相通的精神，共同發揚亞太地區的海洋文明精神，在穩定中創進，在和合中競爭，在實際中追求理想，即有限而趨無窮。

四、亞太地區各國必須共同注意亞太地區的環保，建立合乎亞太文化背景的環保模式，共同維護亞太地區的生活世界，為創造盡性適性的科技形態共同努力，為結合自然與科技的文明發展立下典範。

五、亞太地區各國應依據多元文化主義的精神，各自有其自我認同，彼此相互尊重，相互豐富，以文化上「共振圓」的發展模式，克服經濟上「雁飛型」的發展模式所隱含的「宰制－依賴」關係，既能「各正性命」，且能「保合太和」，共同探闢未來的道路，使亞太文明能繼歐洲文明之後，再領風騷五百年。

第十五章

# 從「第三種文化」談起

## ——論科技與人文關係之重建

## 一、引言：所謂「第三種文化」

　　台灣近的九二一大地震中震出了許多問題，例如地震研
究、防災教育、專業道德、建築規範、心靈復健、價值觀重整
……等等。如今在災後重建之際，有些問題應急切解決，有些
則應從長計議。其中一個較少受到注意的問題，就是人文與科
技的密切關係與互補互動。地震是天災，然而，房屋倒塌則甚
多是出自人禍。對於自然災害的研究與工程品質的提昇雖屬自
然科學與工程技術的範疇；然而，像防災教育與心理復健等則
是屬於人文的範疇。可以說，台灣此次在世紀末發生的大地
震，是一個巨型的問題包裹，其中蒐聚了自然科學、人文科
學、社會科學以及各層級教育的種種問題。或許，台灣際此世
紀末發生的地殼大震動，可以引發我們深刻的省思，使我們重
新關心人文與科技的密切關係，促進雙方的密切互動，將可使
我們在下一世紀能更講理的看待人文與科技的關係，塑造一個
對於科學與教育更為整全的想法。

　　其實，本世紀有關人文與科技的關係問題，早在英國科學
家與小說家史諾(C. P. Snow)所謂的「兩種文化」(two cultures)

概念中已然明白揭露。史諾本是劍橋大學基督學院中舉世有名的卡文迪實驗室(Cavendish Laboratory)的研究員。後來因為研究維他命A的人工製造，並未精準估計，原先預期的「發現」被迫放棄公佈，內心感到受傷，因而改行從事文學創作。他對科學與人文兩俱精通，更敏銳觀察到學界中兩者的誤會、扞格與衝突。也因此，他在以〈兩種文化與科技革命〉(The Two Cultures and the Scientific Revolution)為題宣講的「瑞德講座」(Rede Lecture)中表示：

> 「我相信整個西方社會的智識生活正越來越被分裂為兩極團體。當我說到智識生活時，我的意思包含我們大部分的實際生活。……兩極群體：其一是文人知識分子，他們趁沒人注意時自稱為『知識份子』，好像別無他人似的。……文人知識分子在一極，科學家在另一極。」[1]

依據當時的診斷，史諾認為兩種文化最大的困境在於彼此缺乏溝通，造成彼此相互不能理解，其中有一部分原因是由於科學家不擅於運用文字，無法廣布其研究發現。不過，四年之後，在《兩種文化：二度回顧》(Two Cultures：A Second Look)一文中，史諾也澄清，他所說的對立之情比較適合英國社會，而不是「整個西方社會」，例如，在美國「兩種文化的分離並非那麼難以架通。」[2]縱使如此，他在當時也已注意到有某種所謂「第三文化」的興起。他說：「說有一第三文化已然存在，或許仍言之過早。但是我現在確信這將來臨。當它來臨之時，某些溝通的困難將至少會被軟化。」[3]

---

[1] C. P. Snow, *The Two Cultures*, (Cambridge: Cambridge University Press, Canto Edition, 1993), pp.3-4.

[2] Ibid., p.69.

[3] Ibid., p.70-71.

我想，史諾所謂「第三文化」應指的是科學與人文的相互交談或溝通，也就是兩種文化的相互溝通，而不是此外另設一「第三文化」的存在。科學與人文的溝通，迄今仍是學術與教育的根本問題之一。

　　晚近有一本書，由布羅克曼(J. Brockman)編撰，以「第三種文化」為名，向社會大眾介紹科學家廣傳其科學知識的文字創作。這當然是一件好事。不過，容易引人誤會的是，該書卻視所謂「第三種文化」指的便是科學家向社會大眾傳播他們的科學思想。他認為「文人知識分子並未與科學家溝通意見，而科家則正在直接跟大眾交流」。其所謂「第三種文化」的思想家，刻正「避開知識份子掮客，主動擔起傳播任務，以精明讀者可以理解的方式，表達他們最深奧的思想。」④

　　不過，原先科學與人文缺乏溝通的狀況是否有所改善呢？令人氣餒的是，該書不但大事批評其所謂「文人知識分子」對科學的無知，而且行文之間不知不覺的更透露出這些科學家彼此的距離更大，且也如人文陣營一般派系分明，相互攻訐。當這些生物學家向社會大眾介紹彼此的思想時，彼此的言論充滿了敵意。例如，在演化的問題上，英國演化生物學家道金斯(R. Dawkins)主張演化的單位是基因；美國古生物學教授古爾德(S. J. Gould)則主張演化在多層次，如基因、個體和群體中同時發生。這本來是很正常的學術論述的多元與差異，然而，古爾德對於道金斯的批評卻是：「道金斯所採取的是降低解釋層次的立場，而且把它發揮到了極限；奮鬥的甚至不是生物體，而只是基因，生物體只是基因的載具。……我看道金斯看到兩面。

④ J. Brockman 著，唐勤、梁錦鋆譯，《第三種文化：跨越科學與人文的鴻溝》（台北：天下文化，1998），頁 4-5，注意中文譯本的附標題「跨越科學與人文的鴻溝」與原書副標「跨越科學革命」(Beyond the Scientific Revolution) 有出入。

一方面，他是當今世上能説清楚達爾文主義精髓的第一人。另一面呢，他是嚴格達爾文主義的狂熱信徒，堅信世間一切都是適應演化，都可歸諸基因的戰爭。由於成堆的複雜理由，這錯得再明白不過了。」⑤

　　基本上，古爾德對道金斯的批評還僅止於論旨的錯誤。然而，另一位演化論者瓊斯(S. Jones)對於古爾德，其批評的言詞就更刻薄了些：「説得刻薄點兒，古爾德是個走火入魔的蝸牛。茶杯裡的風暴是最糟糕的風暴，演化生物學的茶碟兒裡，濺灑的茶水已經滿得要溢出來了。」⑥此外，較為贊同古爾德的馬古立斯(L. Margulis)教授，則批評道金斯是「將無知合理化」。⑦

　　我想沒有必要在此再重述這些四處充滿的誤解與批評，這些只讓我覺得科學界也是充滿著派系與衝突，我想，在不同科學領域中的相互缺乏溝通，並不比科學與人文，或人文彼此之間，來得更不嚴重。如果是這樣，當他們向社會大眾傳播他們的科學知識之時，也有可能只是將派系科學加以擴散，使外行人加入了他們的戰爭罷了，無助於宣揚科學追求真理與謙沖為懷的精神。

## 二、外推：科技與人文溝通的策略

　　史諾雖然提倡「第三種文化」，期盼科技與人文多相溝通，然而，他只能寄望於「教育」，以改善情況，並未提出任何可行的策略，以推展溝通。我想，我們需要一個宏大而可行的知識論策略，以便進行不同的科學領域，科學與人文之間，

---

⑤ 前揭書，頁 59-61。
⑥ 前揭書，頁 69-70。
⑦ 前揭書，頁 89-141。

或人文的不同學科彼此之間的溝通。我把這樣一個策略，稱為外推策略(the strategy of strangification)。一般而言，不同的學科或語言，建構了不同的微世界(microworlds)，然而，不同的微世界仍可以透過外推，使自己的主張被其他學科了解，並藉以檢測自己的主張。外推的第一個步驟，也是最基礎的步驟，是「語言性的外推」(linguistic strangification)，亦即每一個學科或每一個研究方案最重要的發現、最堅持的命題，應該可以用另外一個微世界可以瞭解的語言來說，使其明白。一個微世界所堅持的主張之內容若為真，則應該可以用另一個微世界的語言可懂得的語言來說。若無法做到，表示取得該命題的原則與方法有問題，須進一步加以反省與檢討；若可以，便代表它有更大的真理，因為它可以普遍化，並與別的微世界共享。

第二種外推，是「社會性的外推」(social strangification)，由於科學的活動有其社會的脈絡及文化的制約，有些社會組織對於推動某一型態的科學有效，對其他型態卻是無效的。所謂社會性的外推，是指在某一社會文化中所產生的科學，如果將它從該社會文化的脈絡中抽離，置於另一社會文化脈絡中，若還能運作、發展，表示它含有更多的真理；若行不通，則表示它只適合某一種社會文化，本身有其限制，無法予以普遍化。

我們還可以進一步將社會外推擴大至文化外推，因為不僅有微世界(microworld)，而且有文化世界(culture world)。我在維也納大學出版社出版的《儒家、道家、建構實在論》(*Confucianism, Taoism and Constructive Realism*)一書，[8]正是將外推策略擴大至文化外推，而這點亦獲得維也納大學教授華爾納的肯定，他在為拙著所寫的序中表示，「本書在建構實在論的發展中將

---

[8] Vincent Shen, *Confucianism, Taoism and Constructive Realism*, Vienna:Vienna University Press, 1994.

是個里程碑，它不但鼓舞文化際性為建構實在論的重要面相，而且亦開展了主要的概念和策略。」⑨

外推要比「證真」或「證偽」更適合作為科際整合的知識論策略。無論邏輯實證論或批判理性論都只關心命題的真偽，而不適用於科際整合。關於在科學研究中如何判斷一個命題是不是真的，邏輯實證論主張「檢證為真」(verification)。這點遭遇到很大的難題，因為命題是如此抽象、普遍，而實驗室中觀察到的只是某時某刻某分某地的個別具體現象，如何能用以證明普遍而抽象的命題？一方面性質不合，一方面也不合邏輯。至於巴柏(K. Popper)所主張的則是的證偽(falsification)原則。詳言之，為了解決一問題P1，必須不斷地提出嘗試性理論(TT)，再不斷設法證明其為偽，藉以排除錯誤(EE)，將問題提昇到更高的層次P2。科學活動因而是一個提出嘗試性理論，然後排除錯誤的過程。巴柏認為我們都是在錯誤中學習，並且不斷地排除錯誤，如此方可逼近真理。

然而，巴柏這種主張的問題在於：每個人在其學科內就可以一直如此做下去，根本無需進行科際整合，而且證偽的原則也沒有「他者」（無論其他學科、或其他人）的地位。也因此巴柏法提供科際整合的知識論策略。每一個人在自己的論述或實驗室中就可以不斷地做證偽的工作，如此便無法走出自己的學門，它的逼真只在一個微世界裡才有效。建構實在論則提出另一個標準，這標準既不是證明為真，也不是證明為偽，而是看其可否外推。若可以外推，便有可更普遍化的真理，也才有助於科際整合和不同學科的互動。

我認為，語言性的外推與社會性的外推，都是非常重要的

⑨ Ibid., p.6.

策略。現在,學界與文化界開始做的是語言性的外推。例如,開始講對方可以懂的話。然而,較受到忽略的則是社會與文化的外推。科學既然有社會文化的約束,就必須在不同的社會文化脈絡中進行外推。尤其在多元文化中如何尋求共識,這是當前不可忽視的問題。我認為外推的工作是十分基本的工作,甚至較哈伯瑪斯所謂的「溝通行動」(communication action)更為基本。哈伯瑪斯的溝通是一種「論證」(argumentation)的過程,在兩種對立的立場間,提出事實與論據,加以辯論,以尋找更合理的共識。但是,在現實論辯中,此種方法很難達成共識。哈伯瑪斯所提出的四個理想要件: 1.可理解的(understandable); 2.真實的(true); 3.正當的(legitimate); 4.真誠的(sincere),這些都太過理想化,無助於形成共識,反而由於彼此所使用的語言、所追求的利益、所遵行的規範之差異,因而彼此不可理解,對真實的看法有異,對正當性的看法有別,亦難以顯示真誠,往往造成更大的衝突。⑩

我們在此提出的觀點是:若要達成共識,須先將自己的論題用對方的語言或對方可懂的語言說出給對方聽,反之亦然。如此一來,可理解的、真實的、正當的、與真誠的四個標準才行得通。因此,哈伯瑪斯的溝通行動假定了外推。換言之,外推的步驟優於論辯(argumentation),如果沒有外推,論辯便不可能進行。

此外還有存有學的外推(ontological strangification)。華爾納教授認為,在外推時,能從一個微世界轉換到另一個微世界,便形成了存有學的外推。其實,這一說法仍存在某些問題。不

---

⑩ 本人對於哈柏瑪斯溝通行動理論之批評,先是在《傳統的再生》中指出「默會的共識」先於哈柏瑪斯所謂「論辯的共識」;在此則是我對他的第二點批評,我認為在溝通中先要有外推,才能達至相互理解,進而形成共識。

能說只要使用對方的語言外推，便可以從一個微世界到另一個微世界。不能說單單在不同微世界中走動，就有存有論的外推。

　　為達到外推，有兩項假定。首先，必須先有「語言獲取」(language appropriation)，才能進行外推。外推假定了語言獲取的過程，當我們學習西方科學、或不同學派的思想之時，也是在進行一種語言的獲取。但是，有些語言的獲取是很困難的，例如看一本書，雖然了解書中的意義，但卻不見得能獲取它的語言。這時就需有另一步驟，也就是透過接近實在本身的中介，去接近另一微世界。例如一個心理學家若要研讀一討論社團的社會學報告，起初可能有些困難。但若他實地去參加某社團，再閱讀有關社團的研究，便很容易明白了。換言之，實地進入社會，將會有助於我們了解社會科學這套語言。又如，研讀有關自然科學的文章也許有些困難，可是若實地去看了這方面的文獻所討論的實在，也許就較容易明白了。因此我認為，存有學的外推包含了對實在本身的迂迴，否則談不上存有學的外推。從一個微世界要直接進入另一個微世界雖然困難，但是，如果我進入實在本身，例如進入自然，再來看對自然的討論；或先進入社會，再來看對社會的討論，則可達成。換言之，我們對實在本身的經驗，可以「滋養」我們的語言。

　　基本上，外推十分合乎儒家的「恕道」精神。所謂「恕者善推」，也就是擅於推己及人。就今日而言，恕道精神就是不斷運用外推策略，藉以推己及人的精神。事實上，《第三種文化》一書所論，向社會大眾廣傳科學知識的科學家之所為，就是一種「外推」的工作，只不過這種「外推」工作不能僅限於科學與大眾之間，而且應在不同學科的科學之間，在科技與人文之間，在不同人文社會科學之間進行。如此的進行「外推」

工作，也可以視為是在現代科技與人文脈絡下體現恕道精神。

## 三、哲學：自然科學與人文科學的關係

在討論了溝通人文科學與自然科學的外推策略之後，我們還可以進一步從哲學上思考人文科學與自然科學的關係。從哲學上看來，就知識論而言，我們可以把當前的問題構設如下：自然科學和人文科學是否絕然差異，或彼此具有互補性？

就科學史與科哲思想史的觀點看來，過去自 19 世紀下半葉以降，的確太過強調科技與人文的差異與斷裂，是到了應該重建二者之關係的時候了。對於自然科學和人文科學的差異性的強調，其歷史脈絡是發生在 19 世紀末，由於當時自然科學發達，實證主義盛行，人文科學工作者受到刺激，便起而以自然科學為榜樣，以自然科學的歸納法為方法。例如，彌爾(J. S. Mill)把歸納法引用到人文科學，以之為唯一有效的方法，來建立一些規則，據以預知個別現象發生的的過程，從而認為人文現象也是可以用規則來加以計算、操作和控制的。由於自然科學的方法和態度闖進人文科學的結果，使得人文科學研究者對於人文現象，亦想試圖用歸納法去尋求因果律則，藉以預測人文現象的發生，以便適時加以控制。

當代詮釋學的先驅，德國哲學家迪爾泰(W. Dilthey)，就在 19 世紀末這種實證主義猖獗之時，挺身而起，追問「精神科學——即人文科學——如何可能？」的問題。在當時的德國學術界，精神科學是以史學為宗，所以迪爾泰以史學為起點，來追問精神科學的可能性。為了使像史學這類的人文科學有別於自然科學，而能在知識論上有其特殊地位，迪爾泰於是提出「解釋」與「理解」的區別。自然科學的知識論運作程序主要在於解釋，亦即在用事件彼此之間普遍的因果關係，來解釋某一現

象的發生；至於人文科學的研究，則旨在理解個別的意義。自然科學用歸納法提出普遍的因果公式，以達到解釋的目的；但是人文科學則必須理解獨特的個人、社會和時代的特殊意義。自然科學只能把人當作自然的一部份，認為人必須在自然中奮鬥掙扎，試圖征服自然，追求生存，但卻不能把人當作文化的創造者。迪爾泰認為，自然科學的認識對象是自然，自然與人互為異類。但是，人文科學必須把人當作有意義的文化創造者，它所認識的是有同感的人。人的生命力必會表現為有結構的整體：例如，有規範的倫理行為，有形式的藝術品，有邏輯的文章……等等。人文研究者透過這些符號，便可以理解其中所涵蘊的生命的獨特形態及其意義。總之，迪爾泰認為精神和自然有不可踰越的鴻溝，表現而為方法學上的差異，則為理解和解釋兩種知識論程序的差異。

其次，本世紀發展的英美分析哲學，自從第二期的維根斯坦(L. Wittgenstein)和奧斯汀(J. Austin)起，提倡「語言遊戲」的觀念，強調自然科學與人文科學分屬兩種不同的語言遊戲，每一種都有其不可磨滅的特殊性。由此所產生知識論上的後果，正如同前此狄爾泰區分的理解與解釋，都是強調自然科學和人文科學之間的鴻溝。維根斯坦哲學最好的詮釋者之一，安絲孔(E. Anscombe)在所著《論意向》(Intention)一書中，闡揚人文科學的特殊性，認為後者與自然科學各屬不同的語言遊戲。自然科學研究自然世界的接續（因果），而人文科學則處理人的行動，涉及人的計畫、意向、動機、理由、主體、社會的互動……等等。安斯孔認為，吾人在回答「為什麼」的問題時回答說：「因為……」。這「因為」一詞可有兩種意義：一為人文科學所言人的行動的理由，與行動有邏輯關係，但並無因果關係；一為自然科學所言自然現象的原因，與結果有因果關係，

台灣精神與文化發展

400

但並無邏輯關係。總之，分析哲學自晚期維根斯坦、奧斯汀、安絲孔下來的思路，仍然肯定自然科學和人文科學上的鴻溝。哲學的任務不在尋找兩者的統一性，而在於保存不同語言遊戲間彼此的差異。

關於自然科學與人文科學之相關性與互補性的思考，主要是由當代詮釋者呂格爾(P. Ricoeur)所致力。他指出現今科學在解釋時，並不在像狄爾泰的時代，奉自然科學的因果關係為解釋的典範，而是無論自然科學或人文科學都改奉符號系統為解釋的典範。我們可以把自然科學所研究的現象和數理結構當作符號系統來處理，也可以把人文科學所研究的人文現象、社會現象、文化產物等等當作符號系統來處理。符號系統有其語法面(syntax)，亦有其語意面(semantics)。語法關涉結構，旨在解釋；語意關涉意義，旨在理解。但是，任何語意的理解皆假設了對於語法的把握，而任何語法亦皆應經過詮釋而構成有意義的符號。所以，在結構的解釋中有對意義的理解，在意義的理解中有對結構的解釋。既然任何自然現象、數理系統、人文社會，乃至於典章文物，皆可當作帶有意義的符號系統來處理，則對於符號系統的解釋和理解兩面之相需相求、相輔相成，正指出了自然科學和人文科學的連續性，有了新的理論脈絡作為依據。

更何況，人是自然科學和人文科學共同研究之對象，是兩種科學輻輳之處。雖然在自然科學、或在受自然科學影響下的人文科學（例如心理學）中，仍把人當作自然的一部份，但是大部分人文科學是把人當作有意義而待解讀的符號系統，其中結構亦有意義，有因果亦有理由。依詮釋學看來，人的行為的動機，雖是一種理由，但同時亦為一種原因：人的慾望是人行動的理由，同時也是人行動的原因。人的行動若要介入事件的

進行之中，予以改變或停止，亦可以用系統方式來予以分析。可以看出，人一方面既能自由地採取主動，另一方面亦須在系統中占一定的位置。

就動機與因果而言，詮釋學認為兩者必非絕然差異，而是有程度上的相續。人有部份動機基本上就是一種因果，可以接受自然科學式的分析，因為在人的動機裡面，有各種程度上的等差，在其兩端，一端純屬因果決定，幾乎全無動機可言；另一端則是純屬理性的動機，即所謂理由(reason)，而不受制於因果。前者所謂純屬因果決定者，例如機能上的擾亂、心理上的強迫行為等，這些行動原因，根本上是強制性的，毫無人的自由意志干預，是佛洛依德(S. Freud)所謂「無意識的動機」。這類動機就像任何外在原因一樣，表現了事物和人的結構，因此應尋求結構性的解釋，是屬於自然科學。至於純屬理性的動機，即有意識的理由，則表現在一些理智的遊戲，例如選舉、談判、下棋……等等。這類動機涉及行動者的意識，除了結構的解釋以外，還必須有意義性的理解，主要是屬於人文科學。

人類的慾望(desire)，一方面是人的本性中推動人去行動的力量，另一方面亦可以在精神上成為人行動的理由。同一個慾望，一方面需要解釋，另一方面也需要理解。人的動機同時是催迫人行動之力量，同時也是人行為證成之理由。在一般人的行動上，這兩者常是彼此混合、互相牽制的。

所以，自然科學和人文科學的互補性，在人身上有其基礎，主要是由於人的自然面和精神面的結合與延續。人是希臘哲學所說的「生命」(bios)和「純理」(logos)，或近代哲學所說得「自然」(nature)和「文化」(culture)結合的統一體。用當代哲學家梅洛‧龐蒂(Merleau-Ponty)的話來說，人的身體固然是自然界許多物體中的一個，但同時也是一能反省、能證成自己

的存在方式。可見，主張自然科學與人文科學有鴻溝，或主張解釋與理解二元對立的知識論，都是建立在一種二元對立的人類學上的。但是，詮釋學指出，人的因果與動機並非二元對立，卻有其連續性，人的自然與精神是連續而統一的，在解釋時需要理解，在理解時亦須要解釋。

在我看來，現代科技的發展亦提供了積極的、新的人文向度，可以簡述為以下三點：(1)科技的發展使人不再對自然感到無能為力，甚至不再受到自然的威脅。自然變成一個不斷可予以重新組合和轉換的可能性，亦成為對人類發揮創造行動的一種邀請。(2)由於科技的發展和合理化程度的提高，人有了更大的實現正義的可能性，不但可以促進更多的產品以供分配，而且可以用更為合理而有效的方法來從事分配。(3)科技的發展有助於人格的提昇，由於人對外在世界的征服，亦更能促發其內在的自由和思想的提高。

可以說，在現代科技中隱含了更深刻的人文主義：一種講行動、重創造的人文主義。一方面由於當代物理、天文、生物科學的研究，使我們不能再停留於近代以人的主體為中心的封閉傾向的人文主義。另一方面，科技運作的本質亦提呈出一種講求行動的形上學，科技實際上是出自吾人對於世界的一種改造行動。存在就是行動，此乃科技所隱含的形上學。行動的形上學宣示一種創進不息、參贊化育的人文主義，正與我國一向所主張的「天行健，君子以自強不息」的知行合一的人文主義不謀而合。

## 四、資訊：科技與人文的整合

以上所談的僅只是理論層面人文與科技的關係，其實，在現實生活中，資訊科技的發展已為人文與科技的結合提供了一

個中介的園地。且不說現在無論人文與科技的工作人員都使用電腦科技，也都運用資訊，用更寬廣的眼光看來，資訊發展正提供一種新的文化整合的園地。相對於近代以來的文化分散歷程，今天電腦的發展開始產生一種新的文化整合歷程。在網際網路(Internet)裡面，我們隨時可以進入各種世界性的資料庫和網路，並和世界上其他的電腦連繫起來。而且，在資訊中也注入了許多其他新的科技。不論是音樂、表演，或其他各種文化的表現形式，都可以和資訊科技連接起來。資訊的發展儼然成為新的文化統合因素。數位化的結果，資訊不但超越了像國界這類人為的界限，而且幾乎可以在電流的速度之下獲取所需資訊。電腦帶來了新的文化整合因素，逐漸把傳真、電視、音響、家電，甚至音樂、表演藝術……等等，經由數位化的程序，綜和起來，超越了近代以來個體化、分散化的文化，逐漸再重新納入一個新的文化整合歷程。

尤其是現在所謂「模擬真實」(Virtual Reality)所造成的思維改變，更值得加以反省。在哲學上，法國思想家包瑞亞(E. Baudrillard)稱之為「擬象」(Simulacre)。這使得世界文化發展由近代的「表象文化」(Culture of representations)轉變為「擬象文化」(Culture of simulacre)，這是後現代文化的特徵之一。⑪「模擬真實」已經成為當前生活的重要因素。⑫可見，由於電腦與資訊的發展，新興起了一種想像的空間。這一想像空間其實是由兩樣因素構成的：其一是數位化(digitalization)，其二是模擬真實(virtual reality)。兩者合起來，可以有一模擬的三度空間形像

---

⑪ 參閱本人著，〈從現代到後現代〉，《哲學雜誌》，第 4 期，1993 年 4 月，頁 4-25。
⑫ 已經有探討模擬真實的形上學意涵之著作，如 Michael Heim, *The Metaphysics of Virtue Reality*, (Oxford: Oxford University Press, 1993)，但本人覺其形上學嫌淺近。

出現。

　　然而，這兩種因素其實是分別屬於兩種不同的思考方式。一種是數位化的思考方式。數位化的思考方式也就是按照1,2,3,4,5……或A,B,C,D,E……這種系列性的、序位性的輸入方式思考。另外一種則是圖像式的思考，或稱為類比式(Analogue) 的思考。究其實，人們是透過圖像式的思考或類比式的思考，進入模擬的三度空間。

　　這兩種其實是非常不同的思考方式。我們可以說，圖形式的事物能讓我們有一種比較直覺式(Intuitive)的把握，因為當我們看到一個圖像時，馬上就能夠看出它的結構與模樣。例如，看一張圖畫、一朵花、一個客廳的擺設、一個建築物……等等，一眼就可以明白它是甚麼。如果採用數位化，可能想半天還無法想像出它的樣子。但是，另外有一些情況，像幾點幾分，用數字一顯示，就可以非常清楚。有許多數字化的資料能使人更清楚事情的狀況。但若涉及有關環境或空間的想像或實情，則使用圖像或類比的方式來建構模擬真實，反而比較能讓人直覺地掌握之。

　　現在透過電腦，這兩種思考方式已經可以結合起來。在傳統上，東方式的思考方式比較是屬於圖像式的。中國科技史裡提及的理論模型，幾乎都是圖像式的。例如李約瑟著的《中國科技文明史》裡面所討論的中國科技，大體上都是建構一個模型，畫出一個圖像，以顯示物體結構與運作方式，基本上沒有太多的理論性或數學性。在中國科技史中，數學不是用來提出理論，也不是作為理論的結構，而是用來計算和描述經驗資料。

　　相反地，在西方近代科技史裡，自從迦立略(Galileo Galilci)以來，就認為整個宇宙是一本用數學寫成的書，唯有懂得數

學，才能夠讀懂自然這本書。基本上，在西方近代科技史中，數學與邏輯是用來表現科學理論的結構，甚至是用來表現整體科學的理性架構。科學理性的語言，就是數學的語言。這點與中國科技有很大的差別。在西方近代產生了萊布尼茲(G. -W. Leibniz)所謂的「普遍數理」(Mathesis Universalis)，認為整個宇宙是一數理的結構，可以用數理方式進行運作和推衍。西方今天的電腦科技可以說是萊布尼茲數理精神的延續，也可說是萊布尼茲哲學思想的體現。

總之，在電腦思維科技中有兩種思維在運作。一種是數位化的思維，它其實是萊布尼茲精神的延續。另一種是圖像式的思維，和東方的思想較為接近。重要的是，目前這兩種思維方式已經可以透過資訊科技而結合起來，這也可以視為是一種結合西方近代科技與東方傳統人文的思考方式。資訊科技可以相當程度將兩者予以統合。我所謂「資訊科技正帶領一種文化的整合」，也包含著使東、西方文化互相接近，進而結合的可能性。

電腦科技其實也含有某些人文精神，也更需要人文精神的滋潤和提昇。對此，過去的哲學家較為悲觀，我則不然。這是因為過去哲學家傾向於把電腦或資訊當作是敵人(Opponent)來看待，我則是比較幸運的，因為當我一開始接觸電腦，就把它當成工作環境或成員(Component)來看待。

我把電腦當作是我的身體和心靈的延伸。就此而言，我主要是要強調，人類要作科技的主人，而不要作科技的奴隸，要「役物」，而不要「役於物」。但是，另一方面，像哲學家海德格(M. Heidegger)或詩人艾略特(T. S. Eliot)也思考，在科技當中，尤其是資訊科技的快速發展，隱藏著人文危機？在此，我想引述詩人艾略特(T. S. Eliot)的詩「岩石」(The Rock)中的幾

句話：

> 「吾人在智慧中所喪失的生命，於今安在？
> 吾人在知識中所喪失的智慧，於今安在？
> 吾人在資訊中所喪失的知識，於今安在？」

　　艾略特這幾句話指出意義內涵逐層墮落、逐層流失的情形。這種狀況連哲學家海德格也表示擔心。或許他們都沒有看到今天資訊科技是這般發達。海德格在 1976 年去世之前，只提到一種「語言機器」(language meachine)，他還沒有清楚看到，今天的資訊科學充滿了更豐富的可能性，對於所謂的「模擬真實」，更可以說完全沒有概念。艾略特也是一樣。不過，他們只是隱隱約約感覺到資訊化的危機。海德格曾指出，西方文化在古希臘的先蘇時期(Pre-Socratic period)⑬，人和自然之間有一種非常密切交往的關係。到了柏拉圖(Plato)以後，西方文化就作了一關鍵性的選擇，偏向可以精確化、標準化的概念。在這過程裡面，就已經有某種內涵流失了。我個人認為，海德格若想要用他那一類思想，來解釋今天資訊的新的文化向度，恐怕也還是行不通的。但是他至少指出了，由原來人和自然之間的豐富關係，轉變成一些知識、概念、科學的過程，中間也有一些流失的情形。在這一點上，海德格和艾略特可以說是相當一致的。

　　在這資訊科技所帶領的文明歷程中，需要激發更多的人文力量。其中，想像力是一個很重要的因素。創造的歷程本身需要有更多的想像力。不過，人雖可以運用電腦來想像，但電腦本身並不會想像。它所出現的影像，都是靠人想像出來的，或

---

⑬ 所謂「先蘇時期」指蘇格拉底之前早期的古希臘哲學。

是出自人輸入的影像因素的排列組合。資訊時代需要更大的想像力，可是電腦本身並不能想像，但人可以藉著電腦發揮人所有的想像力，建構各種圖像，各種模擬真實。

其次，電腦也相當缺乏對於意義的瞭解力。它需要人去掌握資訊的意義。對於意義的瞭解是測試電腦時最大的困難。一個五歲兒童可以懂的故事，例如，像小紅帽的故事，電腦卻不能懂。若要它懂，必須輸入太複雜的東西。例如，輸入「小紅帽是一個女孩子的外號」「小紅帽和外婆之間的關係」……等等，但仍然不能讓電腦明白其中的道理。

更重要的，是同情心和愛。美國哲學家魏思(P. Weiss)曾說，將來電腦和人腦很難區別，唯一能用以區別電腦機器人和人的，就是能愛或是不能愛。⑭ 他說，如果一個電腦機器人那一天也能愛了，我們就可以說他是人。反過來說，凡是不能愛的，就不是人。這點表示，資訊社會需要我們發揮更大的愛心，才能夠把人文精神表現出來。

除此之外，最重要的就是一種深度反省的能力。現在的電腦科技運用很多圖像，傳遞很多資料，對此，我們通常是以有控制的直覺應付。一方面是直覺，因為越是直覺的，越是剎那之間就可以掌握。就此而言，圖形式的資訊是最快速的了。另一方面是有控制的，因為電腦其實是經由控制讓人直覺地得到資料。這種有控制的直覺在人的心靈和腦皮層產生的作用，還是比較表面的。它不能真正深入我們的內心。

在這種情形之下，我們需要深入的反省，其一，是把某一資訊和我已經獲得的知識，或是我整體的生命經驗，聯繫起來。換言之，反省包含一個整體化的功能，把資訊納入一個整

⑭ Paul Weiss, "Love in a Machine Age", *in Dimensions of Mind*, edited by Sidney Hook, (New York:New York University Press, 1960), pp.177-180.

體脈絡，把它和我的心靈，甚至和我的家庭、社會，連繫起來，這時候，我才能對這資訊做一個正確的使用和判斷。上面提到家庭，這使我想到，有好多研究人員每天在研究室裡面用電腦工作，廢寢忘食，甚至忘記或不願意回家，造成家庭關係的惡化。這種情形的發生，不但是因為前面所說愛心的減弱，也還包含整體反省能力的減弱。對此，也有一些學者後來對電腦採取敵對的態度，更嚴重的，就乾脆放棄電腦，以後再也不碰電腦。他要用更多的時間和人接近，和親人、家人接近。然而，這也是矯枉過正了。

其二，還須自我探索。在農業社會的文明中，人們往往對於自我的探索更為深入。像道家的致虛守靜，佛家的參禪打坐，印度人的瑜珈修行，這些自省的工夫都是在農業社會裡面興起的。這在資訊社會中仍然很有必要。雖然我們沒必要像瑜珈修行者練到觀見自己內臟的地步，至少對於內心的探索是必要的。我們對於身體、慾望、語言和心靈之間的關係，常需自我反省，進而加以綜合。所謂深入的反省，包含整體的思考、對自我的探索和不斷地再綜合。

## 五、結　語

總之，世紀末的台灣大地震震出了許多令人哀痛的災禍，震出了更多愛心與社會力，但也震出了許多有待省思與重整的問題，人文與科技的關係便是其中之一。我想，史諾所謂的「第三種文化」不會到來，除非在人文與科技之間，甚至在科技內部與人文內部皆不斷進行外推的工作，並且常從顧念整體的哲學角度，深切省思其間差異與互補的關係。如果沒有更深入而全面的外推，像布羅克曼(J. Brockman)以為科學家向社會大眾傳播其科學思想，便是所謂「第三種文化」，其實是太便

宜了，而且有可能引發更多在科學內部、科學與人文之間的誤會，這些誤會也可能會誤導社會大眾明白真正的科學精神。

當前的資訊科技的確提供了整合人文與科技的契機與園地，不過，資訊本身亦有待人文精神的提昇。屆此世紀末，科學、技術、文化與教育皆處在深切的變動之際，我們在其中所做的努力將會形塑未來的文明，且讓我們從最鄰近的社區開始，逐步重建一個科技與人文比翼齊飛的生活世界。

# 第十六章

# 結論：新千禧的願景

## 一、迎接千禧

由於時間的迅速推移，人類已然踏入了公元 2000 年。我們何其有幸，能夠躬逢其盛，有此跨越千年的經驗。公元 2000 年，既是新千禧的開端，也是舊世紀的終結。人類社會的進步雖不像時間如此快速而規律，然而新時代的來臨總給人們帶來無限的憧憬和期盼。就台灣而言，在 1999 年經歷慘痛的大地震，我們切盼痛苦與災難能隨著舊日光陰一起消逝；更切盼新的希望與發展伴隨著新千年的開始而降臨。

1999 年發生的九二一大地震震出許多問題，迄今尚未完全解決；①所幸，這次大地震也激發了許多社會動力。天搖地動的鉅變震出了許多「人飢己飢、人溺己溺」的愛心表現與修和、重建的力量。大地震使得國人從追求私利的自我封閉中走出，以滿懷的愛心關懷他人，在倒塌的瓦礫之中，強化了社會關係的凝結力。我們希望此一自我走出、走向「他者」的精神，可以成為今後倫理重建與價值創造的嶄新動力。令人擔心的是，大地震所造成的覺悟也有可能是短暫的，災難結束，一切恢復正常，人們又重新進入追逐名利與聲色的生活之中，很

---

① 例如地震研究、防災教育、專業道德、建築規範、心靈復健、價值觀重整……等等，可以說，此次大地震是一個巨型的問題包裹。

快就把地震中的覺悟給淡忘了。希望千禧年的來臨，證明這一擔心是多餘的。

整體說來，過去的台灣經驗是以經濟自由化與政治民主化為主軸去實現國人的主體性的過程，也可以說是一個為自我賺錢，為自我爭權的過程。其所透顯的根本原理，是現代世界的基本原理——「主體性」。換言之，前此國人所努力的，是國人的主體性及其在經濟與政治層面的實現，藉此得到存在的尊嚴，得到別人的尊敬。基本上，自我、尊嚴與尊重，都是以「主體」為中心的。這是我們前一階段的發展重點之所在。然而，在經濟富裕與政治民主之後，國人的人品並未隨之進步，心靈也不快樂，甚至有許多人不知為什麼而活。國民雖然有錢了，也獲得了權益，但國人追求生命意義的慾望仍然苦無出路；政治雖然民主了，但每個人、每個黨派都只顧自己的權益，無視他人和社會整體的利益。

如今，九二一大地震震出了國家發展的新契機，整體社會也需要新的價值創造與倫理重建。國人需要一種自我超越的冒險與創造，也需要建立一套以關懷他者為重心的倫理思想。換言之，我們必須進行一由「主體」走向「他者」的典範轉移。九二一大地震震出了國人利他的、愛心的社會動力，今後個人與群體似乎應追求比眼前的快樂、利益與權力更有意義的生活、秩序與發展，轉向關懷他者，為他人、自然與超越界而生活。

基本上，在我看來，「關懷」是一種自我走出，走向「他者」的倫理情懷，其中包含著無私的慷慨，唯有所關懷的人本身的善得以成就，才有助於實現自己的善。至於「尊重」是近代的主體哲學的產物，因為每一個人都是主體，因而有必要加以尊重。尊重包含了主體與主體之間的相互承認與肯定。

## 二、世界思潮中的典範轉移

在此，我們應把此一由「主體」朝向「他者」的典範轉移，放置在世界的脈絡中來予以看待。自近代世界形成以來，世局發展的主調是在西方近代文明的宰制之下形成的。西方文化自文藝復興以降，崇尚人的主體性，其結果導致後來自由、民主思潮的興起；16世紀的科學運動，帶動了以人類為主體，征服自然、宰制人群的長遠基礎。其後，工業革命使人類能夠運用技術征服自然，並肇始了人與人之間的異化。這其中所隱含的哲學基礎，便是笛卡爾所奠立的主體哲學。法國哲家笛卡爾(R. Descartes)提倡「我思故我在」，以人為思想主體，此種對主體性(subjectivity)的強調，明說出並奠定了近代世界的根本特性，也就是所謂的「現代性」(modernity)的基礎。其後雖經不同的發展，例如德國哲學家康德(I. Kant)所謂的先驗統覺，或黑格爾(G. W. F. Hegel)所謂的絕對精神，無論如何，主體性的強調是近代性的根本精神。

就好的一方面言，主體與主體之間應相互尊重，就像霍布斯(Th. Hobbes)、洛克(J. Locke)、盧梭(J. J. Rousseau)所言，主體與主體應彼此訂定「契約」(contract)；或如康德所言，人應對待每一主體，尊重其人格，彼此以「目的」相對待，建立一個「目的王國」(kingdom of end)；或如黑格爾在《精神現象學》中所言，人應擺脫「主奴關係」，轉為「互認關係」(Annerkennung)等等。

就壞的一方面說，我是主體，自然是客體；我是主體，別人是客體。主體思想造成了宰制和競爭，其極端化與惡化，就是戰爭與死亡。這點，我們早在霍布斯(Th. Hobbes)的名著《列維坦》(*Leviathan*)所謂「人與人的關係是狼」(Homo homini lupus)，其最終結果是死亡的說法，便已經看得非常明白。

　　西方近代文明經由工業革命實現了科技文明，後者更表現為船堅砲利，打出中國自19世紀以來承受的苦難，自今未息。然而，西方近代文明在本世紀歷經第一次、第二次世界大戰之後，其社會與文化已然陷入危機。這在梁啟超的《歐遊心影錄》中已然見及。戰爭、死亡與文明的頹敗，引起了西方思想界對近代以來的主體思想作深切反省。在本世紀20、30年代，德哲海德格(M. Heidegger)在《存有與時間》(Sein und Zeit)一書中便已大肆批判近代以來的主體思想，他不再以人為主體，而改為以人為「此有」(Dasein)，認為人是在一時空的定在中開顯「存有」。海德格的弟子高達美(H. -G. Gadamer)在其名著《真理與方法》(Wahrheit und Methode)中也認為，主體或自我只是人在理解傳統的意義時所激起的火花。

　　不過，要到本世紀 70 年代之後，「他者」(l'autrui, the Other)概念的蓬勃發展，才真正替代了近代以來的「主體」概念。這也是由法國哲學思想所奠定的新趨勢，雷味納斯(E. Levinas)、德勒芝(G. Deleuze)、德希達(J. Derrida)等人都強調「他者」與「差異」。雷味納斯認為，哲學最重要的問題是倫理問題；倫理學才是第一哲學。然而，唯有承認他者，才有倫理可言。而且，唯有訴諸絕對他者，也就是上帝，才使倫理有了最後依據。德勒芝則指出，「他者」包含了其他的可能世界，他人的面容，以及他人的言語。至於晚期的德希達認為，倫理的本質，在於對他者慷慨的、不求回報的「贈與」。

　　在我看來，「他者」不僅限於「他人」，而且還可以包含他人、自然以及超越界。茲簡述如下：

　　一、他人：正如德勒芝所指出，「他者」包含了其他的可能世界，他人的面容，以及他人的言語。這是就「他者」是

「他人」的層面而言的。「他者」並不只是其他主體而已。就此而言，所謂「互為主體性」(intersubjectivity)一詞所代表的思想，仍然只是近代「主體性」思想的延伸。因為承認我是主體，你也是主體，我們是互為主體，這已經在霍布斯、洛克、盧梭等人提倡的「契約」觀念，康德所謂的「目的王國」或是黑格爾所謂的「互認」等概念中蘊含著了。也因此，「互為主體」只是「主體性」思想的延伸。

然而，「他者」包含了他人的面容，而每一個面容都是我應予以倫理地對待的；「他者」包含了他人的言語，是我應該予以傾聽的；「他者」也包含了其他的可能世界，因為他者的面容和言語都向我揭露了不同的可能世界。

總之，「他者」包含了他人的不可化約性、不可替代性，甚至其存在的奧秘性。正如同德希達所言，幾時我們在他人中發現他的不可化約性、不可替代性、奧秘性，就宛如上帝在其中一般。也因此，雷味納斯會認為：他人的面容，告訴我不可以殺他。換言之，他人獨一無二的特性，是我與他的倫理關係的依據。甚至為此必須打破一般的義務規定，而以獨一無二的方式相待，甚至要以無私的、不求還報的慷慨相待，這不同於「互為主體」的尊重與交換。

二、自然：西方近代文明不尊重自然，不關懷自然，卻要用科學與技術去控制自然、開發自然，這種強勢態度造成了環境污染嚴重、自然生態慘遭破壞，人所賴以生存的綠色空間萎縮，水圈、空氣圈與生物圈嚴重遭到污染與破壞。所幸，自本世紀下半葉起，環保運動興起，其所宣示的不只是人的生存空間的保衛戰，而是人與自然關係的重建。

一般而言，20世紀興起的種種思潮都太過以人為中心了，無論是西方的現象學、存在主義、詮釋學、新馬克思主義，結

構主義、批判理論、解構論、乃至後現代主義，或港台的新儒家，都甚為關注人自身，可惜對自然本身的思索與著墨甚少。也因此，除了懷德海(A. N. Whitehead)的《歷程與實在》(*Process and Reality*)是自然哲學方面的一本鉅著之外，其餘思潮多為處理人事之作。然而，人文思潮越是推擠，人也愈陷入瓶頸，幾無出路可言。換言之，人越只想人自己，人的問題越不可解。所幸，晚近在天文物理學和宇宙論方面的發展，使人類重新注意到宇宙的浩瀚及其與人類生活息息相關，也因此引導人類去思考大宇長宙，並在自然或宇宙之中重新定位人類自己。就此而言，中華文化一向重視自然，主張與自然和諧相處，甚至要在自然中定位人，這對今後的文明發展，將有重要的啟發。

三、超越界：現代性突顯人的主體性，其後果是解除了世界的迷咒，從此人不再信仰神明，甚至失去生命值得奉獻的理想。如今，無論現代化的弊端或後現代的挑戰，都促使人重新尋找理想與信仰，尋求心靈安慰。現代化的一大要素是理性化，然而，理性的過度膨脹，反而造成理性本身的貧乏化，使得現代人的生命日愈缺乏意義。②現代人否認彼岸世界，認定生命的目的就在此世，可悲的是，舉凡俗世可得的快樂和利益，皆不能滿足人對生命意義的渴望，於是引發更多的不滿、挫折與焦慮，進而造作更多的劣行與社會問題，藉以填滿內心的空虛，隨之又帶來更大的不安。

就後現代帶來的虛無主義也促使人重返超越界的理想與神明。19 世紀末、20 世紀初，所謂「虛無主義」曾有一深刻的

---

② 正如高達美(H.-G. Gadamer)所指出，啟蒙運動獨尊理性，反而使理性思想走入貧困之境，如患貧血症然。 H. G. Gadamer, *Wahrheit und Methode*, (Tubingen: J. C. B. Mohr, 1965), pp.250-260.

意義，③亦即「重新估訂一切價值」。可是，在後現代，「虛無主義」已經變得膚淺化，只追求眼前的利益和快樂，心中卻沒有值得生命奉獻的長遠理想。

所謂「超越界」包含理想和神明。所謂理想，或具超越性的價值，是指生命意義所指向的，像真、善、美、和諧、正義……等等這些價值，它們之所以是超越的，是因為它們在世間的實現總是局部而微小的，終究沒有完全的實現。所謂神明，或超越者，是指像上帝、佛、阿拉、老天爺……等等，或是「不知名的神」，或是最後說來，在遙遠的遠方，一切心靈的虔誠終會相遇。在近、現代文化高峰時，人們往往對宗教嗤之以鼻，然而，值此後現代，人們卻有要在超越界尋求安慰，其中的確有某種「超越的返回」的現象正在發生。

值得注意的是，在對主體的層層否定之下，也激發了當代思想家重新思索人的自我或主體此一近代哲學重要遺產。像察爾斯‧泰勒(Ch. Taylor)在《自我的泉源》(*Sources of the Self*)，其後又在《本真的倫理》(*The Ethics of Authenticity*)等書中企圖指出：對自我的探索是近代哲學最重要的資產，而且對自我的重視，旨在強調每個人皆有度一「本真的生活」的權利。察爾斯‧泰勒說：「對我的自我真實，正意味著對我的原創性真實，而這點只有我能予以明說和發現。在明說這點的同時我也在界定我自己。我正實現一個專屬我自己的潛能，這是近代的本真理想的背景了解，也是本真概念所常用以表達的自我完成或自我實現目標的背景了解。」④ 不過，維護本真並不表示可以脫離或相反他人，也因此察爾斯‧泰勒在論《多元文化》

---

③ 關於「虛無主義」與當代文化之關係，參見 Johan Goudsblom, *Nihilism and Culture*, (New Jersey: Rowman and Littlefield, 1980), pp. 3-18.

④ Ch. Taylor, *The Ethics of Authenticity,* (Cambridge:Harvard University Press, 1991),P.29.

(*The Politics of Recognition — Multiculturalism*)一書中言及「尊重差異」的同時,特別指出自我是在與他人交談之中成為自我的。

此外,法哲雷味納斯(E. Levinas),這位以倫理學為第一哲學的猶太思想家,更進一步認為,他者(l'autrui)在互為主體的關係中扮演主動的角色。他者的面容本身就禁止謀害,並要求正義對待。自我也因此而被召喚去負起責任。換言之,一個倫理的自我是根據我與他者的關係而界定的。⑤

泰勒在重視自我的本真的同時,仍兼顧到自我須與他人交談;雷維納雖特別強調他者的面容,然而他亦倡言自我的責任。呂格爾(P. Ricoeur)則在其《自我宛如他者》(*Soi-même comme un autre*)一書中,正視近代以來確定自我與解構自我的兩大傳統,經由反省與分析、自性與認同、自性與他性的三重辯證,重建一個「自我的詮釋學」(hermeneutique du soi),其最重要的主旨在於闡明:「他性並非自外強加予自性,一如自我論者所宣示,而是隸屬於自性的意義和存有學構成。」⑥

基本上,我認為雖然當前思潮已發生由「主體」朝向「他者」的轉移,但這並不表示「主體」將失去其地位。畢竟,主體仍是近代文明給予人類最重要的遺產。按照本人所主張的對比哲學,主體與他者有一種對比的張力,既有斷裂,又有連續,不可因為有此轉移而棄彼取此。相反的,卻應掌握兩者對比的均衡。更好說,唯有主體漸趨成熟始會致力他者之善,也唯有走向他者才能完成主體。兩者的對比張力是雙方趨向完成的基本動力。

---

⑤ E. Levinas, *Totalite et Infini, Essai sur L'éxtériorité* (La Haye: M. Nijhoff, 1974),pp. 37-38.

⑥ P. Ricoeur, *Soi-même comme un autre*, (Paris:Edition du Seuil, 1990).

## 三、鑑往知來：近三十年國內價值體系回顧

　　價值的創造必須立基於前此的價值體系。不過，社會價值的變遷是屬於社會深層結構的變化，代表著一個社會中個人與群體所追求的目標與理想，其變化過程十分緩慢，也因此不能以短期的波動加以判斷，卻須以較為長期的時間縱深加以觀察。

　　關於台灣的價值體系的實證研究，最早有顧浩定(W. L. Grichting)所著《台灣的價值體系》(*The Value System in Taiwan*, 1970)，該著作比較傾向於宗教觀點，也因此較難以突顯台灣社會價值的狀況。其後楊國樞和張分磊在民國 66 年完成的「大學生的價值取向與個人的現代性研究」，以及黃俊傑和廖正宏在民國 75 年發表的《在傳統與現代之間──台灣農民的價值取向》(*Between Tradition and Modernity : Value of Intention of Farmers in Taiwan*)英文論文，都運用克魯孔和司楚貝克(Kluckhohn and Strodbeck)的價值量表，分別對台灣地區大學生、高中生和農民進行研究。兩者分就人性導向、人與自然關係導向、時間導向、活動導向與關係導向等，研究個人現代化的程度。⑦

　　按照前兩項對大學生和農民的研究結果綜合來看，主張人性是善或至少中性的佔了大部份，較為符合傳統。就人與自然的關係而言，傳統文化傾向於屈服自然或和諧自然，然而該兩

---

⑦ 克魯孔和司楚貝克兩人的價值量表計分五項：1.人性導向。分別為人性是善、中性、善惡混、惡等四種。2.人與自然關係導向。分為屈服自然、和諧自然、控制自然三種。3.時間導向。分為過去導向、現在導向、未來導向三種。4.活動導向。分為現狀導向、實現導向、成就導向三者。主現狀者，講究本然存有，自發地表現人性的衝動和慾望；主實現者，講究活動及存有在歷程中展開整體自我的一切面向；主成就者，講究人可由外在標準衡量人的成就。5.關係導向。分為直線導向、平行導向和個人主義三種。

項研究結果顯示國人控制自然的傾向大幅提高，較合於現代化的要求。再就活動導向而言，則有較高比例強調實現導向，合於現代化的要求。就關係導向而言，傳統文化傾向於直線式的集體主義，例如服從父母、父權主義，現在則以個人主義居多，有相當高的比例合乎現代化。最後，就時間導向而言，傳統文化的時間導向以過去為主，現代國人則較以現代導向和未來導向為主。

不過，我願意指出，就應然面看來，這些價值觀趨勢也有缺失，例如：控制自然導向的弊端是破壞生態環境，造成環境問題；個人主義導向的弊端，在於自私自利，不關心他人，也不顧公共利益，個人深陷於消費主義的慾望深淵；太過重視現在和未來，忽視過去，會成為無根的一代；用可獲利或享樂的未來和現在界定時間，容易流於膚淺和市儈，這都是值得加以檢討的。

從以上這些調查也可以解讀出，國人在現代化的過程中，由於主體意識興起，對於「他者」的關係，無論是他人、自然或超越界，皆有所變化。

克魯孔和司楚貝克的價值量表雖有助於了解一個社會中個人現代化的程度，但並未能清楚顯示當事人最看重及最不看重的個別價值。對此，羅濟曲(M. Rokeach)的價值量表較有助益。[8] 對個別價值重要性程度的研究結果，根據本人與汪琪、鍾蔚文於民國76年，在《台灣地區資訊化歷程與文化變遷的互動研究》中，運用羅濟曲的價值量表，選擇台灣台北市、台北縣、

---

[8] 羅濟曲的價值量表比較能夠善盡功能。羅濟曲的價值量表，羅列了十六種終極價值，分別是：一、舒適的生活，二、和平的世界，三、美的世界，四、刺激、活力的生活，五、平等，六、家庭平安，七、自由，八、心安理得，九、愛情，十、國家安全，十一、生活樂趣，十二、自尊自主，十三、社會地位，十四、真誠的友誼，十五、智慧，十六、死後得救。

高雄市、高雄縣能顯示城、鄉差距的地區進行問卷調查。結果顯示，在羅濟曲價值量表所列出的十六項終極價值中，受訪者認為最重要的價值體系，以家庭平安比例最高；其次為國家安全；再次為舒適的生活；其他較值得注意的，包括世界和平、心安理得及自由。在最不重要的價值方面，該項研究顯示，居首位的是死後得救；其次為刺激、活力的生活；再次，則為社會地位。

　　本人從民國 76 年到 83 年之間總共做了三次調查，大體歸納起來，其結果顯示：傳統文化的影響仍然存在；安定的價值優先於發展的價值；世俗性的價值超過超越性的價值。不過，三次調查結果也顯示，在都市地區教育程度高、年紀輕、職業屬於專業性質、出過國的、資訊較多的人口，較為重視發展性的價值，遠勝過穩定性的價值。可見，社會價值觀已逐漸趨向工業化社會和後工業社會的價值發展。在宗教價值方面，三次調查都顯示，宗教的價值被列為不重要的價值之一，這點顯示中國人喜好務實、現世的福報和功利的傾向，較不重視來世和超越的宗教價值。不過其中也有相當的變化，在第二次和第三次調查中，宗教價值都有所提昇。這是由於台灣經濟的發展，生活愈趨富裕，心靈反而空虛，因而對生活意義的追求變得更為重要，也因而對宗教價值有更高的重視。⑨

　　民國 85 年，本人又做了一次調查，這也是我最後一次使用調查法研究台灣社會的價值體系。按此次調查的結果，在個

---

⑨ 以上參見沈清松、汪琪、鍾蔚文，《台灣地區資訊化歷程與文化變遷之互動研究》，國科會專題研究計畫，1989. 02，編號：NSC76-0301-H-004-11；沈清松、周添成、詹火生，《台灣地區 1991 年文化滿意度民意調查分析報告》（台北：廿一世紀基金會，1992.06）；沈清松、周添成、徐佳士，《台灣地區 1994 年文化滿意度民意調查分析報告》（台北：二十一世紀基金會，1995. 07）。

人性價值方面，就第一選擇言，受訪者最重視的首先是健康，其次是功德，再次是環保。其他依序如財產、知識、休閒、名位、權勢……等等所佔比例較低。再就第二選擇言，受訪者最重視的依序是環保、健康、知識、休閒、功德等。

以上的結果顯示，「健康」此一基礎性價值最受重視，就如同重視「生命」本身一般，可謂國人價值體系方面較高的共識所在。「健康」之為基礎性價值，就像乘數的1，其他價值乘以1纔有價值。如果健康是0，則其他價值再好，乘以0的結果還是0。對此國人可謂深有體認。

在發展性價值方面，功德是第一選擇中的第二位，遠勝環保與知識。功德在第一選擇中的重要性，一方面印證了國人重實際的傳統傾向，另一方面亦顯示台灣社會晚近宗教復興運動的影響。修功德是受到佛教、道教及其他民間宗教影響的通俗性「實踐」觀念，其範圍由修行練功、行善避惡到捐獻財物皆有之。不過這在目前台灣社會中「修功德」多了功利性與救贖性的意含。功利性，是因為許多功德多與個人祈福消災解厄的動機相連，而非純粹為修養而修功德，或為道德而修功德。救贖性，是因為在競爭劇烈的社會中，個人或家人或其他關係人在賺錢、求祿、揚名之過程中，總難免有道德上或法律上欠正當的行為，良心欠安，因此以功德，尤其最簡便的以捐獻財物，求得良心平安，達至現世救贖的作用。

由於健康和功德比例較高，環保的價值在第一選擇中僅位居第三。但在第二選擇中，環保位居第一，超過健康、環保與知識。由此可見環保意識日愈抬高，環保價值在當時國內民眾心目中已然日趨重要。

在社會性、關係性價值方面，就第一選擇言，受訪者最重視的首先是親情與家庭生活，可謂社會性、關係性價值方面最

具共識性的價值；其次是國家安全；再次則為友情與愛情。但在第二選擇中，則以社會和諧為第一，國家安全為第二，親情與家庭生活第三，餘為世界大同、事業伙伴、友情與愛情。

此一調查結果也有幾點值得注意的特性，其一是特殊關係比普遍關係重要，其二是國家安全意識漸趨薄弱，其三是傳統的世界大同理想幾近放棄。在第一選擇和第二選擇中，世界大同不是名列最後就是幾近尾端，而且比例甚低，且對國際和平與安全心存焦慮。其四是休閒生活雖然日愈重要，但國人對休閒的意義與價值認識仍甚不足。⑩

## 四、家庭倫理的重建

家庭倫理是整體倫理體系中最重要的一環。前面的調查也顯示，家庭和諧與親情仍是國人價值體系中的重要項目。然而，家庭倫理刻正遭受嚴重的挑戰。根據作者前此閱讀到的一則新聞報導，台灣每天不到 15 分 46 秒就有一對夫婦離婚。而實際的體驗往往要比抽象的數字更為淒慘，更令人心痛。家庭暴力、兒童受虐時有所聞。由於種種原因，單親家庭的比率也越來越高。不結婚而同居的形式，也逐漸被一部份男女採取。家庭的破碎造成了許多社會問題。基本上，家庭制度正遭到嚴重的挑戰。家庭倫理的重整，涉及傳統家庭倫理的新詮，及其與當前嶄新的倫理原則的整合。

就傳統家庭倫理的新詮而言，傳統倫理的特色，就在於不只講生物關係與社會關係，而要進一步講有意義的、良好的關係。首先，關於夫妻關係。在《周易》而言，是由於男女相感，因而嫁娶，以夫婦關係恆其貞德，所以〈咸卦〉言「取

---

⑩ 沈清松、周添成、徐佳士，《台灣地區 1996 年文化滿意度民意調查分析報告》（台北：二十一世紀基金會，1997.07）。

女」，而繼之以〈恆卦〉，就是在德行上貞固了夫妻的關係。夫妻本為平等的關係，也就是互為主體的關係。《白虎通》說：「妻者，齊也，與夫齊體。」《說文》謂：「妻，婦與夫齊者也。」婦雖然與夫齊，孟子仍說「夫婦有別」。這表示在人格尊嚴方面，夫婦雖是平等的，但在生理和社會角色方面，夫婦卻是有別的。

換言之，本來就人格尊嚴而言，夫婦原本是對等關係。其後，不幸卻轉變為階層關係，就是夫高於妻。由於夫婦有別，所產生的社會後果是：夫在家庭中處於主位，妻處於輔位。丈夫這種地位本並不應視為特權而加以濫用，但傳統社會中往往有丈夫濫用地位，虐待妻子，妻子只好視為命該如此而默默忍受。少數迫於不得已而反抗者，往往得不到家庭以及社會的同情，誠可歎哉！這是因為在倫理上、制度上沒有實現「互為主體」和「他者」的觀念與設計。

其次，關於父子關係。夫婦結合，生出子女，因而產生了父母與子女的關係。父母、子女的關係原先是一種血緣關係，然而在人身上，卻發展出一種倫理親情，故孟子曰「父子有親」。這種倫理親情表現在父母和子女是不一樣的：在父母而言，是為慈愛；在子女而言，是為孝順。這種情感亦可經由長久的維繫與發展，而成為一種美德。所謂父慈子孝不僅是一種倫理親情，也是一種倫理美德。父母、子女這種親情和美德所維繫的關係，是一種相呼應、相延續的關係。父母的慈愛，帶著期盼，延伸到子女，使其發育成長，使其幸福快樂，父母也因此而感到幸福快樂；在父母慈愛之情的照料之下，子女自然也以孝順之心相回報。「孝」含有感恩、敬老、親親以及返本的意義，因此可以由對自己父母的孝順，及於對祖先的尊崇，而發揮老吾老以及人之老之情。

父母對於子女雖應慈愛，但不可溺愛；子女對父母雖應孝順，但不可以愚孝。慈和孝仍應尊重人格的尊嚴和道德的規範，並且承擔責任。父母雖然對子女有慈，但也應該加以教誨，這是為父母、做父母的責任；子女雖然對父母孝順，但父母有過子女也應該適當勸諫，這也是做為子女的責任。所以，孔子說：「事父母幾諫」；曾子也說：「父有諍子則身不陷於不義。」

最後，關於兄弟關係。父母生了多位子女，於是有兄弟姊妹的關係。兄較年長，弟較年幼，孟子所謂「長幼有序」的關係，發展而成為德行，就成為「兄友弟恭」。對父母必須盡孝，對兄弟必須盡悌，「兄友弟恭」就是悌的最好說明。友，就是愛護，表示做兄姊的必須愛護弟妹；恭，則是敬重，表示做弟妹的必須敬重兄姊。這本來是立基於「長幼有序」的序列關係上的心情，在兒童期和青年期表現得最為自然，但到了成年期以後就日趨淡薄，此時若能繼續保持兄友弟恭之情，顯然不僅是倫理情親，而已經成為一種倫理美德。

由此可見，悌是同輩份的親屬由於年齡的序列而形成的倫理情親和美德，用以維持良好的兄弟姊妹的關係。不過這種關係到了成年以後，由於成家立業，往往流於疏遠。此時若無美德的維繫，往往不易維持，反而將兄弟之情轉往志同道合的朋友身上。悌之德的特色就在它能由家庭，或家族，向外擴展，延伸到沒有親屬關係的人身上。例如，同輩的朋友可以結為兄弟，結為金蘭之交。像桃園三結義的佳話，也是兄弟之情的延伸。

在今天看來，儒家所講究的家庭倫理中的美德仍然饒富意義，只是須經由新社會脈絡的詮釋，不但要與現代社會的「互為主體」原則相合，而且更要與後現代的「他者」原則相合。

無論長幼，都須尊重其為一主體，也須承認其為一不可替代、深藏奧秘的「他者」，並對之作無私的關懷。這不是說家庭的關係要化約為朋友的關係，而是家庭中的關係要「有如」朋友的關係。⑪「朋友」一詞在此屬一種隱喻的性質。意思是說，即使是家人，也應彼此以互為主體相對待，而且常以對無可替代、深含奧秘的他者相看待，隨時願意無私、慷慨、不求還報的關懷待之。以婚姻關係為例。過去，傳統的婚姻關係中，主體意識未強，夫妻雙方僅以身體、以兒女、以社會角色、以價值理想相互溝通。然而，當前婚姻的難題，在於現代性包含了個人「主體性」的發現與展開，而後現代性中更包含了對於對方之為不可替代、深含奧秘的「他者」的肯定，以及無私的慷慨之要求。婚姻關係便成為二個既是「主體」又是「他者」的人，能否相互尊重、相互溝通、相互關懷、共同生活之結合與考驗。

在此意義下，傳統的夫婦和順、父慈子孝、兄友弟恭等美德的表現形式雖然大不同，然其意義都在於達致彼此關係的和諧。例如，今天孝、悌的表現或許不同於前，但父母子女之間、或子女彼此之間，仍須保持充量的和諧關係，則是不變的道理。而所謂充量的和諧，就是一方面彼此相互尊重，使個人的能力可以達致卓越，但彼此之間仍能相互無私的關懷，並因而達到最高程度的和諧關係。

---

⑪ 傳統上，朋友關係是不以親屬關係為主的，而是同輩間的對等交往關係。這種關係的建立或由於家居相鄰，或由於志趣相同，或由於共同信仰，因而可以有同年之交，也可以有忘年之交，但所建立的主要是一種對等的關係，而不是層級的關係。孟子所謂「朋友有信」，說明了朋友間的對等關係，也提出了朋友關係所應實現的美德。信，包含了真誠的態度、相互的尊重和信守言諾。在傳統中國社會中，朋友關係可以說是兄弟關係的延伸，因而中國人往往把好朋友當作兄弟。但朋友關係亦不同於兄弟關係，因為兄弟關係是序列性的，因此必須兄友弟恭；但朋友關係則是對等性的，而必須互敬互信。

## 五、今後價值創造與倫理重建的方向

歸結前面對於由「主體」朝「他者」典範轉移的說明,以及對台灣近三十年來價值體系走向的檢討與分析,和對於傳統家庭倫理與當前困境的解析,我們以下將對於價值創造的走向與倫理重建的方向,作下列幾點闡述:

(一)前幾次的調查都顯示,生命與健康一直是國人最重要,也是最具共識的價值。此一基礎性的價值在國人的價值體系中一直扮演非常重要的角色,即使在此次九二一大地震中也不例外,甚至可以說,它與大地震造成的心理衝擊與覺悟有關。筆者在大地震之後,多次聽到人說他們在地震中宛如死了一次。由於在大地震中自己隨時有失去生命的可能,或者因為見到別人在地震中喪失生命,因而覺悟到生命的脆弱,一切都可能轉眼成空,因而有向比自己生命更高的價值提昇的契機:由自私轉向利他,由對特殊關係的關切轉向對普遍關係的關切,由較低價值轉向較高價值。如何在生命和健康之上,尋找生命值得奉獻的理想,是今後價值創造的方向。

(二)在先前各次調查中,親情與家庭生活一直是國人在關係性價值方面最重要的價值。也因此,失去親人所造成的創傷也最為重大。尤其在地震過後,當物質性的重建工作結束,災後帶來的社會關懷結束,每一個人開始回到自己的生活,此時若無法克服失去親情所造成的傷害,往往會因為一個人活著沒意思,而造成「生活乏味,不如一死」的悲劇。對此,一方面須培養在特殊情況,尤其在災難中仍保自主性,養成任何情況下都能自己面對生活的能力,能在關係中有自主,自主中仍保關係。另一方面,各種慈善與宗教組織仍應持續表示關心,使人不致封閉於一己的孤寂之中,而能代之以對他人、甚至對於陌

生人的關心與奉獻。

家庭倫理的重建是全體倫理重建的出發點。其中，主體的自主性，互為主體的尊重與對「他者」的關懷，應從家庭倫理做起，推展至其他的倫理關係。

㈢近幾年來，「功德」在國民價值體系中的重要性的提昇，為此次大地震中的愛心與善行奠下了基礎，尤其是在宗教動員的救災行動中，扮演極為重要的角色。由於救災中表現的「人飢己飢、人溺己溺」精神，使得「功德」價值能相當程度擺脫原先功利性與救贖性的意味，而成為利他的動機。

宗教價值在幾次調查中有越來越重要的趨勢，這種情形的確與 20 世紀末以來的宗教復興相符合。不過，目前的宗教復興本身是優劣參半的，一方面有功利化、商業化的傾向，另一方面也成為社會道德動力來源。由於人們對於行功德的重視，使得宗教發動的功德組織，在此次九二一大地震後的救災行動中，成為道德動員與救災組織效率的來源。顯然，今後宗教發展應避免功利迷信，而應發展道德動員、扮演現代化的潤滑劑的方向發展。至於一般人，則應能透過宗教信仰，尋回值得生命奉獻的理想，並藉以提昇心靈境界。

㈣在晚近的價值體系中，傳統的世界大同理想幾近放棄。在第一選擇和第二選擇中，「世界大同」不是名列最後就是幾近尾端，而且比例甚低，且國人對於國際和平與安全心存焦慮。所謂的「世界」或「外國」也許是國人旅遊、投資、求學、工作的場所，但卻仍不是國人發揮普遍道德理想與人道關懷的對象。我們在此次九二一大地震中，成為舉世無私關切與援助的對象，但我們仍不會主動去關切全球性的人道與環保議題。即使國人目前已然十分關心環保，然而像「我們只有一個地球」這樣的環保口號，大概也只意味著「我們只有一個台

灣」，因為國人很少關切世界其他地區的環保問題，更遑論為全球的環保與生態做些無私的工作。其實，近些年來舉世各地天災頻繁，並不只有台灣發生大地震；而且，也不只有我們需要他人無私的援助，他人也同樣需要我們無私的關懷。

就此而言，有兩點值得提出來在此省思：第一，「相互性」雖然是社會的原理，然而，無私的慷慨才是倫理的原理。也因此，像「送禮」雖是一個合乎社會「相互性」的交換行為，但並不足以稱為是倫理行為。相反的，「贈與」並不是「送禮」，而是出自無私的慷慨，這才是倫理的行為。九二一大地震顯示出我國社會開始浮現某些倫理的層面，這是因為國人開始懂得由「相互性」轉向無私的「贈與」，雖然目前程度並不夠高。

第二，國人近些年來「主體」(subjectivity)意識高漲，但心中卻仍無「他者」(alterite)意識。九二一大地震顯示國人心中開始有了他人，但這並不表示「他者意識」已然充分浮現。其實，心中若無「他者」，則毫無倫理可言。不過，所謂「他者」，包含他人、自然與超越界，而所謂的他人，並不只是別的個人，還包含其他語言、種族、國家、文化的人。就此而言，我們雖然已經開始懂得無私的慷慨，但也仍只限於一小小的範圍。由主體走向他者，是國人今後倫理重建與價值創造的方向。

㈤值得注意的是，政黨與政府的動員體系在此次救災行動中受到的批評似乎勝過讚美，一方面這是由於民間社會的自信增強與自我肯定，也會表現為對政府的更高要求與批判態度。另一方面，雖然政府本是一重要、可見的價值榜樣，不過，由於近年來政治秩序的混亂帶動社會價值的解組，以致一般而言，政治勢力逐漸失去道德可信度。這點也與近代民主政治的

變質有關。自西方近代以降，民主政治表現為政黨政治和議會政治，兩者本屬代表性機制，政黨是以民間團體形式代表民意；而議會政治則在政府立法體制中以各級議員來代表民意。然而，在今天，政黨和議會不但未能反映民意，反而往往只致力於經營政黨或民代本身的利益，甚至會扭曲民意。環顧當前各國的民主政治，所謂「代表性問題」皆在後現代中興起相當大的危機。這點似乎印證了盧梭(J. J. Rousseau)所言，人民只在投票選舉時自由，其餘時候皆仍為奴隸。

不過，在由國家往民間的發展過程中，其中最重要的便是公民社會的建立，以及公民德行的陶成。如果公民缺乏公民德行，公民社會無法建立，民間的力量也將如雜亂釋放的能量，無法凝聚成推動社會進步的主力。

## 六、結　語

總之，際此踏入新千年之開端，每個人內心都充滿了許多新的希望。由於去歲的大地震，震出了國人本存的愛心，使國人能由自私走向利他，由「特殊關係」走向「普遍關係」，由「主體」轉向「他者」，也因此才真正使社會中的「公共領域」與「社會倫理」的浮現，有了更深刻的心理依據。希望國人能擺脫過去「能共患難而不能共富貴」的傳統行為模式，在災難過後仍然繼續保有並發展此一新開發出來的公民美德，否則這一新興的「公共領域」與「社會倫理」的基礎也將如曇花一現。

自 80 年代以降，我國各方面的發展主調皆由「國家」轉向「民間」，其中最重要的便是「公民社會」與「倫理社會」的形成。所謂「公民社會」(civil society)並不只包含政治與經濟層面的意義，更重要的是包含「公共領域」(public sphere)的

概念。在主體際互認中形成的民主，最重要的是公共領域的浮現。即便是有私利的追求和衝突，仍應在此之上看出公共利益，並懷抱實現公共利益的主觀意志。至於倫理社會的形成，最重要的是要能超越主體的自我封限，培養國民心中常有他者；常能超越特殊關係，轉向可普遍化的關係；超越相互性之上，學習無私的慷慨美德。

我最近曾為利氏學社魏明德社長所著《衝突與和解：締造台灣和平文化》一書寫序，魏社長認為台灣社會今後應從「競爭文化」走向「和平文化」。我覺得這話甚有道理。我想，值此新千年的開端，我們最需要的，是一種對「他者」與「差異」的尊重與無私奉獻的情懷。因為唯有尊重差異，心中常有他者，才有正義可言，而且，不但要尊重他者，而且要聆聽他者，進而與他者交談，使差異彼此相互豐富，如此才會有真正的和平。新千年所需要的，是創造性的和平，而非靜止的和平。沒有純粹靜態的「和平」，因為人在現實生活中僅能享有局部的、動態的和平，而無全面的、靜止的和平。偶有一點和平之感，猶仍面對著緊張與對立；一時之間嘗到和平，旋即又轉入衝突之中。也因此和平是個不斷的道德努力，人必須不斷向差異開放，傾聽差異，接受差異，形成豐富的整體，讓每一差異因素皆有貢獻於此整體，如此方有真正的和平可言。

從國家主導到民間自主發展，國內的文化已然逐步踏入多元與分歧的境地。今後國內文化更將因著性別、族群、地方、階層、信仰等等之不同，而展現差異。文化思潮已然由過去對「共識」的強調，轉向對「差異」的強調。然而，在各種差異各展特色的同時，也應相互扶持，和諧並進。文化的創造應能達到分則各領風騷、群峰競秀，合則互補互益、相互輝映的境界。換言之，在展示各性別、族群、地方、階層、信仰等之文

化差異，創造特色的同時，也應相互尊重，相互豐富。

　　總之，西方近代以「二元對立」與「宰制」為主調的文化，迄今已然問題叢生，甚至日趨沒落，世人對此早已有所警覺，勢必要改弦更張。就此而言，「多元對比」與「充量和諧」勢將成為下一世紀甚或今後數世紀的指導精神。孟子嘗曰：「五百年必有王者興」。大歷史的轉移雖然不一定以五百年為時間單位，但無論如何，西方近代文明自文藝復興迄今也已經有五百年了，世局更動，物換星移，今後應該轉向以「互補與和諧」為主的中華文化精神。我的意思並不是要中華文化在未來成為另一宰制力量，而是企盼其中「互補與和諧」的精神能促成一健全而均衡的世界文明的基礎。且讓我們如此祝願，也如此企盼。

# 參考書目

## 一、中文參考文獻

二十一世紀基金會編印，《兩岸中華文化學術研討會》，台北：二十一世紀基金會 85 年 4 月出版。

丁連財譯，S. Huntington 撰，〈全球文化衝突的時代來臨了？〉，《中國時報》，民國 82 年 6 月 22-24 日，第 7 版。

王夢鷗註譯，《禮記今註今譯》，台北：商務印書館，民國 73 年修訂 2 版。

中共中宣部、文化部、廣播電視部，〈關於當前繁榮文藝創作的意見〉，《人民日報》，1991 年 5 月 10 日，1 版。

日本思想大系（二八），《藤原惺窩・林羅山》，東京：岩波書店，1980。

毛澤東，《毛澤東集》第 8 卷，中國共產主義研究小組印行，1976。

丘秀芷編，《和風煦日》，台北：九歌出版社，1992。

田村圓澄等著，《日本思想史之基礎知識》，東京：有斐閣，1974

列寧，《列寧選集》第 2 卷，北京：人民出版社，1955 年。

汪琪、沈清松、鍾蔚文，《台灣地區資訊文化歷程與文化變遷之互動研究》，國科會專題研究計畫，1989.02，編號：NSC76-0301-H-004-11。

李亦園，〈若干文化指標的評估與檢討〉，收入《民國七十七年度中華民國文化發展之評估與展望》，台北：文建會，1989，pp.33-74。

李亦園，《台灣土著民族的社會與文化》，台北：聯經，1982。

李登輝，《經營大台灣》，台北：遠流，1995。

李瑞環，〈關於弘揚民族優秀文化的若干問題〉，北京，《求是雜

誌 》，1990 年 10 月。

呂秀蓮，《 新女性主義 》，台北：前衛，1990。

何聯奎，《 中國禮俗研究 》，台北：中華書局，1975。

辛如，〈 馬克思主義應該怎樣對待現代西方思潮 〉，《 文匯報 》，
　　1990 年 8 月 18 日，3 版。

沈清松、周添成、詹火生，《 台灣地區 1991 年文化滿意度民意調查
　　分析報告 》台北：廿一世紀基金會，1992.06。

沈清松、周添成、徐佳士，《 台灣地區 1994 年文化滿意度民意調查
　　分析報告 》台北：廿一世紀基金會，1995.07。

沈清松、周添成、徐佳士，《 台灣地區 1996 年文化滿意度民意調查
　　分析報告 》台北：廿一世紀基金會，1997.07。

沈清松，〈 台灣經濟的文化問題及其展望 〉，收入《 台灣經驗新階
　　段：持續與創新 》，台北：二十一世紀基金會，1991，
　　pp.413-443。

沈清松〈 解釋、理解、批判—詮釋學方法的原理及其應用 〉，收入
　　《 當代西方哲學與方法論 》，台北：東大圖書公司，1988，pp.
　　19-42。

沈清松，〈 如何力行心靈改革 〉，心靈改革研討會講詞，台北：救國
　　團社會研究院，民國 87 年 3 月，頁 67-75。

沈清松，〈 從現代到後現代 〉，《 哲學雜誌 》第四期，台北：哲學雜
　　誌社，1993.04，pp.4-25。

沈清松，〈 資訊科技的哲學省思 〉，《 哲學雜誌 》第十八期，台北：
　　哲學雜誌社，1996.11，pp.134-155。

沈清松，《 解除世界魔咒 》，台北：商務印書館，1998。

沈清松，〈 當代哲學的思維方法 〉，新竹：《 通識教育季刊 》，
　　1996/3，第 3 卷第 1 期，pp.61-89。

沈清松，〈 哲學在台灣之發展 〉(1949-1985)，《 中國論壇 》21 卷 1
　　期，台北：中國論壇社，1985，pp.10-22。

沈清松，《哲學學門人力資源的現況分析調查報告》，國科會學門規劃專題研究報告，計畫編號：831H030002，1994 年 9 月。

沈清松，《哲學學門規劃專題研究後續計畫成果報告》，國科會學門規劃專題研究報告，計畫編號：NSC84-2745-H004-003，1996 年 7 月。

沈清松主編，《中國大陸人文及社會科學發展現況》，台北：國科會補助，國立政治大學學術研究發展委員會出版，1995。.

沈清松，〈大陸地區人文及社會科學發展現況評估整合型研究計畫成果報導〉，《科學發展月刊》，24 卷 4 期，台北：國科會，1995 年 4 月，頁 295-300。

沈清松，《物理之後》，台北：牛頓出版社，1987。

行政院主計處編印，《中華民國台灣地區文化調查需求面綜合報告》，台北：行政院主計處，1991。

行政院研考會編印，《社區發展與村里組織功能之檢討》，台北：行政院研考會，1996。

行政院文建會，《現代國民生活文化手冊》，行政院文建會委託，中國哲學會編印，1997。

唐勤、梁錦鋆譯，J. Brockman 著，《第三種文化：跨越科學與人文的鴻溝》，台北：天下文化，1998。

馬克思、恩格斯，《德意志意識型態》，收入《馬克思恩格斯全集》第 3 卷，北京：人民出版社，1965。

馬克思，《經濟學手稿》，收入《馬克思恩格斯全集》第 46 卷上冊，北京：人民出版社，1965。

連橫，《台灣通史》，「台灣文獻叢刊」第二輯，台北：台灣銀行經濟研究室編，眾文圖書有限公司影印，1979。

曹永和，《台灣早期歷史研究》，台北：聯經，1979。

陳奇祿等著，《中國的台灣》，台北：中央文物供應社，1980。

陳其南，《文化、結構與神話》，台北：允晨，1989。

郭振羽、羅伊菲譯，R. Nisbet 等著，《當代社會問題》，台北：黎明公司，1981。

郭湛，「意識型態」條，收入《中國大百科全書》哲學第二冊，北京：中國大百科全書出版社，1987，頁 1097-1098。

黃大受，《台灣史綱》，台北：三民書局，1982。

黃昭堂著，廖為智譯，《台灣民主國之研究》，台北：現代學術研究基金會，1993。

黃富三、曹永和主編，《台灣史論叢》，第一輯，台北：眾文圖書，1980。

黃昆輝，〈心靈改革的內涵與實踐〉，心靈改革研討會講詞，台北：救國團社會研究院，1998 年 3 月，頁 15-17。

楊國樞、張分磊，《大學生的價值取向與個人現代性》，未發表之論文，1977。

福澤諭吉著，馬斌譯，《福澤諭吉自傳》，北京：商務印書館，1995。

賀敬之，〈關於建設有中國特色的社會主義文化的幾點看法〉，北京：《求是雜誌》，1991 年 6 月，頁 15。

譚嗣同，《仁學》，見《譚嗣同全集》，台北：華世，1977。

羅漁、吳雁編著，《大陸中國天主教四十年大事記》，台北：輔仁大學出版社，1986。

蕭新煌，〈台灣民間文化的發展〉，收入《民國 78 年年度中華民國文化發展之評估與展望》，台北：行政院文建會，民國 79 年，頁 85-86。

## 二、外文參考文獻

Austin, J. L., *How to Do Things with Words*, Cambridge: Harvard University Press, 1962.

Bell, D., ed., *Toward the Year 2000: Work in Progress*, Boston: Beacon

Press, 1968.

Bochner, S., ed., *The Mediating Person: Bridges Between Cultures*, Schenkman Publishing Co., 1981.

Baudrillard, J., *La Société de Consommation,* Paris: Gallimard, 1970.

Collingwood, R. G., *The Principles of Art,* London: Oxford U. P., 1938.

Dilthey, W., *Le monde de l'esprit,* Tomes I, II, traduction de M. Remy, Paris: Aubier, 1947.

Gadamer, H. -G., *Le Problème de la conscience historique*, Paris: Edition Béatrice-Nauwelaerts, 1963.

Gadamer, H. -G., *Wahrheit und Methode*, Tubingen: J. C. B. Mohr, 1965.

Gerbner, G., " Towards Cultural Indicators: The Analysis of Mass Mediated Message System ", in *The Analysis of Communication Contents: Developments in Scientific Theories and Computer Techniques,* edited by G. Gerbner and Others, New York: John Wiley and Sons, 1969, Chapter 5.

Gerbner G., " Cultural Indicators: The Third Voices ", in *Communication Technology and Social Policy,* edited by Gerbner and Others, New York: John Wiley, 1973, pp.553-573.

Goudsblom, J., *Nihilism and Culture,* New Jersey: Rowman and Littlefield, 1980.

Grichting, W. L., *The Value System in Taiwan,* Taipei: W. L. Grichting, 1971.

Gross, B. M., " A Historical Note on Social Indicators ", in *Social Indicators,* Cambridge; MIT Press, 1966.

Habermas, J., *Theory and Practice,* London: Heineman. 1974.

Hart, H., " Changing Social Attitudes and Interests ", in *Recent Social Trends in the United States,* New York: McGraw-Hill, 1933.

Heidegger, M., *Poetry, Language, Thought,* New York: Harper & Row,

參考書目

■

1971.

Heidegger, M., *Holzwege,* Frankfurt am Main: Vittorio Klostermann, 1972.

Heidegger, M., *Sein und Zeit,* Tubingen: Max Niemerer Verlag, 1972.

Hegel, G. W. F., *Enzyklopadie der Philosophischen Wissenschaften,* Frankfurt am Main: Suhrkamp Verlag, 1970.

Husserl, E., *The Crisis of European Sciences and Transcendental Phenomenology,* trans. by David Carr, Evanston: Northwestern University Press, 1970.

Jaspers, K., *Rechenschaft und Ausblick,* Munich: Pieper & Co. Verlag, 1951.

Jiang, J., ed., *Confucianism and Modernization: A Symposium,* Taipei: Free Council, 1987.

Kellner, D., *Herbert Marcuse and the Crisis of Marxism,* Houndmills: MacMillan Education Ltd., 1984.

Kroeber A. L. & Kluckhohn C., *Culture: A Critical Review of Concepts and Definitions,* New York: Vintage Books, 1963.

Kuhn Th., *Structure of Scientific Revolution,* Chicago: The University of Chicago Press, 1962.

Lacan, J., *Ecrits,* Paris: Edition du Seuil, 1966.

Ladrière, J., *Les enjeux de la rationalité,* Paris: Aubier-Monataigne/Unesco, 1977.

Lawsswell, D. H. and Namenwirth J. Z., *The Laswell Value Dictionary,* 3 Vols.,(New Haven: Yale University, 1968), Mimeographed.

Levinas, E., *Totalité et Infini, Essai sur L'éxtériorité,* La Haye: M. Nijhoff, 1974.

Marcuse, H., *The Aesthetic Dimension,* Boston: Beacon Press, 1978.

McIntyre, A., *Incommensurability, Truth, and the Conversation between*

台灣精神與文化發展

*Confucius and Aristotelians about the Virtues,* paper presentes at the Sixth East-West Philosophers Conference, Honolulu, Hawaii, July 1989.

McLuhan, H. M., *Understanding Media: The Extension of Man,* New York: McgrawHill, 1964.

Negroponte, N., *Being Digital,* New York: Vintage Books, 1996.

Norberg-Schulz, Ch., *Genius Loci: Towards a Phenomenology of Architecture,* New York: Rizzoli International Publications, 1980

Northrop, F. S. C., *The Meeting of East and West,* Woodbridge: Ox Bow Press, 1979.

Quine. W. V. O., " *Two Dogmas of Empiricism* ", in *The Philosophical Review,* vol. 60, 1951.

Ricoeur, P., *Du texte a l'action,* Paris: Edition du Seuil, 1986.

Ricoeur, P., *Soi-même comme un autre,* Paris: Edition du Seuil, 1990.

Rokcach, M., *The Nature of Human Values,* New York: The Free Press, 1973.

Rosengren, K. E., " Cultural Indicators, Sweden 1945-1975 ", in *Sage Mass Communication Review Yearbook 11,* Beverly Hills: Sage, 1981, pp.717-737.

Sartre, J. P., *L'Imaginaire,* Paris: Gallimard, 1940.

Shen, V., *Action et Créativité: une étude sur les contrastes génétiques et structurels entre l'action blondélienne et la créativité whiteheadienne,* Louvain-la-Neuve: ISP, 1980.

Shen V., " Creativity as Synthesis of Contrasting Wisdomas: An Interpretation of Chinese Philosophy in Taiwan since 1949 ", in *Philosophy East and West,* Volume 43, Number 2, Hawaii: University of Hawaii Press, April 1993, pp.279-287.

Shen, V., " Life — World and Resaon in Husserl's Philosophy of Life ",

參考書目

in *Analecta Husserliana,* vol.17 ed. by A. T. Tymieniecka, Holland: Reidel, 1984, pp.105-116.

Shen V., *Confucianism, Taoism and Constructive Realism,* Vienna: Vienna University Press, 1994.

Searle. J. R., *Speech Acts: An Essay in the Philosophy of Language,* Cambridge University Press, 1969.

Snow, C. P., *The Two Cultures,* Cambridge: Cambridge University Press, Canto Edition, 1993.

Sorokin, P., *Social and Cultural Dynamics,* 4 Vols, London: Allen & Unwin, 1937-1941.

Taylor, Ch., *The Politics of Recognition,* in *Multiculturalism,* edited and introduced by Amy Gutmann, Princeton: Princeton University Press, 1994.

Taylor, Ch., *The Ethics of Authenticity,* Cambridge: Harvard University Press, 1991.

Touraine, A., *La Société post-industrielle*, Paris: Danoel, 1969.

Weber, M., *The Protestant Ethic and the Spirit of Capitalism,* translated by T. Parsons, New York: Charles Scribner's Sons, 1958.

Weber, R. Ph., *The Arts and Cultural Indicators: The Coming Revolution in Content Analysis,* Cambridge, Mass.: Harvard University, 1979.

Weiss, P., " Love in a Machine Age ", in *Dimensions of Mind,* edited by Sidney Hook, New York: New York University Press, 1960, pp. 177-180.

Williams, R., " *Culture and Civilization* " in *The Encyclopedia of Philosophy,* Vol. II, edited by P. Edwards, New York: Mcmillan Co., & The Free Press, pp.273-276.

Wittgenstein, L., *Philosophical Investigations,* trans. by G. E. M. Anscombe, Oxford: Basil Blackwell, 1968.

# 人名索引

## 一、中文人名索引

（按筆畫秩序）

# 二、外文人名索引

（排字母順序排列）

台灣精神與文化發展 ／ 沈清松著. -- 初版. --
臺北市：臺灣商務， 2001 [民 90]
　面：　　公分. --（通識叢書）
參考書目：面
含索引
ISBN 957-05-1694-1（平裝）

1. 臺灣‧文化

541.262　　　　　　　　　　　　90001117

通識叢書
# 台灣精神與文化發展

定價新臺幣 390 元

| 主　編　者 | 王　壽　南 |
| 著　作　者 | 沈　清　松 |
| 責 任 編 輯 | 李　俊　男 |
| 美 術 設 計 | 吳　郁　婷 |
| 校　對　者 | 江　勝　月 |

出　版　者
印　刷　所　臺灣商務印書館股份有限公司
臺北市 10036 重慶南路 1 段 37 號
電話：(02)23116118‧23115538
傳真：(02)23710274‧23701091
讀者服務專線：0800-056196
E-mail：cptw@ms12.hinet.net
郵政劃撥：0000165 － 1 號
出版事業
登 記 證：局版北市業字第 993 號

‧2001 年 4 月初版第一次印刷

ISBN 957-05-1694-1（平裝）　　　　　43937000

# 讀者回函卡

感謝您對本館的支持，為加強對您的服務，請填妥此卡，免付郵資寄回，可隨時收到本館最新出版訊息，及享受各種優惠。

姓名：＿＿＿＿＿＿＿＿＿＿＿＿＿＿　　　　性別：□男 □女

出生日期：＿＿＿＿年＿＿＿＿月＿＿＿＿日

職業：□學生　□公務（含軍警）　□家管　□服務　□金融　□製造
　　　□資訊　□大眾傳播　□自由業　□農漁牧　□退休　□其他

學歷：□高中以下（含高中）　□大專　□研究所（含以上）

地址：＿＿＿＿＿＿＿＿＿＿＿＿＿＿＿＿＿＿＿＿＿＿＿＿＿＿

電話：（H）＿＿＿＿＿＿＿＿＿＿（O）＿＿＿＿＿＿＿＿＿

購買書名：＿＿＿＿＿＿＿＿＿＿＿＿＿＿＿＿＿＿＿＿＿＿＿

您從何處得知本書？
　　　□書店　□報紙廣告　□報紙專欄　□雜誌廣告　□DM廣告
　　　□傳單　□親友介紹　□電視廣播　□其他

您對本書的意見？（A/滿意 B/尚可 C/需改進）
　　　內容＿＿＿＿　編輯＿＿＿＿　校對＿＿＿＿　翻譯＿＿＿＿
　　　封面設計＿＿＿＿　價格＿＿＿＿　其他＿＿＿＿＿＿

您的建議：＿＿＿＿＿＿＿＿＿＿＿＿＿＿＿＿＿＿＿＿＿＿＿
＿＿＿＿＿＿＿＿＿＿＿＿＿＿＿＿＿＿＿＿＿＿＿＿＿＿＿＿

**臺灣商務印書館**

台北市重慶南路一段三十七號　電話：（02）23116118・23115538
讀者服務專線：080056196　傳真：（02）23710274
郵撥：0000165-1號　E-mail：cptw@ms12.hinet.net